熟議民主主義ハンドブック

編
ジョン・ギャスティル
ピーター・レヴィーン
監訳
津富 宏／井上弘貴
木村正人

現代人文社

THE DELIBERATIVE DEMOCRACY HANDBOOK:
Strategies for Effective Civic Engagement in the Twenty-First Century

edited by John Gastil and Peter Levine
Copyright© 2005 by John Wiley & Sons, Inc.
All Rights Reserved.

This translation published under license.
Translation copyright© 2013 by Gendai Jinbun Co., Ltd.

Japanese translation rights arranged
with Jonn Wiley & Sons International Rights, Inc., New Jersey
through Tuttle-Mori Agency, Inc., Tokyo

序　文

　民主主義が簡単なものであるのなら、ハンドブックはいらないだろう。本書『熟議民主主義ハンドブック』は、多数ないし少数の市民による、対面のあるいはオンラインの熟議を重視した、新たな市民参加の方法を学ぶのに役立つ本である。本書は、公共精神を抱く市民たちが、市民参加のための多くの革新的な手法について、長年の経験を積み上げてきたことで可能となった。今や、私たちはこれらのプログラムがどのように運営されているかを知っているし、それらが機能する理由も知っている。本書の目的は、こうした知識を共有することである。

　最初の二つの章は、アメリカにおける熟議を理解するための文脈を提示する。第1章では、ジョン・ギャスティルとウィリアム・M・キースが、20世紀の初頭に始まったアメリカにおける熟議をめぐる運動が、第二次世界大戦までには終息していたことを説明する。1990年代における熟議の再興もまた消滅してしまう可能性があり、第1章では、どのような文化的、技術的、地政学的な作用が熟議を勃興させるとともに衰退させるのかを示す。マーク・バトンとデイヴィッド・マイケル・ライフによる第2章は、市民による熟議を推進するためにデザインされたさまざまなプログラムを概観している。彼らは本書の読者が熟議の実践の多様性のすべてを理解できるように、これらの熟議プログラムに共通する点とそれぞれ独自の点に着目した分類を示している。バトンとライフは、相異なる熟議のアプローチは重要な点でトレードオフの関係にあり、市民による熟議の推進を望む者は誰でもこの点を考慮に入れなければならないと主張する。彼らはまた、熟議は数多くのよい成果をもたらすが、なかでも大切なのは、熟議が、民主主義社会において真の市民であるとはどういうことかを参加者に今一度思い起こさせる、力強い社会化の経験であることを理解することであると主張している。

　第3章から第18章は、市民による熟議の異なる15のモデルの手法および成果に関する詳細な記述である。これらの章の著者は、こうした熟議の実践に関し

て、現場での最良の知識をそなえた実践家や研究者である。本書をどこから読んでもよいように、いずれの章も、モデルの手短な説明、モデルの発祥と目的の概観、モデルのデザインの詳細な記述、その利用の歴史、将来の利用可能性についての意見という、同様の構成をとっている。さらに、私たちは本書を補足するウェブサイト (http://www.deliberative-democracy.net/handbook) を作成した。このサイトでは、本書で示した各モデルの詳細、および定期的な更新を提供している。

　私たちは熟議モデルを三つのカテゴリーに分類しているのだが、これらのモデルはこの単純な分類が意味する以上に重なり合っている。第3章から第8章は、注意深くデザインされた熟議フォーラムと集会を通じて、市民の判断力を高めるべく構成されたプログラムに焦点を当てている。第3章では、キース・メルヴィル、テイラー・L・ウィリンガム、ジョン・R・デドリックが、市民による熟議を目指す今日のプロセスのなかでも草分け的な存在の一つであるナショナル・イシューズ・フォーラムの数多くの成功事例を描いている。第4章では、ミシェル・チャールズ、ハリス・サッカラフ、クリス・サチュロが、フィラデルフィアの「市民の声」プロジェクトのデザインとその影響力について概説している。『フィラデルフィア・インクワイアラー』紙は、たとえば、ジェイムズ・フィシュキンとシンシア・ファーラーが第5章で解説している熟議型世論調査のような革新的な熟議の方法とパブリック・ジャーナリズムの原理とを結び合わせている。熟議型世論調査はすでに数か国で行われているが、キャロリン・M・ヘンドリクスが第6章で述べているコンセンサス会議やプランニング・セル、またネッド・クロスビーとダグ・ネザーカットが第7章で論じている市民陪審も同様に普及している。リン・カーソンとジャネット・ハーツ＝カープの共著による第2部の最終章 (第8章) は、市民集会に対するこれらのアプローチの特徴の多くを統合したオーストラリアの熟議プログラムを論じている。

　第9章から第13章は、政府機関をはじめとする公的機関を巻き込んだ一連の熟議モデルをまとめて紹介している。第9章では、パトリシア・A・ボナー、ロバート・カーリッツ、ローズマリー・ガン、ローリー・E・マーク、チャールズ・A・ラトリフが、伝統的な意見聴取会の改良版として考案したオンラインの対話について説明している。キャロリン・J・ルーケンスマイヤー、ジョー・ゴールドマン、スティーヴン・ブリガムもまた、市民集会における新しいテクノロジーの活用を模索している。ただし、(第10章で扱う) 彼らの21世紀のためのタウン・ミーティングでは、対面による大規模な市民集会にお

いてハイテクのコミュニケーション・ツールを用いている。次の第11章では、アントニー・S・チェンとジャネット・D・フィエロが、アメリカ合衆国の森林管理システムに市民の意見を取り入れるために有効に用いられてきた協同学習に着目している。第12章では、ヴェラ・シャタン・P・コエルホ、バーバラ・パゾーニ、マリアナ・シフエンテス・モントーヤが、ブラジルの市評議会における注目すべき実験を説明している。それは市民社会の組織のメンバーに真の力を与えるというものである。彼らは、本書の他の著者の大半よりも市民熟議について慎重であるようだが、彼らは、市評議会の機能不全に対するこの矯正策は、より透明な評議会選挙とよりよい熟議という形でただちに利用可能であると考えている。第3部は、ハリス・サッカラフ、ハリス・M・スタインバーグ、スティーヴン・N・パイサーによる、フィラデルフィアのペンズ・ランディング・フォーラムズ——荒廃した臨海地区の開発に向けた一連の原則を確立するために、都市計画担当者(シティ・プランナー)、都市設計者(アーバン・デザイナー)、一般市民、そして市を代表する新聞社が一堂に会したフォーラム——についての記述(第13章)で閉じられる。

　第4部は、私たちの分類によるところの第三のカテゴリー、すなわち、コミュニティーの形成とより熟議型の市民文化の育成を目指す熟議プログラムに目を向ける。第14章において、パトリック・L・スカリーとマーサ・L・マッコイは、学習サークル資料センターが小規模の対面型学習サークルというアイディアを採用し、このアイディアを、地域、市町、州、学校区、大学キャンパスその他のコミュニティーのなかで熟議を学び実践するための一つのモデルへと発展させるやり方を説明している。第15章では、マイケル・ワイクスナーが、オンライン討論のためのウェブサイト「イー・ザピープル」を通じて、インターネット上のさまざまな種類の熟議コミュニティーがどのように創られてきたのかを紹介している。第16章では、特定の熟議アプローチから一歩距離を取り、キャロル・J・シュウィン、ジョン・T・ケスラー、デイヴィッド・R・シュウィンは、彼らが**ラーニング・デモクラシー・センター**と呼ぶところの一連の動き——地域のコミュニティーを改善するための、さまざまな熟議の手法とその他のツールと組み合わせた取組み——について報告している。

　市民参加と熟議を推進するすべての取組みが、即座に、かつ、ほころびもなく成果をもたらすわけではない。第17章では、クリストファー・F・カーポウィッツとジェイン・マンスブリッジが、ニュージャージー州プリンストンにおける失敗事例を紹介している。欠陥がある熟議プロセスは未成熟なコンセンサスをもたらしただけで、多くの市民はより伝統的な意見聴取会でしか自分たちの声を届けることができなかったという事例である。第4部の最終章(第18

章)では、ウィリアム・R・ポタプチャク、シンディ・カールソン、ジョウン・ケネディが、対話と熟議のための能力を、創造的に、かつ、苦労しながら高めてきたものの、市民的改革という目標を達成するにはほど遠い、ヴァージニア州ハンプトン市の事例を紹介している。

　本書の最終章(第19章)では、ピーター・レヴィーン、アーチョン・ファン、ジョン・ギャスティルが、これからの数十年において熟議を改善していこうとする人びとが直面するであろう諸々の課題を検討している。同意と不同意のバランスをとること、効果的な組織とファシリテーションを保障すること、より大規模な熟議を実施すること、意思決定者に影響を与えることなどが永遠の課題となる。熟議がより大きな影響力をもつようになれば、実務家は熟議プロセスの質を保つよう配慮しなくてはならない。加えて、紛糾している問題の解決には、私たちが**文化の調停**と呼ぶものが必要であるように思われる。もし熟議が文化を超えることができるならば、それは貿易やテロリズムなどの国際的な課題を扱うための適切な手法にさえなるかもしれない。

　民主的統治の未来は、熟議に関する明快な理論の深化と、市民参加の効果的な手法の発展にかかっている。本書の著者たちは皆、この二つの目的の達成を目指して多くを成し遂げてきた。私たちはこのハンドブックが、仲間である市民とともに話し、ともに行動することによって、自らのコミュニティーと世界をよりよくしようとするすべての人びとにとって有益な手引きとなることを願っている。

2005年4月
ジョン・ギャスティル(ワシントン州シアトルにて)
ピーター・レヴィーン(メリーランド州カレッジパークにて)

津富 宏 訳

日本語版への序文

　自分の著作が他の言語に訳されるのは名誉なことである。今回の『熟議民主主義ハンドブック』の日本語訳という名誉は、本書の2005年版に寄稿した多くの著者と組織の理念と活動——とりわけ、これらをとりまとめようという着想をもたらした、熟議民主主義コンソーシアムの理念と活動——に与えられるべきものである。

　翻訳は、一連の著作が、他の言語でそれらを読む人びとと共有するに値するほど重要なものであることを示唆している。より具体的には、翻訳は、原著に含まれているアイディアが、言葉の壁を超えるほど普遍的な意義を有していることを示唆している。私は、私と同僚が熟議民主主義に関して行ったこの仕事がそのような意義をもつことを——決して当然だと思ったことはないが——望んできた。そしてこの日本語への翻訳は、少なくともそのような楽観的な見方が正しいことを示している。さらに勇気づけられることには、過去数年間に地球上で達成された熟議民主主義に向けての進歩が見られるのであり、この日本語版への序文では、本書の各章と関連づけながら、この変化を手短に振り返りつつ検討したい。

　『ハンドブック』の第1章でウィリアム・M・キースと私は、民主主義がより熟議的になるのは必然ではなく、熟議を推し進めるためには懸命に努力しなければならないという警告を発した。そうでなければ、政治システムは、市民による偽りの合意や意味のない党派的な諍い、また、それを麻痺させる国民的無関心（アパシー）の泥沼にますます足をとられてしまう。こうした危険はいずれも、アメリカや日本をはじめとする多くの国に不気味な姿を現しているが、本書で描かれているプロジェクトやプロセスの（すべてではないが）ほとんどが、私たちが本章を書いて以降、よりいっそううまくいっていることはよい知らせである。たとえば、日本における裁判員制度の導入は、法的、政治的、社会的問題について市民が熟議する新たな機会を得ていくさまざまな方法の一つである。

　第2章では実際の運用上の工夫を広く概観しているが、現在では、民主主義

をより熟議的にすることを意図した、より広範なプロジェクトが存在している。特に、ブリティッシュコロンビア市民議会（カナダ）は、本書が印刷される直前に始まったものだが、市民の無作為標本を法案作成に用い、その後、その法案を住民投票にかけるという方式の有力な先例となった。インド・ケララ州のピープルズ・キャンペーンは、取り組んでいる開発プロジェクトを通じて、議員選出権を奪われた地方のコミュニティーを、参加型・熟議型の手法を用いてエンパワーする試みを継続している。これらをはじめとする多くの成功例は、熟議型・参加型プロセスに関する、新しく誕生したオンライン・データベースであるパーティシペディア・ネット（http://participedia.net/）で見ることができる。

　ナショナル・イシューズ・フォーラム（NIF）（第3章）は、現在でも、アメリカにおいてもっともよく知られた——そして、もっとも大きな——市民による討論プログラムの一つである。NIFは、争点を選択肢という形で整理し、これらの選択肢の間の得失が理解できるように討論者を後押しし、そして、選択肢それぞれの長所と短所について情報に基づいた批判的な検討を推進するための、穏当でフォーマルなアプローチであるという定評を得ている。この基本的な形式は、NIF以外の多くの熟議フォーマットによって採用されており、1時間の教室でのセッションや、大規模なタウン・ミーティング、さらには、数週間にわたるディスカッションをうまく組織することを可能とする、十分に柔軟なデザインである。しかしながら、NIFは市民による具体的な行動に結びついておらず、しかもその議論のプロセスが厳密に組まれているせいで、示されている選択肢が互いに相容れないものであるという誤解を利用者にしばしば与えてしまうという批判もある。私は、NIFは主として市民教育を目的としたプログラムであり、その点では非常に成功してきたと今でも考えている。

　インターネットは熟議民主主義のためのツールとして膨大な可能性を秘めているが、実際には、熟議のためのいくつかの取組みを妨げる役割を果たしてきた。第4章で取り上げた市民ジャーナリズムのモデルは定着しなかった。インターネット革命の間、新聞が衰退していくにつれて、編集者や出版社は、市民ジャーナリズムを、あまりにも頻繁に、彼らの企業にとっては高価すぎる贅沢あるいは実験とみなした。皮肉なことではあるが、オンライン・ニュースや報道の相互性は、うまく活用すればそうしたジャーナリズムの再興を促進することができたかもしれない。とは言いつつも、第9章や第15章で紹介したプログラムの短命さが示すように、インターネット上でプログラムを維持することの難しさは証明されている。

対照的に、熟議型世論調査（第5章）はうまくいっている。この手法は、世界中で、多数の創造的な方法で用いられ、新しい熟議の形態としては、もっとも知られるようになった。中国の官僚は、地域の開発プロジェクトに関する意思決定権を市民に委ねるためにこの手法を用いてきた。ギリシャの政党は、市長候補者を選出するのにこれを用いた。EUは、何度も熟議型世論調査を用いて、言葉の壁を越えて熟議が有効であることを示してきた。熟議型世論調査は、日本でもすでに何度か実施されている。

プランニング・セルやコンセンサス会議（第6章）、市民陪審（第7章）など、無作為標本を用いた小規模な熟議の仕組みは地球上に広がり続けている。これらの仕組みは、デンマークやイギリス、フランスにおいて、選挙の候補者や官僚が熱烈に擁護したり批判したりするなど、政治的な議論の的になってきた。特に、市民陪審にまつわる問題として絶えず指摘されるのは、たった一日間しか行わないものや政治決定との明確な関連ももたないものをも含むプロセスが広範に市民陪審と呼ばれていることである。皮肉にも、その最大の勝利は、市民陪審という呼び名を受け入れずに、その手法を採用したあるプロセスを通じてもたらされたのかもしれない。すなわち、オレゴン住民発議市民調査（アメリカ）は、州議会によって同州で州法化され、2009年に、そして再び2011年に州知事によって署名され、その時点でオレゴン州選挙の通例の手続きの一部となった。オレゴン住民発議市民調査は、有権者の無作為標本を用いて投票方式について研究・報告し、その調査結果を、州務長官が出版したパンフレットを通じてすべての有権者に提供する。このようにしてオレゴン州は、有権者全体による大規模な熟議を改善する手段として、小規模の熟議の力を有効利用することに成功した最初の州となった。

熟議に基づく手法を混ぜ合わせて組み合わせるという考えは依然として人気があり、対話と熟議のための全国連合（アメリカ）のような組織は、この手のアプローチを熱心に支持している。第8章の著者は、混合方式によるもっとも野心的なイベントの一つであるオーストラリア国民会議——そこでは150人のオーストラリア人が国のために可能な政治改革について論じ合った——の組織づくりを支援した。

21世紀タウン・ミーティング（第10章）は、ハリケーン・カトリーナの後にニューオーリンズをどのように再建するかといった具体的な問題を検討するための大規模なイベントを組織するために、小規模な討議と大規模な熟議の融合を続けてきた。そうすることを通じて、アメリカ・スピークスは、多様な権利擁護団体とばかりでなく、政治的・経済的リーダーとも効果的に協働してきた。

しかしながら、アメリカ・スピークスは、参加者に、政治的にもっとも実行できそうな選択肢の中から選択してもらうべきなのか、それとも主要政党の支持が得られていない提案を含む、もっと広範な提案の中から選択してもらうべきなのかというジレンマに直面してきた。二度にわたり、アメリカ・スピークスは、より手っ取り早い道筋（一度は、カリフォルニア医療フォーラムにおいて、そして、もう一度は、連邦政府の負債について）を選び、いずれの場合も、これらの問題に関するより大規模な市民による討論において、非生産的と言えるほどにアイディアの幅を狭めたという攻撃を批判者から受けた。

第11章から第13章は、政府の計画を助けるいくつかの手法について述べているが、もっとも好まれるようになったのは、参加型予算編成である。このプロセスは、世界のほとんどすべての地域でさまざまな形で採用されている。しかしながら、批判者は、参加型予算編成は、広範な参加を誘発することほどには、慎重な熟議を保証することには成功しなかったのではないかという懸念をもっている。参加型予算編成は、その討論の手法において、より洗練されていくことが期待される。

多くの熟議活動は地域社会レベルで始まる。そこでは、第16章に記述されているプロジェクトで起きたように、相当量の実験的試みがなされているが、他方で初めの段階でつまづいたり、願望だけで実現しないような場合も多くある。アメリカにおいて「学習サークル」アプローチを用いてきた団体が改称してできたエブリデイ・デモクラシーの場合のように、とりわけ、堅固な財政的基盤がある時には、成功している取組みもある。財政的な安定性のおかげで、こうした取組みは、継続して数年間、地域社会で活動することができ、1回きりの市民イベントが行われた後もずっともちこたえうるタイプの熟議を創ることができる。このアプローチは、特に、地方自治体とパートナーシップを組める際には、第18章に書かれているような成功を産み出してきた。

本書で示した多くの警告はいまだに有効である。たとえば、早すぎるそして市民による偽りの合意をしてしまうという危険を避けることはいまだに重要である（第17章）。また、市民運動家は、市民が熟議に費やしたエネルギーが、最終的には、公共政策と市民生活に対して真の影響力を確実にもたらすようにしなければならない（第19章）。

しかしながら、全体として、熟議民主主義がこれほど多様な形態をとることができ、思慮深く実践されるならば、アメリカであろうと、ヨーロッパであろうと、ブラジルであろうと、日本であろうと、協働的意思決定を行う堅固な方法でありうることを示す兆候があり、これは私たちに勇気を与えてくれる。私

は、本書の新たな翻訳を読むことで、日本の読者が自らの熟議による改革の当事者とならんことを期待している。

2012年7月
ジョン・ギャスティル
（ペンシルヴェニア州立大学コミュニケーション芸術科学部
ユニヴァーシティ・パーク〔アメリカ、ペンシルヴェニア州〕にて）
津富　宏　訳

※本書の表記について
○　本文および注釈においては、原書の注の番号は1、2、3……と記し、訳者が付した注の番号は(1)、(2)、(3)……と記している。
○　本文および注釈において〔　〕(亀甲) で括られた部分は、訳者が付したものである。

第1部 熟議の背景

第1章

(時々)話したがる国民
アメリカにおける市民的熟議の歴史概説

ジョン・ギャスティル、ウィリアム・M・キース
木村正人 訳

　市民による熟議というアイディアが昨今注目を浴びているが、実はそれは20世紀を通じて流行り廃りを繰り返してきたのであり、今後それが定着するかどうかは必ずしも定かではない。とりわけアメリカ合衆国において、熟議の運動は、20世紀初頭に登場しながら、第二次世界大戦の頃までに一度消滅してしまった経緯がある。したがって1990年代に起こった熟議の再興もまた、いずれ立ち消えになってしまう可能性は拭えない。本章では、文化・技術・地政学上のいかなる影響によって熟議が生まれ、衰退させられるのかについて解説する。これらの影響が互いにどのように作用するのか、理解を深めることができれば、熟議の運動を今後も継続していく手助けになるだろう。

第2章

私たちは実際に行われている熟議民主主義から何を学ぶことができるか？

マーク・バトン、デイヴィッド・マイケル・ライフ
藤井達夫 訳

　この章では、市民による熟議を促進するためにアメリカ政治において実際に行われている、広範囲に及ぶ努力を概観する。それぞれの熟議のプログラムは、フォーラムに関与する人、熟議の開催方法、そして、熟議の成功を測る基準において異なる。熟議民主主義の理論が役に立つものであるためには、その理論は実際に行われる熟議の現実や制約を取り扱わねばならないし、市民による熟議のプログラムを実施する際には、熟議を通じて実際に行われる選択が理論や文化に与える影響を認識する必要がある。熟議は、数多くの建設的な結果を生み出すことがあるが、それ以上に重要なのは、熟議を通じて参加者たちが、民主主義社会における市民の真の姿を思い起こすこと、そうした力強い社会化の経験として熟議のプロセスを理解することである。

第2部 熟議と市民による判断

第3章
ナショナル・イシューズ・フォーラム
市民による熟議を促す地域社会のネットワーク

キース・メルヴィル、テイラー・L・ウィリンガム、ジョン・R・デドリック
森達也 訳

　ナショナル・イシューズ・フォーラムは、包摂的で公共的な議論の開催と進行、枠組みづくりに尽力する、多様な個人や組織からなる草の根運動である。各地の組織は、全国レベルで開発された議論の手引きを用いるが、この手引きはしばしばそれぞれの地域の事情に応じて修正される。ますます多くの地域社会が、ナショナル・イシューズ・フォーラムの理論的な原則を用いて、自らの地域の問題を特定し、市民による熟議の枠組みづくりを行っている。その結果、熟議の手法を用いて、ある争点についての理解と、また共有された決定事項にともなう費用・結果・便益についての理解を共有し、それに基づいて思慮に富んだ決定を行う、地域社会のネットワークが広がっている。

第4章
選挙をめぐる熟議と
パブリック・ジャーナリズム

ミシェル・チャールズ、ハリス・サッカラフ、クリス・サチュロ
井上弘貴 訳

　意見を伝えて選挙で候補者にそれを受け入れてもらうために、地方紙は普通の人びととどのように協働ができるのだろうか。そのような考えをまとめあげるのに、人びとと報道との間で相互の信頼をどのように築き上げることができるだろうか。本章では、ある大都市圏の新聞社が一つの都市規模での市民ジャーナリズムの企画に市民を巻き込もうとした試みを記録している。どうしてそのようなことが起きたのか。その成果はどのようなものだったのか。チャールズ、サッカラフ、サチュロは、市民マップや市民による熟議を作り上げるための、言い換えれば新聞を市民が積極的に選挙を経験するための担い手に変えるための、自分たちの最善の実践と原理を論じている。

第5章
熟議型世論調査
実験段階から地域社会の資源へ

ジェイムズ・フィシュキン、シンシア・ファーラー

木村正人 訳

　フィシュキンが、無作為抽出によって選び出した多数の一般市民を対面で熟議させるという熟議型世論調査*の手法を世界に知らしめたのは、1980年代後半のことであった。以来彼は協力者とともに、この種の調査を数十回実施してきた。調査に参加する人びとは、バランスの取れた参考情報を聞いたうえで、小グループに分かれて議論をし（グループの構成は調整し、司会進行役をつける）、さらに多様な立場を代表する専門家のパネリストに対して質問をする。そしてこの熟議の前後に、質問紙の記入を行うのである。本章では、ファーラーとフィシュキンが、市民の声を聞くための一手法としてこのアプローチがもっている独特の設計と特長について解説し、さらにはどうすればこれをさまざまな状況に合わせて改良し、制度化できるかを論じている。

*熟議型世論調査 (Deliberative Polling®) は、ジェイムズ・S.フィシュキンの登録商標である。商標使用料はいずれも熟議民主主義センターでの研究支援に充てられる。

第6章
コンセンサス会議と
プランニング・セル
素人の市民による熟議

キャロリン・M・ヘンドリクス

後藤潤平 訳

　プランニング・セルとコンセンサス会議は、いずれも1970年代から80年代においてヨーロッパで生まれた熟議の手法である。プランニング・セルが都市計画の問題に集中的に利用されてきた一方で、コンセンサス会議は、テクノロジー・アセスメントのための参加型手法として利用されてきた。二つのモデルは多くの特徴を共有しているが、参加する市民の数や市民による熟議の密度を左右するような、明らかな手続き上の違いがいくつかある。些細なものではあるものの、こうした違いは、特に、誰が政策に関する熟議に関わるべきなのか、またそうした関与によって何をもたらそうとするかについての考え方をめぐって、熟議プロセスの正当性に関する認識に影響を与えうるものである。

第7章
市民陪審
人びとの信頼できる声を作り出す
ネッド・クロスビー、ダグ・ネザーカット
後藤潤平 訳

　市民陪審*は、30年間にわたって、地域、州、国政レベルにおける幅広い公共政策の評価に効果的に利用されてきた。本章で概観するのは、質が高く、費用対効果にも優れた市民の声を届ける、市民陪審のさまざまな運営方法である。市民陪審プロセスは、選挙期間に有権者に明確で価値ある情報を与えるように利用されてきたという点で、独特なものでもある。その将来の利用法の一つとして、選挙改革も有望である。

＊市民陪審（Citizen Jury®）は、ジェファソン・センターの登録商標である。

第8章
熟議のデザインを改良し組み合わせる
市民陪審、熟議型世論調査、フォーラム
リン・カーソン、ジャネット・ハーツ＝カープ
原科達也 訳

　1970年代からオーストラリアは、地域、州、国家のそれぞれの環境のなかで、熟議のデザインを数多く試行してきた。また、オーストラリアの人びとは、熟議のさまざまなプロセスをまったく新しいやり方で応用し、組み合わせてきた。この章では、市民陪審とテレヴォートとの組み合わせ、コンセンサス会議や熟議型世論調査の修正、さらには21世紀タウン・ミーティングの革新的な利用方法など、いくつかの興味深い用例を素描する。これらの応用は、それぞれの手法の強みを損なうことなく、さまざまな実践的課題を扱えるようにデザインされている。本章では、これらの応用がどの程度、代表性を高め、熟議の度合いを深め、参加者の影響力を最大限に高めていったかについて評価を行なう。

第3部 熟議によるガバナンス

第9章
オンラインの対話が市民と政府をつなげる

パトリシア・A・ボナー、ロバート・カーリッツ、ローズマリー・ガン、ローリー・E・マーク、チャールズ・A・ラトリフ

森 達也 訳

　政策案を公共的に議論するために、政府機関がオンラインの対話を用いはじめている。本章では、連邦環境保護庁とカリフォルニア州立法委員会の事例を用いて、この過程を明らかにする。他の市民参加の仕組みとは異なり、オンラインの対話において、参加者は、詳細な情報にアクセスし、いつでも参加することができる。たとえ大きな集団であっても、オンラインの対話は、政策立案者との直接的なやり取りを可能とし、他の人びとを「敵」ではなく個人として見ることを奨励し、伝統的な意見聴取会でしばしば見られる「もう時間切れです」という態度ではなく、「もっと話をしよう」という態度を育む。

第10章
21世紀のためのタウン・ミーティング

キャロリン・J・ルーケンスマイヤー、ジョー・ゴールドマン、スティーヴン・ブリガム

津富 宏 訳

　1997年以来、アメリカ・スピークスは、**21世紀タウン・ミーティング***と呼ばれる大規模な市民フォーラムを、全米各地で40回以上開いてきた。本章では、21世紀タウン・ミーティングが、重要な政策課題に関する熟議のために時には5,000人もの人びとを一度に参加させることで、政策決定に対してどのように影響を与えるかを説明する。れっきとした熟議を最新の技術と統合するアメリカ・スピークスのアプローチは、9.11のテロ攻撃を経たワールド・トレード・センター跡地の再開発、ワシントン特別区の年間予算の策定、全国的な社会保障改革など、注目を集めるさまざまな公共的な問題に取り組むために用いられてきた。

*21世紀タウン・ミーティング (21st Century Town Meeting®) は、アメリカ・スピークスの登録商標である。

第11章
協同学習と市民による森林の管理
アントニー・S・チェン、ジャネット・D・フィエロ
林寛平 訳

　アメリカ西部では、連邦官庁がしばしば地域の公有地の管理をめぐる地域住民と利益団体との泥沼の紛争に巻き込まれている。多くの事例では、これらの紛争は市民による有意義な社会参画をめぐって高度に技術的な分析を好む官庁の計画プロセスが作り出したものだ。伝統的な計画プロセスから脱するために、コロラド州西部の森林局は、地域住民が公有地の将来について熟議できるようにするために、協同学習のアプローチを採用した。この章では、森林局が300万エーカーのグランド・メサ、アンコンパーグレ、ガニソン国有林の森林計画の開発において、地域に根ざしたワーキング・グループをどう活用したのかに注目する。この景観ワーキング・グループは利害関係者の関係性を改善し、実現可能な課題を明確にし、多様な熟議の能力を高めるために協同学習の原則を用いた。

第12章
ブラジルにおける参加と公共政策
ヴェラ・シャタン・P・コエルホ、バーバラ・パゾーニ、
マリアナ・シフエンテス・モントーヤ
井上弘貴 訳

　ブラジルは、保健医療、教育、社会扶助に関する公共政策の立案と監視に一般市民が参加できる地域評議会が法律によって設置されているという点で世界をリードしてきた。こうしたなかでも市民参加という考え方は、二つの決定的な問題を惹起してきた。市民のなかでも経済的に貧しい、あるいは周縁に追いやられがちな人びとが、政策に影響を及ぼすことができる制度を構築するにはどうしたらよいのか、あるいはまた、この制度が彼らのニーズに対して説明責任を果たすようにするにはどうしたらよいのか。サンパウロ市の保健医療評議会における経験やそれが成し遂げてきたことを私たちが分析するなかで注目するのは、評議員の選出プロセスを改善する必要と、議論と意思決定のプロセスにすべての関係者を包摂できるようにする適切な手続きを工夫する必要である。

第13章
フィラデルフィア・ウォーターフロントの都市計画における熟議

ハリス・サッカラフ、ハリス・M・スタインバーグ、スティーヴン・N・パイサー

秋田真吾 訳

　2003年1月、フィラデルフィア市民たちは、ウォーターフロント再開発と市の将来について討議し意見交換を行うために、ファシリテーターとともに市民集会に参加した。3か月間にわたって、800人以上ものフィラデルフィア市民がこの試みに参加し、彼らは、ペンズ・ランディングにある市のウォーターフロントの将来について忌憚なく話し合った。集会では、具体的には専門家のプレゼンテーションと熟議フォーラムが行われた。この章では、市民が都市デザインに参加して、政治的環境を造り出すまさに張本人である政治家から、政治的環境を左右する問題について意見を反映させる権利をどのようにして勝ち取るかについてのモデルとなるプロセスが描かれている。この力強い市民たちが政治参加するためのモデルは、市民たちの価値観と専門家の知識とを結び合わせることで作られたのである。

第4部　地域社会（コミュニティー）と熟議の文化

第14章
学習サークル
熟議民主主義の礎石としての地域での熟議

パトリック・L・スカリー、マーサ・L・マッコイ

林寛平 訳

　1989年の設立以来、学習サークル資料センターは、対面型の熟議が市民の日常生活の一部になるべく支援活動を継続してきた。アメリカでは、学習サークルは熟議を、個人や地域社会のみならず、制度上、政策上の変革に結びつける役割を担ってきた。この章では、学習サークルのプロセスを詳らかにし、多様な実例を提供する。

第15章
e-thePeople.org
現在進行中の大規模な熟議

マイケル・ワイクスナー

木村正人 訳

　イー・ザピープルの使命は、インターネットを通じて市民参加のあり方を改善することにあり、ウェブサイトで、市民どうしの議論と政治行動の場として無料のオンライン・フォーラムを提供している。このフォーラムの際立った特徴は、フォーラムの運営や諸規定の作成と運用、議論のトピックや議論の枠組みを決める作業の多くが、利用者たちに委ねられているという点にある。これはつまり市民自らの手によるタウン・ホールの試みなのである。この章では、イー・ザピープルの方法と利点について解説し、オンラインでの熟議に特有の課題と可能性について吟味する。

第16章
ラーニング・デモクラシー・センター
市民が活動する場

キャロル・J・シュウィン、ジョン・T・ケスラー、
デイヴィッド・R・シュウィン

津富宏 訳

　研究者や政治家、評論家が、連邦政府、州政府、自治体のいずれがより多くの権力を有するべきかについて論争をしている間、ますます多くの市民団体が一般市民の手に権力を取り戻しつつある。本章ではこれらの組織を**ラーニング・デモクラシー・センター**と呼ぶ。これらの組織や取組みは、地域の差し迫った社会問題、経済問題、環境問題を解決するために、その地域の多様なメンバーを巻き込む能力をもった、信頼があり、中立的で、制度化された主催者である。本章では、これらの組織が市民の行動を組織し、熟議し、促進する手法について検討する。

第17章
不合意と合意
市民による熟議における動的な更新の重要性

クリストファー・F・カーポウィッツ、ジェイン・マンスブリッジ

原科達也 訳

　この章では、ニュージャージー州プリンストンにおいて都市計画促進のために実施された、市民による熟議の具体的な手法をいくつか検討し、これらの事例に基づいて、熟議一般に求められる力学についてより広く論じる。本章の著者カーポウィッツとマンスブリッジが指摘するのは、参加者たちがそれぞれの立場においてもつ価値観や利害関心を偏見なく、継続的に発見していくことの重要性である。これはあらゆる熟議の手法に要請される重要な論点である。本章は、こうした利害関心の**動的な更新**作業を確実に行うためには何が必要となるかについて、論じている。

第18章
熟議に基づくガバナンスの進展
ヴァージニア州ハンプトン市の教訓と着想

ウィリアム・R・ポタプチャク、シンディ・カールソン、ジョウン・ケネディ

秋田真吾 訳

　ヴァージニア州ハンプトン市では、対話と熟議が市民生活に浸透している。ハンプトン市の行政は市民団体と協力して、市民の生活に影響を及ぼす問題に関して、効率的に市民が参加できるように地域社会の能力を高めるという、創造的ではあるが、骨の折れる取組みを行っている。この章では、どのようにしてこの変化が起きたのかを、まずはハンプトン市の市政のあり方とその効率性といった要因を論じることにより説明したうえで、協働的に地域社会を発展させるためのモデルとして、ハンプトン市を位置づける。また、協働的な取組みが、ハンプトン市ではどのようにして根づいていったのかについて、三つの実例を提示し、最後に、熟議に基づく協働的な地域社会を形成するうえで、理論と実践との結びつきをいかにして強めていくことができるか、その方法についての考察を行い、結論とする。

第5部 結論

第19章 市民による熟議の未来に向けて

352

ピーター・レヴィーン、アーチョン・ファン、ジョン・ギャスティル
藤井達夫 訳

　最終章では、初めに、本書で取り上げられた熟議の多様な事例における発見のなかでも、もっとも一貫していて、さらに有望な事柄を簡単に再検討する。次に、レヴィーン、ファン、ギャスティルは、実際に熟議を行う人びとに立ちはだかる困難が何であるかを明らかにする。変わることのない課題として、熟議における一致や不合意を考量すること、熟議の効果的な運営と進行を確実に行うこと、大きな規模で熟議を行うこと、意思決定者に対して影響を与えることなどがある。熟議がいっそう影響力をもつようになるにつれて、実務家は熟議の過程の健全さを守ることにも注意を払う必要が出てくる。未来に向けた重要な研究課題が何であるかを明らかにした後、本章では、結論として、問題の解決を目指して熟議をはじめる前に、熟議の参加者がそれぞれの考えや価値、信念の説明を行う対話の期間を設けることが必要となる事情について論じられている。著者たちの指摘によれば、論争を引き起こすような問題においては、彼らが**文化の調停**と呼ぶものが必要となる場合があるという。熟議が文化による分断を越えて広がっていけば、貿易やテロリズムのような国際的な問題を処理するのに適した方法となることさえありうるのである。

編者、監訳・訳者略歴——— 376

監訳者あとがき——388

索引——393

第 1 部

熟議の背景

第1章
(時々) 話したがる国民
アメリカにおける市民的熟議の歴史概説

ジョン・ギャスティル、ウィリアム・M・キース
木村正人 訳

　本書の刊行は、それ自体が、昨今の熟議民主主義運動の盛り上がりを示すものである。アメリカその他の国々では、人びとが、市民による議論と自治のための現実的な手段として、熟議の理念を発展させてきたが、本章に続く第2章から第18章には、そのための多様な方法が記されている。本書で詳述されている熟議のプログラムのなかには、数十年もかけて技術改良されてきたものもあれば、実験的な熟議のための取組みの新しい動きを代表するものもある。

　以下の章で明らかにされるとおり、熟議のプログラムには、そのアプローチや方法において重要な違いがあるが、にもかかわらず、本書で記述されている、すべてのプログラムは一連の前提を共有している。熟議の主唱者は、専門家や職業政治家だけでなく、多様な市民グループが、公共的な問題について議論することには意義があるという前提を有している。また、市民による議論が、重要な事柄——たいていは、法律や公共政策だが、時には、大衆行動、市民の

知識や態度、文化的な慣行——に対して影響力をもつべきであるという前提や、さらに、代表制民主主義においてさえ、参加型直接民主主義は、市民による議論や対話、熟議を強調かつ促進し、それによって、多様な利害や価値観を尊重しつつ公共的な問題を検討するにあたって重要な役割を果たすという前提も有している。

　本章に続く各章を読んで、アメリカの民主主義は、その制度と慣行の範疇に、市民による熟議を加えることによって、大胆で新しい一歩を踏み出したのだと結論する者もいるかもしれない。そのように結論づけることは、選挙権が拡大し、市民が新たな政治的権利を獲得するたびに、アメリカの民主主義が一貫して向上してきたのだとする従来の見方と馴染むように思われる。多くの近代国家は、自分たちが市民性の完成（civic perfection）に向けて、一直線にたゆまず進歩してきたことを力説するような神話を共有している。

　現実はもっと私たちを酔いから醒ますようなものである。熟議民主主義の運動について必然的で不可逆なことなど存在しておらず、熟議について非理性的に空騒ぎすれば、不用心な読者は、近年の進展を揺るがしかねない逆向きの動向を見逃してしまうかもしれない。そこで本章では、熟議型の民主主義は、情勢の変化によって潮の満ち干を繰り返しうるということを明らかにしたい。以下では、可能な限り視野を広げて、まず、1910年から1940年までのアメリカ合衆国における熟議の盛衰について議論し、次いで、どのような近年のできごとが、熟議の再興を引き起こしてきたか（そして、その没落を引き起こしうるか）について考えていく。

歴史と民主主義

　民主主義の未来について計画を立てるには、その過去を知る必要がある。しかし、過去についての熟考は、自分自身を麻痺させるような自己疑念を引き起こし、かつ、世界に民主主義に対する忠誠を誓わせるというアメリカの働きかけを台無しにしてしまいかねないと危惧する者もいるかもしれない。そのような人たちは、もっとロマンティックなストーリーのほうが口当たりがよいと信

じている。しかし、歴史的な視点をもつことは、アメリカ人が、自分たちの歴史的な旅路がまだ終着点には至っていないことを認識する手助けとなるだろうし、そのような穏当な自己評価ができれば、洗練されていない民主主義的イデオロギーを無謀に輸出したりすることを防ぐことができるだろう。

　アメリカ合衆国は、その公的に承認された履歴によれば、文化や諸制度を絶えず改善させつつ進歩してきた。株価の変動が、長期的にみれば着実な上昇傾向の範囲内で生じてきたのと同様に、この国はもう200年以上もの間、より民主的な政体に向かって、間歇的に進んできた。憲法の制定――その制定直後に権利章典が規定された――が、萌芽期のアメリカ国民を結束させ、現在の民主主義にとって根本的であるとみなされている一連の諸権利を国民に付与したことによって、この前進のプロセスが動きはじめた。有権者の力は、上院議員の普通選挙化（1913年に承認）によって強まり、これによって、民意の表明と国の政策形成との間にあった障壁が取り除かれた。同じ時期、多くの州が、住民発議や罷免要求制度など、直接民主主義的な仕掛けを実施しはじめた。これらの制度は、今日、かつてないほど熱心に（また、論争をひき起こしつつ）活用されている。

　選挙権をもち、それを行使する人びとの数とタイプは、いくつかの変革を通じて次第に増加してきた。1919年の女性による選挙権獲得、南北戦争後に行われたアフリカ系アメリカ人への（ひとまず、公的な）市民権の付与、公民権運動の結果としてのマイノリティーへの選挙権付与に対する注目の高まりなどによって、有権者数は増大してきた。また1972年には投票年齢が18歳に引き下げられたことで、選挙権はさらに拡大した。それ以降、有権者登録の簡便化、不在者投票、事前投票、郵送投票制度の拡大、障がいをもつ人びとの参加をより容易にする措置などによって、有権者を増大するための改革が行われてきた。投票権の拡大のみならず、近年実現した多くの改革によって、市民権の質と範囲が強化されてきた。たとえば、下院非米活動調査委員会や連邦捜査局（FBI）のスパイ防止活動プログラムによって行われたような、政府による集会の自由に対する妨害を、この半世紀は、明白に拒絶してきたことも、こうした進歩のうちの一つである。また、有権者が利用できる情報の量と多様性は、今では

その多くがネットから入手可能である有権者向けの情報ガイドに加えて、（情報自由法やウォーターゲート事件関連文書の公開によって作られた前例によって）拡大した報道の自由を通じて増加してきた。

　これらを含む多くの変革を受けて、民主主義の理論家ロバート・ダールは、アメリカ合衆国の歴史は、民主主義への道のりを、より高次の「多数支配」(ポリアーキー)[(1)]へと向かう段階を経て進んでいく、ほぼ一直線の進歩であると指摘している。つまり、より多くのグループの人びと（あるいは、その代表者たち）が議論の席について、ほとんどあらゆる問題が公共的な議題とされる（あるいはされうる）ようになった[1]。

　とはいえ、政治の風景に生じた変革のなかには、一直線の歴史とは言えないものもある。これらの非定型的な歴史の流れは、民主化の過程が、循環的なものとなることや、長期的な衰退をたどることさえありうることを示唆している。近代に生じたいくつかの動向やできごとは、見る限り、民主的な制度を弱体化させるように思われるものであった。たとえば、新聞からテレビに至る報道機関は、19世紀初頭以来大幅な技術革新を経験したが、この技術革新は同時に経営構造の変化をともなっていた。今日、多くのアメリカ人は、メディア所有の寡占化が進行しつつあることについての不安と、それによって第四階級[(2)]の民主主義的機能がどのような影響を受けるのかという不安を、1900年に抱いた（しかし1850年や1950年には抱かなかった）のと同様に抱いている。

　また、アメリカ合衆国が戦争をするたびに、市民的自由に対する制約が突如姿を現す。もっとも最近の例は、2001年の愛国者法である。ジェイ・マーティンが近年論じたところによると、ジョン・デューイによる第一次世界大戦への反対は、民主的な改革は、戦争にともなって避けがたい権威主義的な熱狂を乗り越えられないだろうという恐れが主たる理由である。デューイが危惧したのは、たとえば報道規制のような制度上の変化にとどまらず、軍事作戦の遂行によって一般人の市民的態度や習慣が変質してしまうことであった。デューイは、寛容さや義務感、公共精神の活発さ、政治的有効感――といったアメリカ国民の市民文化の活力が失われることを懸念したのである[2]。

　民主的な生活を構成するこれらの文化的な流れを、時代を超えて追跡するこ

---

(1)― ダールは、異議申し立ての権利（自由化）と広い政治参加（包括性）がどれだけ認められるかによって、政治体制を、閉鎖的な抑圧体制、包括的な抑圧体制、競争的な寡頭政、そして多数支配（多頭政）に分類した。二つの要素をいずれも十分に満たす、いわゆるリベラル・デモクラシーの体制が多数支配である。
1 ―― Dahl, R. A. (1989). *Democracy and Its Critics*. New Haven, Conn.: Yale University Press.
(2)― 第四階級ないし第四の権力とは、非公式な影響力をもつ社会的・政治的な存在を指し、報道機関、とりわけ、新聞を指すことが多い。
2 ―― Martin, J. (2002). *The Education of John Dewey*. New York: Columbia University Press, 269ff.

とは難しい。私たちが、たとえ公的**制度**については、かつてないほどに民主的なものを築き上げていたとしても、その一方で、重要な文化的習慣や伝統についてはそれらを失ったり、弱体化したりしてしまうことがありうる。アレクシ・ド・トクヴィルはその著書『アメリカの民主主義』において、1830年代のアメリカ人の生活にみられる文化的諸相を詳細に論じた。彼はそうした文化的諸相こそが、アメリカで重んじられている民主的な諸制度を支える下部構造を提供していると考えたのである[3]。近年もっともよく知られている学術書の一つに、ロバート・パットナムの『孤独なボウリング』があるが、これは、「社会関係資本」——民主的な諸制度を支える社会的ネットワークと相互信頼——が急速に衰退していく様子を記録したものである。彼の結論には異論を唱える論者もいるが、パットナムのこの著書は、社会的な信頼と市民参加が衰退の一途をたどっていると感じていた多くの読者たちの間で反響を呼んだ[4]。

アメリカにおける民主主義の歴史を、進歩であれ衰退であれ、一直線の物語としてみるよりは、むしろ、それを継続的な実験として捉え、ポピュリズム的な民主主義や、穏当な共和主義、エリート主義的な共和主義にわたる連続体上の異なる位置における、一連の実験として捉えるほうが有用であろう。ポピュリズム的な民主主義あるいはラディカル民主主義が強調するのは、可能な限り多くの市民を投票による決議に参加させることであり、ポピュリズム的な民主主義に特徴的な道具は、国民投票である。代表制民主主義は、世論のぶれを避けるために、選ばれた代表者たちが注意深く熟議できるような制度を強調する。私たちの見るところ、アメリカは、憲法でも妥協点が見いだされた、フェデラリストと民主政論者の間のバランス[(3)]を、定期的に再交渉しつつ、ポピュリスト的な民主主義の伝統と代表制の民主主義の伝統との間で揺れ動いてきた国である。たとえば1820年代や革新主義の時代には、アメリカは、よりポピュ

---

[3] — Tocqueville, A. de. (1961). *Democracy in America*. New York: Schocken Books. (Originally published 1835.) (=松本礼二訳、2005-2008、『アメリカのデモクラシー』第1巻・第2巻 (それぞれ上下巻)、岩波文庫。)

[4] — Putnam, R. D. (2000). *Bowling Alone: The Collapse and Revival of American Community*. New York: Simon & Schuster. (=柴内康文訳、2006、『孤独なボウリング:米国コミュニティの崩壊と再生』、柏書房。) 社会関係資本が衰退しているというパットナムの一般的な主張に対する批判の一つは、Bennett, W. L. (1998). "The Uncivic Culture: Communication, Identity and the Rise of Lifestyle Politics." *PS: Political Science & Politics*, 31, 741-761 が提供している。社会関係資本の衰退理由についてのパットナムによる説明の中核に対する批判の一つは、Moy, P., Scheufele, D. A., and Holbert, R. L. (1999). "Television Use and Social Capital: Testing Putnam's Time Displacement Hypothesis." *Mass Communication & Society*, 21, 27-45 が提供している。

(3) — A. ハミルトン他著『ザ・フェデラリスト』によれば、アメリカ合衆国憲法制定の中心となったのがフェデラリストと呼ばれる論者たちである。フェデラリストは、共和政の民主政に対する優越を主張した。彼らの言う民主政とは直接民主主義を指し、共和政とは代表制民主主義を指す。共和政の場合、選挙により世論が洗練され、選良 (エリート) により公衆が構成されることになるので、党派性や地域的利害を直接

リズム的であり、別の時代、たとえば建国時代や金メッキ時代[(4)]には、よりエリート主義的であった。

　衆愚政治の過ちや寡頭政や金権政治の不徳に陥らないようにするために、連邦政府内だけではなく州政府の連邦権力に対する関係についても、制度的な安全対策が講じられてきたが、それらの対策でさえ、さまざまな時点で、修正、破棄、補強、再編されてきた。文化的な動向は、その時々で、市民権の概念や政治の概念について、ポピュリズム的になったりエリート主義的になったりしつつ、私たちの公的制度のみならず社会的慣行をも形成してきた。

　こうした変化は、単に民主主義の流行や嗜好の変化を意味しているのではない。時には、紛うことなき民主的な習慣が衰退したり完全に失われたりして、民主主義の理念から完全に逸脱してしまうことすらある。このようなことが生じるからこそ、政治システムのうちに民主主義的な実践を再導入できるよう、これほどまでにか弱い、こうした実践を研究することが重要なのである。そこで本章では、市民による熟議という、50年間の眠りを経て再び覚醒しはじめた、一つの民主主義の技法の発生、衰退、再興の歩みをたどることにしたい。

20世紀後半のアメリカ合衆国における熟議

　熟議とは、陪審や議会、立法機関など、理性的な議論を行った後に決定を下す機関が用いるプロセスを表すためにしばしば用いられる、ありふれた用語である。過去20年を経て徐々に、この地味な用語は、民主主義のある特定の形式を表すために用いられる場合には、より精密で厳格な意味をもつようになった。ジェイン・マンスブリッジは、その著書『敵対的民主主義を超えて』のなかで、アメリカの民主主義には、敵対的民主主義と一元的民主主義という、二つの対照的なモデルがあると論じている。私たちの政治文化を支配してきたのは前者であるが、タウン・ミーティングや全会一致の追求に見られるような一

反映する民主政と比べ、公共善により合致する政体であるというのが、フェデラリストの主張であった（＝斎藤眞他訳、1999、『ザ・フェデラリスト』、岩波文庫、60-61頁を参照）。
(4)―南北戦争後の好況期（1865-1890）を指す。マーク・トウェインとチャールズ・D・ウォーナーによる同名の小説に由来する。経済成長が進むと同時に、独占資本や現職大統領を巻き込んだ汚職事件など、政治経済の腐敗が進んだ。Twain, M. and Warner, C. D. (1873). *The Gilded Age: A Tale of Today*. London: Chatto & Windus.（＝柿沼孝子訳、2001、『マーク・トウェインコレクション19 金メッキ時代』〈上下〉、彩流社。）

元的民主主義の伝統も、しばしば忘れられがちではあるが、存在する。一元的民主主義のモデルにおいては、市民は、お互いを尊重し合った熟議に参加し、対立するさまざまな事実や感情を秤量して、一般意志についての啓発された理解に至る[5]。しかし1960年代以降は、一元的モデルは、意見の不一致や相違を抑圧せざるをえない体制順応主義の、隠れ蓑的な形態として非難されるのが一般的になった。フランシスカ・ポレッタの2002年の著書『自由とは、終わりのない出会いである』など、より最近の研究は、当時の民主的な試みについての復権をはじめている[6]。しかしながら、マンスブリッジの著書が公刊された1983年の時点で、全会一致を目指すような退屈な議論に何らかの価値を見出したことは啓示的であった。

翌1984年にはベンジャミン・バーバーが、民主主義論をテーマとする学術書としてはベストセラーになったものの一つである『ストロング・デモクラシー』を刊行した[7]。バーバーによれば、代表制の機関、対立する利害間の敵対的な競争、私権の擁護を基盤とする民主主義は、コミュニティーによる活動や、市民による対話、市民としての責任などを同等ないしそれ以上に強調する民主主義と比べて、弱体である。バーバーは一連の複雑な改革を提案したが、その多くは、その後、政治学、コミュニケーション論、哲学などの学術誌に発表された、熟議民主主義に関する何百本もの学術論文において再び姿を現している。

熟議理論の理論家たちが推進してきたアイディアのなかでも、もっとも注目を浴びているのは、政治学者ジェイムズ・フィシュキン教授が、1988年の『アトランティック・マンスリー』誌に発表した論文ではじめて提唱した熟議型世論調査である[8]。フィシュキンは、1996年に複数の非営利の財団法人からなるチームとともに、400人超のアメリカ国民の無作為標本を、テキサス州オースティンに集めて、喫緊の国民的課題についての熟議をさせ、将来の大統領候補に質問する機会を与え、その意見を記録した。フィシュキンはこの催しを、ナショナル・イシューズ会議（NIC）と名づけたが、彼は、会合後に参加者が表明した意見が「影響力のある提言」となることと、そして、国民が**熟議する**市民の声をはじめて耳にすることを期待していた（熟議型世論調査の詳細は第5章を参

---

5 ―― Mansbridge, J. J. (1983). *Beyond Adversary Democracy.* Chicago: University of Chicago Press.
6 ―― Polletta, F. (2002). *Freedom Is an Endless Meeting: Democracy in American Social Movements.* Chicago: University of Chicago Press.
7 ―― Barber, B. R. (1984). *Strong Democracy: Participatory Politics for a New Age.* Berkeley: University of California Press. （＝竹井隆人訳、2009、『ストロング・デモクラシー：新時代のための参加政治』、日本経済評論社。）
8 ―― Fishkin, J. (1988, Aug.). "The Case for a National Caucus." *Atlantic Monthly,* pp. 16-18. 9.

照のこと）。

　NICは、メディアから脚光を浴び、公共放送サービス（PBS）の各局[5]が、そのセッションの多くを中継した。NICは、この年の大統領選における討論やその他のメディアによる催しの組み立てにさえ影響を及ぼしたようであり、これらにおいても、ほぼ無作為に抽出された一般市民が質問者や討論者として含まれていた。しかしながら、熟議型世論調査の結果は、選挙自体には明確な影響を及ぼさなかった。2003年1月に、再度、全国規模の熟議型世論調査が行われた際には、ほとんど注目されることはなかった。この熟議では、熟議を進めるにつれ、より多くの参加者が、イラク危機に対して国連が後援した解決策を支持するという驚くべき変化が生じた[9]。この調査が当時もっていた重要性にもかかわらず、政治家もメディアも、参加者たちの意見におけるこの驚くべき変化を気に留めることはなかった。

　熟議を後押しする新たな推進力は、他にも劇的な形で登場してきた。たとえば、クリントン大統領が、人種についての国民的対話を呼びかけたのも一例である。1997年6月14日、カリフォルニア大学サンディエゴ校の卒業式で挨拶をした際、「人種間の断絶を打ち破る手助けとなるようあらゆるレベルのリーダーシップを募り後押しすることを意図して、全米のあらゆる地域が人種問題に向き合い克服するための対話を促進していく」計画を表明した[10]。

　クリントンによる、熟議ではなく**対話**という表現は、政策分析への理性的な取組みに加えて、人種についての会話には、知的のみならず情緒的な困難がともない、経験や物の見方の違いに直面せざるを得ないことを強調している。クリントン自身も次のように述べている。「正直な対話は、最初は容易ではないだろう。私たちは皆、保身と恐怖、言葉狩りなどの、正直さの阻害要因を乗り越えなければならない。感情の激しい摩擦が起こるかもしれない。しかし私たちははじめなければならない」。人種についての対話が最終的にどれだけのインパクトをもたらしたのかを測ることはできないが、ここで重要なのは、現職の大統領が市民による熟議と対話を促進する取組みに着手するのがふさわしいと考えていたことである。そのような行動自体が、公民権法制定から30年を経たこの時点においても、何らかの働きかけ――政治的であるか文化的である

---

(5)― Public Broadcasting Service. 1970年に設立されたアメリカの公共放送ネットワーク。非営利で運営されており、日本のNHKにあたる。
9―― このプロジェクトおよび関連プロジェクトについての詳細は以下のウェブサイトから入手できる。"By the People: A National Conversation About America in the World." (n.d.). [http://www.pbs.org/newshour/btp].
10 ― スピーチの全文は、以下のウェブサイトで入手できる。Clinton, W. J. (1997, June 14). "Remarks by the President at University of California at San Diego Commencement." [https://www.msu.edu/course/psy/442/speech.htm]

この15年の間、人種問題についての対話や熟議型世論調査のような劇的な出来事以外にも、熟議民主主義という名前で（あるいはその精神に則り）、数多くのプログラムや組織、地域での取組みが行われてきた。公共の場で行われる熟議の質を向上させ、市民と政治家とが顔を合わせて価値観や政策について知的かつ誠実に話し合うための機会をより多く設けることに、多くの公職者、一般市民、活動家、研究者たちが関心を寄せている。

近年はじまった、さまざまな熟議の取組みの一例として、ケタリング財団が運営し、コミュニティー・オーガナイザー、地域リーダー、公職者、教員や公共精神をもった市民たちによる分散型ネットワークが、全国各地で主催してきたプログラムである、ナショナル・イシューズ・フォーラムがある（第3章を参照）。このフォーラムでは、地域社会や教会団体、受刑者、識字教育を受けている社会人などが集まり、目下の問題について争点を三つないし四つの選択肢に整理し、それぞれのアプローチがもつ得失に注目するという独特の進め方で話し合いをする。

この10年で関心を集めるようになったもう一つのプログラムに、学習サークル資料センターが支援している、さまざまな形態の学習サークルと住民対話集会がある（第14章を参照）。学習サークルのアプローチは、議論の焦点を絞った熟議と公開の対話集会とを組み合わせ、コミュニティー・オーガナイジングの手法を用いて、多人数の多様な参加者たちをひきつけることで、公共の場で話し合いの質を向上させようというものである。地域のオーガナイザーは、学習サークルのプロセスを活用して、人びとの個人的な態度や振る舞いを変えることから、制度や公共政策の変革を実現するための集団行動を引き起こすことまで、さまざまな成果を得ている。

インターネットの登場により、たとえば、meetup.org、MoveOn.org、e-thePeople.orgなど（第15章を参照）が主催する、新たな世代の熟議型討論が産み出された。ネット上に無数に存在する、チャットルーム、自動制御型メーリングリスト、進行役がいる討論など、さまざまなオンラインの仕組みを通じて、全米から（場合によっては、世界中から）人びとが集い、インターネット

が普及する以前には考えられなかったような仕方で、公共的な課題についてお互いに議論を交わしている。冷静さを欠いたネット上のやりとりでは起きることがある激しい意見の応酬ではなく、むしろ、分別ある熟議を促すために特別にデザインされた、UnChatのようなソフトウェア[(6)]を考案した開発者たちもいる。

　ところで、アメリカ政府は、ルール決定プロセスに市民による熟議を取り入れることで得られる潜在的利益を認め、そのためのインフラを創り上げた。意見聴取会が行われるようになってすでに数十年が経つが、意見聴取会をネット上で行うことによって、より広範な市民の参加が可能となった。また、ネット上の意見聴取会によって、修正された政策文書に対してネット上で加えられた意見に具体的に言及するなど、政府機関が参加者に直接フィードバックすることも容易になった。

　アメリカ合衆国環境保護庁、公共インフラ産業、州の運輸局、学区など多様な組織が、市民から得られる意見の質の向上させるために、対面型熟議の方法を実験的に用いている。たとえば、ミネソタ州ミネアポリス市のすぐ郊外にあるオロノ市の教育委員会は、1998年に市民陪審を開催し、市民が学校債を否決し続ける背景を明らかにしようとした。有権者を代表するサンプルとなるように構成された陪審が革新的な学校債の案を作成し、その後、教育委員会はこの案を投票にかけた。提案は、学校債の支持者たちが市民陪審を重要な正当化の根拠として働きかけた結果、ようやく可決に至った[11]（市民陪審について、詳しくは第7章および第8章を見よ）。

　熟議民主主義の理論家と実践家の間には、熟議の方法、実施場所、目標をめぐっていろいろと認識の違いがみられるものの、両者は十分に連携しあっており、熟議を、私たちの政治文化においてだけではなく社会制度においても、中心的な特徴としようとする運動が生まれつつあると言ってよい。市民による対話と熟議がその質と量において向上すれば、アメリカは、より民主的な国になるだろう。とはいえ、こうした熟議的転回の前途が、民主主義の理想への安定した前進における、確実な更なる一歩であると考えるのは誤りであろう。というのも、この国において熟議という美徳が歓迎されたのは、これが初めてでは

[(6)] ― Beth Noveckが2003年に開発したWebベースのチャットソフト。現在は利用できなくなっている。
[11] ― この事例については、以下の文献が、熟議に基づく選挙改革との関連で論じている。Gastil, J. (2000). *By Popular Demand: Revitalizing Representative Democracy Through Deliberative Elections*. Berkeley: University of California Press.

ないからである。

20世紀初頭のアメリカ合衆国における熟議

　熟議が重要な文化的勢力となったのは、20世紀前半のことであり、この時期を起点に、熟議の運動は、実は50年ごとに隆盛と衰退のサイクルを繰り返してきた。しかし、歴史的にみて初めて熟議が登場したこのころの様子と、近年の再興との間には重要な相違がある。そこで初期の熟議を再訪することは、それが今日の熟議の再登場とどのような特徴を共有し、どのような違いをもつのか、そしてつまるところ、熟議の運動が周期的に出現したり消滅したりすることにはいかなる原因があるのかを理解するうえで不可欠な作業であるといえる。私たちが今日抱えている懸案事項やさまざまな制約を念頭に置きながら、過去を再訪することで、学べることがたくさんある。

　人びとの想像力のなかで民主主義のモデルとして感傷的に好まれていた、ニュー・イングランドのタウン・ミーティングがもはや活気を失っていたことに、1920年代から30年代に至る頃には、市民も研究者も気づくようになった。(実際のタウン・ミーティングは、伝説的に言い伝えられているようなポピュリズム型民主主義の理想郷では決してなかったことは、ここでは論及しない)。アメリカ経済の産業転換によって、アメリカ合衆国人口の大半は、農村から、急速に拡大していた都市へとすでに移動しており、加えて、その人口は一層多様化していた。都市に住むアメリカ人は、もはや孤立した田舎の共同体に隔絶されてはおらず、同じ地域に住む少なからぬ市民が、異なる言語を話し、異なる食べ物を食べ、異なる教会で祈りを捧げている現実に、日々直面していた。この国は、ペリクレスやジェファソンが民主主義に必要であると想定していた小規模性と同質性とを欠いていた。新聞やラジオを通じて感じる一体感は、異なる共同体を隔てている地理的な距離の大きさを、人びとに実感させることにしかならなかった。というのも、これらのメディアに頼らざるを得ないということは、住民相互が対面するという市民的なコミュニケーションの伝統を放棄することを意味していたからである。人びとは、全国に散らばる他の視聴者

が同じ放送を聴いていることを知ってはいるが、お互いに知り合うことも話しかけることもできなかった。19世紀後半のポピュリスト党[7]の心性は、地理、人数、多様性において、大衆があまりにも大規模となったせいで、失われてしまったように思われる。

19世紀から20世紀への世紀転換期の、革新主義の改革者たちは、いわゆる金メッキ時代の危機に対して、直接民主制のための手法をいくつか増やすことで対応した（上院議員の直接選挙と住民投票はこの頃の産物である）。同時に、彼らは、官僚機構の規模を大きくするとともに複雑にし、それによって、行政から市民を遠ざけてしまった。しかしケヴィン・マットソンがその著書『民主的公衆の創造』で明らかにしているとおり、全米の都市の行政は、行政を市民参加へと開放するための手法を発達させていた。加えて、特徴をもった革新主義的な性格の市民団体や非政府機関の多くが、熟議の実践を後援していたことは、ピーター・レヴィーンが記録しているとおりである。セツルメント・ハウスやコミュニティー・センターはディベート・クラブや連続フォーラムを後援し、農民救済組合(グレインジ)は農民が時事問題について議論できる場所を提供していた[12]。

当時の市民参加の新たな方法の一つが、「オープン・フォーラム」であった。後に**フォーラム運動**と呼ばれるようになるオープン・フォーラム運動は、1900年頃から急速にはじまり、とりわけ都市部において定着していった。**オープン**という言葉が意味しているのは、そこでの議論が、私的な会員制組織に限定されているものではなく、一般市民に開かれているという（当時としては）新奇なアイディアである。オープン・フォーラムは、目下の問題について講演者が話して聴衆からの質疑を受け、引き続いて**議論**を行うという、ショトーカの慣行[8]を再生したものであった。多くの人びとにとってこの種の議論は、タウン・ミーティングのもつ民主的な精神を具現化したものように思われた。そうした議論は直接に法律や政策に結実するわけではなかったが、公共の場における熟議の精神を体現していた[13]。

これら熟議の制度のうち、もっとも印象的な例の一つが、フォード・ホー

---

[7] ― 当時の農村不況を背景に結成された第三政党。国民発議など直接民主主義的な制度改革を主張し、西部や南部の州政治を中心に活躍した。人民党とも訳される。

12 ― Mattson, K. (2001). *Creating a Democratic Public*. State College: Pennsylvania State University Press; Levine, P. (2000). *The New Progressive Era*. Lanham, Md.: Rowman & Littlefield; Carson, M. (1990). *Settlement Folk: Social Thought and the American Settlement Movement, 1885-1930*. Chicago: University of Chicago Press; Simkhovitch, M. K. (1926). *The Settlement Primer*. New York: National Federation of Settlements.

[8] ― 1874年にニューヨーク州ショトーカ（Chautauqua）地域ではじめられた文化講演会に由来する社会人教育の推進運動。

13 ― Orchard, H. A. (1923). *Fifty Years of Chautauqua*. Cedar Rapids, Iowa: Torch Press.

ルである。1908年、ジョージ・コールマンは、その少し前に逝去した地元の慈善家ダニエル・シャープ・フォードが寄付した遺産に基づいて、フォード・ホール・フォーラムをボストンで開催した。フォードの望みどおり、コールマンは、さまざまな人びと、とりわけ、労働者階級の人びとが、講演者の話を聞いて質問や意見ができる場を提供した。最初の案内チラシは、「英語、イタリア語、イディッシュ語で印刷された」。これが実際のところ、**直接**民主主義であるとは誰一人思いもよらなかったようで、フォード・ホール・フォーラムについて1930年に書かれた記事には、「成人教育の実践」という副題がつけられている。しかし、それは当時目覚めはじめていた、政治参加の拡大という気運に合致していたように思われる。1915年に、『ニュー・クオータリー・ジャーナル・オブ・パブリック・スピーキング』という新しい雑誌に掲載された「教育機関としてのフォーラム」という論文で、シカゴ大学のロロ・ライマンは、ショトーカのうちもっとも価値ある部分は、娯楽の面ではなく、教育の面すなわちフォーラムにあると主張している。彼は、フォーラムを歌や演劇、詩、演説などから切り離すべきであり、そして、それぞれの地域の短大や大学がフォーラムを後援すべきであると提言している[14]。

　ライマンの提言は当時多くの人が感じていたところを言い当てており、フォーラムは全国に広がっていった。1920年には、政治教育連合が、ニューヨーク市でタウン・ホールを開催した。憲法修正第19条を受けて、女性への選挙権付与に賛同した勢力は、新たに選挙権を得た女性たちが正しい知識をもって投票できるようにするための政治教育を受けられる場を求めていた。タウン・ホールは、学歴のある女性だけでなく一般市民に開かれたフォーラム形式に特化し、参加者自身が時事的な関心のあるトピックについて短期間の講座を開くこともできた[15]。

　20世紀前半には、多くの人が、民主主義の抱えるコミュニケーションの問題を、議員や競い合う大学生のチームによって行われていたディベートのもたらす害悪のせいにするようになった。1915年の『アウトルック』誌に掲載された小論で、テディー・ローズヴェルトは、大学で教えられているディベート・モデルを明確に非難している。そこで、1930年代に至るまでには、アメリカ

---

[14] – Lurie, R. L. (1930). *The Challenge of the Forum-The Story of Ford Hall and the Open Forum Movement: A Demonstration in Adult Education.* Boston: Richard R. Badger; Lyman, R. L. (1915). "The Forum as an Educative Agency." *Quarterly Journal of Public Speaking*, 1, 1-8.
[15] – Overstreet, H. A., and Overstreet, B. W. (1938). *Town Meeting Comes to Town.* New York: Harper & Brothers; Young, L. (1989). *In the Public Interest: The League of Women Voters, 1920-1970.* New York: Greenwood.

にある大学の言論学部は「議論」のコースを教えるようになった。ディベートのコースの発展的解消ともいえる(場合によっては、代替ともいえる)議論のコースでは、小グループでの共同の問題解決に焦点が当てられた。ジョン・デューイの著作に明確に依拠しつつ、議論のコースは、学生たちに、フォーラムに参加するために必要な素養を身につけさせることを目的にして、論拠に基づいた意見交換の技法、相互の尊重、参加の平等を強調した[16]。

　フォーラム運動の最大の目玉となったのが、連邦フォーラム・プロジェクトである。1932年にニューヨークのカーネギー財団が、継続的な成人市民教育の実験として、2年間の連続フォーラムを開催するために、アイオワ州デモイン市の教育長であったジョン・ステュードベイカーに資金を交付した。ステュードベイカーの革新的なところは、(夜間はどのみち誰も使っていない)公立学校の校舎を利用した他、(すぐ近所の人びとが顔を合わせることができる)近所の小学校で毎週のフォーラムを開催したこと、複数の小学校グループを集めて月に1回高校でフォーラムを行ったこと、全市規模のフォーラムを年に2回開催したことなどである。ステュードベイカーが呼び寄せた講演者たちの水準は高く、フォーラムは大きな成功をおさめた。さらに1934年、フランクリン・ローズヴェルトが、ステュードベイカーをアメリカ合衆国教育長官に指名すると、ステュードベイカーはこの成功を全米規模で再び実現することに取りかかった。8箇所(最終的には11箇所)の大都市で、潤沢な資金をもって開催された**モデル・フォーラム**を皮切りに、アメリカ合衆国教育省は、全米数十箇所におけるフォーラムを後援した。教育省が支援スタッフを提供したフォーラムもあれば、『フォーラム企画のためのハンドブック』と講演者リストを提供しただけのフォーラムもあった。恐慌時代にもかかわらずフォーラムへの関心の盛り上がりは驚くべきもので、1938年に至るまで、完全に入場無料で、学期中に週に最低1回開催された、これらのフォーラムに毎年100万人を超える人びとが参加した[17]。

　講演に耳を傾けた後はすぐ帰宅するような礼儀正しい中間階層の人びとがほとんどというフォーラムもあったが、多くの場合は、多様な聴衆が参加しており、講演者による講演の後に興味深い議論が行われた。今日、しばしばフォー

---

[16] ─ Roosevelt, T. R. (1913, Feb. 22). "Chapters in an Autobiography." *Outlook*, 393-408. 当時よく売れた教科書に、たとえば以下のものがある。Pellegrini, A., and Stirling, B. (1936). *Argumentation and Public Discussion*. New York: Heath; McBurney, J., and Hance, K. (1939). *Principles and Methods of Discussion*. New York: Harper & Brothers; Ewbank, H. L., and Auer, J. J. (1941). *Discussion and Debate: Tools of Democracy*. New York: F. S. Crofts.

[17] ─ Studebaker, J. W. (1935). *The American Way*. New York: McGraw-Hill; Studebaker, J. W. (1936). *Plain Talk*. Washington, D.C.: National Home Library Foundation; Studebaker, J. W., and Williams, C. S. (1937). *Choosing Our Way*. Office of Education Bulletin 1937, Misc. No. 1. Washington, D.C.: Office of

ラムと呼ばれている、組織化された広報イベントとは対照的に、20世紀初頭のフォーラムは、講演者（たいていは学者）は意図的に中立的な立場をとり、逆に、聴衆は中立的な立場をとらないよう働きかけられた。こうしたフォーラムは、有権者教育を意図して行われたときもあったが、ステュードベイカーとその仲間は、成人市民教育という、より高邁な目標を想定することが多かった。そこで重要とされたのは、単に、当面の諸課題について市民を教育するということではなく、むしろ民主的に話し合う文化的な習慣を育んでいくことであった。ステュードベイカーが、1935年の著書『アメリカン・ウェイ』で明らかにしているように、熟議は、議員が行う場合にのみ重要なのではない。あらゆる市民が、他の市民と一緒になってやりとりを行うなかで、自分たちの意見を形成し検証しなければならないのだ。「そのように訓練された市民的知性、すなわち、民主主義を実際に運営していくための基礎となる批判的で開かれた精神を、私たちがもつべきであるのなら、全米において、……市民フォーラムの仕組みを創設するための措置をすぐに講じなければならない。……子どもたちに対する読み書き算術の教育計画を徹底するとともに、成人の市民的知性を育むための教育の仕組みの提供も徹底する必要がある」。

　これらのフォーラムによる教訓の一つは、多様化し分断された地域社会同士であっても互いに関わりを深めていくことができるような民主的な議論の方法があるということである（今日では、この目標は、典型的には「対話の必要性」と呼ばれている）。

　1932年には、教育哲学者でフォーラムの支持者でもある、ハリー・オーヴァーストリートが、**パネル・ディスカッション**を考案した。これは今ではよく知られているが、パネリストたちがいくつかの問題について壇上でお互いにやり取りした後、聴衆が議論に参加するという形式のものである。オーヴァーストリートは、民主的なコミュニケーションの適切な形を、誰もが自然に理解し実践できるわけではないことに気づき、教育者たちが、最良の実践をお手本として示せるような形式を作ろうとしたのであった。とはいえ、こうした考えは今ではほとんど残っておらず、今どきの日曜朝のトークショーは、オーヴァーストリートの発想をパロディ化してしまっているし、明らかに熟議型と

Education, U.S. Department of the Interior.

はいえないやり方で市民の参加を呼びかける、たちの悪いラジオのトーク番組が人気を博している。

　全米フォーラム・プロジェクトは、連邦政府予算が、第二次世界大戦のための軍備を優先するようになった結果、消滅した。フォーラムを支持する者たちの熱い信念にもかかわらず、全米規模の取組みはなくなった。20世紀の初めと終わりの間には、熟議をめぐる用語や理念、実践にこれほどの連続性があるにもかかわらず、この間に一体何が起こったのであろうか。フォーラム運動の目標と方法を支持するのはたやすいが、なぜ私たちは今になってそれを再発見しているのだろうか。なぜフォーラム運動は、テレビやラジオに移行したような類のものを除き、ほとんど消え去ってしまったのだろうか。この点を知ることは、熟議の実践の終焉と復活、そして21世紀における熟議の持続可能性を理解するための鍵となるがゆえに重要である。

20世紀中期のアメリカ合衆国における熟議の衰退

　大まかにいえば、1940年代から1960年代初頭にかけてのさまざまな勢力が、熟議の規範と諸制度を突き崩していったと考えられる。反共思想が強まり、開かれた議論のための豊かな土壌は提供されなくなった。なべて開かれた議論というものには、現状を転覆しうる側面があるという疑念とも合わさって（ステュードベイカーは違うが、1930年代のフォーラム運動家の一部は左翼活動家であった）、冷戦時の戦略は概して、思想の市場に対する国家による検閲とプロパガンダを好んだ。たとえば、下院非米活動調査委員会は、意見の多様性を高めるようなことは何もしなかった。と同時に、新しい複雑な技術、とりわけマス・コミュニケーション技術が登場したことによって、民主主義の有していた対面的な文脈に対する関心が失われた。高速道路、政府諸機関、法律といった連邦政府が計画するインフラの整備を通じて、都市化と国土の連結があらためて強調されたことで、地域主義もまた衰えつつあった。技術によってよりよくなる明日へと疾走している成長期のこの国において、教育委員会の会議という静かな伝統が、効率的で合理的な統治の、模範例とはなることはありえ

なかった。

　加えて、多くのB級映画が描き出しているとおり、科学者が合理的な指導者像の見本となった。科学は当然のごとく、民主主義および資本主義と手を携えており、こうした専門家信仰にしがみつく限り、民主主義のより大きな描像のなかで自分たちに果たすべき根本的な役割がありうるなどとは、平均的な市民には思い至る由もなかった。ウォルター・リップマンが「民主主義によって運営するには、仕事が複雑になりすぎている」と述べたことを裏づけるように、シンクタンク、特にRAND研究所が登場してきた。指導者たちは、市民よりも専門家を、活動的な市民よりも政策エリートを必要とするようになった。

　第二次世界大戦が、私たちがファシズムに身を任せうるということを明らかにしてしまった後、市民自身がみずからの理性の力を疑うようになった。『権威主義的パーソナリティー』(1950)[18]といった著作や、スタンリー・ミルグラムが1960年代に行った権威への服従に関する実験は、自治を担うにはあまりも影響を受けやすく衝動的過ぎるとみなされることもあった市民に、自分の姿を映す鏡を差し出すものとなった。市民による、とめどない議論は、分別ある市民の意見を近似的に生み出すかもしれないが、それと同様に、人びとの狂気を純化して暴君をやすやすと政権に就かせる可能性がある。共産主義の脅威の影に覆われるなか、装いを新たにもち出されたのは、かつてのジャコバン派による次のような主張であった。「我々の生き方に疑義を唱える者は信頼できず支配しなければならない。これは、我々は、我々自身をも信頼できないということすら意味しうる」。

　結局、政治の舞台は、新たな役者で埋め尽くされてしまった。共通の主張をもつ人びとの連帯を代表する利益団体（インタレスト・グループ）が、より一層、専門職ロビイストの活用を通じて、影響力を行使するようになった。権力に接近できる者の範囲は、伝統的な内部関係者から、新たなエリート階級——専門職——へとわずかに広がった。映画「スミス都へ行く」[9]の主人公スミス氏が、もし今、ワシントンに行くとしたら、彼は、ロビイストとして誰を雇うべきかについて知らなければならない。この時期の終わりには、人びとは、民主主義とは、専門職のプランナーと政治家が、競合し合う私的な欲求やニーズについて決着する多元主義的なシス

---

[18] — Adorno, T. W., Frenkel-Brunswik, E., Levinson, D. J., and Sanford, R. N. (1950). *The Authoritarian Personality*. New York: Norton. (＝田中義久・矢沢修次郎訳、1990、『現代社会学体系12 権威主義的パーソナリティ』、青木書店。)

(9) — アカデミー脚本賞を受賞した1939年のアメリカ映画。

テムであるとみなし、また、そのようなものとして語るようになった。熟議が行われているとしたら、エリートたちの間においてのみであって、エリートたちが市民から求めているのは、市民に先導してもらうことではなく、自らの決定を正当化してもらうことと汗をかいてもらうことだけであった。その後、1960年代と1970年代の、非常に民主的な運動は、新しくかつ重要な声をあげたが、その大半は、権力行使の手段を変えるというよりは、権力の均衡を変えることを目的としていた。

熟議のルネサンスを説明する

　熟議民主主義の再興を導いたのは、その衰退を招いたのと同じ要因――技術と文化、政治――の多くが一点に合流した結果である。過去30年間にわたり、コンピュータ、ネットワーク、遠隔コミュニケーションの世界は、劇的な変様を遂げた。スティーヴン・ジョンソンは、著書『創発』のなかで、現代の世界では、人びとは、中央集権的な命令と支配のシステムによってではなく、ゆるやかに連結されたネットワークとローカルな信号によって接続し調整しあっていると説明する[19]。アメリカ合衆国ではインターネットが広く普及したことで、地理的な境界を超えて、また、同一の地域内で、熟議を行うコストが下がった。今や、台所にも、職場にも、コンピュータがあるところにはどこにでも市議会がある。Eメール、携帯電話、インスタント・メッセージによって、一対一のやり取りが容易になったばかりではなく、対面によるビデオ会議も非常に主催しやすくなった。距離とコミュニケーションという古くからの問題は、劇的な変化を迎えたのである。

　しかしながら、社会全般が熟議を避けている限り、有意義な論議がこうしたネット上の公共空間を占めることはありえない。再興した熟議を支える文化的な勢力は、多文化主義の流れが、再興した市民的衝動と合流することによって生じたものである。グローバル化の急速な進行と、アメリカ合衆国の政治的境界内における民族的多様性の増加が、企業、政府機関、地域社会、その他のさまざまな社会システムに対して、文化的差異についての理解をあらためるよ

---

[19] ― Johnson, S. (2001). *Emergence: The Connected Lives of Ants, Brains, Cities, and Software*. New York: Scribner. （＝山形浩生訳、2004、『創発：蟻・脳・都市・ソフトウェアの自己組織化ネットワーク』、ソフトバンククリエイティブ。）

う迫っている。坩堝(melting pot)という比喩は、複雑な多文化のシチューという比喩にとって代わられ、アメリカ人は、今や差異を無視したり否定したり溶解(メルト)してしまうのではなく、むしろ、それを活力として利用するよう期待されている。対話と熟議は、差異を顕在化させ、その価値を認め、活用して、集合的な決定に至るための道具となりうる。このような精神に立てば、クリントンの促した人種問題についての対話は、単に目下の課題を解決するための一手段ではなく、人びとが成長し社会がより強靭になっていくためのプロセスの一つである。確かに、こうした流れとは逆行するような潮流もみられるが、ベンジャミン・バーバーが、過酷な文化闘争である「聖戦(ジハード)」と、非政治領域がすべてを占める「マックワールド」として記述した、二つの荒波の間隙を舵取りしていこうという力強い衝動はなお残っている[20]。

　多様性を志向するこうした動きに加わったのが、新たな市民精神である。ロバート・パットナムが『孤独なボウリング』で記録した社会関係資本の衰退と、少なくとも同じくらいに興味深いのは、パットナムの著作が、左翼からも右翼からも得た喝采である。ウィリアム・ギャルストンは、『ジャーナル・オブ・デモクラシー』誌の1995年号に掲載されたパットナムの元論文に言及して、次のように考察する。「一論文が、これほどの短期間に、学術的に無名の存在から、一般的な見識となるのは滅多にあることではない。『ワシントン・ポスト』紙が「信頼の喪失」をテーマにした全6回の連載を一面に掲載した1996年1月までには、政府中枢の識者たち(Beltway pundits)は、社会関係資本という語彙を学ぶことになった」[21]。社会関係資本が衰退の途にあるというパットナムのテーゼが正しいかどうかはわからないが、ともあれ、それは確実に時流にかなうものだったといえる。

　以後数年にわたって、批評家たちは、パットナムが長期にわたって追跡してきた、どちらかというと伝統的な市民活動とは別の場所に、公共精神の水脈を探し当ててきた。慈善としての寄付、ボランティア精神、より拡散した市民ネットワークが、組合などの支部や、PTAの会合、ボウリングのリーグに取って代わっているのかもしれない。9.11以降、これはパットナムでさえ認めていることだが、この国民的悲劇によってほとばしった火花が、市民生活の公共的

---

[20] ― Barber, B. R. (1995). *Jihad Vs. Mc World: How Globalism and Tribalism Are Reshaping the World*. New York: Ballantine Books. (=鈴木主悦訳、1997、『ジハード対マックワールド：市民社会の夢は終わったのか』、三田出版会。)

[21] ― Galston, W. (1996, May-June). "Unsolved Mysteries: The Tocqueville Files II." *American Prospect*, 26, 20-25.

な情熱に再び火をつけた可能性がある。現代の政治的状況には、ケタリング財団やピュー慈善信託財団のように、市民による熟議と対話の推進を課題として取り組む新たな民間の担い手が存在している。ほとんどのシンクタンクが相変わらず特定の政治課題を推進し続けているのに対し、これらの新しい市民的な財団や組織は、特定の党派的な成果ではなく、活力ある市民社会と熟議型の政治を促進している。このような市民的な使命は、ときに、改革派というよりも革命的であると受け止められることがある。ケタリング財団によれば、同財団は「従来のようなやり方で、政治を改善するやり方を」探し求めているわけではない。むしろ、その綱領によれば、「私たちは、民主的な政治が実践されるそのやり方に根本的な変化をもたらそうと模索しているのである」[22]。本書の各章の執筆者が、熟議民主主義についての各自の展望を実現すれば、そのとき、熟議は、ロバート・ダールが1970年に著した『革命以後？』と題した書籍への回答となるだろう[23]。

　熟議がうまくいかなければ、手際のよくない妥協や無意味な対話へと陥り、政治や経済のエリートが一貫して継続してきた活動の邪魔にしかならないこともある。しかし熟議——あるいは、仲裁などの紛争解決手段、あるいは、困難を通じて一般的な対話を何度も繰り返すこと——は、それ以上のものとなる可能性がある。古代アテネで弁論術の批判者が、それが濫用される危険性を指摘した際、アリストテレスは、同じことは、強さについても、健康についても、富についても、将たる器についても指摘しうると述べた。これらの力それ自体には善し悪しはなく、ただその用いられ方だけに善し悪しがある。1920年代と1990年代の成功は、いずれも、熟議が、信仰や価値観、文化、人生経験の違いを超えて解決策を見い出すための確実な方法となりうることを示してきた。解決は時として、見過ごされてきた合意の余地が見出されることによって与えられる場合もある。しかし、それにもまして頻繁に起こるのは、反目しあっていた文化が見識と思慮をもつことで互いに歩み寄るということであり、あるいはまた、さまざまな当事者たちが、不一致を抱えたまま、それでもうまくいくような暫定的な解決方法を見い出すということである。たしかに、人びとに与えられている力がそれぞれ異なることによって、熟議を行うことはより難しく

---

22 ― ケタリング財団の綱領については、以下を参照。[http://wwwkettering.org]
23 ― Dahl, R. A. (1970). *After the Revolution?* New Haven, Conn.: Yale University Press.

なる。しかし、だからといって熟議が不可能になるわけではないし、無為になるわけでもない。

今後の展望

今日、熟議にとって、諸条件は整っているのかもしれない。しかし、本章の要点の一つは、この特定の民主主義的実践の壊れやすさを認識する手助けをするということである。絶えず変化する諸条件は、熟議を私たちの手元に戻してくれたのと同じくらい確実に、熟議を一掃してしまうかもしれない。しかし、歴史という潮の満ち引きは、部分的には私たちの選択の結果として生じるので、現在の状況を一瞥するだけでも、より熟議型の民主主義プロセスへと向かおうとしている今日の動きを、どんな力が維持して、どんな力が揺るがせているのかを理解する手助けになる。

国際的な状況の変化は、明らかに熟議の発生と消滅を左右する一つの要因であった。民主的な熟議について今日説明をしようとするなら、もはや1930年代の連邦政府による熟議プログラムとはちがって、グローバリズムを無視することはできない。この点において熟議を取り巻く今日の環境は複雑になっているといえる。ジョージ・W・ブッシュ大統領〔当時〕は、外交政策に関して、単独行動主義的で、先制攻撃をも辞さない構えをとってきたが、彼の政権下でさえ、より多国間協調主義的なアプローチに賛同する人は大勢いた——こちらのほうが、熟議によるギブ・アンド・テイクには好都合である。経済界では、世界貿易機関（World Trade Organization）のような団体の存在は、権力がかつてないほどエリートの手に集中していることの証左であると解釈しうる。彼らエリートは、政府高官によって指名される何層にもわたる代表団と通商代表を通じてのみ、説明義務を負う。しかしながら同時に、シアトルからプラハ、カンクンへと連なるグローバルな運動は、経済がグローバル化するにつれて、多様な地球上の人びとの関心を考慮することができる、より熟議型の国際組織を求める圧力が強まることを示唆している。

現代の物的なインフラは、熟議にとってより間違いなく好都合な環境である

ように思われる。インターネットの及ぶ範囲は拡大する一途であり、地球村に参入するためのコストは年々下がっている。Linux OSのようなオープンソースのソフトウェアは、安くて強力なソフトウェアを世界に提供するばかりでなく、公共の場で、平等な立場の人びとが、ソースコードについての綿密なやり取りを行うこと自体が、熟議のプロセスのモデルとなっている。しかしながら、アメリカであれ、世界の他の地域であれ、平等なインターネットへのアクセスは、まだ遠いゴールである。インターネットを利用できる人間は、依然として白人の富裕層に偏っている。

　加えて、双方向型のソフトウェアの革新によって、電子メディアを通じて語り合い、共同作業をする新たな機会が広がっている。とりわけ、オンライン・ゲームの世界では、プレイヤーである人間によって操作されたアバターが市民権を要求するような仮想空間が開拓されるかもしれない。中世を舞台にしたファンタジーゲームの環境では、プレイヤーがルールの必要性を発見するのにはそれほど時間はかからない。そして、最終的には、プレイヤーたちは、インターネット上で自分たちのマグナカルタを起草して、ゲーム・デザイナーの手から、ゲーム内の社会の統制を奪いたいと思うようになるかもしれない。ゲーム内の血なまぐさい戦場からさえ、戦闘よりも熟議に適した公共空間が生まれてくる可能性がある。プレイヤーたちはゲームのルールに関する交渉に慣れてくる可能性があり、そこで得られた教訓は否応なく、異なる種類の公共財に関する論争が行われているという違いしかない、実社会の公共圏へと移転されるであろう[24]。

　しかしながら、こうした流れに逆行する動きとして、メディアの寡占化およびメディア市場の二極化への動きがある。2004年、連邦議会は、一社で所有可能な放送局の数を制限する規制を、当面は、さらに緩和しないことを決定した。しかし、問題は解決からはほど遠い。放送局所有の問題以上に、市民が、孤立した個人としてメディアから流されるコンテンツを受動的に消費する、単なるばらばらの視聴者に分断されてしまう危険性が残されている。視聴者や読者は多彩なメニューを手にしているのかもしれないが、たとえば、政治について自分の好みに合うコンテンツだけを探すなど、ますますえり好みをす

---

[24] ― これらの問題についての活発な議論がすでにネット上でなされている。たとえば以下を参照のこと。Dan Hunter. (October 12, 2003). "Avatar Rights." [http://terranova.blogs.com/terra_nova/2003/10/avatar_rights.html]

るようになる可能性がある。アル・フランケンが司会を務める「エア・アメリカ」という新しいラジオ放送網が設立されたが、これは、この観点からみれば、リベラル派の人びとがリベラル派の人びとの意見を放送で聞くための場を作る試みである。それは保守主義者たちが、ラッシュ・リンボー[10]にすり寄るのと同じである。キャス・サンスティーンが彼の著書『Republic.com』〔邦題『インターネットは民主主義の敵か』〕で論じたとおり、これらのイデオロギー的に限定された空間が成長するほど、よりバランスが取れた周到な報道のためのマーケットが収縮する可能性がある[25]。イデオロギーの近い人びととの間に心地よく身を預けていると、私たちは、双方向型の技術を、より多様な熟議の経験に参加するためにではなく、お互いを応援し合うために利用してしまうのかもしれない。

　文化の観点からいえば、原理主義と文化的相対主義との間の争い、そして、公共生活からの離脱とコミュニティへの熱い加入意欲との間の争いは続いている。現代の、さまざまな形態の宗教的過激派は、世俗的な民主主義における公共生活には多様性がつきものであるにもかかわらず、その多くについて、不寛容であり続けている。ゲイティド・コミュニティーも共有財の価値について懐疑的なままであり、公立学校を私立学校と入れ替え、公園を会員限定の釣り堀と入れ替え、公共の安全を個人的な安全と入れ替えてしまう。テロリズムと治安に対する不安が、人びとを、自宅やより小さな親族ネットワークへと、さらに押しこめている。

　これらを含めた類似のあらゆる動向にもかかわらず、寛容さを志向する動きはしぶとく存在する。「ビーバーにまかせろ」[11]にあった愛国主義的な従順さと並んで、こうした動向もまたアメリカ文化の一部になっているようである。多様な背景と関心をもつ人びとが果たしうる社会的役割の幅が広がっていること、並びに、(徐々にではあるが) 専門職においてマイノリティーや女性の占める割合がますます増加していることを心強く感じることができる。

　もっと直接的な励みになるのは、市民による熟議を推進する個人や組織、団体が増え続けているということである。熟議民主主義コンソーシアム、対話と熟議のための全国連合という二大市民ネットワークが創設され、市民による対

---

(10)- 保守派として著名なラジオ・パーソナリティ。
25 — Sunstein, C. (2002). *Republic.com*. Princeton, NJ.: Princeton University Press. (=石川幸憲訳、2003、『インターネットは民主主義の敵か』、毎日新聞社。)
(11)- 1957年から1963年にかけて放映されたアメリカのテレビ番組。邦題「ビーバーちゃん」。

話プロジェクト、アメリカ・スピークス、情報ルネサンスをはじめ、公共精神に満ち溢れた1920年代の組織を想起させるさまざまな団体による数え切れない努力が、これらのネットワークのもとに結集されている。

　以上の考察は、歴史家や未来研究者ではない人びとにとって、興味深いであろう。崩壊と再生のサイクルをさらに繰り返す必要はない。そして、熟議民主主義に向けての推進力を保持するために、意味ある仕方で歴史に介入することは、歴史上のこの時点において可能である。前向きな流れは後押しし、後ろ向きの流れについては目を光らせ阻止することで、熟議民主主義の実践を持続し、私たちの未来に向かって継続的に発展させていくことができる。

第2章
私たちは実際に行われている熟議民主主義から何を学ぶことができるか？

マーク・バトン、デイヴィッド・マイケル・ライフ
藤井達夫 訳

　最近ある書き手が皮肉っぽく記しているように、「民主主義は愛し難い」とすれば、熟議民主主義はどのように扱ったらよいのだろうか[1]。それを知るのは難しい。熟議民主主義の理想は、さまざまな決定はその決定に関係のある人びとの集団的な意思に基づかなければならないということだけではない。意思決定というプロセスは、人びとが公共の場において論理的に考えるということに下支えされていなければならないということも、熟議民主主義の理想である[2]。それをやり遂げることは言うまでもなく、試みることも、ひどくつまらない場合がある。もっとも熱心に熟議を唱えている人でさえ、時々、熟議のプロセスには辟易とする。たとえば、2002年の10月にワシントン特別区で開かれた、対話と熟議のための第1回全国会議。そのセッションの間中、みんなきょろきょろしたり、肩をすくめたりするのが目撃された。参加者たちには熱意があったとはいえ、あちこちの熟議のプロセスで散見された長口上を我慢するのは、しばしば

---

1 ── Young, I. M. (2000). *Inclusion and Democracy.* New York: Oxford University Press.
2 ── Barber, B. (1984). *Strong Democracy: Participatory Politics for a New Age.* Berkeley: University of California Press（＝竹井隆人訳、2009、『ストロング・デモクラシー：新時代のための参加政治』、日本経済評論社）; Chambers, S. (2003). "Deliberative Democratic Theory." *Annual Review of Political Science*, 6, 307-326; Cohen, J. (1989). "Deliberation and Democratic Legitimacy." In A. Hamlin and P. Pettit (eds.), *The Good Polity: Normative Analysis of the State.* Oxford, U.K.: Blackwell, 17-34; Cohen, J. (1996). "Procedure and Substance in Deliberative Democracy." In S. Benhabib (ed.), *Democracy and Difference.* Princeton, NJ.: Princeton University Press, 95-119; Dryzek, J. (2000). *Deliberative Democracy and*

並たいていのことではなかっただろう。しかもそうした長口上は、専門家とおぼしき人たちのものなのだから。巨大で、複雑で、異なる人びととからなる社会で行われる熟議を想像することは難しい。これは不思議なことではない。それにもかかわらず、熟議民主主義の理論家たちは、その直観的な魅力を立証しようと熱心に仕事を続けているし、社会のなかに熟議民主主義を制度化しようとしている実践家たちの大合唱は、大きくなりつつある。

この章での私たちの目標は、理論家たちと実践家たちがお互いから何を学ぶことができるのか、そしてこの相互の学びがなぜ重要なのかを示すことである。もちろん、熟議の理論と熟議の実際は何らかの形でつねに結びついている。それにもかかわらず、驚くべきことにこれら二つの陣営の間に相互のコミュニケーションはほとんどないのである。私たちの考えでは、もしこのコミュニケーションの欠如を埋めるならば、それは熟議民主主義を規範という観点から説明するうえで役立つだろう。そうすれば、実際に行われる政治のつかみどころのない性格を少しは説明できるようになる。しかしそれだけではなく、この欠如を埋めるならば、往々にしてその時ごとの対応がなされている場合がとても多い熟議のデザインやその実際の運用にも役に立つだろう。

理論家たちと実践家たちを結びつけるために、私たちはまず、アメリカの政治において実際に行われているさまざまな取組みの特徴を批判的に吟味したうえで、それを分類して表にする。それらは、より多くの市民の間での熟議を育成しようとしている取組みである。私たちの調査が示しているように、熟議の取組みをデザインするにあたってのさまざまな実際の選択は、熟議をめぐる構想にもしばしば大きく影響するということである。この影響は、実践家もしっかり考えた方がよいものである。次に私たちは、熟議モデルが有するいくつかの規範としての民主主義の目標について評価を行う。さらに、この章を含む本書を通して議論される経験的な事例を手掛かりにして、この熟議の目標が実際の熟議に及ぼす影響や制約のいくつかを考察する。私たちはこのように議論を進めるなかで、熟議民主主義という理念のあり方を決める構想の選択に実際の熟議がもたらしている意味のいくつかを考える。熟議民主主義をめぐる理論と実際との結びつきを明らかにすることで私たちが望んでいるのは、理論家と

Beyond: Liberals, Critics, and Contestations. New York: Oxford University Press; Gutmann, A., and Thompson, D. (1996). *Democracy and Disagreement.* Cambridge, Mass.: Belknap Press.

実践家の間での対話を促すことである。そしてその対話が、十分な情報の下で、より批判的に自分のことを顧みたうえで行われることである。結論では、市民教育の一手段として、熟議民主主義が広く擁護される。このように熟議民主主義を擁護することによって、熟議の理論と熟議の実際とがしっかりと結びつけられること、これが私たちの望みである。

熟議の仕方をめぐる選択が熟議の構想に及ぼす影響

　公平に言えば、世界中で起こっている熟議を求める運動の先頭に立っているのは、比較的小さな専門家集団である。このことは、アメリカ合衆国において特にあてはまる。アメリカでは、ファシリテーションや紛争解決、トークセラピー、対話、その他多くのモデルに関する専門家がこの分野を支配している。本書のいくつかの章は、この点を明らかにしている。ナショナル・イシューズ・フォーラムや熟議型世論調査、プランニング・セル、市民陪審、アメリカ・スピークス、協同学習、そして他の学習サークルはみな、州や地域のコミュニティーのリーダーたちとの間で利用されているが、専門家が作り上げたモデルなのである。私たちは、これらのモデルの多くの中心にあるポピュリズム的な心情を重要でないと言っているわけではない。また、これらのモデルがそれぞれ個々の地域社会の状況に合うように、地域の市民リーダーたちが行っている実際の努力を貶めたいのでもない。私たちは、ただ次のような事実に光をあてるつもりである。すなわちこれらのモデルは、どのように熟議をするかについて考えることで生計を立てている人びとの手によって作られ、モデル化されているという事実である。そのような人びとは定義からして、少なくとも彼らがつくった熟議のプロセスに関しては専門家である。私たちは、あらゆる熟議の取組みが専門家によって行われていると言っているのではない。私たちが言いたいのは、すべてを斟酌してみると、熟議の取組みは専門家の主導で行われているということである。こうした来歴のゆえに、熟議を求める運動は起業家的な特色を帯びている。本書中に素材としてあるいは著者として登場している専門家たちは、抽象的な理想としても、彼らが採用するモデルという具体的な形態

としても、熟議を促進するというビジネスに携わっているのである。

　以上のような起業家的な来歴が結果的にもたらしてしまうことについて、何らかの批判的な自己反省の必要がある。熟議の専門家たちの実用本位の精神は確かに賞賛に値するのだが、彼らは実際の熟議として何を選択するかが熟議の構想に与える意味を見落としてしまうことがある。実用性を重視する者（プラグマティスト）として、熟議を指導している者たちは地域コミュニティーのニーズに合わせて自分たちのモデルを何の躊躇もなくつくっている。しかしながら熟議のモデルをそのように特注することによって、専門家たちがモデルを作る際の地域ごとのやり方は、もっと一般的な意味を帯びた、文化という幅をもった熟議についての教訓をもたらしてくれているという事実をあいまいにしてしまうことがある。

　熟議の実用上の二つの問いが、熟議の構想に対して大きな意義をもっている。すなわち、誰が熟議を開催するのか、そして誰がその熟議に参加するのかである。本章が示しているように、この問いに対する答えは、個々の熟議のモデルによって異なるし、いつの時点で聞くかによっても異なる。それらの答えは、熟議のための集まりを通して行われる市民の間での意見のやり取りの特徴とその内実を定義するのに役立つし、それらの答えは、熟議民主主義そのものの意味を明らかにしてくれる。

　みんなで熟議をして意思決定を行うことをしばしばじれったく感じる社会、あるいは、そうしたことに敵意を感じる社会において、そもそも熟議をするかどうかが、その社会を構成するさまざまな市民が直面する重要な決断であるように思われる。この決断は重要であるものの、熟議という活動はどれも同じではないという事実を覆い隠してしまう。本書を通して立証されるように、熟議の活動は、さまざまな形態をとりうるし、さまざまな目的へと向かいうるし、さまざまな結果をもたらしうる。さらに、本書の共著者たちがはっきりと自覚しているように、熟議は脆く、内外の制約にさらされ、きわめて先が見通しにくいものである。最善の意図が時にそれほど望ましくない成果を生み出すこともありうる。

　たとえば研究者たちが見つけ出してきたことは、見かけ上は熟議に基づく集会であっても、熟議に基づかない話し合いや戦略的な振る舞い、エリートの意見によって支配されていることがありうるということである。逆説的に聞こえ

るが、熟議が運営されても、熟議に基づかない成果や政治に対するシニシズムをかえって生み出すこともある[3]。それゆえに、熟議を開催しようという決断は必要であるが、それだけで望む成果が現実に手に入るわけではない。私たちの考えでは、以下の二つの問いが、市民が集まってそれなりに熟議をうまく行えるかどうかを決めるうえで特に重要になる。すなわち、誰が熟議のための市民の集まりを開催するべきなのか、いったん開催されたら、誰が参加すべきなのかである。この問いにどう答えるかによって、市民の企画や議論のプログラムが、先に述べた熟議の障害をどの程度乗り越えられるかが決まるのである。

　実践家たちは、熟議をすべきか否かについてはずいぶん考えるが、上で述べた二つの問いについては、選択の余地があるとはまったくみなさない。ある地域の団体——都市計画を行う自治体の部局や、全米女性有権者同盟の支部や高等学校、YMCA——は問題を特定し、熟議が必要だと決定し、そのプロセスを主催するための支援を求めて、熟議の専門家と接触をとる。しかし、誰が参加するのかという問いは往々にして問われないままに事は進む。誰が参加するのかについての選択はしばしば、運営側が選択する熟議のモデルのなかに織りこみ済みである。たとえば熟議型世論調査や、プランニング・セル、市民陪審を用いるということは、無作為抽出による参加者の選出が求められている。ブラジルの公的な予算策定プロセスに参加する市民を決めるのは、参加者がそのために作業する当の組織である。他の事例で言えば、熟議の参加者の選択は文脈によって決められる。たとえば、学校で熟議の集会を運営する場合、その学校の学生と家族が念頭にある。意識的になされるにせよそうではないにせよ、これらの選択は、結果として熟議の規範や構想に大きな影響を及ぼす。誰が熟議を開催するのか、そして誰が熟議の集会に参加するかについての決定が、その後に行われる話し合い、期待される成果、熟議を通じた人びとの接触から生じる課題を形づくるのである。

熟議のプロセスの分類

　熟議の実施に関する決定が熟議の構想に与える影響の重大さをはっきりさせ

---

[3] —— この点については、以下を参照。Button, M., and Mattson, K. (1999). "Deliberative Democracy in Practice: Challenges and Prospects for Civic Deliberation." *Polity,* 31, 609-637; Ryfe, D. (2005). "Does Deliberative Democracy Work?" *Annual Review of Political Science*, 8(1), 49-71.

表2.1　熟議によるさまざまな集会の区分

誰が開催するのか	誰が参加するのか？		
	自薦	無作為抽出	利害関係者からの選出
市民団体	学校をベースとした熟議 近隣住民団体 ウェブ上での対話 ナショナル・イシューズ・フォーラム 学習サークル	データなし	ナショナル・イシューズ・フォーラム 学習サークル ウェブ上での対話
非政府団体	ナショナル・イシューズ・フォーラム 学習サークル アメリカ・スピークス ウェブ上での対話	熟議型世論調査 プランニング・セル 市民陪審	ナショナル・イシューズ・フォーラム 学習サークル 参加型予算と運営協議会
政府組織	タウン・ミーティング 地域フォーラム 地域評議会 プロセス管理された熟議	熟議型世論調査 プランニング・セル 市民陪審	熟議に基づく都市計画 熟議に基づく各種の会合 プロセス管理された熟議 参加型予算と運営協議会

るために、私たちはこのような分類を提示する。さしあたり、先の二つの問いそれぞれには、三つの回答が可能であると想定しよう。たとえば、私たちが熟議の現場を調査したところ、一般に、三種類の団体が市民を集め熟議を開催していることがわかった。その団体とは、近隣住民団体のような草の根の市民グループ、全米女性有権者同盟やYMCAのような非政府組織、都市計画を行う自治体の部局や保健衛生委員会のような政府組織である。同じく、参加者を選出する枠組みには三つの基本的な種類がある。すなわち自薦、無作為抽出、いわゆる**利害関係者からの選出**の三種類である。無作為抽出については説明は不要だろう。利害関係者からの選出の場合、熟議を運営する側は、ある決定によって影響を受けそうなグループを特定し、それらのグループの代表者を熟議に正式に招く。自薦の場合、友人から友人へ、隣人から隣人へ、コミュニティー・オーガナイザーから市民へといったように、より個人的な招待となる[4]。団体の種類と参加の選出方法をまとめると、表2.1に示されるような、縦軸と横軸からなる三項目ずつのすっきりとした表ができる。

　表2.1が示しているように、本書で議論されるモデルの多くは、二つないし

---

4 ── 選出方法の区分は、実地では曖昧になることもある。たとえば、全米女性有権者同盟が学習サークルの取組みを立ち上げるべくある地域社会を回って参加を募る場合、それは自薦なのか、それとも利害関係者からの選出なのか。私たちの考えでは、自薦には二つの鍵となる特徴がある。一つの特徴は、自分自身を代表していること、もう一つの特徴は、参加を取りやめることが容易なことである。自薦の場合、参加者は自分以外の誰をも代表していないので、この選出方法によって参加した人たちは、相対的にほとんど損失を被らずにはじめた参加をやめるかもしれない。こうして、利害関係者からの選出と似ているが、私たちの定義では、上述の全米女性有権者同盟の取組みは、自薦ということになるだろう。

それ以上の区分にあてはまるかもしれない。ただ、区分ごとにさまざまな熟議のやり方が示されており、熟議の運営側と参加者の双方にとっての一群の課題も異なる。

たとえば、自発的な市民グループが開催する集会について考えてみよう。参加者の選出は自薦で行われる。市民グループは地域の図書館にチラシを置いたり、教会に関わるさまざまな団体に開催案内を送ったり、市民グループが属するコミュニティーを一軒一軒回ったりするかもしれない。催される集会の形は結果として、参加者の選出の仕方によってはっきりと決まってくる。たとえば、参加者は自分自身の意思で参加しているがゆえに、参加を途中でやめてもほとんど損はしない[5]。参加者が継続して関わるようにするには、自分たちの意見が意思決定のプロセスに実際に反映されるのを約束するのが一案である。しかしながら自発的な会（ヴォランタリー・アソシエーション）の場合、政府機関と違って、参加者の議論が具体的な成果につながるという保証はほとんどない。実際に、そのような会合の司会進行役はしばしば、今回の集まりの目的は教育的なものであって、決定に関わる政治的なものではないと明言する[6]。そのようないろいろな前提条件のゆえに、グループは往々にして、礼儀正しさや親しみ、さらには親密さをグループでの議論のなかで強調する結果になる。参加者はお互いに一緒にいるのが楽しいから集会に参加し続けるという環境を、こういう考え方は育んでいるかのようである[7]。これは、まったくもって一つの正統な成果ではあるのだが、しかし、これによってそうしたグループは、ロバート・パットナムが架橋型と区別して結束型と呼んだ経験を強調することになる[8]。自発的な会がはじめた自薦の人

---

[5] この点については、以下を参照せよ。Warren, M. (2001). *Democracy and Associations*. Princeton, N.J.: Princeton University Press.

[6] たとえば、以下を参照せよ。Ryfe, D. (2003). "The Practice of Public Discourse: A Study of Sixteen Discourse Organizations." In J. Rodin and S. Steinberg (eds.), *Public Discourse in America*. Philadelphia: University of Pennsylvania Press, 184-200.

[7] 個人間の会話における礼儀正しさの役割については、以下を参照のこと。Brown, P., and Levinson, S. (1987). *Politeness: Some Universals in Language*. Cambridge, U.K.: Cambridge University Press; Mulkay, M. (1985). "Agreement and Disagreement in Conversations and Letters." *Text*, 5, 201-227; Pomerantz, A. (1984). "Agreeing and Disagreeing with Assessments: Some Features of Preferred/Dispreferred Turn Shapes." In J. M. Atkinson and J. Heritage (eds.), *Structures of Social Action*. Cambridge, U.K.: Cambridge University Press, 57-101; Schiffrin, D. (1990). "The Management of a Cooperative Self During Argument: The Role of Opinions and Stories." In A. Grimshaw (ed.), *Conflict Talk: Sociolinguistic Investigations of Arguments in Conversations*. Cambridge, U.K.: Cambridge University Press, 241-259. このプロセスが機能している例としては、以下を参照のこと。Eliasoph, N. (1998). *Avoiding Politics: How Americans Produce Apathy in Everyday Life*. New York: Cambridge University Press; Walsh, K. C. (2003). *Talking About Politics: Informal Groups and Social Identity in American Life*. Chicago: University of Chicago Press.

[8] 社会関係資本の「結束型」と「架橋型」の区別については、以下を参照せよ。Putnam, R. (2000). *Bowling Alone: The Collapse and Revival of American Community*. New York: Simon & Schuster, 22-23.（＝柴内康文訳、2006、『孤独なボウリング：米国コミュニティの崩壊と再生』、柏書房、19-21頁。）

びとによるグループのなかで参加者が入れ替わっていくにつれて、だんだんとそのグループはより排他的で同質的になるというリスクにさらされる。参加者の間で生まれる結束は、熟議の参加者における認識の多様性を犠牲にして得られる[9]。そのような集会での熟議によって、実際、集団のある一極への偏りはいっそう進み、その結果として、参加者の意見は当初もっていたものよりもより極端になる[10]。

私たちの作った分類表の他の欄にある熟議は、いくらか異なる組合せから出てくる。紙幅が限られているので、熟議のそれぞれのタイプをここで徹底的に論じることはできない。しかしながら先に挙げた例によって、組織の形態をどのようにするかによって、さまざまな種類の熟議の可能性がもたらされること

---

[9] ── 小グループのコミュニケーションにおける認識の多様性、ならびに他の形態の多様性がもつ重要性を探求した心理学の研究として、以下を参照せよ。Moscovici, S. (1976). *Social Influence and Social Change*. New York: Academic Press; Moscovici, S. (1980). "Toward a Theory of Conversion Behavior." *Advances in Experimental Social Psychology*, 13, 209-239; Nemeth, C.J. (1986). "Differential Contributions of Majority and Minority Influence." *Psychological Review*, 93, 23-32; Nemeth, C.J., and Kwan, J. (1985). "Originality of Word Associations as a Function of Majority and Minority Influence." *Social Psychology Quarterly*, 48, 277-282; Turner, J. C. (1991). *Social Influence*. Pacific Grove, Calif.: Brooks/Cole. これらのテーマに関する政治学の研究には以下のものがある。Huckfeldt, R. (1986). *Politics in Context: Assimilation and Conflict in Urban Neighborhoods*. New York: Agathon Press; Huckfeldt, R., and Sprague, J. (1995). *Citizens, Politics, and Social Communication: Information and Influence in an Election Campaign*. New York: Cambridge University Press. 社会におけるネットワークと市民参加の関係については、以下を参照せよ。Knoke, D. (1990). *Political Networks: A Structural Perspective*. New York: Cambridge University Press; Krassa, M. (1990). "Political Information, Social Environment, and Deviants." *Political Behavior*, 12, 315-330; Leighley, J. (1990). "Social Interaction and Contextual Influences on Political Participation." *American Politics Quarterly*, 18, 459-475; Walsh (2003), *Talking About Politics*.

[10] ── グループがある一極に偏ってしまうプロセスについては、以下を参照せよ。Sunstein, C. (2002). "The Law of Group Polarization." *Journal of Political Philosophy*, 10, 175-195. このような結果はもちろん、あらかじめ運命づけられたものではない。しかし、小グループのコミュニケーションに関する研究が示しているのは、小グループという方向に沿って組織されたグループにとって、これは共通する結果だということである。この文献を検討したものとして、ライフの「熟議民主主義は作動するのか？」(Ryfe, D. M. (2005). "Does Deliberative Democracy Work?" *Annual Review of Political Science*, 8, 49-71）を参照のこと。草稿を読んでくれたある人物は批判的に応答してくれ、人種に関して熟議に基づく会合を開いた自発的な会を反証として挙げた。彼の要点は、私たちが規定したような自薦という案が用いられた場合であっても、そうしたグループはしばしばグループ内の多様性を確保するために非常な注意を払うというものである。もっともである。しかしここで鍵となるのは、人種の多様性ではなく認識の多様性である。もし人種についてのあるグループの議論に見られる認識の多様性が本物であるとすれば、その議論は私たちが論じたような落とし穴に陥らずにすむかもしれない。しかしながら、そのような会合を行おうとしてきた人なら誰でも合意するように、認識の多様性を確保することは難しい。人種は非常に痛みをともなう主題であるために、ちょっとした敵意の現われによってグループは簡単に解散してしまう。留まる人びとは人種の混合したグループを構成するかもしれないが、それにもかかわらず、そのグループには認識の多様性はほとんどないだろう。そして、同質的な人びとからなる他のグループが有するのと同じ運命を辿りやすいだろう。人種と熟議についてのよい議論として、以下を参照せよ。Mendelberg, T., and Oleske, J. (2000). "Race and Public Deliberation." *Political Communication*, 17, 169-171.

がわかる[11]。このような観察をするからといって、熟議による集会を主催することの難しさを示したいのではない。そんなことは、実践家にはわかりきったことである。私たちが言いたいのは次のことである。すでに行われている熟議の取組みがどのようなものであれ、その性格がよりはっきりするのは、熟議を運営する側が、実用性に基づいて行われた選択が熟議の構想にどう影響するかを認識する場合だということである。参加者の自薦を認めたり、市民団体が熟議の集まりの開催を認めたり、といった現場での何ということもない決定が、熟議を個々に成立させている。ある事がどのように生じるかをよりよく知っているからといって、運営する側が別の選択をするには至らないかもしれない。たとえば、あるNGOが地域社会のなかで熟議をはじめたいと考えている唯一の組織である場合、その熟議に政府の組織も関わってほしいと望むだけでは、そうはならないだろう。同じように、ある団体が任意の地域社会に手を差し伸べるのに必要な資源が限られている場合、自薦による参加の落とし穴を知っていたとしても、ほとんど役に立たないだろう。しかしながら、運営している集会が分類表のどこに位置するのかがわかっていれば、それによって実践家は生じる可能性の高い話し合いの形や、発生する可能性の高い課題を予期することができるかもしれない。また、実践家たちがある瞬間に現場でさまざまな課題に直面した時、これまで以上に振り返り、いっそう機転を利かせることができるかもしれない。

　構想上の選択が熟議の実用面で及ぼす影響の大きさ――この影響は重要であるが、しばしば認められていない――も同様に強調しておく価値がある。これまで私たちは、ただただ現場の事実に突き動かされている実用重視の人物として実践家を描いてきた。しかし、熟議の理論家と同様に、実践家は熟議のもつ規範的な価値についての考えや、熟議がどのように実際になされるべきかについての考えをもっているのが実情である。事実、熟議に関する理論によって、熟議を実際に行おうとする取組みは鼓舞されてきた。理論家と実践家の結びつきは今なお深い。両者が活動している自由民主主義の社会では、市民による熟議の普及はよくて無関心、最悪の場合は敵視される傾向にある[12]。もっと言えば両者は、熟議の価値と目的に対する根強い懐疑に直面している。そうした懐

---

[11] ― 熟議に対する組織の型の大きな影響を考え抜く別の努力として、以下を参照せよ。Fung, A. (2004). *Empowered Participation: Reinventing Urban Democracy*. Princeton, N.J.: Princeton University Press.
[12] ― この点についてのより広範な議論として、以下を参照せよ。Barber (1984), *Strong Democracy*; Bobbio, N. (1987). *The Future of Democracy: A Defense of the Rules of the Game* (R. Bellamy, ed.; R. Griffin, trans.). Cambridge, U.K.: Polity Press; Macpherson, C. B. (1977). *The Life and Times of Liberal Democracy*. Oxford, U.K.: Oxford University Press. (=田口富久治訳、1978、『自由民主主義は生き残れるか』、岩波新書).

疑は、熟議の計画案の実現可能性を疑問視する理論家、市民の熟議が政策決定に反映されることにどんな価値があるのかと疑問視する政策立案者、政策形成に対する自分たちの潜在的な影響力を低く見積もる普通の市民、あるいは（十分に理解できることではあるが）、政治が嫌になってしまった普通の市民から発せられるのである[13]。

こうした状況において見出されるのは、実践家と理論家の双方の間で、熟議を道具として正当化したいという気持ちが高まっていることである[14]。熟議が役に立つことを熱心に示そうとして、ますます理論家と実践家は、具体的な課題や市民間の論争を取り扱うための手段として熟議の価値を正当化する。このような衝動は次のような主張に現れている。すなわち、地域社会は民主主義に基づく熟議を取り入れるべきである、なぜなら、それによってよりよく、賢明で、正統な公共政策が生まれるからだ、という主張である。熟議に対するこうした考え方はいくつかの側面で、また、ある課題の場面では使い勝手がよいけれども、そこには二つの問題がある。第一に、熟議のモデルは意思決定を行う形式として、伝統的な投票という手続きよりも優れているということが明らかにされていないということである[15]。第二に、熟議を実際に行ってみても、それが投票よりも優れているということを経験的に確証することは、しばしばきわめて難しいということである[16]。熟議を道具として構想することはまた、民主主義の規範という点からも問題をはらんでいる。熟議が事実として、よい成果を生み出すことを示すことができたとしよう。私たちが市民による意思決定のための方法として熟議を選び好むのは、ただそれだけの理由からだろうか。熟議を道具として考えることは、熟議について構想しそれを正当化するうえで

---

13 ― この点については、以下を参照せよ。Hibbing, J., and Theiss-Morse, E. (2002). *Stealth Democracy: Americans' Beliefs About How Government Should Work*. Cambridge, U.K.: Cambridge University Press.
14 ― 第1章でギャスティルとキースが述べているように、20世紀初頭の革新主義者にはそのような傾向はなかったということに注目せよ。開かれた集会を求める革新主義者の運動の目指すところは、教育であって、政策の策定ではなかった。
15 ― ロバート・グッディン（2004）は利益集計型の意思決定メカニズムと熟議型の意思決定メカニズムとの優れた比較をしている。以下を参照。Robert Goodin. (2004). *Reflective Democracy*. New York: Oxford University Press. この点については以下も参照せよ。Knight, J., and Johnson, J. (1994). "Aggregation and Deliberation: On the Possibility of Democratic Legitimacy." *Political Theory*, 22, 277-298.
16 ― たとえば、以下を参照せよ。Hendriks, C. (2002). "Institutions of Deliberative Democratic Processes and Interest Groups: Roles, Tensions and Incentives." *Australian Journal of Public Administration*, 61, 64-75; Mansbridge, J. (1983). *Beyond Adversary Democracy*. Chicago: University of Chicago Press; Mendelberg and Oleske (2000), "Race and Public Deliberation."

同じように重要な他のやり方を見えなくしてしまい、その結果として、私たちがさまざまに分類される熟議の実践を考案したり、受け入れたりすることを制約してしまう。私たちはそのように思う。熟議を実際に行ううえでの選択が熟議の構想に対して影響するように、熟議を構想する仕方も、熟議の実用上の帰結に大きく影響するのである。

熟議の構想における選択が実際に行われる熟議に及ぼす影響

　民主主義についての理論は市民による熟議を提唱したり実際に行ったりする人びとにとって、重要な資源となっている。民主主義の理論家たちは民主的な熟議の試みを支持する理由を日々生み出しているが、そのうちもっとも重要な理由のいくつかについてこの節で詳しく述べる。さらに、熟議を支持する今日の民主主義の理論が直面している、実際の熟議のさまざまな課題についても論じる。熟議に基づく集会をデザインするにあたって確認されている問題のいくつかは、熟議の理論的考察の面にも同様に現れている。熟議の実際と理論との相互の結びつきを批判的に注視することで、熟議の実際と理論は、最終的にはよりしっかりと根拠づけられる。本章の結論で私たちが提案するのは、熟議民主主義を理論化し、評価し、擁護する最良の方法についてのいっそう具体的なアイディアである。

　第一章で論じられたように、熟議民主主義を現代によみがえらせる動きは、独特な歴史と政治の文脈から出てきている。このことを認識することは重要である。少なくとも研究者の界隈でしばしば耳にするように、熟議民主主義は自由主義的モデルの民主主義あるいは多元主義的モデルの民主主義、さらには利益集団モデルの民主主義に代わるものであると言われる。その一方で、実情はそれだけではない。民主的な自己統治(セルフ・ガバナンス)を行うにあたって市民の熟議がもっている固有な価値への関心が復活してきているのである。さらに、この関心は、政治や経済における不平等の増大、すでに不利な立場に置かれている集団をさらに社会の周縁へと追いやる事態の進行、いろいろな形での政治参加の絶え間な

い減少、市民を関係させないような制度づくり、政府に対する不信の広がりと政治への不満の蔓延といった社会と政治の背景から出てきている関心でもある。近年、熟議民主主義の意義にあらためて注目が集まっているのは、取引と意思決定からなる伝統的な利益集計型のモデルに対する理論上の何らかの不満だけではない。政治と文化の両面で他とは異なる生活の様式としての民主主義が有している健全さと未来に対して、根本的な懸念があるために注目が集まってもいるのである。これらの二重の現象——民主主義の理論における反省と、制度や政治の面での代替案の模索の高まり——は学問の分業のためにしばしば切り離されている。しかしそれらの二重の現象はともに、民主主義の政治文化を強固なものにし、支えるのに必要な条件を再度イメージし、創り出そうとしているのである。そのために、これらの現象は今なお密接に結びついている。熟議民主主義は民主主義の政治文化を強固なものにし、支えるというこの約束を成し遂げることができるだろうか。私たちはできると考えている。そこで、本節では今日の熟議民主主義の理論と実際との間の結びつきを強化するような一つの一般的な枠組みを示すことにしよう。

　これまで論じてきたように——さらに本書の残りでよりいっそう詳細に裏づけるように——熟議はさまざまな形で実際に行われ、それらの熟議のプログラムの多様性は、誰が熟議に基づく集会を開催するのか、参加者が選出される方法は何かといったようないくつもの重要な変数にしたがって存在する。そしてその変数によって、熟議のプロセスの性質や、そのプロセス全体にわたって誰が包摂されるのか、誰が代表されるのかということが決まる。しかし、今日の熟議民主主義の置かれている情勢や見込みについて私たちはより広い視野から考えているのであるが、この場合にこの変数に基づく多様性は何を意味しているのか。現実の問題として、私たちは熟議民主主義から何を期待することができるのか。どのような理由で、私たちは熟議の手続きが、道徳や政治の点からして、戦術的な意思決定あるいは利益集計型の意思決定という伝統的な形式に比して優れていると言うべきなのか。現代の政治社会は、その規模や複雑さ、価値や信念の多様性のゆえに、代表制度や投票のような熟議によらないメカニズムに圧倒的に依存している。こうした現代の政治社会の実情を前提にした場

合、政治に関係する私たちの生活において、熟議にどんな価値があるのか。

今日、これらの問いに対して提出される回答はさまざまである。事実、熟議民主主義は、一つにまとまった理論ではなくて、多様で成長しつつある領域である。この領域の特徴は、どのようにして、私たちがこれらの問いやそれ以外の問いにもっともうまく答えられるかについて意見の一致がないという点にある。熟議の理論家たちが説明を行う際の分析の水準を（したがって、理論家たちが多くの熟議を成立させ、継続させるという実際の問題に何かしらの真剣な注意を払っているかどうかを）見極めることはしばしば難しい。けれども以下は、熟議民主主義を支持するうえでもっともありふれた理由のいくつかである。これらの理論的な説明は、熟議による集会を実際にデザインするにあたっての情報とひらめきを絶えず与えてくれるだろう。

正統性

熟議民主主義の個々の手続きや前提条件は、正統性を有する成果を生み出すようにデザインされる。原理のうえでは万人に開かれている、市民が論理的に考えるための公正な手続きを規定することで、熟議の手続きから生まれる成果は正統なものとしてみなされるだろう。なぜならその成果は広く市民を包摂し、自発性を有し、理性に基づき、そして平等を特徴とするプロセスから生まれるものだからである[17]。公正な手続きが熟議のプロセスを正統なものとするのに十分かどうかについての意見の相違は大きく存在する。たとえば熟議を観察したある人びとは、もし個々の参加者が実質的に不平等である場合、形式上の平等ではほとんど意味がないとの不満を述べてきた。しかしながら「正統性の源は、個々の市民のあらかじめ決まってしまっている意思にあるのではなく、意思がそのプロセスを通して形成されること、つまり熟議そのものにある」という合意は一般に存在する[18]。政治的権限をみんなで行使するには、影響を受けるすべての人びとに対してその正しさや公正さを示さなければならないという考えを、熟議民主主義は真剣に受けとめている。この考えを受け入れないということは、人びとの自由と平等を真剣に受けとめないことに等しい。

---

17 ― 以下を参照せよ。Rawls, J. (1996). *Political Liberalism*. New York: Columbia University Press; Habermas, J. (1996). *Between Facts and Norms: Contributions to a Discourse Theory of Law and Democracy* (W. Rehg, trans.). Cambridge, Mass.: MIT Press（＝河上倫逸・耳野健二訳、2002、『事実性と妥当性：法と民主的法治国家の討議理論に関する研究〈上〉』、2003、『事実性と妥当性：法と民主的法治国家の討議理論に関する研究〈下〉』、未来社）; Cohen (1996), "Procedure and Substance in Deliberative Democracy."; Gutmann and Thompson (1996), *Democracy and Disagreement*.
18 ― Manin, B. (1987). "On Legitimacy and Political Deliberation." *Political Theory*, 15, 338-368.

よりよい成果

　熟議民主主義を信奉する人びとは、誰もが公正で正統だとする成果を生み出すことを望んでいるだけではない。正義に適い合理的な決定を生み出すことも望んでいる。熟議を行う際には、情報が限られていて、またその費用も高くつき、価値が多様化していて、さらに人間は誤りを犯しやすい（すなわち「制限された合理性」）という条件がある。このため、熟議のプロセスでは、幅広い包摂性を有し、自分のもっている理由を自由かつ相互に説明しあう平等な市民の役割が重視され、「より優れた論拠の力以外のいかなる力」の行使も認められないということが目指される[19]。熟議民主主義についての多くの説明では、多くの市民を包摂しているという条件と相互性という規範が具体的に列挙される。それは、市民の多様な声は市民の間でのどんな論争においても聞き入れられるということを保証するのに役立つ。しかしそれだけでなく、他人と相互に受け入れることができるような理由でもって説明するように、個々人が動機づけられるのを保証することにも役立つのである。こうして、熟議のプロセスから出てくる決定は、たとえ市民の間でコンセンサスを得られなくても、正義にかなっていると考えることができる。なぜなら、それらの決定は、市民が自分たちのためにともに行動し、その利益が正しいことをお互いに示すための公正な条件を追い求めてきたプロセスから生まれたものだからである[20]。

選好の形成と変容

　熟議民主主義は投票や伝統的な世論調査のような、社会の選好を集計するためのメカニズムとは異なると言われている。それが異なると言われるもっとも重要な点の一つは、熟議民主主義の場合、個人の選好を不動で、ランクづけされていて、所与の制度や政治のプロセスから影響を受けないものとはみなさないところにある。熟議民主主義の視点からすれば、個人は社会や政治の複雑な問題についての自分の選好や意見を、明晰で偏見から解放され、一貫した形ですでに理解していると考えることは間違っている。熟議民主主義によれば、そのような反省に基づく判断が出てくるのは、外部に開かれた公正な市民の熟議を通じてのみである。

---

[19] ― 以下を参照せよ。Habermas, J. (1975). *Legitimation Crisis* (T. McCarthy, trans.). Boston: Beacon Press, 108. （＝細谷貞雄訳、1979、『晩期資本主義における正統化の諸問題』、岩波現代選書、173頁。）以下も参照のこと。Cohen (1996), "Procedure and Substance in Deliberative Democracy."
[20] ― 以下を参照のこと。Gutmann and Thompson (1996), *Democracy and Disagreement*, 52-55.

熟議民主主義の信奉者は、個人の選好（そして選好のランクづけ）が政治における話し合いから出てくる特徴だと考えるだけではない。その信奉者たちはまた、熟議の本質的な長所はすでに確立された選好や個人の利害を集計する（あるいはそれらの間で取引をする）ことに重きを置かないところであると論じてもいる。その代わりに熟議は、市民の間に共有された利害や共通の善についてのコンセンサスに基づく考えを形成しようとする。そうした理解が生まれるには、個々の市民が偏狭な自己利害を進んで脇に置かねばならないし、あるいは市民がそうできるよう、必要な制度を設けたり動機づけをしたりすることを実際に政治が行わなければならない。熟議のプロセスだけでは、個人の選好が変化すること、あるいは、個人の選好が他に類を見ない形で、よりいっそう市民の気持ちに根ざした方向へ変化することを保証はできない。熟議民主主義の擁護者たちによれば、選好がそのように変化する可能性があるのは、多くの市民を包摂し、情報が豊富な環境においてである。それは、すべての人にとって道徳的に受け入れられるやり方で、市民どうしがお互いの関心となっているより広範なさまざまな課題についてじっくり考えるように勇気づけられるような環境である[21]。

熟議を批判する人びとに応答する

　本章の前半部で議論された熟議の集会のいろいろな種類と同様に、熟議を構想するうえでの、あるいは実際にそれを行ううえでの多くの困難は、すでに述べてきた熟議民主主義の目標のそれぞれに生じる。私たちはここで、これらの課題を深く掘り下げることはできない。しかし、熟議民主主義の理論はいくつものよく考えられた批判に直面してきたということ、そしてそうした批判が、以下のような重要な問いを提起していることを認めることは重要である。すなわち、異なる人びとからなる大規模な社会において熟議民主主義は基本的に実現可能なのか。熟議民主主義自体が公言しているように、それは利害集計型の意思決定手続きよりも優れているのか。熟議民主主義は規範の観点から言って、道徳をめぐる抗争に対処する様式として、あるいは個々人の違いないしは文化

---

[21] 以下を参照せよ。Ackerman, B., and Fishkin, J. (2004). *Deliberation Day*. New Haven, Conn.: Yale University Press; Barber (1984), *Strong Democracy*; Chambers, S. (1996). *Reasonable Democracy*. Ithaca, N.Y.: Cornell University Press; Sunstein, C. (1991). "Preferences and Politics." *Philosophy and Public Affairs*, 20; Warren, M. (1992). "Democratic Theory and Self-Transformation." *American Political Science Review*, 86; and Warren, M. (1996). "Deliberative Democracy and Authority." *American Political Science Review*, 90.

的な違いとそれらを内包する政治体との固有の関係を理解する方法として望ましいのかといった問いである[22]。

熟議民主主義に批判を投げかけている人びとのおかげで、熟議民主主義は規範の面からも経験の面からも、結論の出ていない問題であり続けていることを私たちは認めざるをえない。熟議による集会を行うことで、政策に対するコンセンサスが生み出され、道徳をめぐる不合意は最小限のものになるだろうか。それとも集会は、道徳と政治の面での市民たちの分断を悪化させたり、顕在化させたりしてしまうのだろうか。熟議のための市民の集まりによって、共通の善についての理解の輪のなかに多くの人びとを包摂していくための平等な機会が提供されるだろうか。それとも、コンセンサスや相互の合意を得ようという規範の圧力は、正当な主張を求めて市民が論理的に考える場であるにもかかわらず、自分の意見や利害の違いを他の市民に認めさせるスキルや素質をもたずに公共領域に入ってきてしまった人びとをぞんざいに扱うのだろうか。実際に行われる熟議やその理論の双方を簡潔な形で概観してきたが、熟議民主主義(主として手続きに関する政治のヴィジョンとして)は不確かな点に満ちており、その内部と外部から多様な制約を受けたり、機能不全や異常な状態に陥ったり、濫用されたりする傾向にある。もちろん、いかなる統治の理論や実際も、政治の営みそのものにつきものの課題(たとえば、価値や信念の多様性の問題や、不平等の問題、権力の問題)を免れていると言ったら、おかしなことになる。とりわけ、現在の社会と政治の現実は理想から程遠い情況なのだから、熟議により深く根ざした民主主義に私たちが求めるものは、控えめかつ批判的であるべきである。とはいえ私たちは、熟議民主主義の価値に対する早まった懐疑論に屈するべきではない。私たちがそのような価値を探すとしたら、私たちが追い求め、擁護している熟議の理論モデルやデザインに形を与える時こそがふさわしい。私たちが示したいのはこの点である。

熟議民主主義を理論として練り上げたり、実際のデザインを行ったりする際の双方に見られる、重要で驚くべき傾向の一つは、熟議に基づく手続きから出てくると期待される、あるいはそのように仮定される成果にまずもって焦点が当てられてきたということである。熟議を行う実践家の場合、この傾向は、政

---

22 — 以下を参照せよ。Knight and Johnson (1994), "Aggregation and Deliberation"; Stokes, S. (1998). "Pathologies of Deliberation." In J. Elster (ed.), *Deliberative Democracy*. Cambridge, U.K.: Cambridge University Press; Przeworski, A. (1998). "Deliberation and Ideological Domination." In J. Elster (ed.), *Deliberative Democracy*. Cambridge, U.K.: Cambridge University Press; Young, I. M. (1996). "Communication and the Other." In S. Benhabib (ed.), *Democracy and Difference*. Princeton, N.J.: Princeton University Press; Shapiro, I. (1999). "Enough of Deliberation: Politics Is About Interests and Power." In S. Macedo (ed.), *Deliberative Politics*. Oxford, U.K.: Oxford University Press; and Shapiro, I. (2003). *The State of Democratic Theory*. Princeton, N.J.: Princeton University Press. (=中道寿一訳、2010、

策立案への意見集約と政策の効果に議論を集中させるという形をとって現れる。熟議の規範に関する理論の場合、その傾向は、熟議の手続きに仮定される利点（利害や意見の政治的な正当化や正統性、合理性、選好の変容など）に焦点を当てることで熟議を擁護するという形で現れる。厳密に論理的に言えば、熟議について説明するのであれば、そのようなプロセスから出てくることが現実のものとして予期できる決定や結果を論じる必要があるだろう。ともあれ、もし熟議による手続きをその成果という観点からのみ判断するなら、熟議民主主義は、私たちにとってそれ自体としての価値ではなく、道具としての価値だけをもっているように見えるだろう。その限りにおいて、私たち一人一人にとっても、私たちの文化にとっても熟議民主主義がもっている内在的な価値のいくつかが見失われてしまう場合が出てくるのである。

市民の間での熟議と市民文化

　熟議民主主義に内在している価値とは何か。なぜそれは重要なのか。実際に行われる熟議がそれなりに成功したと判断するうえで、その判断がしたがう評価基準や目安としてどのようなものを私たちは提案するのだろうか。私たちの考えでは、熟議民主主義は、個々の市民に民主主義の本質的な意味を自分の生活のなかで実行し、経験する機会を与える。たとえ、それを実行できるのがどれほど短いものであろうと、また、その経験がどれほど人為的なものであろうと、そうなのである。民主主義の本質的な意味とは、自由で平等な市民が政治という営みを共有することに参加する平等な機会をもち、自分たちの生活に影響を及ぼす決定をすることができるというものである。熟議によりいっそう深く根ざした政治の形態は、民主主義により深く根ざした生活である。なぜなら、相互に依存関係にある、平等で、主権をもった一員として自分は政治のつながりを構成しているのだと個人が考えるにはスキルと徳が必要であるが、この熟議の政治はそうしたスキルと徳を身につけさせるからである。

　こうした観点からすると、民主的な熟議の集会は私たちの社会や政治の生活のなかで今日起きている二重の力に対して戦うための強力な政治と文化の資源

『民主主義理論の現在』、慶應義塾大学出版会。）

である。その二重の力とは、私生活中心主義と市民を関わらせないようにする動き、個人に引きこもりを促す動きと人びとを周縁に追いやったり排除したりする制度のことである。民主主義に内在する価値の一部は、次の点にある。民主主義によって市民は違った視点から物事を見ることができるようになり、また、個人は政治生活を共有するなかで自分のことを、平等で能力があり、また責任のある一員としてみなすことができるようになる。私たちがこのように民主主義の価値を認めることができるのは、ジェファソンからトクヴィル、ミル、アーレントに至る多様な政治思想家たちのおかげである。市民が散り散りになり、価値が多様化し、しかもそれらの一部が重なり合う領域が市民社会であるが、この市民社会において、熟議により根ざした集会を求める声は、同時に、市民文化を生み出し、市民を活動的にする条件の復興を求める声でもある。

　それゆえに、このような市民文化の基準と連動して、熟議がどの程度相対的に成功したかを評価するのに用いられる目安が必要だろう。そうだとすればその目安には、個人的かつ政治的な有力感、社会あるいは政治に対する責任に関わる態度の変化、社会的信用や共感の程度の変化、社会や政治への長期にわたる参画の率が含まれるだろう。もしこの成功と、市民文化の形成およびその持続可能性へのこれまで以上に広い関心とを結びつける熟議民主主義の理論を私たちが心に描くならば、熟議民主主義を経験的に評価する場合にも、熟議によって自分たちを民主的な市民とみなす人びとがどれほど陶冶されるのかを判断できるように評価の仕方を定めなければならない。ここで言う民主的市民とは、シティズンシップにともなう権利と義務をしっかりと果たすのに必要なスキル、資質、気質、徳をもった人間のことである。

　熟議を完全に、あるいは適切に説明しようとするなら、熟議を道具として用いることと熟議を目的そのものとしての価値として考えることのどちらかを選ぼうとする向きには抗しなければならないだろう。熟議の成果にとらわれるなら、熟議は、道具としてのプロセスになってしまい、その場合にはそれが補うはずだった利益集計型の手続きと変わらなくなるだろう。他方で、熟議を目的それ自体としてのみ重視するなら、人びとを政治に立ち返らせることはまず難しいだろう。熟議を求める運動において、真に重要なことは、民主主義をめ

ぐる言説のモデルを戦わせ続けることではない。そうではなくて、民主的なシティズンシップが意味をもち、揺るぎない現実となるために必要な空間を制度としてよみがえらせることであり、それと同時にもっと完全に民主主義に根ざした市民文化をよみがえらせることである。

　民主的なシティズンシップの文化や価値が今日脅威に晒されているという不吉な徴候が存在している。アメリカの市民は「ステルス民主主義」[23]を奉じるようになってしまったという徴候である[(1)]。もちろん民主主義はステルスによって、つまりこっそりと行われるものではない。そのように行われるのは金権政治である。こうして、もっとも適切かつ実際的な形で熟議民主主義を擁護するには、次のように熟議民主主義を考えることである。すなわち、活動的で民主的なシティズンシップを鼓舞し、そのようなシティズンシップを支える民主的な文化を強固なものにする、広範で長期にわたる努力の一部が熟議民主主義なのだと。

　結局のところ、理論においても、実際においても、価値が多様化した社会で、主権をもち自治を行う構成員を養成するのに不可欠な場やスキル、徳を再生産しようとする市民の総合的な取組みの一部として、熟議民主主義を考えるのが一番よい。ジョン・デューイならこう言うだろう。公衆が会合するべきだとすれば、その公衆をまず作り出さねばならないと。かなりのところまで、それこそが本書で繰り返し論じられている熟議のプロジェクトのもっとも重要な目的なのである。

---

[23] ─ Hibbing and Theiss-Morse (2002), *Stealth Democracy*.
[(1)] ─ いわゆるステルス爆撃機が、通常のレーダー網には捉えられないものであるように、例外状況を除いて、政治プロセスが可視化されたり説明責任が果たされることを積極的には要求しないような民主主義のあり方を、ヒビングとサイス＝モースは「ステルス民主主義」と呼び、参加型民主主義の対局に位置づけている。

第2部

熟議と市民による判断

第3章
ナショナル・イシューズ・フォーラム
市民による熟議を促す地域社会のネットワーク

キース・メルヴィル、テイラー・L・ウィリンガム、
ジョン・R・デドリック
森 達也 訳

　もしアメリカのあちこちを訪ね歩き、ナショナル・イシューズ・フォーラム（以下ではNIFと略記）のアプローチを用いて地域や国の課題を市民たちが熟議している何百もの地域社会で現地の人びとに話しかけたとしたら、以下のような話を耳にするかもしれない。

　テキサス州エル・パソ市は経済、地理、政治の面で分断を抱えている地域で、大方の人びとには市民参加と市民参画（パブリック・インヴォルヴメント）の程度は低いと思われているだろうが、NIFは20年以上にわたってそこでの公共の生活の不可欠な一部分となっている。地域フォーラムは『エル・パソ・タイムズ』紙上で告知され、学校、教会、図書館を使って市の全域で行われている。この地域のフォーラムは長年にわたって何十もの問題——そこには妊娠中絶、教育、健康維持の問題が含まれる——に取り組んできた。

　エル・パソのフォーラムの参加者たちは、90分間の対話に参加するために

地方の公共放送局に招かれる。この対話が注目に値するのは、そこで活発な意見交換が行われるという点と、専門家や選挙で選ばれた公職者[(1)]は招かれないという点である。「私たちは専門家を呼ぶことは避けているのです」と、主催者のジュリー・ズィメットは言う。「ここで重要なのは草の根の参加ですし、お互いに話し合うことの価値です。一緒に熟議をすると、部屋にいるみんなが変わっていくのがわかります」。ズィメットが言うには、特に分断を抱えた地域社会においては、「NIFは決定的に重要なプログラムなのです。なぜなら、NIFは共有された価値や利害関心について学ぶことを可能にするからです。私たちの市の将来は、私たちがみんなのためにする必要のあることについて、異なった経験や異なった哲学をもつ人びとと話ができるかにかかっています」[1]。

他の地域社会でNIFの活動に参加している人びとからも、おおよそ同じ話が聞けることだろう。たとえばウェスト・ヴァージニア州チャールストン市とフロリダ州パナマシティでは、州議会の議員たちが、しっかりと準備された複数のフォーラムのネットワークに参加する市民たちからの報告や助言を頼りにしている。あるいは前回の選挙で住民投票にかけられた法案をめぐって議論が分かれて分裂を経験したカリフォルニア州が、積極的差別是正措置(アファーマティヴ・アクション)に関する投票法案のために今度も二つに割れるのではないかという懸念から、『サンノゼ・マーキュリー・ニュース』紙とカリフォルニア州立図書館が1995年に州全域におけるフォーラムを主催する際に、どのようにNIFに助力を求めたのかについて耳にするかもしれない[2]。

おそらく、シンシナティでの警官による発砲が2002年にかけて人種間の緊張に火をつけた際に、これがどういうふうに全国の一面記事で報じられたかに関する話を耳にしたこともあるだろう[(2)]。オハイオ州立大学の学外向けの取組みである市民生活研究所とNIFを実施したことのある経験とを頼りにして、人種に関する一連の熟議フォーラムがおよそ150回開催され、シンシナティじゅうの何千もの人びとがそれぞれの地区でこれに参加した。これらのコミュニティーでの討論は市の人種問題を解決しはしなかったものの、「ネイバー・トゥ・ネイバー」と呼ばれる草の根の組織を含む新しい絆を作り出し、地域社会で実行すべきことの手順を確認することによって、危険なまでに緊張の高

---

(1) ─ 公職者には、選挙によって選ばれたもの(議員の他、自治体の長や判事、大統領等)とそうではないもの(機関雇用や指名にもとづく公職者=agency official)とがあり、前者を指す。
1 ── London, S. (1999). "El Paso Forges Shared Outlook in Forums." In E. Arnone (ed.), *What Citizens Can Do: A Public Way to Act*. Dayton, Ohio: Charles F. Kettering Foundation, 1-3.
2 ── Heyser, H. A. (1999). "Newspaper Gives More Emphasis to Citizens' Views." In E. Arnone (ed.), *What Citizens Can Do: A Public Way to Act*. Dayton, Ohio: Charles F. Kettering Foundation, 9-14.
(2) ─ 2001年4月7日、19才の黒人青年ティモシー・トーマスが白人警官に射殺されたことをきっかけに、黒人住民と市政および市警察との間で緊張が高まった。緊迫した市内の状況は同月9日から数日間の暴動

まった状況を鎮めるのに実際に役立った。『シンシナティ・インクワイラー』紙が報じた人種に関する一連のフォーラムが例を示しているように、市民の能力をこれまで以上にしっかりと理解することによって、市はこの経験から立ち直った[3]。

あちこちの地域社会で、学校、図書館、教会、社会人の識字改善プログラム、さらには刑務所といった団体や施設が、地域フォーラムを開催するために創造的な仕方で力を合わせているという話を耳にするだろう。テキサス州オースティン市では、大学生、若い専門家、関心をもつ市民、退職者たちの、合わせて100人以上がメディケア[(3)]に関する複数同時開催のフォーラムに参加した。このフォーラムは、リンドン・B・ジョンソン大統領図書館とリンドン・B・ジョンソン公共政策大学院の健康・社会政策センターが主催するシンポジウムの一環として、テキサス・フォーラムのボランティアたちの手で運営されたものである[4]。

およそどの州でも、多種多様な市民団体や組織を基盤としたフォーラム主催者たちの重なり合うネットワークについて耳にするだろう。たとえばアラバマ州では、シェルトン・コミュニティー・カレッジ（タスカルーサ市）や協働エクステンション・サービス——どちらもアラバマ・コミュニティー・リーダー養成協会がコーディネートする一連の活動の一部である——で行われるフォーラムや司会進行役の研修会のことを耳にするだろう。アラバマの学校や大学でも——タスカルーサのヒルクレスト高校で、オウバーン大学のオナーズ・カレッジで、アラバマ大学のブラックバーン研究所で——NIFに出会うだろう。また、アラバマ大学医学部の農村地域医療学科がコーディネートする健康問題に関する州内各地でのフォーラムについても耳にすることだろう[5]。

にまで発展し、100名近い負傷者と数十名の逮捕者を出す結果となった。「ネイバー・トゥ・ネイバー」の会合は2001年の11月から2002年の2月にかけて、インディアナ州とケンタッキー州に部分的にまたがるシンシナティ–北ケンタッキー大都市圏全域で行われた。［http://cincinnati.com/neighbors/］
[3] — オハイオ州立大学の取組みである市民生活研究所のプロジェクト・コーディネーター、デーブ・パットンとのEメールによるやりとり。2004年8月20日付。
[(3)] — 1965年に制定され、連邦政府によって実施されているアメリカ合衆国の社会保険プログラム。65才以上の高齢者、あるいは65才以下の障がい、ないしは重篤な病気を抱えている者に適用される。低所得者にはメディケイドが適用される。
[4] — このメディケア・フォーラムは、リンドン・B・ジョンソン大統領図書館と、リンドン・B・ジョンソン公共政策大学院の健康・社会政策センターとの5年間の共同プロジェクトの2年目に行われた。最初の年に運営者は健康維持の専門家による2日間のパネル報告を主催した。何かが——すなわちこの問題についての市民相互のやり取りが——足りないと感じた運営者は、テキサス・フォーラムに支援をしてくれるように要請した。世代間フォーラムを7つ同時に主催するにあたり、メディケアの問題をわかりやすく示し、訓練された司会進行役を派遣してもらうためである。初日は参加者たちがパネル報告者たちの話を聞いて質問をする形式だったが、2日目はNIF方式のフォーラムにあてられた。このモデルは参加者と運営者双方から厚く支持を得ることになり、社会保障の問題について論じる2005年にも用いられることになった。

これらの地域社会のそれぞれで、司会進行役、参加者、公職者たちの熱のこもった証言を聞くことになるだろう。NIFを主催することに携わったある人物はこう述べている。「たいていの場合、公共の問題に関して市民の意見を得るための伝統的な手段——たとえば意見聴取会——は市民が共通の土台を発見する助けになっているかと言えば、大体においてうまくいっていないのは明らかです。ナショナル・イシューズ・フォーラムは、種々の問題に関してさまざまな物の見方を抱く人びとが対話するための機会を提供している、数少ない枠組みの一つです」[6]。

　あるいは、一連のフォーラムの司会進行役を務めてきたある男性の、次の意見について考えてみよう。「熟議民主主義はうまくいっていますよ。私はすっかり熟議民主主義の信奉者です。私たちの地域には、市民による熟議が変化をもたらした数多くの事例があります。熟議は、私たちの高校で起こったかもしれない暴動を回避しました。熟議は、市民が自分たちの声を連邦議会の議員に届ける機会を与えてきました。熟議を行う過程を通じて、私たちの地域社会は政治について自覚的になり活動的になりました」[7]。

　熱烈な支持は公職者や政治指導者たちからも聞こえてくる。テキサス州オースティン市で開かれた「大いなる選択：アメリカの高齢者にとっての健康保険の将来に関するシンポジウム」の一部として行われた最近のメディケアについてのフォーラムを受けて、運営側の一人、健康・社会政策センターの所長でありアメリカ合衆国社会保障局の前局長でもあるケン・アプフェルは、熱のこもった調子で「一般市民の参加は、私たちがこれらの問題に取り組むにあたって決定的に重要なものです」と述べた。その後、彼は2005年の「大いなる選択：社会保障の将来に関するシンポジウム」の一部として行われた、社会保障に関する市民の熟議の主催に尽力した。

　元大統領のジミー・カーターは、同じく元大統領のジェラルド・フォードとともに、NIFの初期の全国集会の共同ホストを務めたが、NIFを次のような言葉で表現している。「この刺激的な新しい会合が果たすべき責任の一つは、テレビ、ラジオ、新聞を所有して動かしている責任ある人びとがこのような努力を全国に広めるように促すことで、今年学んだことを私たちがいかに拡大でき

---

5 ── ケタリング財団上級研究員ロバート・マッケンジーとのEメールによるやりとり。2005年2月5日付。
6 ── Heierbacher, S. (2003). "Final Report Submitted to the Kettering Foundation on the Online Survey of Practitioners of Public Deliberation, Conducted by the National Coalition for Dialogue and Deliberation." 未公刊の草稿。
7 ── Heierbacher (2003), "Final Report..."〔前掲注6資料〕

るか、それも二倍どころでなく、何千倍、何万倍にも拡大できるかということにあるはずだと思います」[8]。

全国規模のネットワーク

　NIFは、市民的熟議のための市民フォーラムや研修機関を後援する諸々の組織や個人からなる、特定の党派に属さない全国ネットワークである。NIFのネットワークは、開催されるフォーラム個々の具体的な記録をとりまとめてはいないが、2003年には、社会奉仕クラブ、大学、図書館、会員制の団体、その他の団体の主催によって数千のフォーラムが開かれた。地域フォーラムを主催、または後援している既存の団体のなかでも代表的存在と言われるNIFは、そうしたネットワークのなかでも最大のものである[9]。

　毎年、コミュニティー・カレッジ、リーダー養成機関、住民団体、州の人文科学協会、大統領図書館、さらには刑務所協会といった多様な組織が、公共政策をめぐる勉強会を行っている。これらの勉強会が提供するワークショップやネットワークを作る活動を通して、市民は、市民による熟議のために問題の枠組みを設定する仕方や、フォーラムの運営や主催の仕方を学ぶことができる。現在、32の組織が30の州でこうした勉強会を運営している。NIFの方式についての研修は、アメリカ図書館協会や全米体験学習学会といった専門家の団体の会議でも提供されている。

　このネットワークで使用される教材の一部は、NIFI（ナショナル・イシューズ・フォーラム研究所）——自分たちの所属組織または共同事業を通じて市民の熟議を促進している立場にある人びとが組織している501条（c）項（3）号団体[(4)]——が開発したものである。NIFIは、ある問題の背景をなしている情報を提供し、熟議のための三つの一般的なアプローチを説明する政策課題冊子（イシュー・ブック）、司会進行役と主催者のための用例集、学校における市民による熟議のためのカリキュラムである『教室のNIF』など、市民による熟議をサポートするための資料を開発し普及に努めている。NIFIはまた、NIFのネットワークのメンバーと共同して問題の枠組みを設定することや議論のためのガイドブックの作成なども行っている。

---

8 — Jimmy Carter, Summary Session of the First Presidential Library Conference at the Gerald R. Ford Library in Ann Arbor, Michigan, February 9-10, 1983.
9 — Gastil, J. (2004). "Adult Civic Education Through the National Issues Forums: A Study of How Adults Develop Civic Skills and Dispositions Through Public Deliberation." *Adult Education Quarterly*, 54, 308-328.
(4) — 米国税収入局規則第501条の (c) 項（3）号に基づく、慈善、非営利、宗教および教育に関する非課税非営利団体。

NIFは市民による熟議を促進するためのさまざまな活動のデザインに影響を与えてきた。政治学者のマイケル・ブリアンは、コロラド州トリニダード市の今後の経済発展に関する計画策定を支援するために行われた、地域社会での会議のプロセスをデザインする際にNIFモデルに手を加えて用いた[10]。このNIFモデルと、NIFの研修を受けた司会進行役たちは、ジェイムズ・フィシュキンが運営した二つの有名な全国イベント――1996年の大統領予備選の一環として開催された第1回ナショナル・イシューズ・コンヴェンションと、アメリカのグローバルな役割を議題として、マクニール＝レーラー・プロダクションズの運営で2003年の前半に行われた第2回ナショナル・イシューズ・コンヴェンション――で重要な役割を担った（第5章を見よ[11]）。

　NIFは国際的な活動にも影響を与えている。過去10年以上にわたって、コロンビア、ロシア、クロアチア、ニュージーランドを含む国々における市民や非政府組織は、熟議フォーラムを採用して、各国版のナショナル・イシューズ・フォーラムを立ち上げてきた[12]。

　強い民主主義(ストロング・デモクラシー)を支持する人びとにとって、NIFとそれが育んだ熟議フォーラムは「おきまりの政治」に対する一つの対案――すべてのコミュニティーで日々の公共生活を特徴づける市民による熟議があるべきだとして、少なくともその一つの叩き台――を示している。

NIFはどのように始まったのか

　1970年代の終わりに、元保健教育福祉長官でアラバマ大学学長のデイヴィッド・マシューズは、市民の政治離れを克服する方法を模索するために、学者、コミュニティーの活動家、公職者、財団のリーダーらを招集した。1981年にマシューズがチャールズ・F・ケタリング財団の理事長に就任した時、この財団の理事たちは、民主的な生活における一般市民の役割をこの財団の使命の中心をなすテーマとした。マシューズは、世論分析のベテランでありパブリック・アジェンダ財団(5)の初代代表であるダニエル・ヤンケロヴィッチと緊密に連携をとった。

　1981年夏、ウィングスプレッド会議でNIFは立ち上げられた。同会議では

---

10 – Briand, M. (1999). *Practical Politics: Five Principles for a Community That Works*. Urbana: University of Illinois Press, 171-172. See also Gastil, J. (2000). *By Popular Demand: Revitalizing Representative Democracy Through Deliberative Elections*. Berkeley: University of California Press, 122-123.
11 – フィシュキンの熟議型世論調査を用いた熟議の方法に関する詳細は本書第5章を参照のこと。
12 – 国際的なプログラムに関する事例研究は次の文献に見い出される。London, S. (2004). *Creating Citizens Through Public Deliberation*. Dayton, Ohio: Charles F. Kettering Foundation.
(5) – ダニエル・ヤンケロヴィッチと、カーター政権で国務長官を務めたサイラス・ヴァンスが1975年に

17の団体の代表者たちが国内政策協会(ドメスティック・ポリシー・アソシエーション)を創設するために力を合わせることに合意した。この協会は非党派的な全国ネットワークで、毎年三つの喫緊の課題に焦点を当てることになった。パブリック・アジェンダ財団が支援したのは、さまざまな課題を選定することと、主たる課題に対する複数の異なるアプローチを掲載した、バランスのとれた読みやすい雑誌程度の書籍を作成することだった。この政策課題冊子は公共の議論を行うための枠組みを与える媒体であり、人びとが表面的で情報の裏づけのない意見を越えて、**公共的な判断**(パブリック・ジャッジメント)へと導かれるような会話のための触媒であった。ヤンケロヴィッチはこの公共的な判断という言葉を、「人びとがある問題に参画し、それをあらゆる側面から考察し、それがもたらす選択を理解し、自分たちが行う選択のすべての帰結を受け入れた場合に現れるところの高度に発達した市民の意見」と定義している[13]。

ネットワークの初期の運営者は当初、司会や主催する者たちを養成する拠点として大学を思い描いていたが、ネットワークはそれ自身の生命を得て、草の根運動となっていった。公共政策をめぐるさまざまな勉強会が提供する口コミ、激励、研修を通じてネットワークは発展し、全国に拡大した。この間、参加者たちは年齢、階層、人種、教育、宗教の点でより多様になり、さらに幅広い協働による組織がフォーラムを企画するようになった。

ナショナル・イシューズ・フォーラムの特色は何か

NIFは、民主的な地域社会における生活はどのように営まれるべきかに関する将来構想を、市民による熟議の他のアプローチと共有している。地方や国のレベルで、私たちは共通の問題について話し合い、公共の場で実行することについて何らかの決定に合意する必要がある。だが、そのような合意に達し、行動方針に関する決定に到達するために、私たちは**どのように**話し合えばよいのだろうか。

市民による熟議にNIFを用いてアプローチすることは、民主主義のために役割を果たしたいと願うあらゆるグループが直面するもっとも基本的な諸問題の一つに対する答えである。それは**熟議**という、しばしば非常にルーズに用いられる言葉に対する、ある特定の理解に基づいたアプローチである。市民によ

設立した非営利団体。世論調査と市民参加の促進を主たる活動目的として、教育問題、エネルギー問題、財政問題といった幅広い公共政策の分野について市民による熟議の枠組みを設定するサポートを行っている。[http://www.publicagenda.org/]

13 — Yankelovich, D. (1991). *Coming to Public Judgment*. Syracuse. N. Y.: Syracuse University Press.

る熟議の明敏かつ情熱的な提唱者であるデイヴィッド・マシューズによれば、「熟議を行うことは、問題を単に『話し合う』ことではない。熟議するとは、行動のための多様な選択肢がもたらす帰結と他の人びとの物の見方の両方を慎重に比較検討することを意味する」[14]。熟議とは、私たちがともに行動するのを可能にする適切な決定を行うための手段である。熟議を通じて人びとは、さまざまな選択肢の不愉快なコストや帰結に直面し、また、公共に関わる決定を下すことにともなう、不安定になりがちな、さまざまな感情を乗り切ることを求められる。

　ある意味でNIFというアプローチは、それが何で**ない**かを述べることでとても容易に説明することができる。公共の決定についてコメントを募るおなじみの手段である意見聴取会は公共政策の過程の公式な一部分であり、一定の声が聞かれることを可能にする。しかしながら、ヒアリングはしばしば対立的なものとなり、市民による熟議と似たものに到達することはまれである。

　型通りのディベートは、選挙のような一定の脈絡においては、市民が相異なるものの見方を比較対照する一つの方法として適切である。だがディベートという形式は、共通の関心事を掘り下げたり、さまざまな代替案のコストや帰結を通して考えたりするといった市民のニーズにかなうことはほとんどない。それはまた、凝り固まった対立から相互補完的な活動へと進む道をもたらすこともない。

　ニュース・メディアは、それ自体としては公共の言説についてのモデルをほとんど提供していない。メディアの解説番組は見世物や気晴らしを基準に作られており、すでに自分の考えを固めている人びととの間の応酬によって成り立っている、対決的でイデオロギー的なものであることが一般的である。メディアの報道は、問題よりも関係者の人となりに焦点を合わせる傾向がある。

　数年前、ハーウッド・グループ[(6)]が、どのような種類の市民による対話に参加したいかと尋ねた時、人びとは「言葉の応酬（クロスファイア）」の対極にあるモデルを語った。つまり、人びとは、得点をあげたり議論に勝利したりするのではなく、さまざまな考えをテストしたり複数のアプローチを比較したりできるような検討の機会を含んだ対話を欲していた。大部分の人びとが望んだのは、党派的な姿勢や

---

14 ─ Mathews, D. (1994). *Politics for People: Finding a Responsible Public Voice*. Urbana: University of Illinois Press, 111. See also Mathews, D., and McAfee, N. (2002). *Making Choices Together: The Power of Public Deliberation*. Dayton, Ohio: Charles F. Kettering Foundation.
(6) ─ リチャード・C・ハーウッドが設立した非営利団体。1989年に発足し、現在はハーウッド公共イノベーション研究所という名称になっている。地域社会のリーダーを育成するための4日間の集中講座「公共イノベーション・ラボ」などを主催している。［http://www.theharwoodinstitute.org/］

プロの評論家に代わるものだった[15]。

　NIFは、市民とは利害関係者の総和——公職者たちの支配をただ待つばかりの市場——に過ぎないという確信に代わる、ラディカルな対案である。熟議を通じて一群の個人たちは互いの関係や繋がりを発展させる。彼らはデモクラシーを支え、統治に正統性と方向性を与えるのに不可欠な存在、つまりひとまとまりの市民となる[16]。

　市民による熟議が諸々の事実に根ざす必要がある一方で、優れた判断というのは、それが個人によるものであれグループによるものであれ、単に関連する諸事実が示すままにしたがって——政策の専門家はしばしばそのように想定するのだが——なされるわけではない。熟議というのは主として、ある個人やグループが価値ありとするもの、それらの優先順位と個人的な語り、そしてそれらと公共の関心事との関連についてのやりとりからなる。人びとは、自分たちの関心と考え方が反映されるように名づけられた政策課題を得る必要があるが、これは政策の専門家や選挙で選ばれた公職者たちのやり方とはしばしば異なっている。人びとは、自分たちがもっとも重要であると考える事柄がその課題の名づけられ方に明確に反映されている場合に、また、課題にそのような枠組みを設定することが、国レベルでも地域レベルでも実行可能な行動につながる場合に、フォーラムの議論に参加する可能性がより大きい。こうした会話——メディアに登場する専門家の分析や評論家間のやりとりとはほとんど類似点はない——を通じて、諸々のグループは公共での活動のための共通の土台に到達する。もっとも重要な集合的意思決定とは、どうある**べき**かに関する決定であり、この点に関しては、専門家は存在しないのである。

　このように、NIFは、異なる種類の対話が行われうる公共空間を提供することをめざしている。民主的な原理への献身は、民主的な実践への献身を伴わなければ空虚である。市民が議論する対象となる問題に名前を与えてその枠組みを設定するという課題に、ある特定の仕方でアプローチし、ある特定のスタイルで地域社会でのフォーラムを推進することによって、NIFというモデルは、熟議のいくつかの主要な特徴を民主的な実践の中心部分に据えている。

---

15 – Harwood, R. (1991). *Citizens and Politics: A View from Main Street America*. Bethesda, Md.: Harwood Institute.
16 – アメリカ政治における市民の意見表明のより綿密な分析については、Gastil (2000), *By Popular Demand*, 第5章を見よ。市民の概念および政治における市民の役割に関するさらに詳細な記述ついては、Mathews (1994), *Politics for People*, 第6章を見よ。

課題(イシュー)はどのように選択され、名づけられ、議論の枠組みを設定されるのか

　フォーラムの企画をはじめる時、主催者は、教育、違法薬物、リスクを抱える若者、移民、あるいは人種といった論点について、NIFのネットワーク向けに全米向けに作成された既刊の政策課題冊子の一冊をしばしば用いる。過去22年にわたって70以上の論点に関する政策課題冊子がNIFのネットワークによって作成されており、幅広い関心事をカバーしている。最近の課題としては、若者の暴力、政治とカネ、アメリカの統治、ギャンブル、アルコール濫用、人種・民族的緊張、テロリズムへの対応などがある。NIFの政策課題冊子のために全米から選びぬかれた論点は、大部分のアメリカ人の生活と直接関係があるものばかりで、これらの課題の大半は、少なくともここ数年においては依然としてタイムリーなものである[17]。

　発足間もない頃のNIFのネットワークは、課題を議論するための枠組みを設定するにあたってパブリック・アジェンダ財団の力に頼っていた。この団体では、キース・メルヴィルが30以上の問題に関する書籍を作成したチームの主筆を務めていた。近年では、さまざまな団体と個人が、自分たち自身の課題を論じるための枠組みを設定する能力を身につけるようになり、多くの場合で共同作業を行っている。たとえば福祉制度改革についてのある政策課題冊子はポートランド都市連盟、全米コミュニティー・リーダーシップ協会、ケタリング財団のスタッフ三者が共同で議論の枠組みを構成したものである。南部成長政策委員会[(7)]は、『繁栄への道』と称する書籍の企画の音頭をとった。農園財団(ファーム・ファウンデーション)[(8)]は、バイオテクノロジーと新たな食品科学についての政策課題冊子を準備するにあたって指導的な役割を果たした。また、アメリカ法曹協会は『そしてすべての人びとに正義を』と題した政策課題冊子の作成と普及宣伝を行った[18]。

　しばしば、政策課題冊子は特定の地域に固有の状況と文化を反映するように

---

17 ― 毎年、NIF研究所は、熟議を行うためにあらかじめ議論の枠組みを明確にしておくべき二つないしは三つの重要な問題を選定する目的で、NIFネットワークの調査を行っている。2004年に開催されたフォーラムの多くが取り上げた問題は、移民、世界におけるアメリカの役割、健康の維持、ニュース報道と市民の信頼の四つだった。

(7) ― 南部13州の支援を受け、ノースカロライナに本部をもつ非営利の公共政策シンクタンク。1971年に南部地域の知事たちによって創立された。企業、NPO、大学と連携して南部経済の発展に関する主要課題の調査やフォーラムの開催を行っている。［http://www.southerngrowth.com/home.html］

(8) ― 1933年に設立された非営利団体。環境と農業の関係、エネルギーと農業、食糧と農業および貿易政策、食糧の生産性、食糧の品質と安全性、農村地域の持続可能性などについて情報提供やワークショップの開催を行っている。［http://www.farmfoundation.org/］

18 ― NIFの資料に関するより詳しい情報は、［http://www.nifi.org］を参照のこと。

議論の枠組みを設定している。たとえば西アラバマ保健局が企画した政策課題冊子『乳がん：私たちは克服できる』は、乳がんの罹患率が民族集団ごとに異なる農村部の貧しい地域で採用できる諸々のアプローチを提示している。サウスダコタ州のローズバド居留地におけるコミュニティーの発展に関する政策課題冊子は、シンテ・グレスカ大学のシカング政策研究所が議論の枠組みを設定したもので、ネイティヴ・アメリカンの言語、象徴、価値が盛り込まれている。

　NIFの政策課題冊子は、どのように議論の枠組みを設定したものであれ、熟議という活動を体系的に取り入れている。政策課題冊子は人柄や党派的な分裂ではなく、問題に焦点を合わせる。課題に対する三つないしは四つのアプローチを提示し、それぞれの根底にある諸々の価値や論拠、鍵となる事実を示す。一つの問題に対する複数のアプローチはお互いを排除するものではない。それぞれのアプローチが、一部の参加者たちにアピールする一定の要素と、問題となる要素やコストを具体的に示している。この政策課題冊子は、人びとが複雑な課題を理解するのに必要な基本的事実と背景情報を親しみやすい形で提供している。このようにして、政策課題冊子は、考慮する必要がある一定範囲の物の見方を思い起こさせる役割を果たすことで、プロセスの基礎を固め、議論を体系的に取り入れる助けとなる。

フォーラムを主催し、進行を担う

　NIFのフォーラムは、いくつかの地域団体や機関によって共同で運営されることが多い。結局のところ、フォーラムの開催において重要な点は、さまざまな事情のもとで相異なる物の見方を抱く多様な人びとのグループを呼び集めることにある。単一の組織や機関が地域社会全体を動かすことはできないので、大部分の場合、フォーラムを開催するためにいくつかのグループが連携・協働している。

　NIFのフォーラムの参加者の数は、開催場所と同様にまちまちである。個々のフォーラムの規模は、小さいものは教会の地下室における10数人ほどの会合から、大きいものは大学の講堂における数百人の会議まである。一部のフォーラムは1回限りの開催で、そこで地域社会の特定の関心事に取り組む。

しかしながら、もっと一般的には、NIFグループは定期的に会合を開くことに合意し、時間をかけていくつかの課題に取り組む。NIFのフォーラムが行われているフロリダ州パナマシティ、ミシガン州グランドラピッズ市、カリフォルニア州フェアフィールド市といった地域で明らかになってきたことは、定期的にさまざまな課題について熟議した後、この実践が人びとの市民的習慣の一部となり、新たに生じた課題や関心事を取り扱うためのなじみある手段になるということである。

フォーラムは多様な背景をもつ個人によって進行が行われるが、その多くはNIFのネットワークに属する組織や個人が開催する研修の会合の参加経験者である[19]。司会進行役は当該の課題についての専門家であることを期待されてはいない。実際のところ、進行役がある課題の専門家として知られる場合には、自由な意見交換を委縮させる効果を及ぼすことがあり、参加者たちが「答え」を求めて進行役に依存してしまう可能性がある。司会進行役は専門家ではないが、政策課題冊子について、また、熟議をするグループが問題をただ話し合うよりもうまく目的を達成するのに役立つさまざまなガイドラインや実践について熟知しておくべきである。とりわけ、進行役は中立的であり続けることを守らなければならない。

NIFの進行役は何をするのか

基本的に、NIFの司会進行役たちは五つのことを行う。第一に、彼らは基本的なルールを定め、敬意をもって聞くこと、自分自身のものとは異なる考え方を含むすべての考え方を考慮すること、そして共通の土台を探究することを参加者に約束させる。多くの集団的状況におけるのと同様に、NIFの進行役たちは、聞くことが話すことと同じぐらい重要であるという事実を強調しつつ全員に参加を促す。参加者が同意しない可能性がある考え方については、特にそうするよう心がける。参加者たちには互いに意見を表明し、そして理解するために人の話を聞くよう促す。

第二に、進行役は課題およびその課題に対する多様なアプローチを紹介する。進行役は当該の課題の要約を含む短いビデオを流すこともある。大切なのは、

---

19 ― 研修会とその開催地のリストについては、[http://www.nifi.org/network/index.aspx]を参照のこと。

参加者たちが、関係する事実を調べることに時間の大部分を費やすことのないように、十分な情報を提供することである。このステップのねらいは、参加者たちの教育水準や専門知識に関係なく、参加者を対等にすることにある。

　第三に、進行役はその課題に関する個人的な経験や関心について尋ねることで、人びとを議論に引き入れる。特に課題が抽象的でなじみのないものである場合、課題に関係する個人的な経験を語ることは、議論に参加しているという感覚を作り出す助けとなる。個人的な語りはまた、参加者が課題をお互いの目を通して見つつ、自分が価値を置く事柄がその課題に対する自分の物の見方にどのような影響を与えているのかを知る助けとなる。

　第四に、進行役は複数のアプローチについて熟議するよう仕向ける。進行役は、参加者がそれぞれのアプローチを十分にかつ公平に考慮し、それぞれのアプローチを個人的な語りや経験を添えて説明し、それぞれのアプローチに関連するコストと結果を考慮するよう促す。進行役はグループのメンバーが十分に言い表せていないさまざまな立場を考慮するように促す目的で、参加者たちにしばしば問いかける。たとえば、「仮にこのアプローチに同意しないとしても、このアプローチに賛同している議論のうちで、あなたが好意的に感じたもっとも説得力ある議論はどれでしょうか」と尋ねる。

　最後に、議論を1時間から数時間続けた後で、進行役は**振り返り**としばしば呼ばれる議論の最後の部分をリードする。この段階では、進行役はグループに対して共通の主題と共通の土台を確認することを求める。進行役は参加者に対して、本当に課題となっているのは何か、どの帰結が受け入れられないのか、どの点が未解決なのかを尋ねる。当該の課題についての共通理解をあえて口に出して表現することで、参加者は、各々がもち寄った論点ではなく、グループとして言えることは何かという観点から話をする。そうすることで、参加者は自分たちがどうしたら一緒に前に進めるのかを理解しはじめる。多くの場合にグループは具体的な行動に移すための共通の土台を見い出す。共通の土台がほとんど明らかにならない場合でも、参加者たちは少なくとも、さらなる熟議を必要とする未解決の課題を言い表すことはできる。

　進行役に加えて、記録係がつくこともしばしばある。記録係は議論を聞きな

がら、あるアプローチを支持するコメントとそれへの反対を表明するコメントをそれぞれ箇条書きすることで、話に出たことをまとめる。このようにして参加者たちは熟議の間に起きたことを比較考量することができる。

NIF のフォーラムとその成果

ケタリング財団は、NIFのネットワークと協働して、一連の概要報告書の作成をサポートしてきた[20]。これらの概要報告書は、部分的には進行役からの口頭での報告やまとめに基づいて作成されるが、これにより地域のフォーラム・グループは、その声を全国的な話し合いの場に届けることができる。概要報告書はまたフォーラムが集中して行われる期間の終りに開催される全米規模のイベントでも用いられる[21]。ここ数年は、この全米規模のイベントは、フォード、ジョンソン、ケネディ、カーター各大統領図書館における会合ならびに、連邦議会に対する説明会の形をとって行われている。

ここ最近は、公共テレビ局で全米に放送される「ア・パブリック・ボイス」という1時間番組が、特定の論点をめぐるフォーラムの結果を報告するメディアになっている[22]。連邦議会議員、全米ニュースのコメンテーター、そして当該の主題の専門家たちがワシントン特別区の全米記者クラブに集まり、全米各地でNIFのネットワークが実施したフォーラムの様子を録画したビデオを視聴する。その後で彼らは、日々の出来事について報道する人びとや選挙で選ばれた公職者として、アメリカの統治を信託されている人びとにとってこの「ア・パブリック・ボイス」がどのような意味をもつかについて意見を述べる。マシューズは、このパブリック・ボイスを「声に出しながら考える、多くの市民たちの声」と表現している。「ア・パブリック・ボイス」は、人びとがより多くの知識を身につけ、

---

20 ― フォーラムの成果についての概要報告は、パブリック・アジェンダ財団、チャールズ・F・ケタリング財団上級研究員ロバート・J・キングストン、ジョン・ドブル・リサーチ・アソシエイツその他が作成している。
21 ― ミシガン州グランドラピッズ市などのいくつかの地域では、政策立案者たちが出席する最後の区切りとなるイベントが行われており、そこでフォーラムの成果がまとめられ、検討されている。フロリダ州パナマシティ市やウェスト・ヴァージニア州チャールストン市など他の地域では、地域と州の議員向けに、フォーラムでの議論がもつ含意について解説する定期的な説明会が行われている。多くの地域では、地元出身の進行役がフォーラムの議論のまとめを作成するのを手伝っている。
22 ― 「ア・パブリック・ボイス」はミルトン・ホフマン・プロダクションが制作しており、ロバート・キングストンはその制作総責任者である。この番組は、民間で制作された公共テレビ番組のなかでもっとも長く続いている。「ア・パブリック・ボイス2003：テロリズム」は210の公共テレビ局で放送された。長年にわたって、このプロダクションはロバート・キングストンとデイヴィッド・ガーゲンが、現在ではフランク・セズノが司会を務めている。同番組の最新のプログラム「ヘルスケアを考える：市民の処方箋2004」を放送している公共テレビ局のリストについては、〔http://www.nifi.org/about/publicvoice.aspx〕を見よ。

単なる意見をきちんとした判断へと成熟させ、具体的な行動に移るための共通の土台が大きくなった時にはっきりする、知識をそなえた市民の声というものがどのようなものかを見てみようという趣旨の番組である[23]。

これらの報告は何を示しているだろうか。熟議民主主義を提唱してきた者たちが予言してきたとおり、熟議は、いくつかの課題に対して人びとの目を開かせて視野を広げるようなインパクトを及ぼす。たとえばエイズについてのフォーラムでの討論の結果、多くの人びとがあまり簡単に決めつけをしなくなり、また、より共感を示すようになったと報告した。高齢者の健康維持についてのフォーラムでは、多くの人びとが問題の性質とその広がりについて新たな認識を獲得した。

NIFのフォーラムの主要な成果は、多くの場合、熟議が人びとの物の見方を劇的に変えることではなく、人びとの物の見方を**改める**ことにある。この過程は、一般的には人びとがある問題をどのように経験しているか、また何を心配しているのかについて語りあうことから始まる。デイヴィッド・ライフが指摘するように、NIFでの会話は「問題の複雑さや無知のせいで最初から行き詰まってしまう恐れがある」が、会話をスムーズに続けていくうえで、このような語らいを初めに行うことの意義は大きい[24]。

熟議の過程で、多くの参加者たちは自己利益という狭量な感覚──「これが私にどんな影響を与えるか」という最初の関心の焦点──から、ある特定の行動方針が自分の地域社会において異なる状況にある他の人びとに、さらには異なる世代に属する人びとにどのような影響を与えるのかを意識した、より懐の深い理解へと至る。ここで一般的に生じるのは、認識された何らかの公共の利益に賛同して自己利益を放棄するというよりも、もっと微妙な変化である。フォーラムの参加者たちは互いの語りを足がかりとして、一つの物語、あるいはライフが良識（コモンセンス）と呼ぶものを共有するようになる。共通の行動方針について合意できる範囲を確認しようとするなかで、参加者たちは相異なる諸々の観点を統合あるいは調整していく。それぞれの立場自体は必ずしも変化しない。むしろ、それぞれの立場が熟議の過程を通じて広がりをもつようになるのである。

スコット・ロンドンは、家族の価値についてのフォーラムの参加者たちを観

---

23 ― Mathews, D. (2002). *For Communities to Work*. Dayton, Ohio: Charles F. Kettering Foundation.
24 ― Ryfe, D. (Feb. 2003). "An Interim Report on Kinds of Talk in National Issues Forums," unpublished memo, Charles F. Kettering Foundation, Dayton, Ohio.

察した後でこう書いている。「ニュース報道や世論調査から私が予想していたものとは違って、参加者はイデオロギーの点で二つに割れていなかったし、自分たちの政治に関する物の見方にこだわってもいなかった」。彼はさらにこう書いている。「私は重大な発見をした。与えられた課題をめぐる人びとの間の不一致は、通常、熟議の出発点であって最終結果ではない。人びとが自分たちの考えや経験、意見を口にするにつれ、また彼らが他の人びととの観点を取り入れて対立点や不一致を明確にしていくにつれ、その力点はイデオロギー面での相違から共通の価値へと徐々に移動していくのである」[25]。

このことは、熟議がコンセンサスや個人の物の見方における重要な変化を導くということを意味しない。**実際に**変化するのは、自分たちが合意しない相手に対する認識である。フォーラムの参加者たちは、他の誰かの立場に同意しないとしても、しばしばその立場を認めてよりよく理解するようになる。熟議のプロセスは、人びとの私的な考えや利害関心を、公共の価値により近い何かと結びつけることに役立つ可能性がある。このように他者についての認識や問題それ自体の認識を修正することによって、共通の土台を確認し、より多くの人びとに受け入れてもらえるような公共的な行動方針を見定めるための手がかりが得られる。

熟議のねらいは、目的と方向性を決める努力をするところにあるが、必ずしも合意で終わる必要はない。さまざまな課題についての概要報告書が示しているように——個々のフォーラムにおいても、また全国レベルで結果が集計される場合でも——何がなされるべきかに関してフォーラムがコンセンサスに到達することはまれである。その代わり、熟議は合意と不合意の間にある領域、すなわち「公共的な行動を起こすための共通の土台」と呼びうるものを確認するのに役立つ[26]。共通の土台とは、全員が同じことを欲するという意味でのコンセンサスや合意ではない。それはまた、合意には至らないが、意見の違いを合計して二で割ろうというような妥協とも異なる。グループのなかで、個々のメンバーが依然として相異なる価値を大切にしており、相異なる意見をもっていたとしても、参照枠組みや議論の方向性は共有しているという場合がある。共通の土台とは、そうした時にそのグループにとって受け入れ可能な行動や政策

---

[25] – London, S. (2005). "The Power of Deliberative Dialogue." In Robert J. Kingston (ed.), *Public Thought and Foreign Policy: Essays on Public Deliberations about Americans' Role in the World*. Dayton: Charles F. Kettering Foundation.
[26] – Mathews, D. (2002). *For Communities to Work*. Dayton, Ohio: Charles F. Kettering Foundation, 27.

のことを言う。実際の問題として、議論を先に進めていくために十分な共通の土台がどこにあるか、確認する作業が必要である。

NIFによる熟議が、一般に、困難な選択をすることに対する参加者の個人的意欲を高めるかどうかは明らかにはなっていない。だが、解決すべき問題のなかには困難な選択を必要とするものもあることが、広く認識されるようになることは示されている。参加者はしばしばフォーラムの終了時に、その問題の複雑さを自分があらためて理解したことや、選択に向けた取組みを続けるばかりでなく、より広範で多様な参加者の輪のなかでそれを続ける必要性を認識したことを思い起こす。熟議を通じて、フォーラムの参加者たちは、どのような行動や結果であれば、大部分の人びとが長期にわたって受け入れる用意があるかを特定しようとするようになる。

NIFのフォーラムには特筆に値するもう一つの側面がある。人びとは、自分たちのために他人が行った決定ではなく、自らが参加して行った決定に同意する傾向がある。地域社会にとって重要な決定を熟議フォーラムによって公開で行うと、人びとがその決定を支持し、そのコストと帰結を受け入れる可能性が高くなる。このことは、論争を呼ぶような政策課題についてNIFのフォーラムを開催することを、多くの地域の公職者たちが熱心に支持する理由を説明するかもしれない[27]。

NIFのフォーラムの結果として起こることは、よく世論調査で報告されるような変化に比べればわずかなものだが、しかしそれは「ただの話し合い」よりもはるかに大きなものである。熟議フォーラムの成果は、地方のコミュニティーにおいても国全体においても、政治的な分極化を乗り越えて公共において実行していくための新たな道をひらく可能性をそなえている。

NIF の経験がもたらすインパクト

第2章で説明したように、熟議民主主義の提唱者たちは、熟議が個人と地域社会全体にもたらすインパクトと有益な効果についてさまざまな主張を行ってきた。それらの主張は熟議民主主義の文献において繰り返しなされており、し

---

[27] ― Mathews (1994), *Politics for People* の第5章では、公職者たちが一般市民を必要とする状況について論じている。「ある政策課題を政治の最優先事項にとどめておくために一般市民の注目が必要である場合、ある論争が技術的な細部に関わるものではなく人間的な価値をめぐるものであることが明らかな場合、市民たちが「十分な知識を獲得した」後であるにもかかわらず一般市民の支持が得られない場合、あるいは、統治機構が政治的な行き詰まりによって救いがたい膠着状態にある場合」である。「市民たちの間に自分たちが主人公であるという感覚を作り出し、コミュニティーの長期的な方向性を定めるには、一般市民の参画がもっと必要である」と彼は書いている。

ばしば特定の事例において生じたことの証拠や記述によって例証されているが、厳密な検証はほとんどなされていない。結果として、熟議民主主義をめぐる学問の世界での会話は、それを提唱する人びと（一般には政治理論や個人的な確信に基づいて話をする）と懐疑的な人びと（このモデルは非現実的である、あるいは少なくとも証明されていないとして斥ける）の間の一連の応酬という形を典型的にとってきた。

　NIFの21年間は、何にも増して、熟議の利点についての主張を試すための場を提供してきた。市民による熟議に対する他のいかなるアプローチと比べても、NIFの活動は多くの研究者によって吟味されてきた。ケタリング財団——その第一の使命は公共の生活に関する調査の遂行にある——は、これらの研究の多くを先導し援助してきた。厳密さの異なるさまざまな研究によって、NIFの経験が個人と地域社会に与えるインパクトの多様な側面が検討されてきた。

個人に対するインパクト

　熟議民主主義を擁護する人びと——アレクシ・ド・トクヴィルから政治学者ジェイン・マンスブリッジに至る——によってなされた一つの総括となる主張は、熟議フォーラムがシティズンシップの学校を提供するというものである。それらの人びとが言うには、熟議の経験は人びとを重要な仕方で、またおそらくは永続的に変えるものである。NIFの経験の観察、参加者とのインタビュー、そして一連の研究によって、市民による熟議の経験が個人に影響を与えると思われる6つのあり方が解明されてきた。

NIFのフォーラムへの参加は、特定の課題および公共の事柄への関心を高め、より高いレベルの市民参加につながる。まず、NIFのフォーラムへの参加は、ある面では、多くの参加者が公共の課題についての情報を求め、他の類似のグループ活動に参加する意欲を高めることで、政治離れという問題に応答している[28]。他の研究では、課題に対する関心が結果として高まったと参加者の多数が答えたことが示されている[29]。

　識字改善プログラムの参加者は、「これは、私たちが理解できる形で与えら

---

[28] – John Doble Research Associates. (1996). *The Story of NIF: The Effects of Deliberation*. Dayton, Ohio: Charles F. Kettering Foundation, sections 1 and 2.
[29] – Farkas, S., Friedman, W., and Bers, A. (1996). *The Public's Capacity for Deliberation*. New York: Public Agenda, for the Charles F. Kettering Foundation.

れた［公共の問題についての］⁽⁹⁾初めての情報でした。それは私たちの目を開きました」と報告している[30]。結果として、識字改善プログラムの学生たちは、投票、公職者への請願、フォーラムへの参加などの政治的活動が増えたことを報告している[31]。

「コミュニティーへの鍵」という市民による住民発議は、自分たちの声が無視されていると感じている、読み書きの勉強をあらためてしている社会人学生のさまざまな不満に取り組むための手段としてNIFを用いたが、それによってフォーラムが明白かつ劇的な作用をもたらすことを発見した。多くの参加者たちは、他の人びととのつながりをよりいっそう感じられたと報告し、物事はよい方向に変わりうるという自信を高めた。集団としては、プロジェクトに参加した学生たちの投票率は、州全体の人口集団と比べて2倍であった[32]。教室でNIFに参加した高校生たちは、自分たちの地域社会とつながりをもった。彼らは地域フォーラムを主催あるいはそれに出席し、地域のプロジェクトや組織や団体に、これまで以上に積極的に関わるようになり、新聞を読んでさまざまな問題について語るようになった[33]。

NIFのフォーラムへの参加は、参加者たちの視野を広げる。通常は顔を合わせることのないコミュニティーの構成員を互いに引き合わせ、多様なグループを一堂に集めて行うフォーラムの活動を強調することにより、NIFは参加者たちの経験の幅を広げる。参加によってより幅の広い交流が開かれ、多くの地域社会でより広範なネットワークが確立するということについては、かなりの証拠が――その一部は逸話に過ぎないが――ある。オハイオ州デイトン市の黒人教会と白人教会合わせて20のグループが、人種間の不穏な関係に取り組むためにNIFのフォーラムを用いることを決めた時、普段は互いにほとんどあるいはまったく交流のなかった参加者たちがさまざまな課題に共同で取り組んだばかりか、社会関係を発展させたのである[34]。

フォーラムへの参加の結果、個々人は自分自身を異なった形で経験するように

---

(9) – ［　］は引用者による補足。
30 – Paget, G. (1989, Dec.). "Literacy Programs Open Doors for New Readers." *Connections* (Charles F. Kettering Foundation), 3 (1), 10-11.
31 – Loyacano, M. (1991). "Attendant Effects of the National Issues Forum." Unpublished manuscript, Charles F. Kettering Foundation, Dayton, Ohio.
32 – Clark, S., Wold, M., and Mayeri, H. (1996). "The Key to Community Voter Involvement Project: Fall 1996 Election Study." [http://literacynet.org/slrc/vip/whole.html]
33 – Doble, J., Peng, I., with Frank, T., and Salim, D. (1999). *The Enduring Effects of National Issues Forums (NIF) on High School Students: A Report to the Kettering Foundation*. Dayton, Ohio: Charles F. Kettering Foundation, 37, 58.
34 – Willey, S. (1999). "Public Deliberation Within Communities of Faith." In E. Arnone (ed.), *What Citizens Can Do: A Public Way to Act*. Dayton, Ohio: Charles F. Kettering Foundation, 35-38.

なり、グループに参加する新しいやり方を学ぶようになる。フォーラムに参加した結果として行動と態度の変化が生じることは、いくつかの研究が示している[35]。そこには聞く能力の向上、とりわけ自分と意見が合わない人びとの声を聞く意欲の向上ばかりでなく、自分の発言には意味があるという参加者側の自信の高まりが含まれる[36]。他の研究が発見したのは、NIFのフォーラムへの参加が人びとの会話の習慣を変化させ、参加者をより平等主義的にし、また研究者が「会話のなかの力関係」と呼ぶ習慣を減らす傾向があることである[37]。

NIFのフォーラムへの参加は、自分たちが地域社会において変化をもたらすことができる政治的な行為者であるという感覚を増進させる。NIFのフォーラムに参加することによるもっとも重要な効果の一つは、政治学者たちがやや素っ気なく「自己肯定感」と呼ぶものを増大させることにある。すなわち、熟議を通じた人とのさまざまな出会いを通じて人びとは、自分たち市民には力を発揮できる役割があるのだということをイメージしはじめる。それは自分が関わっているという感覚のみならず、自分たちには力があるという潜在的な感覚をも増大させる[38]。

熟議による会話に参加した結果として、人びとは自己利益をより広く解釈する。
政治理論において基本的でありながら、いまだ十分に答えが与えられていない問いは、大部分の人びとが自分たちの狭量な自己利益を乗り越えて、より広い観念である公共善に向かうことができるのかどうかという問いである。政治学者ジョン・ミュラーのような懐疑論者は、そもそも共通善という考え自体を認めない（彼は共通善を「かくも多くの柔軟な頭脳をもつ哲学者たちが、それについて長大かつ雄弁に思考を重ねてきたところの、何か霞のようなもの」としている[39]）。だが、NIFのフォーラムのインパクトに関するさまざまな観察から判断すると、自己利益は不可侵でもないし全面的なものでもない。前節で指摘したように、熟議フォーラムへの参加が参加者たちの自己利益の感覚を拡大

---

[35] ― Gastil (2004), "Adult Civic Education Through the National Issues Forums"；Gastil J., and Dillard, J. P. (1999). "The Aims, Methods, and Effects of Deliberative Civic Education Through the National Issues Forums." *Communication Education*, 48, 179-192.
[36] ― たとえば以下を見よ。Doble, Peng, Frank, and Salim (1999), *The Enduring Effects of National Issues Forums*; John Doble Research Associates (1996), *The Story of NIF*.
[37] ― Gastil (2004), "Adult Civic Education Through the National Issues Forums"；Burgoon, J. K., and Hale, J. L. (1984). "The Fundamental Topoi of Relational Communication." *Communication Monographs*, 51, 193-214.
[38] ― Alamprese, J. A. (1995). "National Issues Forums Literacy Program: Linking Literacy and Citizenship." Unpublished report by COSMOS Corporation. Bethesda, Md.: For the Charles F. Kettering Foundation. 以下も参照せよ。Loyacano (1991), "Attendant Effects of the National Issues Forums"；Gastil (2004), "Adult Civic Education Through the National Issues Forums."
[39] ― Mueller, J. (1999). *Capitalism, Democracy, and Ralph's Pretty Good Grocery*. Princeton, NJ.: Princeton University Press.

し、他者の経験や状況を真剣に考慮するのを助けることについては十分な証拠がある[40]。

熟議は人びとが表面的な選好を超えて思慮ある公共的な判断へと進むことを助ける。ささやかな逸話による説明といくつかの研究の双方が示唆しているのは、NIFのスタイルによる熟議を経験することで、表面的で概して無思慮な個人的選好を脱して、ダニエル・ヤンケロヴィッチが公共的な判断として特徴づけたものに似た何かへと人びとが進むことを実際に手助けするということである。NIFの参加者に対するフォーラム前とフォーラム後の質問紙調査を比較したある研究は、フォーラムに参加した後、参加者の物の見方は、より明確に考えられ、より論理的に一貫し、より気まぐれなものでなくなったことを見つけている[41]。

市民による熟議を論評している人びとのなかには、NIFのフォーラムがもたらすものの有用性を小さく見積もり、世論調査が提供するものに比べれば、それは人びとの考えや選好を偏った形で不正確に描写したものであるとみなす者もいる。市民による熟議を支持する者たちの大部分は、熟議のインパクトをこれとはかなり違った形で特徴づけることだろう。NIFについての有力な主張の一つは、熟議による会話の成果は単なるおしゃべりではなく、市民による熟議の過程は十分に考慮された公共的な判断を行う能力を実際に高めるということである。たとえば、カリフォルニア州における積極的差別是正措置についてのフォーラムは、多くの人びとの考えを変えたようには見えなかったが、それらのフォーラムは、人びとは情報に基づいた知性あるやり方で自己統治を行うことができるという気づき――『サンノゼ・マーキュリー・ニュース』紙の編集者であり、熟議フォーラムの指導的な主催者であるロブ・エルダーが表現した感情――を呼び起こしたのである[42]。

以上を要約すると、個人に対するNIFのフォーラムのインパクトに関する研究は、全体として印象的かつ重要であるところのさまざまな種類の効果を示している。多くの人びとはNIFのフォーラムにひきつけられる。なぜならフォーラムは、普段は抽象的でしかないようなものを、わかりやすく生き生きと経験

---

40 – John Doble Research Associates (1996), *The Story of NIF*.
41 – Gastil, J., and Dillard, J. P. (1999). "Increasing Political Sophistication Through Public Deliberation." *Political Communication*, 16, 3-23.
42 – Hayser (1999). "Newspaper Gives More Emphasis to Citizens' Views," 9-14.

させてくれる——すなわち、市民(パブリック)の一員であるという経験を与えてくれる——からである。熟議の提唱者たちが強調するように、NIFのフォーラムに参加した人びととそのインパクトを観察し研究した人びとの大部分は、フォーラムが参加者をよりよき市民にするという確信をもってフォーラムを後にするのである。

地域社会に対するインパクト

　NIFのフォーラムが地域社会全体に与えるインパクトについては、いくつかの効果を示す証拠があり、それは特にフォーラムが何年にもわたって繰り返し開催されている地域においてその効果は顕著である。そうした地域では、問題について熟議することが市民の習慣に、すなわち公共の文化の重要な一側面になっている。トマス・ジェファソンはかつて、「自己統治に必要な資質というのは生来のものではない。それは習慣と長きにわたる訓練の結果である」と評した[43]。市民による熟議の習慣がスキルを養い、問題が生じた際に地域社会が有効に対応できるという自信を強めるということは、多くの地域において明らかである。

　多くの地域において、NIFがもたらすもっとも重要なインパクトは、同じ物の見方を共有していない人びと——そして互いに非常に異なった状況にある人びと——からなるグループを招集することは可能であり、非常に厳しい問題であっても、共通の関心事について話し合うための礼儀正しい雰囲気を作り出すことは可能であるという実感である。たとえばケンタッキー州オーウェンズバラでは、人種についてのフォーラムによって、多くのアフリカ系アメリカ市民たちが感じていた信頼の欠如に関して、白人たちの意識を向上させることに成功した。当初の懸念にもかかわらず、フォーラムは礼儀正しい議論の場となり、そこにおいて人びとは人種の分断を乗り越えて語り合い、自分たちの関心事を議論し、100件の実行可能なアイディアのリストについて合意に達することができたのである[44]。

　多くの地域社会が似たような経験をしている。ミシガン州グランドラピッズ市では、およそ20年にわたるフォーラムの経験によって、地域社会は自ら

---

[43] – Coates, R. E., Sr. (ed.). (1995). "Quotations from the Writings of Thomas Jefferson." Electronic Text Center, Alderman Library, University of Virginia. [http://etext.lib.virginia.edu/jefferson/quotations/index.html]

[44] – 2004年1月に行われた、キャシー・クリスティによるテイラー・ウィリンガムへのインタビュー調査。

が抱える問題に対応するやり方を変えてきた。一つのコミュニティーとして一堂に会することが、もはや集団的な習慣となっており、それが政治をめぐる会話の性質を変えてきた。市民と公職者を引き合わせるさまざまなプロセスを比較したある研究書の著者たちは、「協働的な形で行われる熟議が、長期的にはもっとも実り多いものであるかもしれない」と結論づけている。彼らが言うには、このアプローチが成功するのは、それが「市民と公職者が政治を実践する方法を転換させる」からである[45]。他の研究チームは、選挙で選ばれた公職者がフォーラムに参加するか、あるいは少なくとも、特定の論点についてのフォーラムの成果について司会進行役たちと協議する場合の方が、通常のトップダウンの一方的な仕方で行われた場合の決定よりも、よい成果が得られる傾向があると結論づけている[46]。

人びとが複数の異なる課題について繰り返し熟議する場合にもっとも強力なインパクトが得られるということは明らかであるが、1回のフォーラムないしは単一の課題をめぐっての連続フォーラムであっても、それらが地域社会を変えうることを示す鮮やかな事例が存在する。カリフォルニア州コロナ市では、これまで司会進行役を務めたことがない人物——識字改善プログラムに通うある社会人学生——を進行役として、若者の暴力に関する単発のフォーラムが行われた。その結果、参加者たちは、学生、保護者、教師、少年司法関係者を含む公共機関からなるUNITYという組織の結成を決めたのである[47]。

熟議は市民の政治離れに対する万能薬ではなく、公共の問題を解決する万能の手法でもない。熟議の提唱者たちが述べる重要な主張のなかには、いまだに個人的な証言以上の根拠によって具体的に証明されていないものもある。しかしながらNIFの歴史は、市民たちが共通の問題に取り組み、熟議が長期間にわたって継続される時、さまざまな関係が変化するという証拠を数多く提供している。ミシシッピ州テューペロのような都市——そこには強いコミュニティー

---

[45] ― Gastil, J., and Kelshaw, T. (2000). *Public Meetings: A Sampler of Deliberative Forums That Bring Officeholders and Citizens Together*. Dayton, Ohio: Charles F. Kettering Foundation, 34.
[46] ― Fung, A., and Wright, E. O. (2001, March). "Deepening Democracy: Innovations in Empowered Participatory Governance." *Politics and Society*, 29 (1), 18.
[47] ― 2000年11月のジョン・ジックフーズによるテイラー・ウィリンガムへのインタビュー調査。UNITYのパンフレットは、1996年の市庁舎でのフォーラムが地域住民を結集させ、大コロナ・ノーコ地域の子ども、若者、家族の前向きな成長のための地域全体の参画の促進につながる一つの連携を形成するための起爆剤になったと評価している。およそ100名が最初のフォーラムに出席し、25名が会合を継続するための署名を行った。UNITYは現在75名以上のメンバーを擁している。UNITYの会計担当であるジル・ウォーカーは、この団体が地域での足の引っ張り合いをなくしてきたと述べたうえで「これは私がソーシャル・ワークをしてきたなかでも経験したことのないことです」と驚いている。以下も参照せよ。Nichy, J. (2000). "Fighting Against Juvenile Crime." *Corona/Norco Independent*, Feb. 18, 2000.

の感覚、市民の参加水準の高さ、そして共通の諸問題について一緒に話し合う機会を人びとに提供する持続的なネットワークがある——では、熟議の実践は地域社会の市民的実践の不可欠な一部となっている[48]。

三つの課題

最初のNIFが主催されて20年経った現在、NIFはもはや駆け出し段階の活動ではない。NIFは何百もの地域社会で親しまれている十分に確立された催しであり、市民の熟議の運動のなかで顕著な位置を占めている。同時に、新しい形の市民の熟議は、草の根の組織づくりによって、市民たちの役割を強化するためのさらに大きな運動——ジャーナリスト、公職者、専門家による職業的な実践を再考し、市民教育を普及促進させ、成長過程にある市民参加の質を改善する——の内部で重要な役割を果たしている。シリアニとフリードランドが書いているように、全体として「市民再生運動は、全米、州、地域の活動家と専門知識を有した実践者を核にすえた運動としてそのアイデンティティーを確立してきた。そしてこの運動は、メディアに認知されるという重要な一線を越えたのである」。何千もの人びとと何十もの機関が「アメリカ社会の民主主義の基礎を刷新する」という活動に参画し、目覚ましい発展を遂げてきた。「彼らは複雑な公共の問題に取り組むにあたって、また高度に多様化した諸々の社会的アクターと協働するにあたって、アメリカ史においてこれまで存在したものよりもはるかに洗練された市民の実践のさまざまな形式を創造してきた」[49]。

シリアニとフリードランドは、「しかしながら、これらの重要な基礎的達成は誇張されるべきではなく、広範な運動のさらなる発展に対する障害を過小評価すべきでもない」と指摘している[50]。これは、NIFおよび運動全体の未来に横たわる課題のみならず、これまで達成されてきたものに対する、一つの正確な評価である。

指摘に値する三つの課題がある。第一は、政策課題冊子など、市民による熟議のためのガイドを作成する仕事を担う個人と組織にとっての課題である。第二は、地域社会の各層が万遍なく参加するような一連のフォーラムを企画する

---

48 — 以下を見よ。Grisham, V. L., Jr. (1999). *Tupelo: The Evolution of a Community*. Dayton, Ohio: Kettering Foundation Press.
49 — Sirianni, C., and Friedland, L. (2001). *Civic Innovation in America*. Berkeley: University of California Press, 1.
50 — Sirianni and Friedland (2001), *Civic Innovation in America*, 260.

責任を負う主催団体と進行役にとっての課題である。第三は、メディアと公職者たちの熟議に対する見方が突きつける課題である。

第一の課題は、熟議フォーラムの非党派的な性質を維持することである[51]。創設以来、NIFは非党派的なアプローチにコミットしてきた。NIFはさまざまな努力をしてきたが、とりわけ政策課題冊子の作成において、何らかの単一の政治的な観点から主張される公共の活動の原理や方向性へと読者を誘導しないように課題を名づけ、議論の枠組みを設定する努力を行ってきた。

広範囲にわたる政策課題についてのガイドブックを作成して20年以上が経った現在、私たちの心には、厳密かつ首尾一貫して非党派的なフォーラムをデザインすることの難しさと、非党派的な構えを大切にすることの重要性が深く刻まれている。NIFが非党派的な企て――相異なる観点と信条を抱く人びとが共通の関心事について話し合うために出会う、包摂を目指す地域社会全体にわたるプロセス――であり続けることは非常に重要である。意図せざる偏向がないかどうかを確かめるために政策課題冊子を慎重に吟味することは特に重要である。なぜならば、一部の地域では、NIFが、そして熟議民主主義の運動全体が、左派を潜ませているトロイの木馬であるという認識があるからである[52]。政策課題冊子の議論の枠組みの設定の仕方や進行役の個人的な偏向など、どのような理由であれ、もしフォーラムが不注意にも偏向していたら――あるいはもっと悪いことに、もしそれが一貫して同じ方向に偏向していたら――フォーラムへの参加を欲する人びとは、そうした偏向を共有している人びとだけになってしまうだろう。もしフォーラムが同じような考えを抱く人びとによる会話だけで構成されるならば、フォーラムはその価値を失うことになる。

第二の課題は、地域社会の多様な層を横断的に引き入れて、一連のフォーラムを継続することである。たいていの場合、人びとは次の二つのどちらかを理由としてフォーラムに参加する。一つは特定の問題ないし地域の関心事に対する自分たちの利害関心、もう一つは友人や知人による勧誘や推薦である。フォーラムの参加者は、市民として活動的なよく教育された人びとである傾向がある。それゆえNIFのフォーラムはしばしば、地域社会の真の断面図を表現するものにならず、その結果として、フォーラムの成果の正当性が制限されて

---

51 ― ここでの私たちの懸念は、シリアニとフリードランドが2001年に出版した『アメリカにおける市民の刷新』(Civic Innovation in America)における、「市民刷新運動はなぜ非党派的で、なぜそうあり続けるべきなのか」と題した一節の議論 (p. 261) と同様のものである。
52 ― シリアニとフリードランド (2001) は『アメリカにおける市民の刷新』のなかで、このような認識が生じるのには理由があると指摘している。市民刷新運動と呼ばれるものの内部にいる多くの個人や組織は、その歴史を革新主義ないしはポピュリズムの考え――特に公民権運動や女性運動といった左派あるいはリベラルの社会運動――のなかに見出している。

しまう。

　可能な限り幅広いグループをフォーラムに招き、一度きりのイベントではなく継続的なフォーラムを作り出すことは、主催者がつねに抱えている課題である。本章のあちこちで指摘したように、熟議が地域生活における深い変化の触媒となる可能性がもっとも高いのは、フォーラムが繰り返し開催され、個々人が長年にわたって定期的にフォーラムに参加する場合である。いくつかの地域社会の組織——その各々が地域社会の社会的ネットワークの異なる部分から参加者を募ることができる——が継続的に協働する場合に、NIFはより広範な層の参加者を引き入れ、持続可能性を獲得する可能性が高い。地域社会全体を協働的な形で発展させ支援すること自体が一つの切迫した課題であるが、そのためには、NIFのネットワークの多くのメンバーには手が届かないような資源がしばしば必要になる。

　熟議民主主義のさらなる成長と発展のための第三の課題は、そのようなフォーラムが選挙で選ばれた公職者たちやメディアにどう見られるかという点に関わる。選挙政治におけるゲームの名前は「数」である。つまり、何人が投票するか、世論調査の何％が法案を支持しているか、どれだけの人が政治的なデモに参加するか、彼らは市民全体をどの程度代表しているのか、などである。NIFのフォーラムは通常はかなり小さく、また参加者は通常の場合、地域社会全体の代表者ではないので、地方および国レベルの選挙による公職者たちは、NIFのフォーラムやその成果を真剣に受け取らない傾向を示してきた[53]。

　依然として、NIFという取組みおよび熟議民主主義運動全体にとっての主要な課題の一つは、フォーラムと選挙で選ばれた公職者との密接なつながりを築くことである。NIFのフォーラムが、数人の国会議員や、ジミー・カーターやジェラルド・フォードのような元大統領たちから支持を得ることは重要である。だがそれは、市民による熟議を市民生活の日常的かつ本質的な部分として確立すること——公職者たちがあえて無視している事柄——とはまったく別の事柄である。熟議フォーラムの意義の大きさを選挙で選ばれた公職者たちに確信させるためには、一連の主導権と新たな形態の報告のやり方を創り出すことが間違いなく必要だろう[54]。

---

[53] いくつかのよく知られた例外もある。公共テレビ番組「ア・パブリック・ボイス」2004年春の収録における参加者の一人、ペンシルヴェニア州ピッツバーグ地区選出の下院議員ティム・マーフィーが、そうである。地域の一連のNIFフォーラムに出席するなかで、マーフィーは熟議の企画の熱心な代弁者になった。ウェスト・ヴァージニア州チャールストン市、フロリダ州パナマシティ、ミシガン州グランドラピッズ市、その他の地域でも、NIFの主催者たちは公職者たちとの定期的なつながりを作り上げ、定期的な説明会を企画している。

[54] 60年前、ジョージ・ギャラップや世論の分野における他の先駆者たち——彼らは市民の感情や選好を公職者たちに届ける手段として世論調査に大きな期待を抱いていたのであるが——は、世論の概念とそ

メディアと、市民による熟議に対するメディアの反応についてもほぼ同じことが言える。個々のフォーラムでも連続したフォーラムでも、その成果は、多くの場合、ニュース報道に値するものと考えられていない。それは部分的には、記者たちがこれらのイベントをどのように理解したらよいかがわからず、またその結果を容易に要約したりわかりやすく特徴づけたりできないからである。結果として、フォーラムの主催者たちが特定の論点に関する地域のフォーラムにメディアの注意を喚起しようとする時、マーケティング業界の言い方で言えば、NIFというブランドだけでなく熟議という商品そのものも売りこまなければならないのである。本章で取り上げたNIFをはじめとするプログラムは、市民による熟議を擁護する主張を繰り返し説得的に行わなければならない。そのためには、公共的な判断に役立つ新たな報告の様式を考え出す必要があるだろう。それはここ数十年の世論調査結果と同じように、なじみがあり、利用しやすく、説得力がある必要があるだろうし、政治過程の必要不可欠な一部であると同時に、メディア報道のおなじみの要素となる必要がある。

　NIFのもっとも重要な貢献は、それらのフォーラムが個々の課題に当ててきた光ではなく、この取組みが、民主的な地域社会がどうしたら機能するのかを示してきたことにある。NIFは、アメリカの一般市民をあまりにも過小評価してきた人びとに対する応答と、熟議民主主義的なものをすべて非現実的または実現不可能なユートピア的夢想としてしりぞけてきた人びとに対する明確な回答を提供している。国じゅうの何千もの地域フォーラムで起きていることは、熟議民主主義を主張してきた人びとの希望に根拠を与えている。

　アメリカの歴史的経験を通じて、多くの人びとは民主的な地域社会——自分たちの運命を共有しようという際に、人びとが市民として十分に参加し、積極的な役割を果たす場——という将来構想を共有してきた。NIFはこの主題の表現の一つである。数年前、ハーウッド・グループは、その研究の一つの結果を次のように要約した。「一般市民についての理解のなかでも、人びとは無関心であり私的な事柄に心を奪われているために政治に関心を寄せることができないという、しばしば繰り返される主張ほど不正確なものはない。実際、この研究は正反対のことを示唆している。これらのアメリカ人たちは、政治システム

の意義を売り込まなければならなかった。とりわけダニエル・ヤンケロヴィッチは、世論 (public opinion) を乗り越えて、公共的な判断 (public judgement) という、より人びとの意にかなう、有意義な尺度へと向かうべきことを説得力ある形で主張してきた。上述のように、この点やその他におけるヤンケロヴィッチの思考は、NIFのアプローチの形成に大きな影響を与えてきた。だが、政策立案者たちに市民による熟議を知らしめ、公共的な判断の概念とその意義を説明する仕事は始まったばかりである。Yankelovich (1991), *Coming to Public Judgment* を見よ。

の外に押しやられてきたと感じているのだ」[55]。扉を開け、人びとを呼び戻そうとする努力を継続したら、どうなるか。市民による熟議のためのもっとも大規模な、もっとも歴史のあるネットワークの一つであるNIFを通じて、私たちはそのことを知ることができるのである。

---

[55] ― Harwood (1991), *Citizens and Politics.*

第4章
選挙をめぐる熟議と
パブリック・ジャーナリズム

ミシェル・チャールズ、ハリス・サッカラフ、
クリス・サチュロ
井上弘貴 訳

　1999年5月のある夏晴れの日曜日、ペンシルヴェニア大学の構内にある講堂に市民たちが三々五々やってきて、テレビ局の機材や入り組んだケーブルをすり抜けて中へと入っていった。講堂内の壇上に着席したのは、民主党のフィラデルフィア市長候補者たち。これから始まろうという討論には、ちょっとした前評判が立っていた。今回の市長選は、市長として熱狂的な人気を誇ったエド・レンデール[1]の後継を決めるもので、相当な関心と熱気を巻き起こしていた。レンデールは1990年代の初めに、フィラデルフィア市を財政破綻とそれがもたらす絶望から救いだし、前向きな市民の勢いと言えるものを取り戻させていた。そういうわけで、マーケット・ストリートのビル街からバストルトンの昔ながらの住宅街に至るまで、ある種の熱意が高まっていた。
　壇上の候補者たちは、多様で、過去に十分な経歴のある人たちだった。2名は市議会の議員であり、1名は州の議員、1名は州の元議員であるとともに市

---

[1] ― 民主党の政治家。1944年生まれ。1987年の市長選ではフィラデルフィア市初の黒人市長だった現職のウィルソン・グードゥに敗れたものの1991年の選挙で当選し、1992年から2000年まで第96代フィラデルフィア市長として2期を務めた。市長在職中は大胆な財政改革を実行し、同時期にニューヨーク市長を務めたルディ・ジュリアーニとしばしば比較される。2003年から2011年まではペンシルヴェニア州知事も務めた。

の行政府のメンバーであり、1名は伝説的な人物であるフランク・リゾ[2]の側近を過去に務めていた政界に有力なパイプをもつ弁護士だった。3名は黒人であり、2名は白人、4名は男性で、1名は女性だった。はっきりと選挙戦をリードしている候補者はおらず、候補者たちはみな、演説会や討論会への多くの出席依頼を受け入れなければならなかったというのが、政治的には事実だった。この晩の催しも、誰もあえてさぼることのできないものだった。テレビ生中継の討論会で、フィラデルフィア市の有力な新聞である『フィラデルフィア・インクワイアラー』紙と有力なテレビ局であるABC傘下のWPVIが共同で後援した。

　その晩の質問者は、髪の毛にドライヤーをしっかりとあてて整えたいつものテレビの司会者でも、ヨレヨレの靴をはいた活字メディアのジャーナリストでもなかった。質問者は、手に質問カードを握りしめた市民たちだった。それぞれのカードに書かれた質問は、4か月にもわたって600人以上の市民が参加し、モザイク状にさまざまな住民が住むまちとして知られるこのフィラデルフィア市のすべての地域をカバーする、市民による熟議の成果を示すものであった。

　最初の質問が行われた。フィラデルフィアの南西部に住む小柄でシャイな警備員のシドニー・ツームズが立ちあがった。彼の質問は、フィラデルフィア市の公立学校に関するもので、このトピックは市が直面しているもっとも重要なものとして「市民の声」が選んだのだった。世論調査会社やコンサルタントが独断で決めるいつもの質問リストは、犯罪に重きを置いたものであったが、公立学校という選択肢は、そうした質問の優先順位を書き換えるものだった。ツームズはマイクに向かってこう話した。「自分たちの討論グループでは、市立学校で何が一番問題なのかということで意見が分かれました。学校には役割を果たすのに十分なお金がないのか、それとも、学校はもらっているお金の多くをきちんと使えていないのかということなんです。みなさん方はどちらが大きな問題だと思いますか。特に、みなさん方だったらどうやってこの問題を解決するために動きますか」。応答に立った最初の候補者は、まるで紙を読み上げているかのように、自分の学校改革プランについて型にはまった話を勢いに乗って喋った。討論の司会を務めたWPVIのアナウンサーのマーク・ハワード

---

[2] ── 1920年生まれ。フィラデルフィア市警の警察官から叩き上げ、市警察委員会の委員長を務めた後、1972年から1980年まで第93代フィラデルフィア市長として二期を務めた。民主党選出にもかかわらず、一期目の在職中にニクソン支持を打ち出した。また、二期目には大幅な増税を実行したため、市民団体によってリコールの運動を起こされた。1980年代には民主党から共和党に鞍替えして再び市長選に臨んだが再選がかなわず、1991年に心臓発作に襲われ急死した。

は、ツームズの方を向いてこう言った。「今のは質問の答えになっていますか」。ツームズは、少し黙った後、つっかえながらこう言った。「えーと、あんまりかな。うん、わたしたちの質問にまったく答えていなかったです」。講堂中に笑いが広がった。くだんの候補者は顔を真っ赤にした。他の候補者たちはお互いに目配せをしながら、まゆを吊り上げた。どうやらこの討論会は自分たちがいつもやっているテレビ討論ではないことに気がついたのだった。

　1999年のフィラデルフィア市長選挙は最終的に、民主党選出の市議会議長であるジョン・ストリート[3]と共和党選出の実業家であるサム・カッツとのほぼ二人のデッドヒートになった。結果は1911年以来の最大の僅差でストリートが勝利した。この僅差の勝利をもたらしたものとしては、都市政治にはつきもののいくつかの仕掛けを挙げることができるだろう。総計で2,750万ドルという記録的な額を費やした相手陣営を攻撃するテレビ広告。黒人有権者と白人有権者という人種をめぐる根深い違いを思い出させてストリートの支持率を上げるための、ビル・クリントンの訪問は後半戦を盛り上げた。これらの事柄にもかかわらず、この時の選挙戦は、記憶にあるなかでもっとも政策課題中心で、前向きで、**市民主体の**フィラデルフィア市長選挙であるとして、観察者の心を打った。どうしてそのような選挙戦になったのか。その理由のいくつかは、政治的な状況に求めることができる。市長の空席をさまざまな経歴のまじめな候補者たちが競ったからである。しかし、大方の理由は、地域社会（コミュニティー）が広範な努力の末、候補者たちに市内の至るところで、さまざまなやり方で登場する機会を提供し、今何をすることが必要で、どのようにしてそれを実行するつもりなのかを実質的に話すよう求めたことにある。このような地域の主張は、地元の産業界、市民団体や住民団体、メディアによって支えられた。「市民の声」プロジェクトは、そのような努力のなかでも中心をなす要素であるが、その成功はより大きな文脈を通じてみなければ推しはかることはできない。

「市民の声」プロジェクトの起源とデザイン

　「市民の声」とは、一年を通じた市民の話し合いによって、多様性をはらん

---

[3] ― 民主党の政治家。1943年生まれ。2000年から2008年まで第97代フィラデルフィア市長として二期を務めた。同市で2人目の黒人市長。

だ都市の一断面を捉えようとする新聞社の試みであり、ナショナル・イシューズ・フォーラムをモデルとしつつ、騒々しくてお金のかかる選挙が横行するなかで草の根の声の拡大を目指すものである[1]。選挙人名簿からの選抜、メディアによる呼びかけ、地域ごとの選出といったいろいろな組み合わせを通じて集められた600人以上の市民が、1月から10月まで、連続した市民フォーラムに参加した（市民を集める方法については本章の後半で詳細に述べる）。60回以上のフォーラムが、地域ごとに行われた。フォーラム——小規模な集まりとより大きな地域ごとの集会——は、今回の選挙で市民にとって重要な政策課題を明確にし、それら課題を詳しく描かれた政治的選択のまとまりとして肉づけし、その肉づけされた枠組みについて熟慮を重ね、候補者への質問の叩き台として自分たちの熟慮を用いるべく市民が協働するのを手助けするように意図されたものだった。

　2回のテレビ中継された候補者討論会は、ABC傘下のローカルテレビ局であるWPVIとの提携で行われた——初回は予備選挙の前の春に、2回目は本選挙の前の秋に行われた。このプロジェクトは、公共ラジオ・テレビ放送局であるWHYYともWPVIに準じた協定を結んだ。WHYYは、課題ごとの会合から市民が熟議を行っているところをダイジェストで放送し、議論に耳を傾ける視聴者を増やし、その裾野を広げた。WHYYは討論会の後のタウン・ミーティングを2度にわたって放送した。そのタウン・ミーティングでは、「市民の声」の参加者たちが候補者たちから聞いたこと、それが自分たちの関心とどのようにかみ合うのかについて議論した。この放送局は、選挙の夜の報道番組に「市民の声」の参加者をコメンテーターとして呼んだ。しかし、『インクワイラー』紙以上に、「市民の声」を汲み入れるということから得るものがあった地方メディアはなかった。

　市民ジャーナリズム（**パブリック・ジャーナリズム**とも呼ばれる）は、1990年代の初頭から半ばにかけて突如広まった改革運動だった。初期においてこれを主導した二つの組織は、『インクワイラー』紙を所有するナイト・リッダー新聞社系列と、フィラデルフィアに本部がある活動的なフィランソロピー団体であるピュー慈善信託財団である。市民ジャーナリズムは次のような論理に基

---

[1] ナショナル・イシューズ・フォーラムの熟議モデルについて、詳細は［http://www.nifi.org］を見よ。

づくものだった[2]。アメリカの公共の営みは崩壊しており、投票やボランティア精神は低迷しているのに対して、選挙政治に対する無関心、虚無主義、疎外感は高まっている。(ロバート・パットナムの『孤独なボウリング』はこのような議論を展開する市民ジャーナリストたちにとっての聖典である[3])。ジャーナリストたちは公共の営みのこれらの問題とグルになっている。問題の解決ではなく争いに焦点を当て、さまざまな課題に対してエリートの視点から解釈の枠組みを与える日頃のやり方が普通の市民をしらけさせてきたのである。そうであれば、ジャーナリストたちは自分たちのやり方を正し、この国の公共の営みがきちんと育まれる手助けを、もっとはっきりと行う義務を有している。もしもこのことが、政策提言や積極的な介入に反対する昔からのジャーナリズムのルールを壊すことを意味するとしたら、そうすべきである。もし、さまざまな課題にどのように解釈の枠組みを与え、表象するかについて、旧来の習慣を変えることをそれが意味するとしたら、そうすべきである[4]。

　市民ジャーナリズムは、ごく控えめに言ってもジャーナリズム業界に議論を巻き起こすものだった。伝統を重んじるジャーナリストたちは、市民ジャーナリストたちを浅はかで無謀であると嘲笑った。市民ジャーナリストたちは反撃し、伝統を重んじる者たちを傲慢で実情に疎く、なぜ自分たちが読者の尊敬や信頼を失ってしまったのかについてわかっていないと批判した。その親会社が乗り気だったにもかかわらず、『インクワイラー』紙は、市民ジャーナリズムの初期においては批判的だった。この新聞はエリート的なジャーナリズムの牙城であり、過去25年間に18回もピューリッツァー賞を受賞していた。『イ

---

[2] ── たとえば、Rosen, J. (2001). *What Are Journalists for?* New Haven, Conn.: Yale University Press を見よ。
[3] ── もともとの原稿は1995年7月の『ジャーナル・オブ・デモクラシー』誌に掲載された「孤独なボウリング：アメリカの衰退する社会資本」というタイトルの論文だった。『孤独なボウリング』は、著作の形でこの議論を拡張し、多くの批判者たちに答えたものである。Putnam, R. D., (2000). *Bowling Alone: The Collapse and Revival of American Community*. New York: Simon & Schuster. (＝柴内康文訳、2006、『孤独なボウリング：米国コミュニティの崩壊と再生』、柏書房)。
[4] ── 市民ジャーナリズムの代表的な理論家であり研究者の一人であるジェイ・ローゼンは、こう言っている。「どのような組織も内部で公衆についてのあるイメージをもっている。このイメージを変えるなら、それは組織の考えを変えることにつながる。」("Where Has the 'Public' Gone and Why? Can We Have Institutions Without a Public?" Presentation by Jay Rosen to the Center for School Study Councils at the University of Pennsylvania, Sept. 2, 1998). 「市民の声」プロジェクトは、市民はどのような課題が自分たちにとって重要であり、どのようにそれを議論すべきかを明らかにできる能力をもっているという市民イメージのもとに立ち上げられた。すなわち、それは、複雑さに取り組むことができ、さまざまな差異や現実の解決策に求められる難しいトレードオフの関係を認識しつつ、それらを乗り越えて共通の土台(common ground)をおそらくは生み出せる公衆というイメージである。公衆にこのような能力が生じるのは、諸個人が結集して異なるパースペクティヴを乗り越える時である。この乗り越えがもっぱら生じうるのは、この試みをするために諸個人が一つの公共の場に参集する場合である。「市民の声」プロジェクトの場合、公共的な取組みの目標は、ジャーナリストと読者である市民との間に相互的な関係を創り出すことである。

ンクワイラー』紙に属するジャーナリストたちは市民ジャーナリズムには懐疑的で、あからさまな敵意を示していた。それに加えて、スタッフたちの間には、自分たちはナイト・リッダー新聞社からのコスト削減の圧力にさらされているという意識があった。『インクワイラー』紙のスタッフの間では、ナイト・リッダー新聞社が市民ジャーナリズムを提唱しているのは、まったく別の意図からの「一過性の」企業的号令であり、まじめなジャーナリズムにお金を出さない方法を探している経営陣たちが推進しているものと見えていた。そのため、市民ジャーナリズムという実験が行われたのは、大きな編集部の一角——編集チーム（editorial board）——においてに過ぎず、そこでさえこの実験は、市民ジャーナリズムという旗印のもとでは認められなかったのである。

　編集チームに属したジャーナリストたちは、自分たちが書いた意見記事の影響が芳しくないことに気がつき、その心を動かしたいと思う市民たちとのより緊密な接触を通して仕事を抜本的に変革することを目指しつつあった。編集チームは1996年に、複数の市民フォーラムからなる「市民の声」というプログラムをはじめた。それはテキサス大学のジェイムズ・フィシュキン教授とマクニール＝レーラー・プロダクションズが組織したナショナル・イシューズ・コンヴェンションに倣ったものだった（第3章を見よ）。このプログラムは、本章の共著者のうちの二人、当時編集補佐だったクリス・サチュロ（現編集長）と、ペンシルヴェニア大学教育学大学院の教授であるハリス・サッカラフとの最初の共同作業だった。その年、編集チームは全米的な課題に関する地域でのフォーラムを主催し、フィシュキンがナショナル・イシューズ・コンヴェンションで展開していた手法を用いた。その翌年、「市民の声」は、ニュージャージー州知事選挙に焦点を当てた、一年間にわたる踏み込んだ取組みとして改組された。この時、熟議のための枠組みとして既存の手法を用いるのではなく、「市民の声」プロジェクトは、市民たちが鍵となる課題を見出し、課題を取り上げるための自分たち自身の枠組みを作り上げるよう、試行錯誤を行った。

　1999年までに、「市民の声」プロジェクトは地域社会からそれなりの注目を、また新聞社のスタッフからは同じくそれなりの信頼を獲得した。『インクワイラー』紙の発行責任者であるロバート・ホールの助言により、編集チームは「市

民の声」プロジェクトをフィラデルフィア市長選挙でも行うことにした。10万ドル以上の予算が組まれ、本章のもう一人の共著者であるミシェル・チャールズが、地域社会に出かけて行く活動を含めたこのプロジェクトのコーディネートのために、サチュロの同僚として採用された。

ペンシルヴェニア大学アネンバーグ・コミュニケーション大学院の研究科長であるキャサリーン・ホール・ジャミソンが、「市民の声」との提携を申し入れてくれたおかげで、このプロジェクトはきわめて重要な連携相手を得ることになった。ジャミソン研究科長の提案は、大学院とピュー慈善信託財団とが共同出資する「フィラデルフィアの契約」というプログラムを市長選に際して行おうというもので、市民による政策課題中心の市長選挙を促進させようというのがその意図するところだった[5]。ジャミソン研究科長は、余計な重複を避けるために「市民の声」に、このプログラムの市民参加の部分を担うべく「フィラデルフィアの契約」と連携することを依頼してきた。『インクワイラー』紙は重要な報道対象者を扱うがゆえに、二つの機関(大学院とピュー慈善信託財団)から直接にはいかなる資金提供も受けないということを確認するため、細心の注意を払う数度の交渉を経て、やりとりは成立した。

人種によって分断されたこの都市にあって、また、その結果として黒人たちからなる民主党支持者と白人たちからなる共和党支持者とが対立しあうだろう選挙にあって、このプロジェクトが信頼されるかどうかは、「市民の声」を形成する集団が、この都市を代表するものになっているかどうかにかかっていることは明らかだった。1999年のフィラデルフィアは、白人が48％、黒人が41.5％、ヒスパニック系が6.8％、アジア系が3.4％を占めていた。選挙にあたっての多様性を示す他の有意な基準について言えば、この都市の選挙人登録の内訳は、80％が民主党、20％が共和党であり、大学教育を受けていない人の割合は、大卒の学位を有する人をはるかに上回っていた。

参加者の募集は、サチュロが署名入りで執筆したコラムではじめられた。そのコラムでこのプロジェクトのことが説明され、登録の応募券が添付された。400件以上の問い合わせがあった。『インクワイラー』紙の読者意見の紙面の読者傾向と同じく、問い合わせをした人びとは、この都市の全体的な傾向より

---

[5] ── 「フィラデルフィアの契約」に関する手短な概説としては以下の小論を見よ。Treglia, S. P. (1999, Dec.). "The Philadelphia Story." In *Campaigns & Elections*, 19.

も、白人、高齢者、富裕で高等教育を受けた人びとに偏っていた。多様性がみえなくなってしまっている欠点を補うために、アネンバーグ・コミュニケーション大学院は2,300人のフィラデルフィア市民に、10分間の電話調査を行い、来たるべき選挙のさまざまな政策課題について基本的な質問をした。電話調査と連動した参加者募集の試みによって、300人の参加可能な人びとのリストが作られた。このリストはフィラデルフィア市の適切な無作為標本に近いものだったが、この時点でさえ、参加可能な人びとの名簿はなお、必要とされているものほど多様なものにはなっていなかった。こうして、市民のマッピングという骨の折れる、実地に即した作業が始まった。

　市民のマッピングは、さまざまなレベルでの人びとの生活を調べることで、地域社会を創り上げているさまざまなつながりを理解しようとする取組みである。1999年に、このプロジェクトに関わった人びとは、この活動の理論に完全に精通しているわけではなかった。サンプルの多様性を確保しようと努力するなかで、彼らは手当たり次第に現場に出ていった。市民のマッピングから得られた一つの見方によれば、市民の生活には五つの層があるという。一つにはオフィシャルな（政治の）層であり、もう一つにはオフィシャルに準じる（きちんと組織された団体やグループ）層である。第三の場所（宗教施設や公園やレクリエーションセンターのような特定の目的のために人びとが集まる場）があり、その他の場所（駐車場や店先などインフォーマルな形で人びとが行きかう地点）があり、プライベートな層（人びとの家）がある[6]。フィラデルフィアは、さまざまな小さな地域社会（コミュニティー）からなる都市であり、そのそれぞれがそれ自体のアイデンティティーをもち、しばしばエスニシティを基盤にしている。地域社会が相互に孤立しているということも、そう珍しいことではない。路地や通りを一本隔てているだけであっても、そういうことはある。あれは自分たちとは別のグループが集まる場所だからと、地域の集会への出席を避けるということも、珍しいことではない。こうして、このプロジェクトの参加者募集に際しての主な苦労は、それぞれの居住地域や市民生活の各層を越えて、信頼されている「それなら行ってもよい」人びとや組織を見つけることだった。このような人びとや場所は、私たちの参加の誘いを効果的なやり方で伝えてくれる連絡

---

[6] —— Harwood Institute for Public Innovation. (2000). *Tapping Civic Life: How to Report First, and Best, What's Happening in Your Community.* (2nd ed.) College Park, Md.: Pew Center for Civic Journalism. 市民生活のこれらの層のそれぞれは、価値があるにもかかわらずしばしば十分に評価されていない人的資源——地域社会のなかでフォーマルにもインフォーマルにもともに活動している市民たち——から成り立っている。この相互行為の連環が、報道すべき記事をジャーナリストたちが選択する際に最終的に影響を与えているものである。

役だった。そのような人びとや場所が後援を引き受けてくれることで、呼びかけをしている組織やその動機に対する不信を乗り越えることができた。市民のマッピングはフォーラムの最初の時期に、連絡役とのつながりを作り、22ある異なった居住地域のなかで会合の場所を見つけるのに威力を発揮した。フィラデルフィア市の人間関係調整委員会は、このような取組みに対して価値ある助言を与えてくれた。フォーラムを進行するのに外国語を用いようとしたが、結果としてそれはうまくいかなかった。運営側は、唯一の効果的な手段は個人的なコンタクトであることを学んだ。しかしそれでさえ、結果は一定のものではなかった。結局のところ、場所の候補には、ヒスパニック系のコミュニティー・センター、韓国系の長老派教会の他、歴史的にみて黒人系の教会が何箇所か含まれた。地域の高校やコミュニティー・カレッジとの接点は、多くはよい結果をもたらし、熱心に参加してくれる人びとをもたらした[7]。

　フォーラムの最初の時期を計画するに際して、運営側が痛切に自覚していたのは、二つのありうる失敗だった。一つは一般的な問題であり、もう一つは地元の文化に関する問題だった。一般的な懸念は、ナショナル・イシューズ・フォーラムの形式の熟議に対する何人かの批判者たちが言っていることだが、このようなフォーラムはあまりにも知的すぎて、中産階級の大卒の集団しか関わることができないということである。地元の文化に関する懸念は、フィラデルフィアは「悲観的な町(ネガデルフィア)」と言われてきたということである。これらの失敗は避けたいという思いが運営側にはあったので、「オプラ・ショー」というものを発案した。これはユーモアを身につけてもらう、楽観的にものを見る練習であり、あらゆる背景を有する人びとを受け入れ、問題と合わせて解決策についても考えてもらうための架空の劇である[8]。「オプラ・ウィンフリー・ショー」という架空の番組は、注目に値する都市再生を提示してみせる。それを観る参加者たちのすることは、住みやすい都市とはどのようなものか、そこへと到達するために過去10年間に何がなされてきたのかについて、細部にわたるイメージを描くことだった。午後の最後の時間帯に、何人かの市民に「専門家のパネリスト」を演じてもらい、「オプラ役の人」(進行役)がフィラデルフィアの奇跡について質問をする。残りの市民たちには「スタジオの観覧者」を演じ

---

7 ── ペンシルヴェニア大学アネンバーグ・コミュニケーション大学院のフィリス・カニスがこのプロジェクトをとりまとめた。Kaniss, P. (1999, Sept.-Oct.). "Making Their Voices Heard." *Pennsylvania Gazette*, 98 (1), 50-54.
8 ── 「オプラ・ショー」の第一期は、応用研究センター (CFAR) が開発した「未来の歴史」と題されたグループ討論の技術を学ぶことだった。以下を見よ。Gilmore, T. N. and Shea, G. (1997, Summer). "Organizational Learning and the Leadership Skill of Time Travel." *Journal of Management Development*, 16(4), 302-311. CFARについての詳細は [http://www.cfar.com] を見よ。このプロジェクトのすべてのフォーラムの進行役は、ペンシルヴェニア大学の教育学大学院がナショナル・イシューズ・

てもらい、その質問に関して自由に意見を言ってもらった。

　1999年の1月の終わりまでに、「オプラ・ショー」は、市民たちからの豊かできめ細かなさまざまな観察やアイディアを引き出した。五つの課題がはっきりと浮かび上がってきた。順番通りに挙げれば、教育、雇用、地域社会、公共の安全、市役所改革である。6番目の課題である人種は、他の五つの課題全部に通底するものである。どのようにすれば、このテーマをめぐって最初から紛糾しないようにできるかはわからないため、プロジェクトチームは、ひとまずのところそれには直接には取り組まないことを決めた。

　2月と3月、フォーラムの第二の時期に市民が求められたのは、最初に出された五つの課題を議論するための、ナショナル・イシューズ・フォーラムの形式に沿った議論の枠組みを作成することだった。5月に、約250人の市民が各課題について話し合う会議のために、ペンシルヴェニア大学に集まり、各人は、自らが選んだ課題の熟議フォーラムに参加した。各フォーラムは、議論の前提として2月と3月に準備した枠組みのなかから一つを選んで使用した。そこで各グループは、市長候補者たちが「市民の声」プロジェクトに提出した、詳細な政策文書を検討した。市民たちは、5月8日の討論会に向けて自分たちの質問を固めるために、自分たちの熟議や候補者の立場を比較しあった[9]。

　1年を通じて、「市民の声」は『インクワイラー』紙の読者意見の紙面に頻繁に登場した。各フォーラムから生み出された「市民の声」の参加者による文章は、論説の紙面に掲載された。編集チームは、選挙に関する社説を「市民の声」が選んだ五つの課題に沿って組んだ（プロジェクトの終わりまでに、課題は六つになった。春の予備選挙と秋の本選挙の間に数回にわたって行われたフォーラムはいずれも盛況で、そこでは人種関係は諸々の問題に取り組むフィラデルフィアの努力をいかに複雑なものにしているかが論じられ、その結果として、人種という課題は最後に加えられた）。議論のために用いられた枠組みは、全面を使った目立つレイアウトで論説の紙面にすべて掲載された。候補者たちには、市民が案を練った各課題への質問に対して、論説の紙面で応答することが求められた。

フォーラム（NIF）の訓練に用いた熟議民主主義ワークショップを通じてトレーニングを受けた。私たちはNIFのトレーニングを「未来の歴史」の技術と結びつける追加トレーニングを提供した。
9── 秋の選挙に向けて課題ごとの会合が何度も行われ、テレビ中継される2度の討論会で候補者に対してなされる質問を作り込んだ。一つの変更点は、人種が熟議の課題としてつけ加えられたということである。

結果と得られた教訓

　市民参加のプロジェクトに対してしばしば出される第一の質問は、そのようなプロジェクトは投票率を上昇させるのか、というものである。私たちの考えでは、これは誤った質問である。投票率の低下は、何十年にもわたって徐々に生じてきた複雑な現象であり、それがいかに野心的で意味のあるものであろうとも、ある選挙の年に単一のプロジェクトで、このような傾向をひっくり返すことはできない。1999年の市長選挙の投票率は、44.5%だった。これは1995年よりも高いが、1991年とほぼ同じであった。選挙の終わりまでに、今回は実際の問題を知的に論じた、政策課題中心の選挙戦だったという市民間のコンセンサスができあがった。恐れていたほど、この選挙は不愉快なものにも人種的に分断されたものにもならなかったが、極端に接戦となった終盤の何週かには、そのような要素は確かに現れた。

　市長選にあたって編集チームが行った「市民の声」プロジェクトによってジャーナリズムが深められたということに、『インクワイラー』紙の内部で疑義はなかった。編集部のなかで客観的な立場に立つジャーナリストたちは1999年の当初、この実験に対して距離をとった態度をとっていたが、それは新聞におけるニュースと意見との間の伝統的な壁という観点からすればもっともなことだと思われる。選挙を取材した記者たちのなかには、「市民の声」にまったく好意をもたない者もいたが、秋までに、このプロジェクトがもたらす情報や物の見方や情報源を熱心に聞いてくる記者たちも現れるようになった。

　しかし、市民たちに聴くことは、専門家の知識の代わりにはならない。専門家の欠陥のある知恵を大衆の欠陥のある知恵にとり換えただけでは、何にもならない。「市民の声」プロジェクトが追い求めた目標は、市民がもつ**さまざまな価値観**と専門家の知識との内実のある結びつきである。市民たちは往々にして、専門家のようにとうとうとは話せない。しかも市民たちは専門家の説を使うように強制されることを好まない。市民による話し合いは、統計や事実や合理的な分析と同じくらい、個人的などうでもよい話や価値によって進められることになる。もしもより多くの事実が議論のなかに導入される必要があるのな

ら、進行役たちは、専門家ぶった感じや講義調にみえないやり方を見つけなければならない。よい議論をするのにどんな事実が必要だと感じているか、進行役たちは市民に問うべきである。普通であれば市民は、運営側が市民に要求してほしいと思っているすべてを要求するだろうし、誰もあらかじめ考えてはいなかったような何らかの興味深い情報さえ求めるだろう。

　アネンバーグ・コミュニケーション大学院の研究は、低所得の参加者はフォーラムに参加することで、自分の政治についての見方に自信をもつようになり、喜んで自分の見方を発表するようになるという、確定的ではないにせよ勇気づけてくれるような証拠を見出した[10]。サンタクロースにブーイングすることで悪名高いフィラデルフィア市においてさえ、数百人の市民が自分たちの都市について楽観的かつ生産的に考える集いへの招きに、熱心に応答した。市民たちは関心をもったのである。

　このプロジェクトの主たる欠点は、選挙後に生じた。このプロジェクトの最終段階は、「市民の声」の運営の「権利」を新聞社から市民たち自身に譲渡することであると思われていた。そして、「市民の声」は、新しい市長と市議会に提案するための市民議案(アジェンダ)を作ることが期待されていた。しかし市民議案のための新しい後援組織を作り出そうという努力にもかかわらず、この努力は頓挫してしまった。市民たちは『インクワイラー』紙が関わることをやめてしまったことにショックを受け、「市民の声」が市を包括する議論のフォーラムとして、あるいはもっと活動的な権利擁護(アドヴォカシー)団体として存続するべきかについて、自分たちで合意に達することができなかった。市民たちは、熟議から行動へとあまりにも即座に動くことを求める傾向が強かったが、主催者の役割は、話し合いを行動へと結びつける筋道を考えることにある。しばしば、主催者はまず市民たちを落ち着かせ、実行可能な解決策に関するコンセンサスを練り上げるのに必要な体力をつけさせなければならない。しかし、以下の点ははっきりさせておく必要がある。市民たちは話し合いを単なる目的のままにしておくことに満足はしない。市民を興奮させて巻き込んだ挙句に放っておいて、ペギー・リー[(4)]が歌う歌詞のように「これでおしまい？」などと言わせるわけにはいかないのである。

---

10 ─ Dutwin, D. (2003). "The Character of Deliberation: Equality, Argument and the Formation of Public Opinion." *International Journal of Public Opinion Research*, 15, 239-264.
(4) ─ 1920年にノースダコタに生まれる。1940年代から1970年代にかけてアメリカで活躍した歌手。ブルースの影響を受けたジャズ・シンガーとして知られ、ビリー・ホリデイと並び称されることもある。グラミー賞に12回ノミネートされ、1950年代には女優としても活動した。2002年に死去。

「市民の声」プロジェクトは、フィラデルフィア市の政治や投票率を変えなかったが、プロジェクトチームが開始時に望んだ以上のインパクトをもたらした。このプロジェクトはジャーナリストたちのなかに都市のさまざまな課題を理解するための新しい一連の道具をもたらしたのであり、それは今でもなお使えるものである。それは、選挙の時の主要な新聞の役割は何であるのかについて、市民の新しい期待を創り出した。今でも、注目の選挙がはじまる際には、サチュロのもとには市民や他のジャーナリストから電話がかかってきて、こう尋ねられる。「今回は『市民の声』はやらないんですか？」きわめて重要なことは、このプロジェクトは、市民あるいは有権者としての役割を担うという個人の感覚に力を与える一つの方法を見出したということである。1999年のプロジェクト時の常連参加者だったダーセル・コールドウェルはこの点についてこう述べている。「それは、たとえちっぽけでも自分はエンパワーされていると感じた数少ないひと時の一つです。本当の意味で自分が市民だと感じた、人生のなかでも数少ないひと時でした」。

第5章
熟議型世論調査
実験段階から地域社会の資源へ

ジェイムズ・フィシュキン、シンシア・ファーラー
木村正人 訳

　2002年3月、肌寒い金曜日の夜に、ニューヘイヴン都市圏のすべての町から、さまざまな生き方をしている人びとが、イェール大学の、洞穴のような形をした学生ホールの外に設けられた受付に向かって進んでいた。彼らは、あらゆる年齢層、あらゆるエスニシティーにまたがっていて、全体として地域社会の縮図となるよう、一人一人が無作為に抽出されていた。彼らは**熟議型世論調査**——市民が、学んだ情報と他の市民の意見との接触に基づいてよく考えられた判断を行う前と行った後に、意見を聞くという調査——に参加するところだ。

　受付で書類一式を受け取り、ホール内に入った参加者たちは、お互いに見知らぬ者同士少し不安そうにあたりを行き交いしていたが、料理が出てくると安堵して、お盆とお皿を慌ててもらうと割り当てられたテーブルにつき、小グループの司会進行役や仲間の参加者と顔を合わせた。イェール大学の社会政策研究所とテキサス大学オースティン校の熟議型世論調査センターの支援を受

けてこの催しを運営したニューヘイヴン都市圏コミュニティー財団とコネティカット女性有権者同盟が気にかけていたのは、住民の集まりがやや悪いことであった。『ニューヘイヴン・レジスター』紙[1]は、一面で、この調査について事前告知をしており、運営側の見込みでは、250名の地域住民たちが集まって、二つの議題、すなわち、地元の空港の将来と、複数の町で資産税収入を共有する可能性について討論する予定であった。しかしながら、実際会場に現れたのは133名であった。

　その夜のオリエンテーションから会話がはじまり、引き続き、土曜日終日と日曜日午前に行われた小グループでの議論と質疑が行われた。これらの会話によって、参加者たちは、空港の近くに住んでいて空港拡張によって直接に影響を被るであろう人たちの意見など、参加者の多くが、これまで聞く機会がなかった意見に触れる機会を得た。その場に居合わせていた人の報告によれば、「イーストヘイヴン地区のある男性は、会議の間じゅう、(空港の拡張が)自分や近隣住民にとっていかに重荷となるかを熱弁し続けていた」。ところが日曜日までに、「彼は、自分が得た新しい情報に照らすと、拡張もありうるのではないかと考えるようになったと自分から認め」、「日曜日の終わりには、イーストヘイヴン地区のタウン・ミーティングだけではなく、ニューヘイヴン地区のタウン・ミーティングにも参加して、自分の住む地域以外で、人びとがこの問題についてどう感じているかを学ぶという約束をした」。事後に行われた地元選出の議員との会合では、別の参加者が次のような発言をした。「この世で起きていることはすべて、一人一人違う人には違う影響を与えていることに気づいたんだ。……空港のことなんて以前は考えたこともなかった。そこで、イーストヘイヴン地区からきた連中に、何人か会ったんだ。……この問題は、地区同士に交流がないせいで起きている問題だ……他の人がどんな見方をしているかなんて聞かないからね」。

　複数の町で資産税収入を共有するという議題についても、地域全体から集まった人びとが意見を交換した。そこには、増え続ける学校教育の費用を賄うためには商業地区の発展の拡大を支持するという意見の人たちを含む、より富裕な町の住民たちや、住む場所も選べないような貧しい世帯向けの社会福祉

---

[1] 地元の日刊紙。

サービスのニーズに応えるために高い税金を払わされてきた、あまり裕福ではない街なかや（ニューヘイヴン市を取り巻く）インナーリング地区の自治体[2]から来た参加者たちがいた。小グループの議論では、ある参加者は「歳入を共有するということは、別の言い方をすれば、代表なき課税[3]を認めるということだ」と言い、また別の人は、「どちらの町にとっても利益にならなければならない。そうでないなら、やめたほうがいい」という意見を述べた。

互いに意見のやりとりをし、専門家のパネリストに対して質問をした後、参加者たちの意見には顕著な変化が見られた。最初のインタビューでは、80％の人が、自分たちの町は自分たちが納めた税金の管理を手放してはならないと考えていたが、そのような意見の人は、熟議の後には、わずか42％になっていた。同時に、商業用不動産にかかる税収を共有する自主協定を結ぶべきだ（ただし、その対象は増収分のみに限る）という意見と、このような自治体間の連携を促すよう州が奨励策を講じるべきだという意見を支持する者たちの割合が顕著に上がった。運営側が見込んだ人数に比べて実際の参加者は少なかったものの、意見の変容のほとんどは統計的に有意なものであった。熟議に参加した人びとと面会する機会をもったニューヘイヴンの市長ジョン・デステファーノ・ジュニアは、運営側の一人に電話をしてきて次のように話した。「印象的だったのは、私が、これら参加者の誰とも面識がなかったことだ。私は毎週のように会議で人と会うが、彼らは私がそこで会うような人とは違っていた。彼らは、情熱的で、熱心で、自分たちの直接の利害とはなんの関わりもないような問題についてよく知っている。これはなかなかないことだよ」。

これまでに数多く実施されてきた熟議型世論調査と同様、このときの調査もまた一つの実験であった。小グループでの対面的な熟議がどのような効果をもつのかを特定するためのはじめての厳密な実験的試みとして、このときの調査では折半法が用いられた。つまり、午前中、参加者の半数には一つの問題（空港）について議論させ、残りの半数にはもう一つの問題（税収の共有）について議論させた。次に、それぞれのグループが、両方の問題についての質問項目を含んだ（つまり自分たちが午前中に議論した問題についての質問項目と議論しなかった問題についての質問項目を含んだ）質問紙に答えることで、相互に

---

(2) ─ ニューヘイヴン都市圏の中心にあるニューヘイヴン市の周辺に位置する、ハムデン市、イーストヘイヴン市、ウェストヘイヴン市を指す。
(3) ─「代表なくして課税なし」はアメリカ独立戦争のスローガンの一つ。かつてイギリス領であったアメリカ諸邦は、英国議会に対し、地域代表としての議員を送ることが認められていないにもかかわらず、税のみが課せられており、このことへの反感が、独立戦争へと至る重要な要因となった。

対照群あるいは比較対象となるようにした。その結果、意見の変化の大部分は、問題についての議論に起因するものであることが示された[1]。

ニューヘイヴンでは、この2年後の2004年5月8日に、初参加の住民たちも加えて、第3回ニューヘイヴン都市圏市民フォーラムが開催された。このときは、前回の経験に基づいて、175人の参加者が来場すると見積もっていたが、242人の来場者を得ることができた。今回もまた、参加者は、二つの議題（刑務所の過剰収容問題と、幼稚園入園から高校卒業までの公教育にかかる財政問題）について議論をしたが、今度は、2日半を費やすのではなく、朝から晩まで1日の日程で行われた。ニューヘイヴン都市圏コミュニティー財団と女性有権者同盟が、この年次大会の公式の後援者となり、資金調達もすべて地元で賄った。熟議の時間を短縮したことに加え、参考資料の作成を州内の政策シンクタンクに委託し、イベントに先だって実施した電話調査を短くしたことで、費用をかなり抑えることができた。熟議後の調査項目のうち、2、3項目しか、熟議前の調査には含めなかった。結果報告において、意見の変化ではなく、無作為抽出標本による、熟考後の意見がどのようなものであったかが強調されているのは、このためである。参加者のうち、前年に開催されたフォーラムについて聞いたことがあると答えたのは、12%であった。繰り返しになるが、熟議の際立った特色は、参加者が多様な意見に接することである。たとえば、あるグループでは、ある種の犯罪者については、より寛大な措置をとったほうがよいという意見に共感する議論がなされていたが、その議論は、ある参加者が自分の母親は仮釈放された受刑者によって殺されたと話した時点で、いったん行き詰った。その日は、日中、民主党と共和党それぞれの州大会が同時開催されていたが、数人の著名な州議員や、何人かの地元選出の議員たちが聴衆として参加した。その日の最後に行われた懇親会では、より多くの人びとがやってきて、参加者をもてなした。

イベント終了後の数週間から数か月間も、グループの司会進行役は参加者に連絡を取り続け、選挙で選ばれた公職者とのフォローアップ会合に参加するよう促した。地元の主催組織は、2002年と2003年に行われたイベントの参加者や、関心をもつその他の市民たちを加えて、2004年大会の参加者を集め、熟

---

[1] 熟議型世論調査には、この他事後についてのみ対照群を設けるものと、事前にも事後にも対照群を設けるものとがある。

議を行った二つの問題について話し合う機会をさらに設けようと考えている[2]。そもそもは1回限りの実験であったこの企画が、毎年のイベントに発展し、進め方が簡略化されたこと、選挙で選ばれた公職者で参加する者が増えたこと、熟議の参加者の人数が倍増したことなどは、いずれも、考える人間の意見を調べる世論調査としてはじまった試みが、ニューヘイヴンの地域社会における民主主義的実践の一つとして根づきつつあることを示している。

熟議型世論調査のはじまり

熟議型世論調査は、市民の声を聞くための独特の手法であり、政治的平等と熟議という二つの根本的な価値観を組み合わせたものである。政治的平等という言葉で、私たちが意味するのは、すべての人の好みを平等に考慮するということである[3]。他方、**熟議**という言葉の語源は、「重さを量る」ということを意味する。よって、私たちは、**熟議**という言葉で、競合する主張のそれぞれについて是々非々によって重さを量る議論プロセスを意味する。熟議の質は、以下の四つの基準がどの程度満たされるかによって決まる[4]。

① **網羅性**：ある問題の一面に基づいてなされた主張が、他の一面に基づく主張によって応答されている程度、さらに、応答としてなされた主張が、さらに逆の立場から応答されている程度
② **情報**：人びとが用いている情報が応分に正確である程度
③ **誠実性**：是々非々に応じて問題を判断しようとして、人びとが参加している程度
④ **多様性**：関連する母集団内の意見の多様性を、熟議の参加者が代表している程度

2── ニューヘイヴン都市圏で行われた市民フォーラムに関するより詳しい情報は、ニューヘイヴン・コミュニティー財団のウェブサイト［http://www.cfgnh.org］およびイェール大学社会政策研究所のウェブサイト［http://isps.yale.edu/］を参照せよ。
3── 投票者の身元情報や過去の投票行動の履歴を参照せず匿名で、しかも一票の格差が存在しないような投票メカニズムについて考えてみよ。全員が投票をして、単に票を数えるだけでよいのであれば、この種の政治的平等は実現される。同じことは、くじで選ばれた人が投票を行い、その投票が等しく重みづけられる抽選方式によっても実現できる。言い換えれば、各投票者のもつ票の重みが平等であるということである。Fishkin, J. S. (1991). *Democracy and Deliberation: New Directions for Democratic Reform*. New Haven, Conn.: Yale University Pressを参照のこと。
(4)── ここで述べられている熟議の質の規準は、以下の文献においては、①情報、②実質的バランス、③多様性、④誠実性、⑤考慮の平等さからなる5項目にあらためられている。Fishkin, James. (2009). *When the People Speak: Deliberative Democracy and Public Consultation*, pp. 126f.(＝曽根泰教監修、岩木貴子訳、

熟議型世論調査が目指すのは、これらの基準をそれぞれ、それなりに高い水準で達成することである。説明資料や、専門家によるパネル、司会進行役の訓練などの品質証明となるのは、バランスである。参加者にできる限り正確な情報が提供できるよう、通常は、(ニューヘイヴンでそうしたように)諮問グループに点検を依頼するなど、あらゆる努力がなされる。また運営側は、参加者同士が互いに尊重しあえる雰囲気を作ることで、問題を是々非々で判断することに関心をもてるようにする。無作為抽出はうまくいけば、多様な意見と多様な背景を場にもちこむことができる。熟議型世論調査の過程はうまく機能すれば、市民に自分たちの間にある現実的な差異を考慮するよう求め、特定の利害関心によって議論が左右されることを避け、参加者の意見が分極化する危険性を軽減する。

　熟議型世論調査は、古代アテネの民主政に見られる、二つの特徴を取り入れている。第一に、意思決定者となる市民をくじで(すなわち、無作為に)選出すること、第二に、(より広い市民全体を代表する社会の縮図が得られるよう)この役割を担う市民に手当てを支払うことである。500人評議会の議員など、アテネの公職者は、自薦の者(*hoi boulomenoi*)からくじで選出されることになっており、選ばれると有償で職務にあたる。熟議型世論調査が市民としての行動と資質に変化をもたらすためには、これら2点以外の、古代アテネの諸特徴を共有する制度的な文脈に、熟議型世論調査を埋め込む必要がある。アテネの公職は原則としてローテーション制であったので、市民が評議員を務めることができるのは、一生のうちに2度だけだった。その結果、評議員という重要な役割を果たす機会は誰もが平等に享受することができ、多くの市民がその役目を果たした。18歳以上のアテネ市民のうち3分の1以上が[4]、生涯に少なくとも一度は評議員を務めた[5]。

　ニューヘイヴン地域は、アテネよりもそれほど大きくない規模の地域であり、そこで熟議型世論調査を毎年開催することにより、このプロセスは、地域に定着し、認知度や信頼性を獲得し、やがて、ローテーションと定期的な差異と

2011、『人々の声が響き合うとき：熟議空間と民主主義』、早川書房、60頁。)
[4]──よく知られているように、アテナイ人は女性と奴隷を市民権から排除した。アテナイ人が成しえた偉大かつ無類の民主主義的成果は、政治に完全に参画する資格を拡張し、財産や社会的地位をもたない個人も含めたことにある。女性と奴隷は、集団として捉えたときに、支配しまたその逆に支配されるという責任を負うには不適当であると考えられた。それと比較すると、近代の自由民主主義における市民権は、より包摂的であると同時に、より責任をともなわないとも言える。Farrar, C. (2007). "Power to the People." in K. A. Raaflaub, J. Ober, and R. Wallace, with chapters by P. Cartledge and C. Farrar. *The Origins of Democracy in Ancient Greece*. Berkeley: University of California Pressを参照。
[5]──評議会の仕組み上、アッティカの各地から選出されてきた評議員たちが、同郷の者同士だけで相談することはできないようになっていたことには留意したい。クレイステネスが紀元前508〜507年に行った民主改革の結果、評議会の執行委員会のメンバーを務めた50人ごとのグループは、アッティカ内の三つ

の出会いにもたらす何がしかの市民社会的な利益を提供する可能性がある。しかし、このプロセスを拡張し、地域の関心事を超えるような問題についても市民を取り組ませることはできるだろうか。マクニール＝レーラー・プロダクションズ[5]が後援するバイ・ザ・ピープル市民熟議プロジェクトは、ニューヘイヴンの年次フォーラムとよく似た、地域レベルで熟議を行うためのインフラ整備を行って、同時に、地域の利害関心を全国的・国際的な文脈に結びつけることを目的としている。バイ・ザ・ピープルは、公共放送システム (PBS) の地方放送局を足場として、地域における、公共テレビ局、市民団体、コミュニティー財団、単科大学・総合大学の連合体と連携し、地域の視点から見た国家的問題についての熟議を複数地域で同時に主催、同時中継してきた。2004年1月24日には、国家の安全保障と国際貿易の問題に関する熟議が10の地域で開催され、これに参加した地域のうち七つの地域はさらに、2004年10月に17地域で開催された「熟議の日」にも参加した。ニューヘイヴンは、複数地点で行われたこの熟議に参加して、第4回目の熟議型世論調査を主催した。バイ・ザ・ピープルの目標は、2005年およびそれ以降、現在進行中の地域対話および全米対話に、これらの地域の多く――と、それ以外の地域――を巻き込んでいくことである[6]。

討議型世論調査はどのように機能するか
熟議イベントのデザイン

熟議型世論調査を特徴づけるのは、無作為抽出標本、バランスの取れた参考資料、本格的な社会調査であり、そのため、熟議型世論調査が、事前の計画なく自然発生的に行われることはない。自然発生的に生じる議論は、すでに知り合っており利害関心を共有している人びとを集める傾向がある。これとは対照的に、熟議型世論調査は、組織され構造化された議論の機会であり、(地域レベル、あるいは、全国レベルの) 主催者は、(参加者を募集したり、参考資料を作成したり、調査データを入力・分析したりするために) 技術的な専門性を活用しなければならず、それに加えて、(特定の党派への偏りをなくし、催し

の異なる地域の住民を人為的に一部族とみなして、その部族からくじで選ばれた個人からなる。Hansen, M. H. (1999). *The Athenian Democracy in the Age of Demosthenes: Structures, Principles, and Ideology* (expanded ed.), Norman: University of Oklahoma Press.
(5) ――ニュース番組などを手がけるアメリカのTV制作会社。
6 ―― 熟議型世論調査をより大きな母集団に適用する戦略について、より詳しくは、Ackerman, B., and Fishkin, J. S. (2004). *Deliberation Day*. New Haven, Conn.: Yale University Pressを参照せよ。マクニール＝レーラー・プロダクションズによるバイ・ザ・ピープル・プロジェクトに関する情報は、以下のウェブサイトで見ることができる。[http://www.by-the-people.org]

を運営し、メディアによる取材を促し、結果を拡散し、そして、終了後も、参加者に関わってもらうために）地域の市民資源を活用しなければならない。参加者に手当てを支払い、また、募集にかかる費用を賄うには、財源もまた必要である。それゆえ、主催者には、地元の助成機関や全国的な助成機関、市民団体、大学、メディアなどの団体のいくつか、ないし、すべてが含まれていることが多い。1996年以降テキサスで定期的に開かれている電力に関する世論調査のように、ときには、主催者の一つが、市民の意見を自主的に取り入れようと努力しているあるいは取り入れるように義務づけられていて、かつ、調査結果を活用できる立場にある事業体である場合もある。

　熟議の長さは、当初に比べると短くなってきており、またどのような順序で進行するかもイベントによって異なるが、熟議型世論調査は、必ず、小グループでの議論、専門家のパネリストに質問をするために全体会で一つの大きなグループとして集まる機会、最終調査の実施という三つの要素を含む。調査に答える前に、全体会でパネリストから聞いたことを参加者が消化するための時間をもつことができれば理想的である。一般的には、主導的な立場にある主催者がトピックを決定する（たとえば、ニューヘイヴン都市圏コミュニティー財団が、地方の公職者および関連市民団体と協議して決定した）。2004年10月に行われたバイ・ザ・ピープルの対話集会では、マクニール＝レーラー・プロダクションズが以下の二つのトピックを選んだ。①国家安全保障と、②グローバル経済におけるアメリカの責務である。この大枠のなかで、国家安全保障については、複数開催地を通しての統一性を確保するため、マクニール＝レーラー・プロダクションズが、具体的な問題を一つ選択し、他方、経済問題については、各地域の真剣な取組みを促進するために、地元の協力者がトピックを選定した。このプロセスは、メディア報道によって、地方および国家レベルの政策形成に結びつけられる。地方レベルでは、2004年にニューヘイヴンで実現したように、参加者が自分たちの見解を政策立案者に直接的に表明する機会が与えられることもあれば、また、主催者が調査結果の拡散に戦略的に携わることもある。

　イベントに先立って、参加予定者には参考資料が送られるが、参考資料は議

論の対象となる問題に関するひととおりの情報と見方を提示している。バイ・ザ・ピープル・プロジェクトのように、メディアが主要な協力者である場合には、その日の熟議の冒頭で、問題の骨子や対立する意見の概略を伝えることを目的とした、簡潔な資料映像が上映されることもある。2004年にニューヘイヴンで行われた熟議では、事実関係についての疑問が議論の場で生じた場合、その疑問が、参考資料では扱われていない、あるいは、そのグループのなかで解決できないのであれば、その場で答えてくれる専門家が用意されていた。すべての小グループが答えを得られるようにすることが課題である。

　熟議型世論調査のほとんどは対面での対話であるが、オンラインでの対話がうまくいったケースも二度ある。ただし、これらのオンライン対話はリアルタイムで行われ、マイクを使って仲間の熟議参加者の声が聞こえるようになっていた[7]。熟議は、大学から高校、コミュニティー・センター、テレビ局のスタジオなど、小グループのための小部屋と全体会用のスペースが提供できる、さまざまな場所で行われてきた。全体会で用いる視聴覚設備を除けば、必要とされる機材はほとんどない。

公開会合の開催

　熟議は、必ず、経験豊富な、グループに付いた司会進行役によって、ファシリテートされる。司会進行役は、女性有権者同盟のボランティアや、研究者、ナショナル・イシューズ・フォーラム（3章を参照）、調停プログラム、学習サークル（14章を参照）の運営経験者など、さまざまな経歴の人びとから選ばれる。司会進行役は、その地域のやり方次第だが、有償のこともあればそうでないこともあるが、司会進行のプロであることは滅多にない。いずれの場合でも、司会進行役は、熟議型世論調査として具現化されている特有のアプローチ——とりわけ、中立の立場であり続け自分自身は情報提供を行わないこと、より多くの人の参加を促すこと、参加者の間の合意を促進することを控えること——について訓練を受ける。

　参加者は無作為に招待される。通常は、RDD法[(6)]によって行われ、時には、電話帳から無作為に抽出し挨拶状を送ってから電話をするという方法で行われ

---

[7] Iyengar, S., Luskin, R. C., and Fishkin, J. S. (2004, May). "Considered Opinions on U.S. Foreign Policy: Face to Face Versus Online Deliberative Polling." Paper presented at the annual meetings of the International Communication Association, New Orleans. [http://cdd.stanford.edu/research/papers/2006/foreign-policy.pdf]

(6) ランダム・デジット・ダイヤル法。乱数計算によって作成された電話番号によって対象を抽出する電話調査の手法。

る[8]。一つ一つの電話番号には何回か電話をかけるようにし、電話がつながりやすい世帯にサンプルが偏らないようにする。ある世帯に電話がつながったら、インタビュアーは、世帯構成員のうちもっとも早く誕生日が来る者に代わってもらうようお願いするといった工夫をすることで、電話を一番よくとる者（たいていは女性）にサンプルが偏らないようにする。電話で「はい」とか「多分」と答えた人に対しては、さらに郵便と電話がくる。2004年のニューヘイヴンでの調査の際でもそうしたが、参加をする可能性が低い人たち（典型的には低学歴で、低所得の地域や不便な地域に住む人たち）の参加を促すため、対象を絞りこんでさらに電話をかける場合がある。参加者には手当てが支払われるが（ニューヘイヴンの場合、2002年は二日半の熟議に対して200ドル、2004年は一日で100ドル、一方、バイ・ザ・ピープルの市民熟議は75ドル）、これも参加者の多様性を上げるのに役立つ。これまで行われてきたほとんどの熟議型世論調査では、人口統計学的特性と態度のいずれについても、参加者集団は、当初のサンプル（および目標母集団）に近似していた。しかし、熟議型世論調査におけるこうした参加者募集のやり方では、ほとんどの電話調査と同様[9]、固定電話を所持していて在宅していることの多い高齢者層や、世論調査員と積極的に会話をする傾向にある高学歴層に参加者が偏りがちである。参加を決める者は、当初のサンプルに比べて、通常、政治的にやや積極的で、かつ学歴が高い。さらに、現時点では、参加者は、多くの場合、運営上の問題から、英語を話す人に限られている[10]。熟議型世論調査の1回の参加者数は、130人程度から450人超まで分布している。参加者全員が、全体会用のスペースに収まる必要があるという以外、原則として、参加人数に上限はないが、小グルー

---

[8] ── 電話帳に掲載されていない番号の割合が相当数ある場合には、その不足を補うため、RDD法によって電話帳サンプルを補完しなければならない。
[9] ── 一例として、Traugott, M. W. (2003). "Can We Trust the Polls? It All Depends." *Brookings Review*, 21(3), 8-11. を参照。たとえば、2004年1月に行われたバイ・ザ・ピープルの世論調査の参加者には、民主党支持者が実際よりも多かった。

	参加者	対照群
民主党支持者	37%	34%
共和党支持者	28%	33%
無党派ないし支持政党なし	34%	33%

　2004年総選挙の直前に行われた同年10月の熟議でも、民主党支持の参加者の割合が実際より多くなった。私たちは、党派により意見が分かれる状況において代表性を確保するために、支持政党ないし関連する人口統計上の変数によって層化抽出を行う可能性を現在検討中である。
[10] ── テキサスで行われた電力に関する世論調査では、スペイン語話者が参加したことが1回あった。バイ・ザ・ピープルが2004年10月に行った市民熟議会では、複数開催地のうち四つの会場が、スペイン語を母語とするが英語も支障なく話せる者たちを対象とする機会を得た。背景資料は訳されたが、調査票や全体会は訳されなかった。ただし、通訳をつけることで、調査票の理解や小グループでの議論における発言のサポートを行った。

プは理想的には、18人までに抑えるべきである。経験上、全員が積極的に参加するのが可能な最大人数は18人である。12人から15人くらいのグループが望ましい。参加者は、所定の市民の母集団から無作為で招かれた代表として、この場に集まってもらったと告げられる。話す内容にも言葉づかいにも制約はない。議論の筋道を追うようにとも自分の話を避けるようにとも指示されることはなく、公共善に訴える主張だけをするように求められることもない。狭い利害関心に訴えることもまったく正当である[11]。一人一人がどのくらい長く話してよいかについて表だった制限も設けられない。しかし、司会進行役は、参加者全員が発言できるよう積極的に促し、参考資料に取り上げられている、また、グループの一人一人のメンバーが表明する多様な見方や懸念について、手順を追って検討することにより、グループに議論に集中してもらうよう努める。

初期に行われた熟議型世論調査は全国単位のものが多かったが、それらの熟議型世論調査では、参加者に調査後も関わり続けてもらうことには、ほとんど注意が払われていなかった。当時は、調査結果を関係先に伝えることによりメディア広報を通じて、また、ニューヘイヴンのように、参加者を入れ替えて毎年イベントを開催することを通じて、熟議型世論調査のインパクトを大きくすることが目指されていた。国民投票（たとえば、共和制の採用の可否をめぐるオーストラリアでの国民投票や、ユーロ導入の可否をめぐるデンマークでの国民投票に先立つ熟議型世論調査）や選挙の前に熟議型世論調査を行った際には（1997年のイギリス総選挙や、2004年アメリカ合衆国大統領選挙に先だつ熟議型世論調査）、熟議型世論調査に参加しなかった国民に対しても、テレビの全国放送を通じて情報の提供が行われたこともあった[12]。ニューヘイヴンの第1回の市民フォーラムの終了後には、参加者の氏名を（本人の了承を得たうえで）、議論されたトピックに関心がある、選挙で選ばれた地域の公職者と地域のさまざまな組織と共有した。最近では、司会進行役は、イベント後も参加者たちと連絡を維持し、（若干の謝礼を払ったうえで）継続的な関わりを促す役割として募集されるようになっており、議論したトピックに関する社会教育を使命とする団体が議論の機会を継続して運営している。バイ・ザ・ピープルのイベントの開催に携わった市民組織も、参加者に関わり続けてもらう方法を探

---

11 － 参加者は、各部屋の壁にも掲示してある、以下のガイドラインを受け取った。
 ・お互いを尊重すること。
 ・他人の意見に耳を傾け、意見をさえぎらないこと。
 ・自分自身の考えについて説明すること。
 ・論拠のある議論を心がけ、関連する事実を挙げること。
　このガイドラインは、論拠のある議論をするよう強調しているが、司会進行役に渡してある注意事項つきの議題一覧は、参加者たちに、意見を述べさせるだけではなく自分自身の話をさせるよう促している。
12 － デンマークにおける熟議型世論調査については、Hansen, Kasper M. (2004). *Deliberative*

るよう奨励されており、たとえば、ロチェスターでは、公共テレビ放送WXXIが、2004年1月と10月の熟議に参加した人びとを巻き込んで、「有権者の声」というプロジェクトを進めている。

熟議民主主義の実現

　これまでに、世界中で実施されてきた熟議型世論調査は、50回を超える[7]。対面形式で行われた熟議型世論調査のうち11回は全国的な調査であり、うちイギリスで5回（それぞれ、犯罪、ヨーロッパにおけるイギリスの未来、君主制、1997年総選挙、国民保健サービスの将来について）、デンマークで1回（ユーロ導入の是非をめぐる2000年の国民投票について）、ブルガリアで1回（犯罪について）、オーストラリアで2回（1999年に共和制移行をめぐる1999年の国民投票について、2001年にアボリジニとの和解について）、アメリカ合衆国で2回（第1回は、1996年大統領予備選挙期間の冒頭に、外交政策、アメリカの家族、経済問題について、第2回は、2003年対イラク戦争開戦直前に、外交政策について）行われた。残る39回は、（いずれもアメリカ合衆国内の）自治体（local）ないし地域（regional）単位で行われたもの――マクニール＝レーラー・プロダクションズが後援するバイ・ザ・ピープルによる「世界におけるアメリカ」についての市民熟議が27回、テキサス州およびその周辺における電力の総合資源計画について8回、ネブラスカ州でも電力問題について1回、ニューヘイヴンにおける地域単位の熟議がこれまでに3回――である[13]。オンラインでの熟議型世論調査も2回行われている。これらはいずれも全国規模でアメリカ国内で開催されたものだが、議題は、それぞれ、アメリカが世界において果たすべき役割と、アメリカ大統領予備選挙のプロセスであった。

Democracy and Opinion Formation. Odense: University Press of Southern Denmarkを参照。オーストラリアにおける熟議型世論調査については、イシューズ・デリバレーション・オーストラリアのウェブサイト［http://www.ida.org.au］を参照。関連する熟議型世論調査についてのその他の論文は、以下のウェブサイト［http://cdd.stanford.edu］で見ることができる。
(7) ―最新の情報は、スタンフォード大学熟議民主主義センターのウェブサイト［http://cdd.stanford.edu］を参照のこと。
13 ―テキサスでの世論調査の結果は、全米再生エネルギー研究所が刊行している報告書にまとめられている。Lehr, R. L., Guild, W., Thomas, D. L., and Swezey, B. G. (2003, June). "Listening to Customers: How Deliberative Polling Helped Build 1,000 MW of New Renewable Projects in Texas." Report No. NREL/TP-620-33177. [http://www.nrel.gov/docs/fy03osti/33177.pdf] ネブラスカにおけるプロジェクトについては、ウィル・ギルドとロバート・ギルドによる論文に報告されている。(Guild, W., Guild, R., and Thompson, F. (2004, March-April). "21st Century Polling." *Public Power*, 62[2], 28-35.)

これまでに行われた熟議型世論調査から得られた結果は、いくつかの中心的な知見を産み出している。第一に、熟議は変化をもたらす。熟議のプロセスの最終時点での参加者たちの意見は、対照群や母集団を対象とするその他の社会調査（これらが入手可能な場合、ないし、当該プロジェクトが比較群を用意できる場合）と比較して、開始当初の意見とは、しばしば顕著に異なっている[14]。第二に、熟議型世論調査の参加者はたいてい、参加以前に比べ有意に見識を深めて帰っていく。このことは、事実に関する質問に対する、参加者の回答を熟議の前後で比較することによって実証することができる[15]。第三に、意見の変化は、学習と関連していることが実証されている。意見を変化させているのは、情報を得た人たちである[16]。第四に、熟議を終えた参加者たちが、有効感と意欲を大きく高めて帰っていく点で、熟議は民主主義にとって有意義である。その後も、参加者たちは、何か月にもわたって、学習と参加を継続しようとする傾向がある[17]。最後に、熟議を経た世論は、集合的にみた場合、より一貫したものになる傾向がある。順位づけをさせる設問があり、たとえば、三つ以上の選択肢がある場合、多数決の結果として、BよりはA、CよりはB、AよりはCが選ばれることがあり、これでは公的な決定が不毛な循環に陥ってしまう。しかし、熟議を経た世論は、集合的な自治の努力をちぐはぐなものにしかねない、こうした不毛な循環を生み出しにくい。熟議の結果として得られるタイプの選好の構造は、このような循環を生み出す傾向が少ないからである[18]。熟議の実践を通じて明らかにされた人びとの声は、情報と相互理解によって動機づけられた声であり、従来型の調査が世論として捉える思いつきの態度よりも、集合

---

[14] ― 熟議型世論調査に関するエヴィデンスの総説は、Ackerman and Fishkin (2004), *Deliberation Day*. 第3章を参照せよ。

[15] ― Luskin, R. C., Fishkin, J. S., and Jowell, R. (2002). "Considered Opinions: Deliberative Polling in Britain." *British Journal of Political Science*, 32, 455-487; Farrar, C., Fishkin, J., Green, D., List, C., Luskin, R. C., and Paluck, E. L. (2003, Sept. 18-21). "Experimenting with Deliberative Democracy: Effects on Policy Preferences and Social Choice." Paper presented at the European Consortium for Political Research Conference, Marburg, Germany. [http://cdd.stanford.edu/research/papers/2003/experimenting.pdf]

[16] ― Luskin, Fishkin, and Jowell (2002), "Considered Opinions."

[17] ― Luskin, R. C., and Fishkin, J. S. (2002, Mar. 22-27). "Deliberation and 'Better Citizens.'" Paper presented at the annual joint sessions of workshops of the European Consortium for Political Research, Turin, Italy [http://cdd.stanford.edu/research/papers/2002/bettercitizens.pdf]; Fishkin, J. S. (1997). *The Voice of the People: Public Opinion and Democracy*. (Rev paperback ed.), New Haven, Conn.: Yale University Press.

[18] ― Farrar and others (2003), "Experimenting with Deliberative Democracy." and McLean, I., List, C., Fishkin, J., and Luskin, R. C. (2000). "Does Deliberation Induce Preference Structuration? Evidence from the Deliberative Polls." Paper presented at the meetings of the American Political Science Association. [http://cdd.stanford.edu/research/papers/2000/structuration.pdf]

的に一貫しており思慮深く安定的である傾向が高い。

　本書で紹介されている熟議の手法の多くと同様に、熟議型世論調査は、市民の意見を聴く方法としては、まだまだ未成熟な段階にある。今では、熟議型世論調査は、多くの異なる方法で用いられており、それぞれのやり方に特有の長所と短所がある。全国規模の熟議型世論調査には、国全体の縮図を作り出せる、両立しえない状況や困難な課題に向きあうのに向いている、情報に基づいた代表性のある世論を提供できるといった長所がある。全国規模の熟議型世論調査を、全国放送と組み合わせれば、政治家にも市民にもメッセージを伝えることができる。熟議型世論調査を、国民投票の前（オーストラリアやデンマークの例）や国政選挙の前（イギリスの例）に実施すれば、社会の縮図として集められた人びとが到達した結論と彼らの主要関心事は、有権者である他の市民にとってもとりわけ有用となりうる。

　他方で、国全体の縮図を作り出すために必要な数の人びとを集めるためには、参加者に支払う旅費や、割いてもらった時間に対する謝金が高額になる。それゆえ、熟議型世論調査を地域レベルで行うことにもまた利点がある。第一に、ずっと安価である。移動手段が必要な人がほとんどおらず、多くの場合、宿泊費もかからない。第二に、地域レベルでの関わりは社会関係資本を創り出す。熟議的世論調査をきっかけに熱心になった市民たちは、他の参加者や政治家と再び顔を合わせることが可能である。そして、熟議型世論調査やその他のフォーラムに定期的かつ順繰りに参加することによって、一般の市民の側に、情報に基づいた議論が行われるという予期と、そうした議論を行う習慣が創り出される可能性もありうる。このように、地域レベルの熟議型世論調査は、民主的な地域社会の性質に影響をもたらすことが可能である。

　インターネット上の熟議型世論調査の利点は、社会の縮図を作り出すために人びとを一箇所に移動させる費用なしに、国全体を視野に収めることができる点にある。航空運賃も、宿泊費も、食事の手配も要らず、コンピュータさえあれば事足りる。熟議型世論調査をインターネット上で開催する際、現時点で考えられる主なコストは、コンピュータをもっていない参加者にそれを用意する費用であるため、コンピュータへのアクセスが拡大するにつれて、インター

ネット上の熟議型世論調査の費用は消失するだろう[19]。とはいえ、インターネットによる熟議型世論調査にも欠点があり、それは、20世紀において（そして恐らくは21世紀においても）政治的コミュニケーションの原動力となっているテレビ中継という演出方法を活用することができないという点である。熟議型世論調査は、情報に基づく意見に関する、単なる世論調査ではない。それは同時に人間の顔をもった世論調査なのであり、熟議の様子をテレビ中継することによって、私たちはそうした調査の潜在的可能性を引き出すことに成功してきた[20]。人びとがある課題について考えをめぐらせたとき、その関心は人間らしく多面的な性格をもつものである。もちろん、あるいは今後、新たな技術発展によって別の選択肢が生まれる可能性はあるが、そうした多面性を伝えるメディアとして、インターネットは今のところまだテレビには及ばないのである。

　課題として、今後もっとも重要なのは、熟議型世論調査を定義づけている要素（無作為抽出と、異なる見方との体系的な接触）を保ちつつ、熟議型世論調査を応用し、制度化し、実施規模に合わせて準備することである。この課題に取り組むには、バイ・ザ・ピープル・プロジェクトが実現してきたような、地方と全国の双方で同時に仕組みを整えることが、とりわけ生産的な方法であるのかもしれない。このプロジェクトに携わってきた、全国各地の数多くの協力者たちが、地域や州の課題に取り組むために、現在、熟議型世論調査の手法の応用に取り組んでいる[21]。アテネでの実践が、全国各地の多くの「ニューヘイヴン」で、多くの機会に取り入れられることによって、最終的には、アメリカの民主主義が深められ、その幅を広げていくことが、私たちの望みである。

---

19 ― Iyengar, Luskin, and Fishkin (2004), "Considered Opinions on U.S. Foreign Policy."; Luskin, R. C., Fishkin, J. S., and Iyengar, S. (2004, Apr. 23-24). "Deliberative Public Opinion in Presidential Primaries: Evidence from the Online Deliberative Poll." Paper presented at the Voice and Citizenship: Re-thinking Theory and Practice in Political Communication conference, University of Washington. [http://cdd.stanford.edu/research/papers/2004/primaries.pdf]

20 ― 全国的な関心を引く要素がないと、地方レベルでテレビで放映してもらうのは、なかなか難しい。とはいえ、ルイジアナ公共放送は、同局の番組「シリーズ公共空間」で、バイ・ザ・ピープルの取組みを定期的に扱っており、ネブラスカ教育テレビも、公共の電力供給に関する熟議を放映している。公共テレビ放送の代わりに、あるいはそれを補完するものとして、市民制作テレビを活用するのも有効である。

21 ― バイ・ザ・ピープルのモデルを取り入れた事例としては、ルイジアナ公共放送の番組「公共空間」、ネブラスカ大学公共政策センターが、『リンカーン・ジャーナル・スター』紙およびリンカーン・リーダー養成塾〔訳注：ネブラスカ州リンカーン市で1985年に設立された民間のリーダー養成機関。詳しくは団体のウェブサイト［http://www.leadershiplincoln.org/］を参照のこと〕と共同で行っているプロジェクト、オハイオ州クリーヴランド市にあるケース・ウェスタン・リザーブ大学と、ペンシルヴェニア州ピッツバーグ市にあるカーネギー・メロン大学およびカーネギー図書館が、地元の公共テレビ局と共同で計画している地域レベルの熟議がある。

第6章
コンセンサス会議とプランニング・セル
素人の市民による熟議

キャロリン・M・ヘンドリクス
後藤潤平 訳

　みなさん、「民主主義は、あまりに重要すぎて市民に任せていられない」という政治家もいます。みなさんは、まさに、彼らが間違っていることを示したのです。みなさんはそれぞれ異なった場所から来ました。それぞれ見た目も違いますし、話し方も異なっています。起立することや質問することを恐れていた人もいるでしょう。しかし、みなさんにはこの場に来るという勇気、決断力、意志がありました。さらに、何か変化を生むようなことを誰かが起こしてくれたらと願うばかりでなく、みなさんが変化を引き起こしたのです。このフォーラム、そしてこれから行われる他のフォーラムは、市民を意思決定へと直接的に参加させる手法です。ここにいるすべての人びとの代表としてだけではなく、私たちの住む、私たちの属するこの素晴らしい国の人びとに代わって、こう思います。

デス・コアテス神父 倫理学者
1999年 オーストラリアでのコンセンサス会議において[1]

　── 二次文献に加えて、本章は、コンセンサス会議とプランニング・セルの数多くの主催者に対するインタビューに依拠している。その時間と識見に対して、リン・カーソン、キャロル・レノウフ、ロニー・ハーディング、ジェイン・パルマー、シルケ・シックタンツ、ヨルク・ノイマン、クリスティアン・ヴァイルマイアー、ペーター・ディーネルに謝意を表したい。特に、プランニング・セルのモデルについて知識を提供し、本章の草稿にコメントをくれたヒルマー・シュトゥルムに感謝したい。本章で言及される経験的調査は、ランド&ウォーター・オーストラリアとドイツ学術交流会の助成を受けた研究に支えられている。

　1 ── デス・コアテス神父は、1999年オーストラリアにおける食物連鎖の遺伝子工学に関するコンセンサス会議に参加した。このコメントは、オーストラリア放送協会（ABC）の全国ラジオ番組「ライフ・マター

これは、初めてオーストラリアで行われたコンセンサス会議の閉会時の言葉である。そこでは、オーストラリア中から集まった14名の市民が「食物連鎖における遺伝子工学」をテーマに熟議した。1999年の3月は、このような熟議が頻繁に行われていた。地球の裏側にあたるカナダとデンマークでは、いずれも「食品とバイオテクノロジー」をテーマとして、コンセンサス会議が開催されていた[2]。オーストラリアのコンセンサス会議に参加した市民の職業は多様で、アーティスト、株式仲買人、エンジニア、タロット占い師、家具職人といった人びとがいた。彼らは、市民パネルとして集中的に情報を与えられ、難しいだけでなく不完全な科学的知識や、二極化した党派的な視点と向き合った。準備段階として2度の週末を利用したうえで、3日間の熟議を経て、彼らは報告書を作った。その報告書は、政治家、行政担当者、そして彼ら市民たち自身を驚かせるものだった。ある市民は次のように述べている。「自分たちがやったということが本当に信じられない。私たちは、自分たちがしようとしたことをついにやってのけたのです。今までの人生でやってきたことのなかで、もっとも重要なことでした。そう思います」[3]。

背景

　市民による熟議は、地域社会のなかでもっとも行動的なメンバーや専門的なメンバーの能力を上まわることができる。この章で概観する二つの非常によく関連した熟議のモデル、すなわちプランニング・セルとコンセンサス会議は、特に「普通の」市民を政策に関する熟議に参加させようとするものである。どちらのモデルも、既存の民主的な政策決定の仕組みにとって代わるというより、それを補完することが目指されている。いずれも、政治的に組織されてない人びとが一堂に会して、今日の社会的な問題について、情報に基づいてよく考えられた市民の声を練り上げていく空間をもたらしてくれる。その声を練り上げていくために、コンセンサス会議とプランニング・セルは、高度に系統だっ

ズ」で取り上げられた。番組は、1999年の5月3日から7日にかけてのコンセンサス会議の様子について放送した。その記録は、以下を参照。Australian Broadcasting Corporation. (1999). "Waiter, There Is a Gene in My Food…" [http://www.abc.net.au/science/slab/consconf/forum.htm]
2── Einsiedel, E. F., Jelsøe, E., and Breck, T. (2001), "Publics and the Technology Table: The Australian, Canadian and Danish Consensus Conferences on Food Biotechnology." *Public Understanding of Science*, 10(1), 83-98.
3── 食物連鎖における遺伝子工学に関する1999年のオーストラリアのコンセンサス会議の市民参加者がラジオ番組「ライフ・マターズ」でこう語った。この番組内容を得るための情報については注1を参照。

た熟議の手続きに依拠している[4]。コンセンサス会議もプランニング・セルも、無作為に抽出された素人の市民を集めて市民パネルを作る。この市民パネルが、3日間から4日間、一定の手法に基づいて熟議する。市民パネルは、文書や現地調査、あるいは関係官僚、学術関係者、利益団体の代表、活動家などのプレゼンテーションを通じて情報を得る。この後市民は、フリーで活動するファシリテーターに支えられながら、自分たちが得た情報について熟議する。情報提供者への質問の後、市民は政策提案の形にした報告書を作成し、最終的にその報告書を意思決定者に渡す。その際、報告書は他の政策助言と一緒に考慮されるように、関連する他の政策エリートにも配られる[5]。

この章で検討される二つの熟議モデルは、どちらもヨーロッパでの政策をめぐる実際の活動を通じて生み出されたものだ。1970年代初頭、ペーター・ディーネルは都市計画についての議論に市民を参加させる目的でプランニング・セル (Planungszelle®) を開発した[6]。それは、およそ25人の参加者を単位とする「計画する細胞(プランニング・セル)」を複数個つくり、それぞれが並行して4日間熟議するというものだった。そのためプランニング・セルの数によって、参加する市民の総数は異なってくるが、これまでの経験では、およそ100人から500人までさまざまである。今日では、プランニング・セルは、第一に幅広い政策課題についての市民の選好を聞き出すものとして利用されている。研究者のなかにはプランニング・セルを有効な社会調査の手段として提案する者もいる。プランニング・セルは、特定の態度や信念がどこに由来するのかを理解することや、提案されている政策案に対して起りそうな市民の反応を見極めるのに役立ちそうだというわけである[7]。

---

[4] ── プランニング・セルとコンセンサス会議は、多くの点で市民陪審と共通の特徴がある（市民陪審については第7章を参照）。しかしこれらの三つのモデルには、とりわけ参加者の人数と小グループの活動に関して、重要な違いがある。

[5] ── Dienel, P. C., and Renn, O. (1995). "Planning Cells: A Gate to 'Fractal' Mediation." In O. Renn, T. Webler, and P. Wiedemann (eds.), *Fairness and Competence in Citizen Participation*. Dordrecht, Netherlands: Kluwer, 127; Joss, S. (1998). "Danish Consensus Conferences as a Model of Participatory Technology Assessment: An Impact Study of Consensus Conferences on Danish Parliament and Danish Public Debate." *Science and Public Policy*, 25(1), 21.

[6] ── ディーネルはドイツのヴッパータール大学に所属している〔当時。2006年没〕。彼が初めてプランニング・セルに関するアイディアを世に出したのは1971年のことであった。以下を参照。"Wie können die Bürger an Planungsprozessen beteiligt werden? Planwahl und Planungszelle als Beteiligungsverfahren." *Der Bürger im Staat*, 3, 151-156. 方法論を基準化して質を確保するために、**プランニング・セル**は、ドイツの独立機構であるシットコン・シティズン・コンサルトによって商標登録されている。以下を参照。Dienel P. C. (1999). "Planning Cells: The German Experience." In U. Khan (ed.), *Participation Beyond the Ballot Box: European Case Studies in State-Citizen Political Dialogue*. London: UCL Press, 87.

[7] ── Renn, O., Stegelmann, H. U., Albrecht, G., Kotte, U., and Peters, H. P. (1984). "An Empirical Investigation of Citizens' Preferences Among Four Energy Scenarios." *Technological Forecasting and Social Change*, 26(1), 43.

1980年代後半になって、デンマーク技術委員会（DBT）は、科学技術に対する参加型アセスメントを目指すなかで、独特な熟議モデルを開発した。それは、医療技術の評価のために1977年にアメリカで開発されたコンセンサス形成会議という専門家による会議のモデルをもとにしたものだった[8]。デンマーク技術委員会は、そのアメリカのモデルを根本的に修正し、熟議の中心に素人の一般市民を置いた。これには二つの意図が念頭にあった。第一に、こうした熟議によって、政策立案者が新技術に関して社会的な文脈に即した深い理解を得られるということである。そして第二に、こうしたプロセスによって、市民が刺激を受け、科学技術の問題をめぐって情報に基づいた議論を行うようになるだろうということである[9]。

　プランニング・セルとコンセンサス会議を他とは違う特別なものにしているのは、その参加者の性質にある。問題について特別な専門的意見も知識もない一般市民が、政策についての議論をするように招かれる。同時に、参加する市民たちは、議論に関わる重要な利益団体といかなる実質的なつながりももっていないのが一般的である[10]。このアプローチは、政策立案をエリートやテクノクラート、活動家のものとして理解することに対するアンチテーゼである。コンセンサス会議とプランニング・セルは、きわめて専門的な人びとや政治的に組織化された人びととの結びつきではなく、普通の人びとを優先するのである。

　どうやって利害関心のない市民がこうしたプロジェクトに関わっていくのか[11]。どちらのモデルも、無作為抽出を利用して参加対象者を選んでいる。参加者は偶然によって選ばれており、どのような知識を有しているかや、どのような人びとを代表しているかなどを根拠としていない。コンセンサス会議のようにサンプルサイズが小さい場合は、サンプルが人口構成の特徴を反映できるように、層化無作為抽出が利用されている。たとえば男性と女性が同数選ばれるなどである。この場合、それぞれの層やグループのなかで、人びとは選出される機会を公平にもっているというわけである[12]。プランニング・セルのようにサンプルサイズが大きい場合は、単純無作為抽出が採用されるのが普通で、あらかじめ

---

[8] Jørgensen, T. (1995). "Consensus Conferences in the Health Care Sector." In S. Joss and J. Durant(eds.), *Public Participation in Science: The Role of Consensus Conferences in Europe*. London: Science Museum, 17-29.
[9] Joss (1998), "Danish Consensus Conferences," 5, 19.
[10] 一般市民のこの特徴は時々**非関与**（non-commited）という言葉で表現される。たとえば、Dienel and Renn (1995), "Planning Cells," 126.
[11] 「利害関心のない」という言葉で意味することは、偏らない、特定の立場をもっていないということである。
[12] 層化無作為抽出を利用すると、より小さい層のグループに属する市民——たとえば少数民族——の方が、大きい階層のグループの市民よりも選ばれる可能性が大きくなるようである。

決められたサンプル数になるまで、何の修正も加えられない。

政治における無作為抽出というのは、新しいコンセプトのように見えるかもしれない。しかし、古代アテネや中世のイタリアの共和政都市国家においては民主主義の核となる原則であった[13]。政治における無作為抽出を今日支持する人びとには、次のような願いが動機としてある。「政治過程にさらなる政治的平等と市民のよりよい熟議を組み込むこと……(そして)有権者のニーズにもっと適切に対応した決定を行い、公共善にかなうようになること[14]」。無作為抽出は、参加者として選ばれる機会を万人に平等に与えるという点で、包摂的で公正な方法である。また、無作為抽出は熟議にもうまく貢献する。というのも自発的な参加者に完全に頼ったプロセスよりも、無作為に選ばれる人びとは党派的ではなく、政策的な好みもあまり固定化していないと考えられるからである[15]。

この章では、コンセンサス会議とプランニング・セルの基本的な特徴を明らかにする。そして、これらの影響と限界についても議論をする。こうした議論は、何かを解決するというよりもさらなる疑問を生み出すかもしれない。だが、私の目的はさらなる研究の出発点を提供することである。何年にもわたって、デンマークのコンセンサス会議とディーネルのプランニング・セルは進化し、さまざまな問題や政治的背景に適応するように修正されてきた[16]。実際には「標準型」に対してバリエーションや例外は数多くあるのだが、できる限り

---

[13] ― Carson, L., and Martin, B. (1999). *Random Selection in Politics*. Westport, Conn.: Praeger, 31-33; Manin, B. (1997). *The Principles of Representative Government*. Cambridge, U.K.: Cambridge University Press, 42-93.

[14] ― Mansbridge, J. (2000). "What Does a Representative Do? Descriptive Representation in Communicative Settings of Distrust, Uncrystallized Interests, and Historically Denigrated Status." In W. Kymlicka and W. Norman (eds.), *Citizenship in Diverse Societies*, Oxford, U.K.: Oxford University Press, 106. 今日無作為抽出を支持するものとしては、Burnheim, J. (1985). *Is Democracy Possible?* Cambridge, U.K.: Polity Press; Carson and Martin (1999), *Random Selection in Politics*; Dahl, R. (1985). *Controlling Nuclear Weapons: Democracy Versus Guardianship*. Syracuse, N.Y.: Syracuse University Press; Fishkin, J. (1997). *The Voice of the People: Public Opinion and Democracy*. (2nd ed.) New Haven, Conn.: Yale University Press; Goodwin, B. (1992). *Justice by Lottery*. New York: Harvester Wheatsheaf.

[15] ― 自薦は自発的意思をもつ誰にでも参加が認められている場合に起きる。これは地域で行われる協議イベントではよく用いられる方法であるが、この場合、活動家や利益団体の代表など、議題に対して特別な利害関心をもっている党派的な地域住民が集まってしまうことが多い。もちろんこの章で扱われる熟議の仕組みにも、自薦の影響はないわけではない。というのは、無作為に選ばれた人びととはいえ、参加して自分の時間を提供するという意志を持たなければならないからだ。そこで、プランニング・セルとコンセンサス会議の運営者は、たとえばあまり乗り気でない市民が参加したくなるようにフォローアップをするなど、自薦による影響を減らそうと試みている。本章で後に触れるように、いくつかのプロジェクトでは、参加する市民は、費やした時間の対価として報酬が与えられる。

[16] ― 異なる環境で行われたコンセンサス会議の変形版については、以下を見よ。Einsiedel, Jelsøe, and Breck (2001), "Publics and the Technology Table" ; Guston, D. H. (1999). "Evaluating the First U.S. Consensus Conference: The Impact of the Citizens' Panel on Telecommunications and the Future of Democracy." *Science, Technology and Human Values*, 24(4), 451-482; Joss, S. (2000). *Die*

この二つのモデルの現状において中心的な特徴を明らかにしていこう。

デンマークのコンセンサス会議

　コンセンサス会議の手続きに関する文献はたくさんある[17]。そのため、ここでは簡単に概観するだけで十分だろう。デンマークのコンセンサス会議は、二段階の手続きを基本にしており、そこでは10〜25名の市民がおよそ3か月間にわたって8日間の熟議に参加する。第一段階では、市民は予備段階として週末を2回費やして集まり、テーマ、プロセス、集団について学ぶ。また、これらの予備段階の週末を使って、市民パネルは会議で尋ねる一連の質問を作り上げ、会議に参加できる専門家や利益団体の代表からなるリストから、会議の情報提供者を選ぶ[18]。第二段階では、実際に4日間の会議が行われる[19]。そのうち最初の2日間は、さまざまな情報提供者が全体の前に登場し、前もってその会議のために作られた質問に応答する。この間を通じて、市民パネルは非公開の会議に戻り、情報提供者に向けた質問をさらに練り上げ、誤解や論点といったものを明

Konsensuskonferenz in Theorie und Anwendung. Stuttgart, Germany: Center for Technology Assessment. プランニング・セルに関する比較研究はほとんどなかったが、以下を見よ。Dienel, P. C. (2002), *Die Planungszelle, Die Bürger als Chance.* (5th ed. with status report). Opladen, Germany: Westdeutscher Verlag, 291-293; Renn, O., Webler, T., Rakel, H., Dienel, P. C., and Johnson, B. (1993). "Public Participation in Decision Making: A Three-Step Procedure. " *Policy Sciences,* 26, 204-205.

17 – Anderson, I. E., Klüver, L., Bilderbeck, R., and Danielsen, O. (eds.), (1995). "Feasibility Study on New Awareness Initiatives: Studying the Possibilities to Implement Consensus Conferences and Scenario Workshops." [http://www.cordis.lu/interfaces/src/feasibil.htm]; Grundahl, J. (1995). "The Danish Consensus Conference Model." In S. Joss and J. Durant (eds.), *Public Participation in Science: The Role of Consensus Conferences in Europe.* London: Science Museum; Joss, S. (1998), "Danish Consensus Conferences" ; Joss, S. (2000), *Die Konsensuskonferenz in Theorie und Anwendung*; Joss, S., and Durant, J. (eds.), (1995). *Public Participation in Science: The Role of Consensus Conferences in Europe.* London: Science Museum.

18 – 市民は、運営委員会と共同して主催者が作るリストから情報提供者を選ぶ。評者によれば、実際には市民はこれを難しいと考えており、そのためたいていは主催者側の方でいくらか手伝っている。以下を参照。Grundahl, J. (1995). "The Danish Consensus Conference Model." 39; Mayer, I., and Geurts, J. (1998). "Consensus Conference as Participatory Policy Analysis: A Methodological Contribution to the Social Management of Technology." In P. Wheale, R. von Schomberg, and P. Glasner (eds.), *Social Management of Genetic Engineering,* Aldershot, U.K.: Ashgate, 291.

19 – 3日間のコンセンサス会議もまたよくあるものである。Klüver, L. (1995). "Consensus Conferences at the Danish Board of Technology." In S. Joss and J. Durant (eds.), *Public Participation in Science: The Role of Consensus Conferences in Europe,* London: Science Museum.

確にしていく。残りの2日間では、市民は共同で鍵となる提案を概略した報告書を書く。そしてこれを公開の場で、関係する意思決定者へと渡す[20]。情報提供者がこの報告書に対して返答する権利をもち、その返答を受けて市民が自由に書き直したという事例もある[21]。

　ファシリテーションは、コンセンサス会議において非常に重要な要素である。ファシリテーターは公平でなければならず、理想を言えば専門的に訓練されていて、教育関係のスキルも必要だろう。同時に重要なことは、ファシリテーターが、一般市民と同じく熟議する問題についての専門家ではないということである[22]。ファシリテーターの主要な役割は、市民が協力して熟議し、彼らの任務を達成できるように支援することである。同時に、ファシリテーターは、手続きの管理も期待されている。たとえば、情報提供者がプロセスのルールをしっかり守って、市民の質問に確実に答えるようにするといったことである。この二つの役割を分けた会議もあった。つまり、ファシリテーターは市民とともに市民のために働き、手続きを管理するために議長を別に置くというものである[23]。

　コンセンサス会議のもう一つの重要な特徴は、外部の諮問委員会の存在である。手続きの健全性を管理するという他に、外的な諮問組織のおかげで、この

---

[20] ― 報告書の策定過程において、全会一致は期待されていない。**コンセンサス**という言葉は、いくらかこのモデルについて誤解を招く記述子である。というのも異議をのせる余地もあるからである。デンマークでは、市民パネルが何とかコンセンサスを得られるところまでをみることを意味するが、強制されるわけではない（Klüver (1995), "Consensus Conferences at the Danish Board of Technology," 46-47）。いずれにおいても、意見の違いは多数派と少数派の意見という形式で記録される。いくつかの場合では、反対意見によって、見えない社会格差や人口上の差異というものが興味深い形で明らかになってくる場合がある。たとえば、2001年のドイツで行われた遺伝子診断に関するコンセンサス会議では、11人の女性参加者が着床前遺伝子診断（着床前に試験管内で行う胚の遺伝子検査）の導入に反対した。男性は一人を除いてこの技術を支持した。興味深いことに、こうした性差は、この争点に関する専門家の委員会や広範な公共の言説のどこにおいても表面化していなかった。Schicktanz, S., and Naumann, J. (eds.), (2003). *Bürgerkonferenz: Streitfall Gendiagnostik*. Opladen, Germany: Leske & Budrich.

[21] ― Renn, O., and Webler T. (1998). "Der kooperative Diskurs: Theoretische Grundlagen." Anforderungen, Möglichkeiten. In O. Renn, H. Kastenholz, P. Schild, and U. Wilhelm (eds.), *Abfall Politik im kooperativen Diskurs: Bürgerbeteiligung bei der Standortsuche für eine Deponie im Kanton Artgau*. Zürich, Switzerland: VDF, 33-34.

[22] ― Grundahl, J. (1995), "The Danish Consensus Conference Model," 34.

[23] ― デンマークではファシリテーションと議事進行は普通一つの役割に統合されている。一方、イギリスやオーストラリアなどの他の国では、これらの役割は分けられている。以下を参照。Grundahl, J. (1995), "The Danish Consensus Conference Model," 34; Joss, S. (2000), *Die Konsenskonferenz in Theorie und Anwendung*, 24.

プロセスの正統性が担保できる[24]。委員会はたくさんの業務を監督する。たとえば市民の選出、情報提供者の候補者リストの作成、文書資料の作成、ファシリテーターや評価を行う者の選定、メディアや市民との関係などである。諮問委員会のメンバーは、一般的に学術関係者や政治参加の実践家、熟議する問題について不公平にならないような立場にある専門家などである。いくつかの事例では、関係する利益団体の代表がこの諮問委員会の委員になったこともある。そうした場合は党派的な利害が手続きに入り込んでくる余地が出てくるが、経験では、プロセスを企画するうえで利益団体と専門家が積極的に参加することで、市民による熟議への評価が高まり、プロセス管理に対する意識も強められるという[25]。

プランニング・セル

本章ではプランニング・セルの方により注目することにしよう。というのも、この手続きに関する英語の文献が比較的少ないからである[26]。一般的にプランニング・セルは、本書で考察されている他の熟議プロセスよりも大規模である。たいていは複数会場で、数百人の市民が参加する。もっともプランニング・セルの参加者の数については、プログラムの長さや密度と同じように幅がある[27]。平均すると、一つのプロジェクトで6から10のプランニング・セ

---

[24] Joss, S. (2000), *Die Konsensuskonferenz in Theorie und Anwendung*, 22.
[25] 1999年オーストラリアの食物連鎖における遺伝子工学に関するコンセンサス会議の場合。筆者が2002年11月から2003年3月にかけて運営委員会のメンバーと行ったインタビューによる。会議の計画段階では、運営委員会に参加したさまざまな利害関係者が、それぞれの組織や政策ネットワークでこのプロジェクトを擁護した。以下を参照。Crombie, A., and Ducker, C. (2000), *Evaluation Report: Phase 2*. Report commissioned by the Consensus Conference Steering Committee of the First Australian Consensus Conference: Gene Technology in the Food Chain, Canberra, March 10-12, 1999.
[26] プランニング・セルに関する文献のほとんどはドイツ語のものだが、もっとも詳細な説明がなされているのは以下を参照。Dienel, P. C. (1997). *Die Planungszelle. Eine Alternative zur Establishment-Demokratie*. Opladen, Germany: Westdeutscher Verlag; Bongardt, H. (1999). *Die Planungszelle in Theorie und Anwendung*. Stuttgart Germany: Center for Technology Assessment. プランニング・セルに関する英語の文献は、Dienel, P. C. (1989). "Contributing to Social Decision Mathodology: Citizens Reports on Technical Projects." In C. Vlek and G. Cvetkovitch (eds.), *Social Decision Methodology for Technical Projects*. Dordrecht, Netherlands: Kluwer, 113-155; Dienel P. C. (1999), "Planning Cells"; Dienel, P. C., and Renn, O. (1995), "Planning Cells,"; Renn and others (1984), "An Empirical Investigation of Citizens' Preferences"; Renn and others (1993), "Public Participation in Decision Making."
[27] Dienel (1997), *Die Planungszelle*, 108.

ルが複製細胞のように同じ内容で開催されるようになっていて、それぞれのセルに25人ほどの市民が参加する[28]。人の移動を単純にするために、普通は二つのプランニング・セルが同じ場所で1時間の時間差で開催される。こうすれば情報提供者は最大限に時間を利用できるし、コストも節約できるからである。図6.1が示すのは、2001年から2002年にかけて、消費者保護をテーマにドイツで開催されたプランニング・セルの全体像である。このプロジェクトは、ドイツで狂牛病が発生したことを受けて、バイエルン州保健・栄養・消費者保護省の委託で行われた[29]。そこでは、425名の市民が、バイエルン州の五つの異なった地域で開催された18のプランニング・セルに参加した[30]。

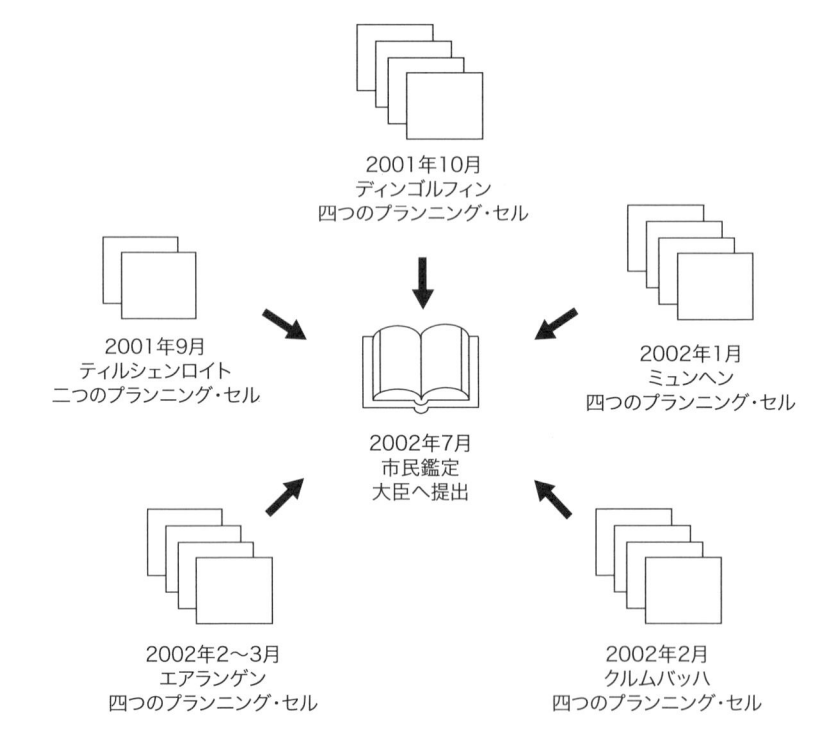

図6.1. バイエルン州における消費者保護に関する18のプランニング・セル

---

28 － Dienel (1999), "Planning Cells," 88.
29 － 狂牛病（牛海綿状脳症BSE）は畜産牛が死に至る病気で1980年代半ばにイギリスで発生した。病に冒された牛肉の消費は、人間の神経系を冒す変異型クロイツフェルトヤコブ病と関連つけられている。
30 － バイエルン州の消費者保護に関するプランニング・セルについてのさらなる詳細は、以下を参照。Bavarian Ministry for Environment, Health and Consumer Protection. (2002). "Bürgergutachten zum Verbraucherschutz." [http://www.stmugv.bayern.de/de/verbraucherschutz/buergergutachten/buergergutachten.htm]〔リンク切れ。〕

4日間行われるプランニング・セルは、いずれも16の別々の作業単位に分けられている。その作業単位は、情報セッション、情報提供者からの意見聴取、現地訪問、それに一番大切な小グループの討論から構成されている。一貫性を確保するために、一つのプロジェクトにおける各プランニング・セルの構造は同じようになっている。図6.2は、前述のバイエルン州のプロジェクトにおける16の作業単位(ユニット)の内容である。

　個々のプランニング・セルはいくつかの面でコンセンサス会議と似ている。プランニング・セルの25名程度の市民も、4日間にわたって、問題についての情報を与えられ、相異なる専門家や利益団体の代表から話を聞く機会が与えられる。しかしコンセンサス会議と異なる点は、市民ではなく委託した組織や主催者が、あらかじめ情報提供者を選定し、熟議の主題となる個々のトピックを決めるということだ。より最近の事例では、専門家と利益団体がこれらのトピックの選定に参加する円卓会議といったプロセスがある[31]。

　プランニング・セルとコンセンサス会議の違いの第二のポイントは、ファシリテーターに関するものである。いずれのプランニング・セルでも、1名の男性と1名の女性のプロセス管理者(世話役)がいるが[(1)]、その役割は議論をファシリテートするというよりも、どちらかというと手続きを管理し進行することで、もっとも重要な任務は小グループの議論からでた成果を順序正しくまとめるということである。そのため、政策課題をよく理解しているかどうかが重要になる[32]。プランニング・セルのプロジェクトでは、一度に40人ものプロセス管理者が関わることがあるが、これは、第5章で議論した熟議型世論調査で、グループの司会進行役が数多く関わるのと非常によく似ている。一貫性に問題が生じるのではという懸念もあるが、ディーネルは多数の管理者を採用することを支持している。その方が、おそらくは司会のバイアスの影響を最小化できるからである[33]。いくつかの郊外の都市計画プロジェクトでは、計画者と技術的専門家が市民の熟議をサポートしたこともあった[34]。

　すべてのプランニング・セルが終了したら、主催者は市民たちのアウトプットを照らし合わせて、「市民鑑定」(シティズン・レポート)と呼ばれるプロジェクト報告書をまとめる[(2)]。下書きは各プランニング・セルから任命された市民のグループによって一読さ

---

31 － プランニング・セルの実践家であるヒルマー・シュトゥルムとのインタビュー。2004年5月30日。
(1) － プロセス管理者はドイツ語でProzessbegleiter あるいは Tagungsleiter である。
32 － Bongardt, H. (1999), *Die Planungszelle in Theorie und Anwendung*, 9-10.
33 － Dienel (1999), "Planning Cells," 88.
34 － Dienel (1997), *Die Planungszelle*, 98.
(2) － 市民鑑定はドイツ語でBürgergutachtenである。

れ、承認される。一度その報告書が仕上がったら（たいていは最後のプランニング・セルから数週間後になる）、それぞれのプランニング・セルの市民あるいはその代表者たちが再び招集され、正式に彼らの熟議を集約した成果を政策立案者に手渡す。報告書は公開され、幅広い人びとに入手可能となる。さらに情報提供者、政治家、その他関係する組織や団体に配られる。

プランニング・セルにはたくさんの特徴があるが、ここでは四つの特徴に注目しよう。第一に、熟議型世論調査（第5章）や市民陪審（第7章）と同じく、市民はこのプロセスに参加した対価として報酬を得る。たいていは一定額の謝礼金である。たとえば、先に触れたバイエルン州のプロジェクトでは、市民はみな、報酬としておよそ165ドル（アメリカドル）を得た[35]。ディーネルのモデルにとって不可欠であるこの報酬は、元々は市民が参加したくなるような動機づけを意図したものだった。しかし、長年の経験から明らかになったことは、参加者は金銭そのものというよりも、この金銭の象徴的な意味に価値を置いているようだ、ということであった。ディーネルによると、報酬は、自分たちの貢献が社会にとって価値のあるものであり、プロジェクトが真剣な政治的事業であるということを市民に示すものなのである[36]。

第二の重要な特徴は、小グループでの活動を強調することである。市民の熟議の大部分は、5名のグループで行われる[37]。これは、小人数に分かれて参加する方が、自分たちの意見を言い、交流する機会が多くなるという考え方による[38]。また、小グループの活動によって、市民は傍聴者を目の前にするという恐れをもたずに自由に参加できるようになる[39]。4日間のプランニング・セルを通して、市民は小グループに参加し、将来についてのさまざまな筋書きについて自分の選好を述べ、みんなで結論を出し、さらに提案文書を作り上げる[40]。小グループのメンバーは、すべての参加者と直接的に対話できるように、また、争いや縦の関係性ができるなど集団力学（グループ・ダイナミクス）の負の働きが生じないようにするために、作業単位ごとに入れ替えを行う[41]。

---

[35] ― バイエルン州の消費者保護をテーマとしてプランニング・セルでは、市民は4日間の参加の対価として130ユーロを受け取った。English, R. (2002, Mar. 6) "Begeisterung ist unerwartet groß." *Erlanger Nachrichten*.
[36] ― Dienel (1997), *Die Planungszelle*, 82.
[37] ― Dienel (1999), "Planning Cells," 85-86
[38] ― Dienel (2002), *Die Planungszelle*, 279.
[39] ― プランニング・セルの実践家であるヒルマー・シュトゥルムとの個人的なやり取りから。2004年5月30日。
[40] ― Dienel (1989), "Contributing to Social Decision Methodology," 144-149.
[41] ― Dienel (1999), "Planning Cells," 86. 同様に Thomson, S., and Hoggett, P. (2000). "The Emotional Dynamics of Deliberative Democracy." *Policy and Politics*, 29(3), 351-364.

	初日	2日目	3日目	4日目
	ユニット1 消費者保護へのイントロダクション	ユニット5＆6 食品の生産、添加物、および表示について	ユニット9 生産物の安全性 （携帯電話など）	ユニット13 消費者の責任
	ユニット2 健康と環境		ユニット10 特別な消費団体のニーズについて	ユニット14 消費者への情報とアドバイス
	ユニット3 保健分野の消費者保護	ユニット7 食物検査と安全	ユニット11 広告	ユニット15 消費の意義
	ユニット4 栄養と農業	ユニット8 生産物の安全性 （服飾など）	ユニット12 政治家によるプレゼンテーション	ユニット16 まとめ 優先順位の設定

図6.2. 16ユニットをもつプランニング・セルの構造：バイエルン州消費者保護プロジェクト

　さらに言及すべきことは、プランニング・セルにおいて行われるファシリテーションは最小限のレベルであるということだ。これだけ構造化された議論のプロセスであるにもかかわらず、集団力学の管理に関しては、プランニング・セルは驚くほどにルーズである。コンセンサス会議のファシリテーターとは違って、プロセス管理者は、前もってのエンパワーメントや集団形成のためのエクササイズ[(3)]に、ほとんど、あるいはまったく時間を費やさない。この点について文献でははっきりしないが、私が実際の運営経験者と話したところでは、この種のファシリテーションは好意的には捉えられていないようである。ディーネルによると、ファシリテーションや集団形成は意図的に避けられている。このような「ゲーム」は、市民を操作する機会を与えてしまうだけである[42]。運営経験者は、市民は与えられた任務にあたるなかで、熟議をともに学んでいくと説明している[43]。

　最後の注目すべき特徴は、市民のアウトプットを集計するという点だ。コンセンサス会議のような他の熟議のプロセスでは、市民は一つの集団として熟議し、集団の報告書をともに書く。このアプローチはプランニング・セルにおいては問題になる。というのも、それぞれの市民がすべての熟議に関わっているわけではないからである。理論上は、それぞれのプランニング・セルが報告書

---

(3) ― 議論の前に参加者の緊張をほぐすなどのために行う諸々の活動を意味している。
42 ― ドイツ、ヴッパータールにおけるディーネルへのインタビューによる。2002年2月26日。
43 ― プランニング・セルの実践家であるディーネル（2002年2月26日、ヴッパータール）、クリスティアン・ヴァイルマイアー（2003年1月22日、ミュンヘン）、ヒルマー・シュトゥルム）2003年1月23日、ミュンヘン）とのインタビューによる。

を作ることは可能である。しかし、ゆくゆくは勧告、提案、選好が、何らかの方法で照らし合わされ、まとめられる必要があるだろう。ディーネル自身が認めるように、たくさんのセルや小グループを置くことの一つの欠点は、何らかの方法で主催者によって集計される必要のある膨大な量のデータが生み出されるということである[44]。プランニング・セルのプロジェクトの集計された報告書は市民によって直接的に作られる報告書と比べると、質的というよりも量的なものである。集計的なアウトプットという点では、プランニング・セルは熟議型世論調査と共通性がある[45]。

活動の主催について

　これらの手続き上の違いにもかかわらず、コンセンサス会議とプランニング・セルを主催する側には同じような活動が求められる。いずれも綿密に計画された1回限りの熟議イベントで、プロジェクトの複雑さに応じてその準備には6か月から18か月がかけられるようである。主催者として理想的なのは、会場の予約、会議の運営、市民や情報提供者の選定、政治家およびメディアとの折衝といった、さまざまな活動を行うために必要な資源と運営能力をもった中立的な組織である。主催者は一般的には研究機関やコンサルティング組織だが、博物館や諮問機関のように国が助成する機関が主催することもある。デンマーク技術委員会もそうである。コンセンサス会議とプランニング・セルの準備段階については十分に文献があるので[46]、ここでは、これらのプロジェクトがどのように開始されるかということと、一般にどこで行われるかということに注目したい。

　コンセンサス会議を行うきっかけは、状況によってさまざまである。デン

---

[44] ― それとは対照的に熟議民主主義者たちは普通、熟議フォーラムのアウトプットとして集計による政策アウトプットよりも集合的なものを推す傾向がある。

[45] ― プランニング・セルと熟議型世論調査との比較については、Price, V., and Neijens, P. (1998). "Deliberative Polls: Toward Improved Measures of 'Informed' Public Opinion? " *International Journal of Public Opinion Research*, 10(2), 145-176.

[46] ― いずれのタイプのイベントの計画手法の詳細については文献が多くある。プランニング・セルについては、Bongardt, H. (1999), *Die Planungszelle in Theorie und Anwendung*; Dienel (1997), Die Planungszelle; Dienel (1999), "Planning Cells" ; Renn and others (1984), "An Empirical Investigation of Citizens' Preferences." コンセンサス会議に関しては、Einsiedel, E. F. (2000). "Consensus Conferences as Deliberative Democracy." *Science Communication*, 21(4), 323-343; Grundahl, J. (1995), "The Danish Consensus Conference Model" ; Joss, S. (1998), "Danish Consensus Conferences" ; Joss, S. (2000), *Die Konsensuskonferenz in Theorie und Anwendung*.

マークにおいては、コンセンサス会議はデンマーク技術委員会によって採用された数多くの参加型手法の一つに過ぎない[47]。一般には、コンセンサス会議の議題は、政府と非政府組織、利害関係者も意見を述べることができるような、毎年開かれる協議のプロセスを通じて選ばれる。しかし、場合によっては、議員や議会の委員会が、会議を行うように直接提案してきたこともある[48]。デンマークの外に目を向けると、中央政府や議会ではない組織がコンセンサス会議を提案するということがかなり一般的である。たとえば大学や、特定の問題に取り組んでいる団体などである[49]。こうした場合に提案者や後援者は、彼らと社会との直接的な関係を基盤にして議題を選ぶ。

プランニング・セルは定義上、具体的な政策課題に取り組んでいる組織によって委託されたり後援されたりするものである。きっかけとなるのはほとんどいつも公的な政府機関——たとえば市長、大臣あるいは役職の高い官僚——で、特定の行政課題について市民からの意見集約を求めている人びとである。プランニング・セルの支持者はすぐに、市民を仮定の課題ではなく現実的な政治課題に参画させるものだという点を強調する[50]。しかし、このことはジレンマになる。確かに政府と近い関係であることで、プランニング・セルは政策に直接的な影響力をもつことができる。しかし他方では、プランニング・セルは政府からの指図による影響を受けやすくなってしまう[51]。

コンセンサス会議とプランニング・セルは、いずれも全体会議と小グループの作業を行うために十分なスペースを必要とするものの、使用する会場の種類は微妙に違う。市民の議論を刺激することが目的の一つであるから、コンセンサス会議は典型的には人目を引く公共のイベントとして行われる。したがってコンセンサス会議は、国や州の議会のように、公共的な意味あいの強い場所で開催される。さらにコンセンサス会議は、全体会議に参加する50人から100

---

[47] — デンマーク技術委員会も同様に専門家委員会、シナリオ・ワークショップ、投票会議を利用している。以下を参照。Anderson, I E., and Jæger, B. (1999). "Scenario Workshops and Consensus Conferences: Towards More Democratic Decision Making." *Science and Public Policy*, 26(5), 331-340; and Klüver (1995), "Consensus Conferences at the Danish Board of Technology." 同様に、Teknologirådet (2005). "Methods." [http://www.tekno.dk/subpage.php3?survey=16&language=uk]

[48] — Joss, S. (2000), *Die Konsensuskonferenz in Theorie und Anwendung*, 18-19.

[49] — Joss, S. (2000), *Die Konsensuskonferenz in Theorie und Anwendung*, 21. これによるとデンマーク以外のところではコンセンサス会議が多くの民間機関や公共機関によって運営されてきた。

[50] — プランニング・セルの実践家であるディーネル（2002年2月26日、ヴッパータール）、クリスティアン・ヴァイルマイアー（2003年1月22日、ミュンヘン）、ヒルマー・シュトゥルム（2003年1月23日、ミュンヘン）とのインタビューによる。

[51] — 以下を参照。Dryzek, J. S., Downes, D., Hunold, C., Schlosberg, D., and Hernes, H. K. (2003). *Green States and Social Movements: Environmentalism in the United States, United Kingdom, Germany and Norway*. Oxford, U.K.: Oxford University Press, 1-2. これによると近代国家の指図（imperatives）は、国内秩序、非常時対応、歳入創出、経済成長の確保（蓄積）、合法化などである。

人の聴衆のために十分なスペースを必要とする。プランニング・セルの会場は、比較的控えめで地域密着型のものである。プランニング・セルはたいてい市庁舎、図書館、学校というような公共施設で行われる。会場は同時に主催する少なくとも二つのプランニング・セルを収容できる広さがなくてはならない。また、プランニング・セルが開催されるそれぞれの地域で、プロジェクト用の地域事務局を設置することは、どの運営者にも共通することである。これによってプロジェクトはその地域で存在感を増すことになるし、関心がある市民にとっても連絡がしやすくなる。また飲食の提供や保育施設、交通機関、必要な場合は現場視察も含めて、こうしたサービスを準備するうえで地域の情報を得ることができるという利点がある。

コンセンサス会議とプランニング・セルの これまでの利用方法

　プランニング・セルとコンセンサス会議は、それぞれある特定の政治的背景において、特定の種類の問題に対して開発された。しかし、それらは2、30年ほど前に初めて紹介されてから、相当な範囲にわたって利用されてきた。どちらも時間はかかったが、生まれた国をはるかに離れた様々な環境で影響を及ぼしている。

　コンセンサス会議がデンマークで生まれたのは偶然ではない。150年以上も前から、デンマークは、積極的で知識のある市民を特徴とする民主的な伝統を発展させてきた[52]。核エネルギーのような科学技術の社会的な作用に人びとの関心が集まったことで、デンマーク議会は、1985年に技術委員会を設立した。この技術委員会には、公共の議論を刺激するという特定の使命があった[53]。多くの国々が科学技術に対するアセスメントを科学の領域に限定することを好む一方、デンマークでは技術開発を取り巻く社会的な背景を強調している。このように、コンセンサス会議は、デンマークの共和主義的伝統の産物であり、他とは違った科学技術に対する参加型アセスメントなのである[54]。コンセンサス会議は、1987年に初めて試験運用されてから、デンマークで少なくとも論争

---

[52] — デンマークの政治文化は、デンマークの牧師、詩人、哲学者であったニコライ・グルントヴィ（1783〜1872）の影響が大きい。グルントヴィは一般の市民が協働的な取組みに参加する「民衆の自覚」と、公共の問題について学ぶ「民衆の大学」を推奨した。以下を参照。Cronberg, T. (1995). "Do Marginal Voices Shape Technology?" In S. Joss and J. Durant (eds.), *Public Participation in Science: The Role of Consensus Conferences in Europe*. London: Science Museum, 125; Klüver (1995), "Consensus Conferences at the Danish Board of Technology," 41.
[53] — Klüver (1995), "Consensus Conferences at the Danish Board of Technology," 43.
[54] — Joss, S. (1998), "Danish Consensus Conferences."

を呼ぶ22の科学技術の問題に関して利用されてきた。たとえば「遺伝子工学と産業・農業（1987年）」、「大気汚染（1990年）」、「不妊（1993年）」、「在宅勤務（1997年）」、「電子監視システム（2000年）」、「道路の利用料金設定（2002年）」などがある[55]。過去10年にわたって、コンセンサス会議は国際的に大きく注目されるようになり、今日までに少なくとも50のコンセンサス会議が16の異なる国々で行われてきた。たとえば、アルゼンチンやニュージーランド、韓国、イスラエル、日本、カナダ、アメリカなどである[56]。コンセンサス会議はまた、西洋と非西洋、あるいは地域規模と全国規模といったように、さまざまな政治的背景に適応性があるということを示してきた[57]。世界においてもっとも取り上げられるコンセンサス会議のテーマは、遺伝子組み換え食物と医薬品の評価である。

　プランニング・セルはコンセンサス会議よりもほんの少し長い歴史がある。ディーネルが初めてそのモデルを1970年代初頭に提起してから、ほとんどのプランニング・セルは地方政府の機関によって主催され、都市のインフラ整備の問題が扱われてきた[58]。州や国の機関が後援した、もう少し幅の広い政策問題に関するプロジェクトというのもわずかにある。たとえば情報技術、エネルギー、ごみの管理、遺伝子工学、健康などである。ディーネルによると、プランニング・セルが「本当に勢いをもった」のは、ここ15年ほどのことであるという[59]。プランニング・セルへの関心は、オーストラリア、スイス、スペイン、アメリカで実施された経験とともに、ドイツ国外へと広がっている[60]。今日までに、大多数はドイツにおいてではあるものの、世界中で50以上のプランニング・セルのプロジェクトが開催されてきた。これは総計でおよそ300グループのプランニング・セルが開催されたことになり、およそ7,000人の市民が参

---

[55] ― Danish Board of Technology. (2002). "Consensus Conference." [http://www.tekno.dk/subpage.php3?article=468]
[56] ― 以下を参照。The Loka Institute. (2004). "Danish-Style, Citizen-Based Deliberative 'Consensus Conferences' on Science & Technology Policy Worldwide." [http://www.loka.org/pages/worldpanels.htm]〔リンク切れ〕
[57] ― 西洋および非西洋におけるコンセンサス会議の詳細は注56を参照。カナダの地域的なコンセンサス会議の取組みについては、以下。Einsiedel, E. F., Jelsøe, E., and Breck, T. (2001), "Publics and the Technology Table," 88.
[58] ― ディーネルによれば、地方政府レベルの政策立案者は、市民と協働することにきわめて熱心であるという。Dienel (2002b), *Die Plannungszelle*, 282-283.
[59] ― Dienel (1999), "Planning Cells," 92.
[60] ― アメリカでのプランニング・セルの経験に限って議論したものは以下を参照。Dienel and Renn (1995), "Planning Cells" ; Renn and others (1993), "Public Participation in Decision Making."

加し、1,200日にわたって市民による熟議が行われたことになる[61]。

それぞれの経験から、プランニング・セルは進化し続けている。このモデルのなかでも変化の生じてきた要素は、市民による熟議の長さである。ディーネルの当初の文献では、プランニング・セルは12週間にわたって開催されるべきだとされていた。これが3週間に減り、最終的に4日間になった。これが今日の標準型である[62]。経験から、市民がプランニング・セルに莫大な時間を捧げる余裕はもちえないことが明らかになったわけである。しかし、同時に市民の学ぶスピードが速いということも明らかになった[63]。ドイツにおけるここ数年のもう一つ注目すべき発展は、プランニング・セルに代わって「市民鑑定」という言葉が利用されていることである[64]。運営側は「プランニング」という表現が不必要に限定的であることや、「セル」という表現が監獄をイメージさせることなどを憂慮している。最近のプロジェクトは市民鑑定という表現を用いており、その方が成果に注目させる有効な表記の仕方だと提案している[65]。

コンセンサス会議とプランニング・セルの影響

熟議プロセスの結果というのは、どれも多面的なものである。ある熟議プロセスは、たとえば実質的な政策のアウトプットや、参加している市民に直接的に影響を与えるかもしれない。さらに、公共の言説や政策エリートのアイディアに影響を与えるなど、より間接的な影響力をもつかもしれない[66]。紙幅の都合上、コンセンサス会議とプランニング・セルの効果を、影響力の多様な側面にそってすべて触れて評価することはできないが、さまざまな評価で報告されてきた直接ないしは間接的な影響のようなものを示したい。ちなみに、ある特

---

61 ─ これらの数値はディーネルが以下で提示している一覧表に平均値をかけて算出したものである。以下も参照。Dienel (2002), *Die Planungszelle*, 280-282. Dienel, P. (2004). "Bisherige Bürgergutachten." [http://www2.uni-wuppertal.de/FB1/planungszelle/liste.html]〔リンク切れ。〕
62 ─ Dienel (1997), *Die Planungszelle*, 83; Dienel (1999), "Planning Cells," 88.
63 ─ Dienel, P. C. (2002, Apr.). "Die Planungszelle: Zur Praxis der Bürgerbeteiligung." *FES-Analyse*, 6. これによると学校や大学での学習よりも、プランニング・セルにおける方が人びとの飲み込みがずっと早い。ディーネルは、市民はまるで商売をしている状況や恋愛の状況に置かれたかのように、あるいは命が脅かされている状況に直面したかのように真剣に自らの仕事を捉えている、と説明している。
64 ─ **市民パネル**という言葉も、時折英語の文献で利用されることがある。たとえば以下を参照。Renn and others (1993), "Public Participation in Decision Making." プランニング・セルは、しばしば誤ってそれと同じものとみなされることがある。注4を参照。
65 ─ プランニング・セルの実践家であるヒルマー・シュトゥルムとのインタビュー。2004年5月30日。ドイツでは**市民鑑定**とは、その仕組みおよび成果の両方を意味する。
66 ─ このリストはガストンの影響に関する分類をもとにした。以下を参照。Gaston (1999), "Evaluation the First U.S. Consensus Conference," 457-461. 彼が、アメリカで初めて行われたコンセンサス会議の影響を評価するために作成した図式である。

定のプロジェクトの影響を評価したものはあるが、比較分析したものというのはほとんどないのが現状である[67]。

第一に、これらの熟議モデルが有する、市民の参加者に対する直接的な影響について述べよう。プロジェクト評価は熟議フォーラムへの参加が招待された際に、多くの無作為抽出で選ばれたその地域社会の市民が、参加することを選んでいると報告している[68]。これらの市民は幅広い社会集団で構成されており、性別、年齢、学歴、職業、世帯構成など、その地域の人口構成とほとんど一致している[69]。解説者によれば、市民は熟議のフォーラムに入ると、自分たちの役割をとても真剣に捉え、すぐに問題になっている課題について学ぼうとし、進んで議論をするという[70]。報告によれば、熟議の結果、市民は検討された政

---

[67] 影響に関する分析は、プランニング・セルに比べてコンセンサス会議の方が多い。Einsiedel, E. F., Jelsøe, E., and Breck, T. (2001), "Publics and the Technology Table: Joss, S., and Bellucci, S. (eds.), (2002). *Participatory Technology Assessment: European Perspectives*. London: Centre for the Study of Democracy.

[68] 市民の返答率はプロジェクトによってさまざまである。コンセンサス会議の評価では、無作為に送られた手紙への返答率はドイツでは3%だと報告している。(Zimmer, R. (2002, Feb.). *Begleitende Evaluation der Bürgerkonferenz "Streitfall Gendiagnostik,"* Karlsruhe, Germany: Fraunhofer-Institut für Systemtechnik und Innovationsforschung, 11.) デンマークでは無作為に送られた手紙への返答率はおよそ6% (Anderson, I E., and Jæger, B. (1999), "Scenario Workshops and Consensus Conferences," 335)。アメリカでは無作為の電話に対して12.5%。(Guston, D. H. (1999). "Evaluating the First U.S. Consensus Conference," 455.) 新聞広告を通じたコンセンサス会議の募集に対して、返答は以下のように報告されている。オーストラリアでは200名の市民が返答。(McKay, E. (1999). *Evaluation Report: Phase 1*. Report commissioned by the Consensus Conference Steering Committee of the First Australian Consensus Conference: Gene Technology in the Food Chain, Canberra, March 10-12, 1999, Canberra: P. J. Dawson & Associates, 20.) オランダの二つのプロジェクトはそれぞれ323名と111名が返答。(Mayer, I., de Vries, J., and Geurts, J. (1995). "An Evaluation of the Effects of Participation in a Consensus Conference," In S. Joss and J. Durant (eds.), *Public Participation in Science: The Role of Consensus Conferences in Europe*, London: Science Museum, 112.) プランニング・セルで無作為抽出による郵送法を用いた場合の返答率はさまざまである。たとえば8%ぐらい (Sturm, H., Weilmeier, C., and Roßkopf, K. (2002). *Bürgergutachten zum Verbraucherschutz in Bayern*, Munich, Germany: Bayerisches Staatsministerium für Gesundheit, Ernährung und Verbraucherschutz, 29) から20% (Renn and others (1984), "An Empirical Investigation of Citizens' Preferences," 27) というものもある。

[69] ただし、コンセンサス会議においてもプランニング・セルにおいても、サンプルは統計的に地域社会を代表するようには作られておらず、これについては本章後段で検証する。この点については、コンセンサス会議よりもプランニング・セルの支援者たちの方がよく言及している。文献が報告するところによると、プランニング・セルの参加者の属する社会的なグループは、層化抽出をしていない場合でもバラエティに富んでいる。以下参照。Dienel (2002), *Die Planungszelle*, 15-16; Dienel and Renn (1995), "Planning Cells,"; Garbe, D. (1992). "Social Compatibility of Telecommunication Technologies," *Telecommunications Policy*, 16(8), 646-656; Renn and others (1984), "An Empirical Investigation of Citizens' Preferences," 27-29; Sturm, H., Weilmeier, C., and Roßkopf, K. (2002), *Bürgergutachten zum Verbraucherschutz in Bayern*, 48-54. 唯一報告されているサンプル上のバイアスは、参加者の職業に関するものである。あるプロジェクトの報告ではホワイトカラーの労働者が実際の比率よりも多く選出され、自営業の人びとに比べて学生や年金生活者が多く出席した。(Renn and others (1984), "An Empirical Investigation of Citizens' Preferences.") しかし、より最近のプロジェクトでは、職業の多様性が報告されている。(たとえば、Sturm, H., Weilmeier, C., and Roßkopf, K. (2002), *Bürgergutachten zum Verbraucherschutz in Bayern*, 249-254)

[70] 以下を参照。Dienel (2002), "Die Planungszelle"; Einsiedel (2000), "Consensus Conferences as

策課題について多角的に学び、多くの者が自身の選好を変えるという[71]。コンセンサス会議とプランニング・セルが参加者に深い影響を与えると指摘する評価もある。熟議が激しいものであっても、ほとんどの参加者がその過程を達成感のある経験、すなわち自信、政策問題への知識、政治意識のレベルを高めるような経験だったと報告している[72]。市民のなかには組織や集団に参加する力をもらったと感じた者もいるし、他の委員会で市民代表として招待された者もいる[73]。参加者が、たとえば家族や友人、同僚に自分の経験を話すなど、直接的な人間関係に影響力をもつようだという研究もある[74]。さらに、調査されたほとんどの参加者が、プランニング・セルやコンセンサス会議のような熟議のプロセスがさらに活用されることを支持している。しかし、彼らにせよ、これらを無批判に受け入れているわけではなく、熟議のプロセスをどうしたら改善できるかについて建設的な批判を熱心に提案する[75]。

Deliberative Democracy"; Zimmer, R. (2002), *Begleitende Evaluation der Bürgerkonferenz "Streitfall Gendiagnostik,"* 14-18.

[71] ― いくつかの評価報告によれば、市民はコンセンサス会議やプランニング・セルに参加した後、政策形成に不確実性やリスクがともなうことや専門家の知識の限界について意識するようになり、またこうした政策形成プロセスやその社会的影響についてより理解を深めるようになるという。たとえば、Einsiedel, E. F. (2000), "Consensus Conferences as Deliberative Democracy"; Guston, D. H. (1999), "Evaluating the First U.S. Consensus Conference," 469-471; Mayer, I., de Vries, J., and Geurts, J. (1995), "An Evaluation of the Effects of Participation in a Consensus Conference"; McKay, E. (1999), *Evaluation Report: Phase 1.* 市民の選好が熟議の結果どのようにシフトしたかを報告している研究もある。たとえば、Dienel (2002), *Die Planungszelle,* 279; Mayer, I., de Vries, J., and Geurts, J. (1995), "An Evaluation of the Effects of Participation in a Consensus Conference"; McKay, E. (1999), *Evaluation Report: Phase 1.*; Zimmer (2002), *Begleitende Evaluation der Bürgerkonferenz "Streitfall Gendiagnostik,"* 40-46.

[72] ― たとえば、Einsiedel (2000), "Consensus Conferences as Deliberative Democracy"; Guston, D. H. (1999), "Evaluating the First U.S. Consensus Conference"; Mayer and Geurts (1998), "Consensus Conference as Participatory Policy Analysis."

[73] ― たとえば、Crombie and Ducker (2000), *Evaluation Report,* 24; Einsiedel (2000), "Consensus Conferences as Deliberative Democracy," 337.

[74] ― Einsiedel (2000), "Consensus Conferences as Deliberative Democracy," 336; Garbe, D. (1980). *Die Planungszelle und ihre Umwelt: Analyse des Beziehungsgefüges zwischen Verfahren, Teilnehmern und Planern.* Frankfurt am Main, Germany: Lang, 272-279; Zimmer, R. (2002), *Begleitende Evaluation der Bürgerkonferenz "Streitfall Gendiagnostik,"* 47-48.

[75] ― いくつかの評価によれば、参加者は全般的に言って好感触を示すという。たとえば、Einsiedel (2000), "Consensus Conferences as Deliberative Democracy," 337-338; Garbe (1980), *Die Planungszelle und ihre Umwelt,* 257-266; Mayer, de Vries and Geurts (1995), "An Evaluation of the Effects of Participation in a Consensus Conference," 293; McKay, E. (1999), *Evaluation Report: Phase 1.* いくつかのプロジェクトでは、市民は将来の熟議フォーラムの開催を圧倒的に支持している。たとえば2001年から2002年にかけての消費者保護に関するバイエルン州でのプランニング・セルのあと、99.5%の参加者がこのようなプロセスに参加することを他の人にも勧めると答えた。(Sturm, Weilmeier and Roßkopf (2002), *Bürgergutachten zum Verbraucherschutz in Bayern,* 31-32.) 他方で、政策立案者の参加や関与が小さいような場所では、「政府が市民パネルの言葉を聞き、私たちのしたことに基づいて行動してもらえるなら」と付け加えることで、市民が今後の熟議フォーラムへの支持の条件を設けたものがある。(Guston (1999), "Evaluating the First U.S. Consensus Conference," 471.)

コンセンサス会議とプランニング・セルが、実質的な政策や世の中の議論にどのような影響力をもつかを見極めることは、はるかに難しい。市民の報告書は、助言的なものとして扱われ、その提案はいつもきまって他の形の助言、つまり政党とか専門委員会とか利益団体などの提案と競合させられる。加えて、このような他の種類の政策提言が似たような政策を勧めたり、市民の報告書において描かれるものと似たような価値を称賛していると、どちらの提案がより強い影響力をもつのかは判断しにくくなるだろう。

　いずれにせよ、一つの市民鑑定が実際の政策のアウトプットや世の中の議論に影響を与える可能性は、政治的な状況に左右される。こうした影響は、政策立案者がどの程度一般市民の声を聞きたがっているか、判断の分かれている問題がどのくらい顕在化していて手に負えないものか、公共の言説がもっている特徴といった背景をなす要素によって形作られるものである。こうした背景の重要性に注目して、ここではまず、コンセンサス会議とプランニング・セルのそれぞれの発祥の国でどのような影響力をもっているのかについて議論し、その後、それ以外の政治的環境のなかでこれらがどのように機能しているかを考えよう。

　デンマークにおいて、コンセンサス会議が実際の政策アウトプットに与える影響は、さまざまである。デンマークの国会議員は市民の勧告を考慮する義務があるというのは、一つのよくある誤解である[76]。そうした事実はないが、技術委員会が、その特別な政治的立場のゆえに、議員やさまざまな議会内委員会と緊密かつ頻繁に接触することができるのは確かである[77]。こうしたつながりによって、コンセンサス会議が関連する法律を進展させたり修正させたりするきっかけになったというプロジェクトもある[78]。しかし、直接の政策的影響がほとんどあるいはまったくなかったというコンセンサス会議もあった[79]。実証的な研究によれば、コンセンサス会議はデンマーク国内のさまざまなところで

---

[76] ― デンマーク議会におけるコンセンサス会議の役割についての詳細は、Joss (1998), "Danish Consensus Conferences."

[77] ― 以下を参照。Einsiedel, Jelsøe, and Breck (2001), "Publics and the Technology Table"；Joss (1998). "Danish Consensus Conferences"；Joss (2000). *Die Konsensuskonferenz in Theorie und Anwendung*. 19.

[78] ― これらはジョスによって得られた全体的な結論である。ジョスはコンセンサス会議がデンマークの政策決定や公共の議論に与えた影響について、膨大な経験的調査を行った。Joss (2000). *Die Konsensuskonferenz in Theorie und Anwendung*.

[79] ― たとえば以下を参照。Klüver (1995), "Consensus Conferences at the Danish Board of Technology," 44.

の議論を、特にメディアを通じて、また関連する地域や地方での議論を通じて刺激しているという[80]。つまりデンマークの文脈では、コンセンサス会議は政策立案者に情報を与える手助けをしているだけでなく、公共の言説の形成を促進しているがゆえに、科学技術に対する参加型アセスメントのための実効性のある仕組みを提供している[81]。

デンマーク以外では、コンセンサス会議が政策に実質的な影響を与えたという形跡はほとんどない[82]。制度的な背景や政治文化が有力な要因のようである。デンマーク以外の文脈では、このモデルが示しているのはむしろ、従来のエリートや技術官僚が行っていた科学技術に対するアセスメントからの劇的な変化である。デンマーク技術委員会のような制度化された後ろ盾がいないコンセンサス会議もしばしばある。これと同様の組織によって主催されたコンセンサス会議もいくつかあるが(オランダやフランスの例)、ほとんどは立法機関や行政機関ではない組織が主導しているものである。たとえば、カナダでは研究機関、イギリスやドイツでは公立の博物館、アメリカでは財団、韓国では国際開発機関、オーストラリアでは権利擁護(アドヴォカシー)団体が行っている[83]。非政府の組織によって運営される会議の影響力は、特に、重要な政策立案者が関係していなかった場合、比較的弱くなると考えられる。また、しばしばタイミングが悪いということも影響力を制限する。いくつかの国では、コンセンサス会議がほとんど政治的ないしは社会的な意義をもたなかったということもあった。その理由は、決定がなされた後に実施されたから、あるいはメディアでもう十分に問題が取り上げられた後に実施されたからだった[84]。

---

[80] ― 以下を参照。Joss (1998), "Danish Consensus Conferences," 16-18; Klüver (1995), "Consensus Conferences at the Danish Board of Technology," 44-45. あるデンマークの世論調査は、全体 (n=1000) の17%がコンセンサス会議を聞いたことがあり、コンセンサス会議が扱ったいくつかのテーマを挙げることができた。以下を参照。Joss (1998), "Danish Consensus Conferences," 16-17.
[81] ― Joss (1998), "Danish Consensus Conferences."
[82] ― この結論は以下の評価から得られたものである。アメリカ(Guston (1999), "Evaluating the First U.S. Consensus Conference"); オランダ(Mayer and Geurts (1998), "Consensus Conference as Participatory Policy Analysis"); イギリス(Joss (1995), "Evaluating Consensus Conferences"); オーストラリアとカナダ(Einsiedel, Jelsøe, and Breck (2001), "Publics and the Technology Table").
[83] ― コンセンサス会議の海外での経験に関する詳細は、以下を参照。The Loka Institute (2004), "Danish-Style, Citizen-Based Deliberative 'Consensus Conferences.'"
[84] ― これはイギリスで行われた植物のバイオテクノロジーに関するコンセンサス会議の場合である。オランダで行われたヒト遺伝子工学の予測的運用に関するコンセンサス会議については、以下を参照。Mayer and Geurts (1998), "Consensus Conference as Participatory Policy Analysis," 296. ドイツの遺伝子診断に関するコンセンサス会議については、筆者によるベルリン、ミュンヘン、ドレスデン、シュトゥットガルトのプロジェクトに関与した政策関係者たちとのインタビューによる。インタビューは2003年1月から3月に行われた。同様に、Schicktanz and Neumann (2003), Bürgerkonferenz; Zimmer (2002), Begleitende Evaluation der Bürgerkonferenz "Streitfall Gendiagnostik," 52-53.

政策への直接的な影響はわずかなものかもしれないが、各国での事例からわかるのは、一般市民が発言権を与えられると、結果的に公共の言説や政策エリートに対して間接的な影響力をもった複合的な声になるということである。政治にわずかながら影響を与えたプロジェクトもある。たとえば、いくつかのコンセンサス会議は、熟議の対象となっている課題について公共の言説が形成されるのを主導したものもあるし、すでに進行中であった改革をサポートしたものもある[85]。メディアの報道の仕方はいろいろであるが、一般的には好意的で、デンマークで行ったのと同じくらいの規模で報道されたプロジェクトもあった[86]。多くの場合、メディアの報道は熟議されている問題よりも、参加型プロセスの目新しさに注目する[87]。同様にコンセンサス会議は、普通の市民や市民による熟議一般に対するさまざまな政治エリートの見方に影響を与えるとする評価も存在する。しかし、エリートは、一般市民による熟議の結果を受けても、政策課題そのものへの彼ら自身の選好はほとんど変えないようである[88]。

中立的な立場からの評価があまりないのだが、ドイツにおいて、プランニング・セルの影響は好意的に捉えられている。初期の評価は、市民は公共の利益に向かうアウトプットを生み出すと結論づけている[89]。ディーネルによると、プランニング・セルは「ある範囲の都市計画の問題を解決する費用対効果の高い手法になることをはっきりと示した。プランニング・セルによって、計画策

---

[85] オーストラリアとカナダで行われた遺伝子工学に関するコンセンサス会議の事例。以下を参照。Crombie and Ducker (2000), *Evaluation Report*, v; Einsiedel, Jelsøe, and Breck (2001), "Publics and the Technology Table," 93-94; McDonald, J. (1999). "Mechanisms for Public Participation in Environmental Policy Development: Lessons from Australia's First Consensus Conference." *Environmental and Planning Law Journal*, 16(3), 258-266.

[86] デンマークでは、コンセンサス会議を行うとしばしば「100以上の切り抜き記事」が集まるという。Klüver (1995), "Consensus Conferences at the Danish Board of Technology," 44. この数値はデンマーク国外のデータとも一致している。たとえば1994年のイギリスの植物のバイオテクノロジーに関するコンセンサス会議では、152回のニュース報道があり、そのうち128本は新聞記事であった。Joss (1995), "Evaluating Consensus Conferences," 95. オーストラリアの食物連鎖における遺伝子工学についてのコンセンサス会議では53本の新聞記事を含む、287回のメディア報道があった。Crombie and Ducker (2000), *Evaluation Report*, 37. その他のコンセンサス会議はメディアの注目を集めるのに苦労している。たとえば2001年のドイツの遺伝子診断に関するコンセンサス会議は37回しか報道されなかった。Zimmer (2002), *Begleitende Evaluation der Bürgerkonferenz "Streitfall Gendiagnostik."* 遠隔コミュニケーションと民主主義の未来をテーマにした1997年のアメリカのコンセンサス会議では、メディア報道は5回のみと記録されている。Guston (1999), "Evaluating the First U.S. Consensus Conference," 472-473.

[87] たとえば以下を参照。Guston (1999), "Evaluating the First U.S. Consensus Conference," 473; Mayer and Geurts (1998), "Consensus Conference as Participatory Policy Analysis," 295-296.

[88] たとえば以下を参照。Guston (1999), "Evaluating the First U.S. Consensus Conference," 464-469; Crombie and Ducker (2000), *Evaluation Report*, 21-24.

[89] 以下を参照。Garbe (1980), *Die Planungszelle und ihre Unwelt*.

定や立法プロセスの総合的な費用は、相当に削減できた」という[90]。運営側の報告では、特に地方政府や自治体は技術的にも経済的にも可能な限り、市民の勧告を積極的に採用しようとする[91]。

　プランニング・セルについてのもっとも大規模な評価の一つは、1982年から85年の3年間のプロジェクトの一環として行われた。このプロジェクトは、エネルギー利用についての四つのシナリオをめぐる西ドイツ市民の選好を検討したもので、そもそも議会の諮問機関によって展開されたものだった[92]。科学者、利害関係者、行政担当者から構成される評価チームは、市民が争点と直接的な関係をもつか、あるいは争点を地域の問題として経験しているとき、このプランニング・セルは選好を判断する適切な方法であると結論づけた。しかしプランニング・セルが広域行政の問題や全国的な問題に対して有効かどうかは、意見が分かれた。より広域の政治システムにおいては、プランニング・セルは地域でのものよりも論争を引き起こすように思われる。全国あるいは州レベルのプロジェクトはより幅広い問題に取り組む傾向にあるし、より多くの政治アクターを不快にさせる。したがって、こうした状況においては、市民鑑定を推奨する勢力は、さまざまな集団や諮問機関からの相容れない主張によってたやすく弱体化される可能性がある。しかし、より最近の経験では政治家や行政担当者がプロジェクトに関係しているときは、プランニング・セルはあらゆる政府のレベルにおいて政策アウトプットを形成する可能性があるといわれている[93]。

　プランニング・セルはコンセンサス会議に比べると、世界への広がりははるかに小さい。唯一知られているのは1988年と89年にアメリカのニュージャージー州で行われたもので、その際のテーマは下水汚泥の管理であった[94]。この

---

90 ― Dienel (1999), "Planning Cells," 91.
91 ― Dienel and Renn (1995), "Planning Cells," 130-131.
92 ― 以下を参照。Renn and others (1984), "An Empirical Investigation of Citizens' Preferences."
93 ― ドイツの実践家たちの報告によると、1990年代中ごろ以降、プランニング・セルに関心を寄せる連邦レベル、州レベルの政治家や組織が増えているという。プランニング・セルの実践家であるディーネル（2002年2月26日、ヴッパータール）、クリスティアン・ヴァイルマイアー（2003年1月22日、ミュンヘン）、ヒルマー・シュトゥルム（2003年1月23日、ミュンヘン）とのインタビューによる。2000年以降、ドイツの多数の州政府がプランニング・セル・プロジェクトに資金を投入した。たとえばバイエルン州政府は二つの大きなプランニング・セル・プロジェクトを主催した。いずれも400人以上の市民が関与したものである。そのうちの一つは2001年から2002年にかけて行われたもので、消費者保護がテーマであった。もう一つは2004年にかけて行われたもので、保健制度改革に関するものであった。同様に、ラインラント＝プファルツ州でも労働社会問題家庭保健省が高齢化社会における人口動態的な変化に関するプランニング・セルを主催した。以下を参照。Rheineland-Pfalz Ministry for Work, Social Issues, Family and Health. (2004). "Bürgergutachten: Miteinander der Generationen in einer alternden Gesellshaft." [http://www.masfg.rlp.de/Funktionsnavigation/Dokumente/Buergergutachten/Gutachten_Inhalt.htm]
94 ― Dienel and Renn (1995), "Planning Cells," 135-136; Renn and others (1993), "Public Participation in Decision Making," 204-205.

プロジェクトでは、予期されなかった影響に光が当てられた。この時に開催されたプランニング・セルは、論争が巻き起こっている政治的環境のなかで行われたものであった。プログラムはかなり変更された。選ばれた市民が、外部の第三者が管理していた手続きを不審に思いはじめた。市民は運営主体やファシリテーターを拒絶し、独自の報告書を作り、委託した組織に渡した。このプロジェクトは、望みどおりのアウトプットを達成し、行政担当者に市民の選好についてのよりはっきりとした考え方を与えた。だが、このような市民の対応から明らかになったことは、すべての地域社会や利害関係者が、部外者に熟議プロセスを喜んで委ねるわけではないということである[95]。

その他で行われた経験は、もっと期待のもてるものである。たとえば、スペインでは、不安定なバスク地方における高速道路に関する問題について、プランニング・セルは紛争の解決に貴重な貢献をした[96]。コンセンサス会議と同じように、プランニング・セルの手続きは、さまざまな政治的背景にあわせてうまく順応していくようである。たとえば、スイスにおける、あるプロジェクトでは、委託した組織が無作為抽出はスイスでは正統性を得られないと考え、次のような手続きを採用した。そこでは参加者を無作為で選ぶのではなく、運営主体がさまざまな場所でタウン・ミーティングを連続的に開催し、そこから数多くの地域社会の代表者を候補として指名した[97]。

コンセンサス会議とプランニング・セルに関する考察

コンセンサス会議とプランニング・セルの目的は、一般市民から複雑な政策問題についてのよく考えられた意見を引き出すことである。こうした民主的な熟議という目的を称賛する人びとは多いが、一般市民を参画させるこれらのプロジェクトが、実際には大きな労力を要する課題も含んだ事業でもありそうだということは認めなければならない。

---

[95] ― ドイツのプランニング・セルの参加者が、系統だった参加プロセスについて肯定的な傾向を示す一方、アメリカでのプロジェクトに参加した市民は「前もって作られた参加モデルを信頼せず、隠された議題があるのではないかと疑った」という。Renn and others (1993), "Public Participation in Decision Making," 205.
[96] ― Dienel (2002), *Die Planungszelle*, 291-293; Dienel and Renn (1995), "Planning Cells," 134-135.
[97] ― Dienel and Renn (1995), "Planning Cells," 132-134.

注意すべき点

コンセンサス会議とプランニング・セルの主催は簡単ではない。過去に実施した者たちの報告によると、やりがいのあるものだけれども、コンセンサス会議やプランニング・セルは大きな資源を必要とするイベントで、その進行管理は骨の折れるものである[98]。革新的なプロセスであるゆえに、その発展を導き育ててくれるような、代弁と擁護を買って出てくれる人びとが必要である。もっと重要なことは、委託した組織からの強力な財政上の支援を必要とすることである[99]。旅費や宿泊費次第ではあるが、コンセンサス会議は準備段階の週末を含めて、概算で7万ドルから20万ドル（アメリカドル）の費用を要する。八つのプランニング・セルを開催したプロジェクトの費用は、およそ200人の市民が参加したが、概算で18万ドルから24万ドルであった[100]。これらの数字は、世論調査やタウン・ミーティング、利害関係者の円卓会議のコストと比較されると不利な印象を受けるが、そのアウトプットは質的に異なるものである。実際に行われている、専門家をメンバーとした諮問委員会や議会の調査費用と比較する研究が今後は必要だろう。

コンセンサス会議とプランニング・セルはあらゆる種類の問題を解決する参加型手法ではないし、どんな環境においても適するというものでもない[101]。どちらにとっても最適なのは、社会にとって重要で、一般市民の生活に関連している問題である。プランニング・セルが適しているのは、比較的緊急性の高い

---

98 — Joss (2000), *Die Konsensuskonferenz in Theorie und Anwendung*, 15; Renn and others (1984), "An Empirical Investigation of Citizens' Preferences," 43.
99 — 費用がかかるという点は、プランニング・セルとコンセンサス会議のさらなる拡大にとってもっとも大きな妨げとなるものの一つである。Dienel (1999), "Planning Cells," 91; Zimmer (2002), *Begleitende Evaluation der Bürgerkonferenz*, "Streitfall Gendiagnostik," 61. ディーネルによると、委託した組織からの資金の突然の不足によって、多くのプランニング・セルプロジェクトが準備段階で頓挫した。Dienel (2002b), *Die Plannungszelle*, 280.
100 — これらの数字には準備に6か月から8か月ほどを費やす主催者の報酬は含まれていない。これらの数字は、文献で見つけられる数字からの平均を示している。コンセンサス会議については以下を参照。Guston (1999), "Evaluating the First U.S. Consensus Conference," 454; Klüver (1995), "Consensus Conferences at the Danish Board of Technology," 47; Zimmer (2002), *Begleitende Evaluation der Bürgerkonferenz* "Streitfall Gendiagnostik," 34-35. プランニング・セルについてはBongardt, H. (1999), *Die Planungszelle in Theorie und Anwendung*, 18-21; Dienel (1999), "Planning Cells," 91. 費用は、移動距離によって相当に異なる。プランニング・セルの場合、プランニング・セルの開催場所が少ないほど、費用も削減される。（プランニング・セルの実践家であるヒルマー・シュトゥルムとの個人的なやり取りから。2004年5月30日）。
101 — 本章で触れているモデルの限界についてのさらなる議論は、以下を参照。Hennen, L. (1999). "Participatory Technology Assessment: A Response to Technical Modernity?" *Science and Public Policy*, 26(5), 303-312; Renn and others (1984), "An Empirical Investigation of Citizens' Preferences," 45; Rippe, K. P., and Schaber, P. (1999). "Democracy and Environmental Decision Making." *Environmental Values*, 8(1), 75-88; Seiler, H. J. "Review of 'Planning Cells:' Problems of Legitimation," in Renn, O., T. Webler, and P. Wiedermann (1995). (eds.), *Fairness and Competence in Citizen Participation: Evaluating Models for Environmental Discourse*, Dordrecht, Netherlands: Kluwer, 141-155.

問題で、それぞれ異なった利益やリスクをもたらすような選択肢がある場合だと考えられている。次のような場合にはあまり成功しないようである。たとえば、選択肢がイエスかノーの二者択一の場合や、争点がきわめて分極化している場合、あるいは地域社会間に大きな不平等がある場合である[102]。コンセンサス会議にとって最適な争点は、もたらされる結果が、社会、倫理、技術の面で複雑に絡まっているような問題である[103]。デンマーク技術委員会は、コンセンサス会議にふさわしい話題は、考え方や利用方法、規制についての現在未解決の問題であるという。加えて、コンセンサス会議がもっとも活躍できるのは扱われる問題が今日の人びとの関心にかなっており、専門家の知識に支えられていて上手に区分され、さらに論争を引き起こすものである場合だという[104]。

特に一般市民が関わることが当然ではなかったり、論争になりそうな場合など、熟議をどのような文脈で開催するのかもまた考慮すべき重要な事柄である。一般市民の熟議に適さないということもある。市民の参加を促すことに強い不信がある場合や、有力な利益団体がその争点に関心を示している場合などがそうである。政策立案者や政策エリートからの支援が不十分な場合など、熟議に適さない政治的環境というのもある[105]。この点についてはコンセンサス会議の方が適応力がある。というのも、こちらの方がデンマーク以外の地域で首尾よく利用され、世の中の議論や政策の改革に寄与してきたからである[106]。

コンセンサス会議やプランニング・セルが周到な計画を必要とする点は、同時にこれらのプロセスがいつでも何にでも適したものではないことを意味している。入念に計画されたイベントであるがゆえに、ある種の政策課題や集団の要求に対しては、臨機応変かつ柔軟な対応ができない場合がある。ここには考慮すべきいくつかの問題がある。第一に、コンセンサス会議やプランニング・セルは1回きりのイベントであって、このイベントの後で市民の参加者と接触を続けていくことはほとんどないということである[107]。第二に、それらが事前の計画を必要とするゆえに、運営主体がプロセスを操作する可能性が生じる

---

102 - Dienel and Renn (1995), "Planning Cells," 128-129; Renn and others (1993), "Public Participation in Decision Making," 207.
103 - Mayer and Geurts (1998), "Consensus Conference as Participatory Policy Analysis," 290.
104 - Anderson and Jæger (1999), "Scenario Workshops and Consensus Conferences," 334.
105 - Dienel and Renn (1995), "Planning Cells," 129-130.
106 - たとえば、1999年のオーストラリアにおける食物連鎖における遺伝子工学に関するコンセンサス会議は、非営利組織のオーストラリア消費者協会によって主導された。以下を参照。Renouf, C. (1999). "Rebirthing Democracy: The Experience of the First Australian Consensus Conference." *Consuming Interest*, 79, 16-19.
107 - 市民どうしの非公式な接触が続いた事例もいくつかある。プランニング・セルの実践家であるディーネル（2002年2月26日、ヴッパータール）、クリスティアン・ヴァイルマイアー（2003年1月22日、ミュンヘン）、ヒルマー・シュトゥルム（2003年1月23日、ミュンヘン）とのインタビューによ

ということである。特に手続きが不透明であったり、より広範囲の人びとを巻き込む場合などはそうである。柔軟性や透明性の観点からいえば、コンセンサス会議の方がプランニング・セルよりもずっとよいように思われる。というのもコンセンサス会議の方が、市民が自分たちの観点から問題を論じる枠組みを設定できるし、その問題に関係すると思う情報提供者を選べるからである。なお、コンセンサス会議やプランニング・セルの手続き面について透明性を確保し事後の調査に開かれたものにするために、外部の諮問委員会の存在が必要になるかもしれない。第三に、コンセンサス会議やプランニング・セルといった仕組みが、公共圏におけるより非公式なタイプの熟議とつねにうまく適合するとは限らない[108]。このことは、コンセンサス会議を擁護している論者たちも十分に認識している限界である。ジョスは、このモデルの「比較的厳格な」仕組みが欠点となる面があると指摘している。「たとえばコンセンサス会議は、世の中のより幅広い議論に関係せず貢献もしないものであり、自分たちとは関係のない、よくある類いの行政制度のようにみなされるかもしれない」[109]。

さまざまな課題

プランニング・セルとコンセンサス会議は、参加者を無作為に抽出した一般市民に限ることで、実行可能な熟議のフォーラムを創造しようとする。参加したいと思う人びとが誰でも参加できるわけではないことを考えれば、そのよう

る。2001年から2002年にかけてのバイエルン州のプランニング・セルの事例では、ある市民グループが公式に再度集まって、消費者保護問題についてのさらなる助言をバイエルン政府に対して行った。以下を参照。Gesellshaft für Bürgergutachten. (2003). "Detail-Bürgergutachten zur Lebensmittelqualität im erweiterten Europa." [http://www.buergergutachten.com/fileadmin/downloads/DetailBG_Lebensmittelqualitaet.pdf]

108 - 体系化された手続きに基づく熟議と公共圏における熟議との間の緊張関係に注目している民主主義理論もある。正式な会場での熟議は、構造化された議論や落ち着いた演説に慣れ親しんでいない人びとを排斥する可能性があると主張する者もいる。以下を参照。Sanders, L. M. (1997). "Against Deliberation." *Political Theory*, 25(3), 347-376; Young, I. M. (1996). "Communication and the Other: Beyond Deliberative Democracy." In S. Benhabib (ed.), *Democracy and Difference: Contesting Boundaries of the Political*, Princeton, N.J.: Princeton University Press, 120-135. また、自分たちの自己利益を強く主張する必要のある差別された集団を排除してしまうという者もいる。Mansbridge, J. (2003). "Practice-Thought-Practice." In A. Fung and E. O. Wright (eds.), *Deepening Democracy: Institutional Innovation in Empowered Participatory Governance*, London: Verso, 175-199. 形式的な手続きに従った熟議と公共圏での熟議との違いや緊張関係をよく捉えているものとして、Fraser, N. (1992). "Rethinking the Public Sphere: A Contribution to the Critique of Actually Existing Democracy." In C. Colhoun (ed.), *Habermas and the Public Sphere* (＝山本啓他訳、1999、『ハーバマスと公共圏』、未来社); Cambridge, Mass.: MIT Press, 109-142; Young, I. M. (2001). "Activist Challenges to Deliberative Democracy." *Political Theory*, 29(5), 670-690.

109 - Joss (1998), "Danish Consensus Conferences," 21.

なフォーラムに参加できなかった人びとに対してどのようにこのプロセスの正統性を主張できるのだろうか。この問いは熟議民主主義のさまざまな理論を悩ませ続けている問題である。コンセンサス会議とプランニング・セルの正統性は、簡単に与えられるものではなく、主催者はその不偏性と厳密さを懸命に説明していかなければならない[110]。そのような努力にもかかわらず、これらのプロセスはテクノクラートないしエリート主義的な政策策定の形態に公然と対抗するものだから、有力な政治アクターを怒らせてしまうこともある[111]。争点を世の中の議論にさらしたくないと思っている政治家、一般市民の能力について心配する専門家、このプロセスから排除されていると感じる利害関係者や「専門的に取り組んでいる活動家(エキスパート・アクティヴィスト)」といった人びとは、たいていの場合において存在するものだ[112]。

　コンセンサス会議とプランニング・セルに対する懐疑の念がもっとも強くなるのは、一般の人びとの参加というものがなじみのない場合であったり、専門家や利益団体がその問題に以前から関心を示してきたという場合である。70以上の異なる政策への関与者へのインタビューを行った筆者の比較調査によると、この種の熟議モデルには議論を引き起こしてしまう特徴が少なくとも三つある[113]。第一に、テクノクラートやエリートのなかには、非専門家や無党派層の市民が公共政策に合理的に貢献しうるという考え方を否定する人びとがいる。彼らは、現代の複雑な情報を扱う一般市民の能力について憂慮し、一般市民の責任、権威、その地域社会の縮図としての代表性を有しているかについて批判をしている。第二の点は次のようなことだ。熟議モデルは、政策への関与者に情報提供者としての新しい役割を割り当てるが、そうすることによって政策形成の場における権

---

110 - プランニング・セルの正統性の問題については、以下を参照。Renn and others (1984), "An Empirical Investigation of Citizens' Preferences"; Renn and others (1993), "Public Participation in Decision Making"; Seiler (1995), "Review of Planning Cells"; コンセンサス会議の正統性については、Cronberg (1995), "Do Marginal Voices Shape Technology?" 熟議民主主義と熟議のデザイン一般における正統性の問題に関する議論は、以下を参照。Parkinson, J. (2003). "Legitimacy Problems in Deliberative Democracy." Unpublished doctoral dissertation, Australian National University, Camberra.

111 - プランニング・セルへのさまざまな政治アクターの反応は、以下で議論されている。Dienel and Renn (1995), "Planning Cells"; Renn and others (1993), "Public Participation in Decision Making"; Garbe (1980), *Die Planungszelle und ihre Unwelt* chaps. 7 and 8.

112 - 「専門的に取り組んでいる活動家」という用語は、以下より引用。Bang, H., and Sørenson, E. (2001). "The Everyday Maker Building Political Rather Than Social Capital." In P. Dekker and E. Uslaner (eds.), *Social Capital and Participation in Everyday Life,* London: Routledge, 148-161.

113 - この調査は、筆者の博士論文で、二つのコンセンサス会議、プランニング・セルおよび市民陪審という、四つの熟議のデザインに対する利害関係者と政策エリートの反応を調査したものである。Hendriks, C. M. (2004). "Public Deliberation and Interest Organisations: A Study of Responses to Lay Citizen Engagement in Public Policy." Unpublished doctoral dissertation, Australian National University, Camberra. 同様の問題に触れたものとして、Dienel (2002), *Die Planungszelle,* 19-20; Dienel and Renn (1995), "Planning Cells," 27-28; Garbe (1980), *Die Planungszelle und ihre Unwelt,* 215-221.

力行使のあり方を変えてしまう。情報提供者としての新しい役割は、専門家や利益団体の代表がコミュニケーションや協力のために権力を用いることを求めることによって、権力が強制力という形態をとって用いられるのを自制させたり、そのように権力が使われる場面を暴露する。したがって、多くの政策への関与者がこの役割を引き受けたがらない。なぜなら政策の議論への自分たちの支配力や影響力を制限することになるし、政策をめぐって自由に参加しにくくなるからである。第三に熟議というデザインは、意見が競合している状態から理性に依拠した議論と反省に基づいた状態へとコミュニケーションの条件を変化させることを求めているが、熟議に懐疑的な論者たちは、個人の選好を変化の少ないものとみなしたうえで、それらの総計として世論を捉える傾向が強いので、集合的な意思形成という考えを受け入れるのが難しいのである。同様に、熟議が学習と集合的な成果を生み出す社会的なプロセスであるという理解は、なじみが薄く物議を醸すものである。

　こうした諸々の課題が、プランニング・セルとコンセンサス会議の手続きの面での正統性が認められるのを妨げるだけでなく、これらの熟議のイベントが機能する仕方にも影響を及ぼしかねない。これらの熟議モデルは、フォーラムで政策への関与者に見解を表明してもらおうとする一方で、その同じ政策への関与者を、市民による熟議に積極的に参加させまいとして隔離する。部分的な関わりと隔離との間のこの緊張関係によって、政策への関与者が安定的に関係してもらうことは、なかなか簡単ではない[114]。

　このことは、政策への関与者がつねに熟議フォーラムに一般市民を巻き込むことに反対しているということにはならない。専門家、エリート、それに利益団体は、参加する誘因がある場合には喜んで参画するという証拠がある[115]。たとえば、自分たちのメッセージを公共の場で主張する機会だといって歓迎する利益団体もあるし、営利組織は消費者の声が得られることを評価する。科学者が、一般の人びとの前に出て科学技術を弁護する必要があると感じている場合もある。このように政策エリートや利害関係者に市民による熟議の利点を正しく理解してもらうために、彼らに早い段階で関わってもらうことが重要であることを運営に携わってきた人びとは気づいている。たとえば、プロジェクト

---

[114] - この緊張関係に関する詳細は、Hendrils (2004), "Public Deliberation and Interest Organisations"; Hendriks, C. M. (2002). "Institutions of Deliberative Democratic Processes and Interest Groups: Roles, Tensions and Incentives." *Australian Journal of Public Administration*, 61(1), 64-75.
[115] - Hendrils (2004), "Public Deliberation and Interest Organisations," chap. 9.

の事前会議に参加させたり、諮問委員会のメンバーとして関わらせるということである。また、このプロセスで何を達成したいのかという目的や、その限界について綿密なコミュニケーションをとることも重要である。

コンセンサス会議やプランニング・セルについてのよくある誤解は、その代表性に対する主張である。コンセンサス会議における市民のサンプル数は比較的小さいので、統計的な意味での代表性はない。しかし、人口統計的な多様性をもつようにデザインされている[116]。プランニング・セルのサンプル数はずっと大きいので、代表性があると主張できるより合理的な理由があるが、それでも参加者が母集団を統計的に代表していると断定するのは行き過ぎである[117]。市民が何を、そして誰を代表しているのかについて誤解してしまうと、このフォーラムにおいて熟議をする市民の役割から注意がそれてしまう。市民パネルを「代表性を備えた社会の縮図」として説明することに熟議民主主義のデザインに関する評者が警鐘を鳴らす理由は、ここにある[118]。結局、これらのプロセスで問題になるのは多様性の問題である。熟議の参加者がさまざまな種類に富んでいるのであれば、島宇宙化(エンクレイヴ)した熟議に陥ってしまって、それぞれが各々の立場に凝り固まっていくということはほとんどないだろう[119]。

さらなる発展の余地

本章で議論してきた参加型モデルは、人びとの声を政策過程に取り入れていくさまざまな方法を補完するものである。これらは、無党派層の市民に自分たちの考えを表現する道を与え、それによって、専門家の意見や世論調査のデータのような既存の形態の政策提言に新しい要素を与える。運営主体と政策立案者にとっての難題は、これらの異なる種類の政策への意見をいかにして集約するかということである。その問題は特に、競合する主張がなされた場合に生じ

---

116 - Grundahl, J. (1995), "The Danish Consensus Conference Model," 39; Klüver (1995), "Consensus Conferences at the Danish Board of Technology," 46.
117 - パーキンソンによると、サンプルが性別の割合を統計的に95%の信頼度で反映するためには、少なくとも399のサンプル・サイズが必要である。Parkinson (2003), "Legitimacy Problems in Deliberative Democracy," 108. つまり、年齢、教育程度、職業、人種など他の人口に関する特徴についても同様の信頼度を達成できるようなサンプル・サイズはないということである。
118 - たとえばスミスとウェールズは、市民パネルの代表性ではなく包摂性に注目した。Smith, G., and Wales, C. (2000). "Citizens' Juries and Deliberative Democracy." *Public Studies*, 48(1), 56-57. 他にも、スミスは「重要なことは、市民が、どんな強い意味においても『彼らのような人びと』を代表しているとは必ずしもみられていないということである」という。Smith, G. (2000), "Toward Deliberative Institutions," In M. Saward (ed.), *Democratic Innovation: Deliberation, Representation and Association*, London: Routledge, 34.
119 - Sunstein, C. (2002, June). "The Law of Group Polarization." *Journal of Political Philosophy*, 175-195; Sunstein, C. R. (2000). " Deliberative Trouble? Why Groups Go to Extremes." *Yale Law Journal*, 110(1), 71-119.

る。

　重要な糸口となるのは、一般市民によるモデルを、市民による他の形態の熟議とさらに統合させていくことである。オルトヴィン・レンとその共同研究者たちが開発した三段階の協働的な言説形成モデルは、有効な出発点をもたらしてくれている[120]。このモデルでは、利害関係者、専門家、一般市民が、政策に関する熟議に順次関わっていく。最初に、利害関係者の集団がさまざまな評価と評価基準を明らかにする。それから、複数ある政策的な選択肢について、効果を分析して詳しく説明するために専門家が投入される。最後に、無作為に抽出された市民が、政策を評価したり、デザインしたりする。カーソンはさらに、説明責任と市民の教育のために、より広い地域社会からの反応を検証する第四段階を提起している[121]。この三段階ないし四段階の言説形成モデルは、より広い社会からの意見の集約と無作為に抽出された市民からの意見の集約との間に政策エリートを挟み込む形で関わらせることで、政策エリートの説明責任を増大させることを目指している。

　コンセンサス会議とプランニング・セルは、他の熟議手法と容易に組み合わせが可能だろう。ネットワーク技術の発展で、さまざまな場所で同時に主催するような熟議のデザインが可能になるなど、興味深い選択肢を広げていくと考えられる。このようなネットワーク技術の活用によって、現状のプランニング・セルが異なった地域で開催する際に生じてしまう会場どうしの没交渉という問題は克服されるかもしれない。ネットワーク技術はまた、コンセンサス会議に関わる人びとの数を増やすことにも有効となるだろう。メディアやインターネットのさらなる利用は、熟議フォーラムが人びとの認識や言説に与える影響を、さらに拡大していくはずである。実際、インターネットを使った熟議フォーラムを活用し、成功した熟議プロジェクトもある。しかし、たとえばオンラインによるファシリテーションの利用や、ウェブベースでの入力と一般市民の熟議を統合するなど、さらなる改良が考えられる[122]。ノースカロライナ州立大学の研究チームがこの方向性を一歩進めている。彼らは、遺伝子組み換え作物をテーマにして、直接対面型のコンセンサス会議の参加者とオンライン型のコンセンサス会議の参加者の違いを研究した[123]。

---

[120] - Renn, O. (1999). "A Model for an Analytic-Deliberative Process in Risk Management." *Environmental Science & Technology*, 33(18), 3049-3055; Renn and others (1993), "Public Participation in Decision Making."
[121] - Carson, L. (1999, Aug. 31). "Random Selection: Achieving Representation in Planning." Paper presented at the Alison Burton Memorial Lecture, Royal Australian Planning Institute, Canberra. [http://activedemocracy.net/articles.htm]
[122] - たとえば、食品のバイオテクノロジーをテーマとした1999年のカナダのコンセンサス会議など、ウェブサイトが熟議プロジェクトの促進のために利用されたものもある。Einsiedel, Jelsøe, and Breck

ここからどこへ向かうのか?

　プランニング・セルとコンセンサス会議は参加型手法の万能薬ではない。あらゆる形態の市民参画と同様に、これらには操作される危険性があるし、パターナリズムや、「アリバイ参加」、つまり市民の参加は名ばかりで、専制的な意思決定を正当化するアリバイづくりに利用される危険性がある[124]。他の手法に比べると、プランニング・セルとコンセンサス会議のいくつかの要素は、政治や文化の環境によっては、より議論の余地が残るものもあるだろう。しかし全体的に、デンマークやドイツ、またそれ以外の地域における実績から明らかに言えることは、一般市民がやる気も能力もある、かけがえのない熟議の参加者であるということである。プランニング・セルがとりわけ魅力的なのは、まさに小グループの活動を通じて熟議の環境を上手に管理しながら、多数の市民を関わらせることができるからである。これは、特に市民がある一定の地域ないし国の至るところに幅広く分散している場合には、有効なアプローチである。コンセンサス会議は、数に関しては及ばないが、その分を熟議の質で取り返している。コンセンサス会議では二段階の手続きを通じて、市民は与えられた情報を批判的に考えることができるし、最終的な会議の前に質問や情報提供者を自分たちで決めることができる。政策提言を行うのみならず、コンセンサス会議はそのフォーラムの外側でメディアや参加した傍聴者を通じて、公共の議論を刺激することもできる。

　熟議に懐疑的な論者たちは、市民による熟議、特に一般市民によって行われるものが可能なことなのかと思い続けるだろう。しかし、明るい見通しはもっとも起こりそうにないところでさえ存在している。たとえば、2003年12月、アメリカ議会は「21世紀のナノ科学技術に関する研究開発法」を制定したが、それは新しく設立した国家ナノテク・プログラムが「市民パネル、コンセンサス会議、その他教育的なイベントのような仕組みを適切に利用した恒常的かつ継続的な市民による議論」の機会を与えることを求めている。この法律によっ

(2001), "Publics and the Technology Table," 330. ウェブ・フォーラムが利用されたプロジェクトもある。たとえば、1999年にオーストラリアで行われた食物連鎖における遺伝子工学に関するコンセンサス会議では、その前後数週間にわたって、ファシリテーターのいないオンラインのディスカッション・フォーラムが、オーストラリア放送協会 (ABC) のウェブサイト上に置かれた。このフォーラムは、幅広い社会の人びとが、コンセンサス会議に参加する情報提供者や一般市民と交流できるオンライン空間となった。以下を参照。Australian Broadcasting Corporation (1999), "Waiter, There Is a Gene in My Food...."

123 - ノースカロライナ州での市民による科学技術フォーラムに関しての詳細は、以下。Center for Information Society Studies, North Carolina State University. (2002). "Sponsored Research." [http://www.ncsu.edu/chass/communication/ciss/sponsored.html#ncctf]

124 - **アリバイ参加 (alibi participation)** という表現は、ドイツで行ったインタビュー対象者の一人が用いた表現 (Alibiveranstaltung) を訳したものである。

て、人びとの持つ懸念が必ず聞き入れられるようになるわけではないが、少なくとも市民が一堂に会し、彼らの見解を声にするための空間を政策立案者が用意すべきだと、正式に規定されたのである[125]。

　コンセンサス会議とプランニング・セルの取組みは、大体以上のとおりである。問題はもはや、コンセンサス会議やプランニング・セルが何を達成できるかということではない。今ふさわしい問いは、もっと大きな民主主義システムのどこにこれらを組み込むのが最適かということであり、いかにしてこれらの正統性と長期的な資金を確保していけるかということなのである。

---

[125] -「21世紀のナノ科学技術研究開発法」は、国家ナノ科学技術・プログラムを確立し、そのプログラムに「人間の知能の強化や人間の能力をこえた人工知能の開発にナノ科学技術を用いる可能性などを含め、ナノ科学技術の開発の段階で、倫理面、法律面、環境面、その他社会的関心について検討する」ことを義務づけるものである。そして同法は「必要に応じて、市民パネル、コンセンサス会議、啓発行事といったメカニズムを通じて、恒常的かつ継続的な公共の議論を開催することによって、一般市民からの意見を本プログラムへ取り入れるようにする」という。*Public Law.* 108-153, Dec. 3, 2003. 以下も参照。Library of Congress. (2004). "Thomas: Legislative Information on the Internet." [http://thomas.loc.gov]

第7章
市民陪審
人びとの信頼できる声を作り出す

ネッド・クロスビー、ダグ・ネザーカット
後藤潤平 訳

1993年1月14日の朝、全米の至る所から無作為抽出で集められた24人が、ワシントン特別区で連邦予算を議論して5日目を迎えていた。彼らは、元議員のヴィン・ウェーバー[1]が集めてきたさまざまな保守系の人びとと、『アメリカン・プロスペクト』[2]の論説委員であるロバート・カットナーが集めてきたリベラル系の人びととの双方から話を聞いていた。参加者は収支の均衡を図ることが求められていた。彼らは次期大統領であるクリントンが提示した額から440億ドルの歳出を削減したが、赤字を2000億ドル未満に抑えたいと考えた。そのために投票によって、17対7で700億ドル分の増税を認めたのである。

「税金を上げる選択をするなんて夢にもみなかった」とフィリップ・グラントは述べた。彼はオレゴン州のクラマスフォールズから来た、民間の自動車検査員である。「だが子どもたちのためにも、今のうちに犠牲を払わなければならないね」[1]

---

[1] 1952年生まれの共和党の政治家。ミネソタ州選出の元連邦下院議員。1992年に議員を降りた後は、全米民主主義基金の議長などを務めている。新しいアメリカの世紀プロジェクトが1998年に出した宣言の署名者の一人でもある。

[2] 1990年にロバート・カットナーらによって創刊された月刊の政治評論雑誌。リベラリズムの立場を鮮明にしている。

1 ── Citizens Jury 1993. (1993). *America's Tough Choices*. Minneapolis, Minn: Jefferson Center, 2. 1993年の連邦予算に関する市民陪審プロジェクトに関する報告書である。

24名の人びとが、初めて行われた全国規模の市民陪審に集まっていた。これはミネソタ州ミネアポリスの非営利組織であるジェファソン・センターが運営したものである。この手のプロジェクトのすべてがそうであるように、陪審員は、彼らが選ばれた母集団の縮図となるように層化されていた。陪審員を選出する際の根拠として利用された全米での調査では、45%の人が連邦政府の税金と歳出は引き下げられるべきだと考えていた。したがって、選出の際には24人のうち11人がこうした態度をとることを確認していた。このプロジェクトの開始時には、税金および歳出を引き上げることに賛成していたのはわずか4名だけである。このような態度の層化は、最終結果を決定することにはならない。なぜなら市民陪審において陪審員は、広く受け入れられている物の見方を吟味し、ヒアリングで提供される情報を受けてそうした物の見方を変える機会が与えられるからである。

『ワシントン・ポスト』のコラムニストであるウィリアム・ラスプベリーは、市民の重要性を慎重に考慮して、次のように寄稿した。「この市民陪審は、建国の父たちが議会にさせるつもりだったことをやったのだ」。さらに彼は次のようにつけ加えた。「政治家は本来なすべきことができていない。ならば民衆がやるしかないということだ」[2]。

市民陪審の起源と特徴

市民陪審(Citizen Jury®)は、1971年に社会倫理に関する博士論文を書いていたネッド・クロスビーが考案したものである。クロスビーは1974年までに、社会倫理にほとんど見切りをつけ、その代わりに「市民委員会」──彼は当初そう呼んでいた──を試すことにした。これによって、人びとの縮図が効果的に複雑な問題を取り扱うことができるかどうかを確かめようとしたのである[3]。クロスビーは、新しい民主主義のプロセスの研究と開発を目的として、1974年にジェファソン・センターを立ち上げた。2002年までにジェファソン・センターは、アメリカ国内で31の市民陪審プロジェクトを開催した。1996年以降は、イギリス、オーストラリア、その他のいくつかの国々で200以上の市民

2── Raspberry, W. *Washington Post*, Jan. 23, 1993, 論説。
3── クロスビーの当初の目的は、消極的功利主義のアプローチ（一番恵まれていない人びとを最初に助けるべきだという倫理的な見解）に基づいて社会倫理を形成することであった。彼は、心理テストを検証する四つの方法の一つを作り出したポール・ミールに関する修士論文から計量心理学の知見を得て、多くの功利主義者が利用していた幸福の尺度よりもさらに洗練されたものを作ろうとしていた。しかしクロスビーは費用効果が高くかつ妥当な尺度を見つけられなかった。同じころ、彼はウィトゲンシュタインの日常言語哲学に関心を持ちはじめ、自分の立場を正当化することを目的として日常言語を使う人びとは、公共の政策課題について理性的な姿勢を示すことができると考えるようになった。こうして、人びとを無作

陪審が開催されている。ジェファソン・センターは、市民陪審に登録商標をつけることで、アメリカにおける市民陪審を質的にコントロールできるようにしている。この商標が適用されない外国では、市民陪審は多様な性質をもつようになっている[4]。本章では、ジェファソン・センターが運営してきた市民陪審のみを取り扱うことにする。

クロスビーの当初の目的は、公共政策の問題を議論したり選挙の候補者を評価するなかで、市民たちの理性や共感を高めるようなプロセスを作り出すことであった。その後の数年を経て、ジェファソン・センターは、たとえそれが高価になり、政策立案者への売り込みが難しくなるとしても、より高品質のプロセスを運営することを目指した。

市民陪審の基本的な要素

1970年代、ジェファソン・センターのスタッフは、理性的な議論を促進し、参加者の共感を涵養するようなさまざまな手法によって、質の高い評価が可能になることを期待した。残念ながら、ジェファソン・センターは正確な定量的評価を設計するのに十分な財源を調達することはかなわなかった。その代わりにスタッフは、良識、すなわち無作為に抽出された参加者の意見を利用し、彼らにとって最善のプロセスと思われるものを作り出すことにした。数年におよぶ革新と改良を経て、市民陪審を成功に導く七つの要素が明らかになってきた。

コミュニティーの縮図。無作為抽出の市民を集める目的は、都市や郡や国など、市民が選ばれる母集団となるコミュニティーの縮図を構成することである。これら選ばれた人びとを層化する手法が発達したことにより、年齢、学歴、性別、居住地域、人種といった点で、コミュニティーと似た構成にすることができる。参加者はまた、しばしば政治的態度によって層化されることもある。これら選ばれた人びとの参加率が高まるように、相当の日当を支払うことは必要である。たとえば、2001年のプロジェクトでは、陪審員は参加に対して一日当たり150ドルが支払われている。

よい熟議と調和する可能な限り大きな集団。小グループの熟議は大規模のもの

為に抽出して小グループを作り、公共の政策課題について理性的に対話をしてもらおうとなったわけである。小グループの人びとは、ある種の集団力学の下では不合理な行動をするという社会心理学の研究もたくさんあった。したがって、そのような集団力学を最小化するように議論の方法が形作られたのである。

[4] ── ペーター・ディーネルが1969年か1970年に発案したプランニング・セルは、市民陪審と酷似しており、かなり良好な性質を保って行われてきた（第6章を参照）。これまでドイツ国内で150以上のプランニング・セルが行われており、多い場合は一つのプロジェクトで24のプランニング・セルが同時に主催されている。イギリスにおける市民陪審の拡大は、ロンドンの公共政策調査研究所の職員がディーネルとジェファソン・センターを訪れ、その後1994年にブックレットを発行したことで起こった。Citizens Jury®

に比べると政策立案者に対して感銘を与えない。とはいえジェファソン・センターは、よい熟議が行われることを優先した。結果として、最後の総括の段階でよい熟議が可能であるためには、24人が最大であると決められた。4～6人で行う小グループの議論というのも、市民陪審プロセスの不可欠な要素である。一つのプロジェクトの一部として複数の市民陪審を行うことも可能である。1980年代には、ジェファソン・センターは12名の市民陪審を五つ開催するプロジェクトや、八つ開催するプロジェクトを運営した[5]。

質の高い情報。最初の10年にわたる試行期間の間に、無作為抽出の陪審員たちに情報を提供する最善の方法は、証言を行う者が自分たち自身で見解を表明することであることが明らかになった。この方が文書の情報に任せるよりもよいし、さまざまな物の見方をまとめて報告するスタッフのプレゼンテーションよりもよいのである。同時に、証言を行う者に直接質問できる時間を、陪審員に十分に与えることも重要である。

質の高い熟議。ジェファソン・センターはよい対話を確実なものにするために、熟練したファシリテーションが中心をなすような方法を発展させた。ファシリテーターは以下のバランスをとることを目的としている。つまり、陪審員が自由に自分を表現できるくらい十分に開放的でありながら、目の前の問題に集中することができるようにコントロールされていること、議論を独占するような陪審員を生み出さないことである。証言を行う者は、陪審員の質問に答えるのに十分な時間をとっておくように求められ、簡潔かつ直接に答えられるように手助けをうける。ファシリテーターはその役割を適切にこなせるように、慎重に訓練されなければならない。

バイアスの最小化と外部操作の回避。スタッフのバイアスを最小化することにも相当な努力が払われた。それはファシリテーターのボディランゲージを管理するという点にまで至るものだった。スタッフのバイアスを監視するのにもっとも重要な方法は、プロジェクトの最後に陪審員にスタッフを評価してもらうことである[6]。また、陪審員が最終的な勧告を彼ら自身の言葉で表現できたか、公表前に最終報告書を再検討できたかといった点にも細心の注意が払われた。

公平な議題と意見聴取。ジェファソン・センターは幅広い物の見方をもつ外部

という商標は、2002年にジェリー・スプリンガー主演の「市民陪審」という映画の制作を防ぐのに有効であった。

[5] 1984年にジェファソン・センターは、州機関と非営利組織の11の組織からなる運営委員会の委託を受けて、農業とその水質への影響を検討する12人の市民陪審を五つ開催した。1986年から87年にかけては、12人の市民陪審を八つ開催して、10代の妊娠やHIVを防ぐために高等学校に診療施設は必要かという問題を検討した。このプロジェクトはミネソタ州上院の厚生委員会による委託であった。

[6] ジェファソン・センターが保持している評価データは1981年までさかのぼってある。参加者による評価のもっとも長い記録の一つである。以下を参照。[http://www.jefferson-center.org]

の諮問委員会に市民陪審の議題設定を助けてもらい、証言を行う者の選定についてもアドバイスをもらうようになった。ジェファソン・センターはまた、試行錯誤を重ねてバイアスをもち込まずに参加者どうしの対話を高められるように、ファシリテーターの訓練の方法を学んだ。

課題を学ぶための十分な時間。1980年代の終わりまでに、典型的な市民陪審は5日間のイベントになった。いずれのプロジェクトにおいてもこの5日間が長すぎると不満を言った陪審員はほとんどいない。逆に多くの人びとは短すぎると言った。1週間以上続くプロジェクトをやってみようとしたこともある。しかし陪審員のコメントから、彼らのほとんどが1週間を超える参加要請には応えられないだろうということはわかっていた。私たちは陪審員がほとんど学生だとか、失業者だとか、退職者からなるというプロジェクトは運営したくなかった。もし、熟議の手法がより広範に利用されて影響力が強くなれば、より長いプロジェクトになっても、参加者はコミュニティーの縮図のようになるかもしれない。

市民陪審をデザインする際にさらに考慮すべきこと

市民陪審をデザインする際のもっとも大きなジレンマは、公共政策に影響力をもつことと、公共の利益にかなうような健全な政策の勧告を作成するという最高の仕事を市民の縮図にさせることとを両立できるかということである[7]。市民陪審が公共政策に影響力を発揮するためには、政策立案者に関係してもらうか、メディアに大きく報道されるか、あるいはその両方が必要である。しかし、影響力を得るのに必要なステップは、質の高い結果を作り出すのに必要なこととは対立することがある。メディアは、24人が参加する5日間のイベントよりも、1,000人やそれ以上の市民が参加する1日だけのイベントの方にはるかに注目する傾向にある。中身のある結果を導くのに1日で十分という場合もある。しかし多くの場合、公共政策の問題はきわめて複雑で、5日間あってやっと事足りるというものである。また、公職者たちはしばしば、自分たちや主要な支持者を窮地に陥れるかもしれないような政策課題を避けるように、議題や証言を行う者を選びたがる。

---

7 —— デザインについてさらに知りたい場合は、ジェファソン・センターのウェブサイトから詳細なハンドブックをダウンロードすることができる。[http://www.jefferson-center.org] 1996年以降、世界中の多くの人びとが独自に、ジェファソン・センターのモデルに言及することなくデザインをしている。

市民陪審を運営することは、バランスをとっていくことでもある。議題は、主要な利害関係者に満足してもらうようなものでなければならない。そのために、ほとんどまたはすべての利害関係者が外部の諮問委員会に招かれるべきである。しかしそれだけではなく、情報提供のやり方について、陪審員が何かしら言えるようにすることも重要である。陪審員には、彼らが公共の利益にかなうと確信できるようなイベントが運営されるように、一言言う機会が与えられるべきである。とはいえ、情報提供に先立って組み立てられた証言を行う者の公平なバランスを覆すような権限が彼らに与えられることはない。
　陪審員はファシリテーションのスタイルを選択するにあたっても、いくらか権限をもつ方がよい。ファシリテーションのスタイルは、誰がどのくらい話すのかということについて比較的厳密に統制されるものから、陪審員が質問にどれくらい時間を使ってよいのか、それぞれの審議で一人が何度話してよいのか、質問に答える際に証言を行う者がどれくらい時間を使ってよいのか、こうしたことについての決まりがはるかに緩いものまで、そのスタイルはさまざまにありうる。陪審員はまた、追加で証言を行う者を何人か要求することや、証人を若干名、呼び戻すことも可能であるべきである。
　陪審員には、このプロセスへの参加が歓迎されていて、家にいるような気楽さを感じさせなければならない。市民陪審のプロセスの基本を説明し、問題の概要を描き、陪審員たちに自己紹介や質問をしてもらうには、1時間かそれ以上の時間が必要である。二つの全国規模の市民陪審プロジェクトでは、イベント開催前日の夕方にすべての陪審員が到着したため、このような導入段階は前日に行い、5日間すべてを検討すべき問題に捧げることができた。
　ジェファソン・センターは1980年代に、市民陪審プロジェクトの後援者が、陪審員の勧告に基づいて行動することを確実にするための段階を考えてみた。しかし、市民陪審の勧告を政策立案者たちにロビイング活動するのは困難なことである。ジェファソン・センターのスタッフは、そのようなことをする訓練をあまり受けていなかったし、ジェファソン・センターの非営利の立場が邪魔になった。また、陪審員の勧告は発展性に乏しいもので、法案化を目指すロビイング活動に必要な即効性というものがなかった。理想の代弁者として、利己

的なたくらみがない陪審員たちにできたことは、メディアや、公共政策に関する議論において大きな役割を担うポスターチルドレン[(3)]に比べるとかなり小さい。政府機関や地方政府への市民陪審からの勧告は、同様の理由で大きな影響力をもつことはできなかった[8]。

市民陪審の歴史と影響

　ジェファソン・センターの活動には四つの段階がある。第一段階は、1974年から1983年までであり、市民陪審プロセスの基礎が試行され、改良された時期である。クロスビーはこの時期の半分を一人で働き、残りはパートタイムのスタッフと活動した。初めての市民陪審プロジェクトは、さまざまな課題に対する候補者の立場のとり方に基づいて候補者を評価することを目的としたものだった。実際には、1976年に大統領候補のフォードとカーターを評価するもので、目立たない形で行われた。この際には2人の社会人の法学部生が、両候補者の代理人の役割を演じた[9]。

　第二段階ではさまざまな課題をめぐる市民陪審のプロジェクトが進展をみた。1984年には、農業とその水質への影響をテーマにした市民陪審が行われた。それは11のミネソタ州の機関と非営利団体が出資したグループからの後援で行われた。それから1993年には二つの全国規模の市民陪審が行われた。一つは連邦予算に関するもので、もう一つはクリントン政権の健康保健計画に関するものだった。全国規模の市民陪審は、いずれもワシントン特別区で開催され、著名な代理人や証人が登場した。たとえば、クリントンの健康保健計画の計画責任者だったイラ・マガジナーは1時間の証言を行った。ホワイトハウスは、ジェファソン・センターに対して、もしもクリントンの健康保健計画を考える

---

(3)― 慈善目的のポスターに使われる病気や飢餓などに苦しめられている子どものこと。

8 ― 20世紀の後半の50年における熟議の手法を実施して勧告を得ようとする試みを慎重に分析することは興味深いように思われる。民主主義制度研究センターは著名な人びとによって1960年代に設立されたが、1970年代の終わりまでに実質的に閉鎖している（この機関は熟議の手法にはほとんど関心がなかった。しかしアメリカで設立された民主主義に関する最初のシンクタンクであった）。パブリック・アジェンダ財団とルーズベルト・センターは、1980年代における主要な存在である。しかし年を経て、前者はさまざまな利益集団のためのフォーカス・グループや世論調査を行うようになった。後者は7年間で1,700万ドルを使ったが、結局閉鎖してしまった。こうした努力の甲斐が比較的報われないのは、非友好的な政治の雰囲気のせいなのだろうか。それとも、何か見失っている機会があったのだろうか。

9 ― この間、センターはまた派生的な政策議論を経験していた。それは、鍵となる政策課題について、専門家のなかで賛成と反対の領域をはっきりさせようというものであった。有名な政治家たちが二つのプロジェクトを主催した。一つは、アメリカ政府による穀物備蓄の保持に関するもので、米国議会議員のポール・フィンドレイとボブ・バーグランドに委託されたものである。もう一つは深刻な青少年犯罪者に関するもので、ミネソタ州の議員による委託であった。このプロセスは専門家たちの間で興味深い対話が行われたという点では成功した。しかし、結局十分に洗練されることによってかえって政治家にはほとん

なかで陪審員が「よい仕事をした」ならば、彼らはホワイトハウスに招待されるかもしれないということを秘かに知らせてきた。ところが19対5の投票でクリントンの健康保健計画に反対という投票結果となり、明らかに「よい仕事」とはならなかった。大規模なメディアの報道が得られるようにかなり努力したにもかかわらず、この全国規模のプロジェクトはメディアの注目をほとんど得られなかった。ウィリアム・ラスプベリーは『ワシントン・ポスト』の論説で、連邦予算に関するこのプロジェクトを称賛した。またロジャー・マッドは、健康保健計画に対するこのプロジェクトについて、自らが司会を務める1時間の公共テレビ番組のなかで扱った。しかし、これ以外の報道は乏しいものだった。

第三段階は、第二段階と一部重複するものの1989年から1994年にかけての時期である。この時期の特徴として、政策課題への立場のとり方に基づいて候補者を評価するものとして、市民陪審への関心が高まったことが挙げられる。ジェファソン・センターは女性有権者同盟と組んで、以下のような候補者評価の市民陪審プロジェクトを運営した。すなわち、1989年のミネソタ州セントポール市長選、1990年のミネソタ州知事選、1992年のペンシルヴェニア州でリン・イアエケルとアーレン・スペクターが争った上院選である。1992年のプロジェクトは、メディアの注目を大きく引きつけ、『ピッツバーグ・ポスト・ガゼッタ』、『フィラデルフィア・インクワイアラー』、『ワシントン・ポスト』といった各紙の社説や論説で高く評価された。

不幸にも、1993年に内国歳入庁(IRS)が、ジェファソン・センターは非営利団体(501条(c)項(3)号団体)の選挙活動への関与という点で規定違反だと主張してきた。ジェファソン・センターはこの主張と激しく争った。しかし1996年に内国歳入庁は、ジェファソン・センターは今後候補者を評価するプロジェクトを運営できないとの裁定を下した。これは相当な打撃だった。というのも、有権者は明らかに市民陪審の事実認定や勧告を有効だと考えていたからである。1990年のプロジェクトに関する研究では、ミネソタ州知事選における投票の5〜10%を変えた可能性があると示された[10]。残念ながら、この有権者の投票が変わるという可能性がまさに内国歳入庁が懸念したことだった。選挙との関連性は、課税対象となると思われたのである。

ど利用されないということがわかった。というのは、政治家たちは忙しすぎて結果をしっかりと考えることができないためである。
10 — これらの知見は、選挙前に陪審員の勧告が送られた450名の人びとへの選挙後の調査に基づいている。詳細は、[http://www.jefferson-center.org]を参照。

ジェファソン・センターの活動の最終段階は、1994年から2002年にかけてのものである。この間、16のプロジェクトが以下のテーマで開催された。たとえば福祉改革（下院議員ティム・ペニーの後援）、固定資産税改革（ミネソタ州税務局の後援）、豚の飼育（カールトンカレッジおよびセント・オラフ・カレッジの後援）、学校の統合（ミネソタ州オロノ学区の後援）、地球気候変動（アメリカ環境保護機構の後援）などである。

　これらの多くは質の高いプロジェクトであったが、その後は繰り返し委託する団体を得ることができないことがはっきりしてきた。市民陪審の他のサービスの開発や相当なマーケティングの努力にもかかわらず、ジェファソン・センターの活動が、センターの維持ができる程度に大きな影響力を公共政策に対してもつことはできないことが明らかとなった。2002年になった時には、市民陪審は他国では健在であったが、アメリカでは行われなくなってしまった。その理由の一つは、ジェファソン・センターが、費用のかからないように市民陪審を簡略化することはしないと決めたことにある[11]。こうしてジェファソン・センターはオフィスを閉じ、スタッフも去った。もっとも、市民陪審の歴史アーカイヴ、市民陪審の運営ガイドライン、他国で行われた興味深い市民陪審プロジェクトの紹介を提供するために、ウェブサイトは残されている。

　ジェファソン・センターの閉鎖はアメリカにおける市民陪審の終わりではない。投票者に信頼できる情報を提供するために、市民陪審モデルの制度化に向けた努力が今日も進行中である。1990年代のプロジェクトとは違って、この新しい努力は、候補者ではなく住民投票の評価に注目しようとしている。これについては次節で詳しく触れよう。

将来の方向性

　アメリカにおいては、市民陪審は特定の政策に関する勧告を作成するために利用されるべきである。ただしこれは、こうした市民による意見集約を明確に求めていて、市民の知見に基づいて行動しようとしており、また、それが可能であるという後援者がいる場合に限る。したがって、市民陪審プロセスに

---

[11] 特に、最近10年の間にハノーヴァーとレーゲンスブルクで開催されたプロジェクトをはじめ、ドイツにおけるプランニング・セルの成功から、次のような疑問が呈される。すなわち、ドイツには市民陪審やプランニング・セルのようなプロセスと比較的友好的な政治文化があるのか。あるいは、ディーネルとその仲間たちが単純に上手なマーケティング活動をしたということなのか。

とっての課題——実際にはあらゆる熟議型の手法にとっての課題でもある——は、質の高い参加型プロセスに関わってくれる有力な後援者を見つけることである。

2004年にカナダのブリティッシュコロンビア州で行われた選挙制度改革に関する市民議会は、有力で献身的な後援者が得られた場合に、何が可能かということを示した。この市民議会では、無作為に抽出された160名の有権者が、2004年の10回の週末を用いてさまざまな投票制度について学んだ。そしてパブリックコメントで意見を聴取した後で、複数の投票方法について議論した。その結果、ブリティッシュコロンビア州のニーズに合うものとして、投票によって146対7で、斬新な単記移譲式投票の一種が推薦された。彼らが推薦したこの方法は、単記移譲式投票の変形版の比例投票制度であった。名前のわきに×を記すのではなくて、投票者はすべての候補者に対して、もっとも支持する候補者からもっとも支持しない候補者まで、順番をつけていくというものである。もし誰かが投票で第一位に選んだ人が当選しなかった場合、あるいは当選に必要な票数以上の票数が得られた場合、その投票は二番目に選ばれていた人に再分配される。この手法の目的はすべての投票がカウントされるようにすることである。この勧告は2005年5月にブリティッシュコロンビアの州民投票にかけられることになっている[4]。このカナダのプロジェクトは、熟議のなかで生じた鍵となる問いを検討するために市民陪審の手法のいくつかを利用することで、なお改良される点があるかもしれないが、現状でもこのプロジェクトは、熟議の形式のもとで集まる市民をエンパワーする新たな地平を拓きつつある。

アメリカの政治システムをかなり変えたいと考える人びとにとっては、市民陪審のもっとも重要な側面は、投票結果に相当程度の影響力をもつような方法で、有権者に信頼できる情報を提供するということである。1997年以降、クロスビーはこれをするために市民陪審のプロセスを制度化する方法をデザインしてきている[12]。現在検討している主な手法は、住民発議市民調査（シティズン・イニシアティヴ・レヴュー）というものである。これは市民パネル——これ自体市民陪審で一般的に使われていた名称だった——が、住民発議や住民投票を認めている24の州のどこかで行われ

---

[4] 州民投票では、60％の賛成投票と州内79の選挙区のうち少なくとも48の選挙区で多数を占めることが法案成立の条件だった。投票の結果、79の選挙区のうち77選挙区で多数を占めたものの、57.69％の賛成にとどまり成立とはならなかった。[http://www.elections.bc.ca/docs/rpt/SOV-2005-ReferendumOnElectoralReform.pdf]

[12] クロスビーはこの件で、1997年と2001年にはネザーカットから、1999年から今日まではワシントン州の多くの人びとから相当な支援を受けた。

る住民発議を検討するというものである。ちょうど、ワシントン州（おそらくはシアトルの属するキング郡）でこの住民発議市民調査の準備がなされているところである[5]。住民発議市民調査は、州務長官事務局から独立した委員会活動として行われることになるかもしれない。投票に付されるいずれの住民発議も、市民陪審の形式で運営されるそれぞれの市民パネルによって検討されることになる。この委員会は、ワシントン州の一般財源の利子から資金を得ることになっている。

　もし住民発議についてのこのような評価が成功するならば、その後は、さまざまな課題に対する候補者の立場に基づいた候補者評価の制度化に向けて努力がなされるべきである。その方法は、ジェファソン・センターが運営し内国歳入庁の抗議と戦った市民陪審よりも、選挙に対する影響力がもっと強力なものになるようにデザインされている[13]。この計画は作られてから何年もたつが、政治家あるいは究極的には連邦上院議員の選挙に対する強力な影響力を与える可能性をもつ。このことが意味しているのは、考案から30年以上が経過した現在でも、市民陪審は強力な新しい選挙改革の基盤を形づくる刺激的な可能性をもっているということである。

---

(5) － その後、この住民発議市民調査（CIR）はオレゴン州で発展を遂げている。オレゴン大学の公共政策の大学院生だったタイロン・ライトマンとエリオット・シャフォードが、クロスビーの指導を受けつつ、2007年にヘルシー・デモクラシー・オレゴンという非営利団体を立ち上げ、2008年から2009年にかけて住民発議市民調査をパイロット的に施行した。その成果を踏まえ、2011年にオレゴン州議会は、住民発議市民調査を制度化する法律を全米で初めて制定した。[http://healthydemocracyoregon.org/]
13 － この計画に関する詳細は、以下を参照。[http://www.healthydemocracy.org]

第8章
熟議のデザインを改良し組み合わせる
市民陪審、熟議型世論調査、フォーラム

リン・カーソン、ジャネット・ハーツ＝カープ
原科達也 訳

　2003年9月、私は西オーストラリア州にあるパース市で、都市との対話（Dialogue with the City）と呼ばれる大きな協議のファシリテーターをしました。この催しは、私がこれまで経験してきたものとはまったく違うものでした。私は1999年のオーストラリアで最初の熟議型世論調査にかかわった経験があります。そのときは350人の人びとがキャンベラの旧国会議事堂に集まりましたが、私はなんという大きな協議なのだろうと思ったものでした。ですが、この都市との対話という催しは、1,100人もの人びとを一つの部屋に集めたのです——そこはフリーマントル港の巨大な洞窟のような旅客ターミナルでした。国土計画・インフラ担当相が終日参加し、この対話プロセスの結果はパース市の将来計画を導き「現場の動き」を生み出すと繰り返し述べていました。

　私は、ある小部会の一員でしたが、それは他の小部会と同じように、各自のノートパソコンを経由して中央のコンピューターとリンクしていました。私は、

時折、自分たちのテーブルを囲んでいた8名が、皆でイライラし熱中したことを思い出します。この8名はまったく異なった経歴をもち、それぞれがしっかりした考えをもち合わせていました。私たちは、パース市とその周辺の、1m×2mの色つきの地図を前にして立っていました。各人の手には、さまざまな市街地の形状やさまざまな密度の住宅地区、商業や工業の中心区域を表した長方形や正方形のステッカーが握られていました。私たちは一緒になって、750,000人の新しい住民と370,000戸の新しい住居、そしてこの先20年以上にわたって必要となる雇用機会のための場所を見つけるという課題に取り組まなければなりませんでした。たとえば、住宅予定地を設定したら、それについて仲間からの賛同を得なければなりませんでした。だから、中密度の住宅地をある地域に置くのに反対するのなら、その人びとが住むために他の場所を見つける必要があったのです。私たちは、市街地の形状、緑地の潜在的な損失、公共交通に関して、自分たちの決めたことがどのような結果をもたらすのかについてやりとりを重ねなければなりませんでした。それは現実世界に結果をもたらす、想像上の現実世界についてのパズルでした。

スチュアート・ホワイト[1]

　上記の、パース市に関する対話に関わったボランティアの進行役による簡単な描写は、私たちが述べたいことを要約してくれている。私たち二人は民主主義を強めたい——失われがちな声を包摂したい、あるいは市民のコミュニケーション能力を高めたい、市民の行う提案を健全で影響のあるものにしたい——という願いによって突き動かされてきた。私たちは、過去15年の間、熟議民主主義のプロセスを別々に実験し、そうしていく際には、多くの失敗もあったが、多くの成功も経験してきた。私たちは数年前に偶然に出会い、それ以来、互いに影響しあってきた。この章を共同で執筆することは、それぞれの経験を比較し、私たちが学んできたことを理解する機会である。

　以下で、私たちはオーストラリアで行われてきた熟議のプロセスの起源について検討する。そこで描き出されるのは、私たちの経験から類型化される三つの熟議のプロセスである。オーストラリアでの経験は、他国で行われてきた実

1——シドニー工科大学・持続可能な未来研究所のスチュアート・ホワイト教授に、この催しが開催された1か月後にインタビューした。

験的試みに対して、ある国がどのように独特なやり方で応答してきたかということの一つの実例を与えてくれると思う。オーストラリアは多くの熟議の手法を取り入れてきたけれども、そのような手法を実践してきた人たちは、自分たちが直面している問題に合うように、これらの手法を改良したり組み合わせたりする余地があるということをも認識してきた。私たちは、これらの改良がどの程度効果があったのかを、熟議に関する理論と私たち自身の実践を支えている一連の基準を用いて評価する。最後に、私たちは改良に関する結論とともに、包摂、熟議、影響のそれぞれを最大化するという課題に継続して取り組む必要性に関する結論に至るだろう。

市民による熟議の基準づくり

熟議の試みという長い道のりをリン・カーソンが歩きはじめたのは、彼女が1991年に地方政府の選挙に当選したときだった。彼女は議員として民主主義に関するいくつもの理想をもっていたが、さまざまな制約の壁に阻まれ、不満を抱いていた。自らが突き当たった矛盾を解消すべく、意思決定の新たな形式を実際に試すことができるようにするために、彼女は博士号の取得を決意した。彼女が影響を受けたのは、ジョン・バーンハイムとフレッド・エメリーの著作だった。この二人のオーストラリア人は、きわめてさまざまな仕方で、民主主義の欠陥に関する問題に挑んでいた人たちだった[2]。ブライアン・マーティンとともに、彼女は後に、バーンハイムとエメリーの考えを、テッド・マック（熱意あふれるオーストラリアの政治家）、ネッド・クロスビー[3]（市民陪審の創始者で、本書第7章の共著者）、ペーター・ディーネル[4]（プランニング・セルの創始者。第6章参照）やその他の人びと[5]の実践と統合した。

カーソンは、地方政府が市民の参加を受け入れていない現状を直視しつつ、それを変えることを切実に望んだ。彼女は、熟議によって人びとを包摂するプロセスによって、彼らの意見がうまく聞き届けられることを願いつつ、声なき人びとに声を与えることを実際に試していった。彼女は、激怒している人びとと

---

[2] Burnheim, J. (1985). *Is Democracy Possible? The Alternative to Electoral Politics*. Cambridge, U.K.: Polity Press; Emery, F. E. (1989). *Toward Real Democracy and Toward Real Democracy: Further Problems*, Toronto, Canada: Ontario Ministry for Labor.
[3] Crosby, N. (2003). *Healthy Democracy: Empowering a Clear and Informed Voice of the People*. Edina, Minn.: Beaver's Pond Press.
[4] Dienel, P., and Renn, O. (1995). "Planning Cells: A Gate to 'Fractal' Mediation." In O. Renn, T. Webler, and P. Wiedemann (eds.), *Fairness and Competence in Citizen Participation: Evaluating Models for Environmental Discourse*. Dordrecht, Netherlands: Kluwer.
[5] Carson, L., and Martin, B. (1999). *Random Selection in Politics*. Westport Conn.: Praeger.

や自分の考えを言葉で表現できる人びと、つまり日常的に市民集会や審議会に参加している人びとからは距離をとるようになった。カーソンはまた、複数の手法を組み合わせることで、ある手法に弱点があっても、また別の手法の長所によってそれが乗り越えられると提唱した。議員の任期を終えた後、この考えは、2001年に市民陪審とテレヴォート[6]とを結びつけるプロセスのなかで具体的な形となって現れた[(1)]。

ジャネット・ハーツ゠カープは熟議民主主義を探し求めて模索を始めたときは大学の研究者だったが、後にコンサルタントに転身した。彼女には、実際に変化を起こすには、関係者全員がこれまでとは別のやり方で参画する必要があるということが徐々にわかってきた。彼女にとって、新しいやり方とは、要するに、人びとの熟議する能力を養うことと、彼ら自身に影響を及ぼすかもしれない決定に対して彼らの声が聞き届けられるようにすることであった。オーストラリア労働党が、2001年に西オーストラリア州で政権を得たとき、彼女は、労働党内閣の新しい、国土計画・インフラ担当相であったアランナ・マックティエルナンに、市民が州政府とともに一緒に意思決定に関わることができる革新的なやり方を見い出すためのコンサルタントとして働いてほしいと要請された。マックティエルナンの見方では、オーストラリア政府は、特有の皮相観と、メディアの娯楽報道化（インフォテインメント）[7]を一つの原因として、ますます機能不全に陥っていた。この流れを転換しなければならない時が来たのだ。

実務家と政治家という興味深いパートナーシップを通じて、ハーツ゠カープとマックティエルナンは、市民が、州政府と共同した意思決定に関われるよう、2001年から一緒に仕事をしてきた。複雑で、しばしば論争を引き起こす問題を扱うために、市民陪審、コンセンサス会議、コンセンサス・フォーラム、多基準分析会議、熟議型世論調査、21世紀タウン・ミーティングのような手法

---

6 ── Carson, L., White, S., Hendriks, C., and Palmer, J. (2002, July). "Community Consultation in Environmental Policy Making." *The Drawing Board: Australian Review of Public Affairs*. 3(1), 1-13.

(1) ── テレヴォートは、心理学者のヴィンセント・キャンベルが開発した手法である。通常の電話インタビューによる調査に加えて、政策課題に関する情報資料を配布し、友人などと話し合いをするよう促したうえで、事後の意見の変化を見る熟議型の調査手法である。キャンベルは1973年に米国国立科学財団から研究費をうけ、カリフォルニア州のサンノゼにおいて公立学校をめぐる政策立案に生徒や父兄らを参加させるべく、この手法を実施した。その成功をうけ、1978年にはハワイ大学の研究者たちが改良を加えたうえで州憲法をめぐる議論にテレヴォートを用いた。

7 ── オーストラリアの文化評論家のキャサリン・ランビーによれば、「『インフォテインメント』とは、『情報と娯楽の間の境界』を曖昧にするものである」。Catharine, L. (1999). *Gotcha: Life in a Tabloid World*. St. Leonards, Australia: Allen & Unwin, 50. オーストラリアは、アメリカの後を追いかけて、アメリカ人の評論家であるニール・ポストマンにはおなじみの「おバカにもわかるメディア」をもつに至った。Neil, Postman. (1985). *Amusing Ourselves to Death: Public Discourse in the Age of Show Business*. New York: Viking.

が改良され組み合わされてきた。市民たちは、各プロセスの開始からその実施に至るまで、しばしば数年の時間をかけて、専門家、企業、州政府とともに取り組んできた。これらのプロセスのいくつかは、西オーストラリア州の州都であるパース市の姿を変化させてきた。

私たち二人の著者に共通している経験とは、本書の他の章で紹介されている数々の熟議のプロセスを改良し発明し組み合わせてきた経験である。私たちは、自分たちが積んできた混合型の熟議デザインに関するさまざまな経験を通じて、効果的な熟議プロセスの本質的な要素がわかってきた。これらの要素は、十分に民主的な熟議のプロセスに必要な三つの基準とみなすことができる。

① 影響力：熟議のプロセスは、政策や政治的意思決定に影響を与えることが可能でなければならない。
② 包摂：熟議のプロセスは、全住民を代表し、多様な観点や価値を包摂し、参加しているすべての人に平等な機会を与えなければならない。
③ 熟議：熟議のプロセスは、開かれた対話、情報の入手しやすさ、お互いの尊重、問題を理解し再構成する空間、合意に向けた歩み寄りを提供しなければならない。

あらゆる協議の手法は、程度の違いはあれども、これら三つの基準を満たそうとしている。これら三つの基準をどの程度満たしているかが、その手法が民主的プロセスとして成功しているかどうかを示す指標になると私たちは考えている[8]。それぞれの基準は成功のための必要条件であり、三つすべてが組み合わさることがその協議が完全に民主的なものであるための十分条件である。たとえば、住民投票や熟議型世論調査は、（国の憲法によって権限が与えられているか、あるいは政治的意思決定者によって委託されているのであれば）きわめて**影響力を有する**ものになりうるし、（投票が義務であるか、あるいは無作為抽出が用いられる場合には特に）かなり代表性を有している、言い換えれば

---

[8] これらの用語は、ジョン・S・ドライゼク（John, S. Dryzek, 2000）が、*Deliberative Democracy and Beyond : Liberals, Critics, Contestations.* Oxford, U.K.: Oxford University Pressで示した談話デザインに関する概念を参考にした、キャロリン・ヘンドリクスによる造語である。Carolyn H. (2002). "The Ambiguous Role of Civil Society in Deliberative Democracy."（オーストラリア政治学会記念大会発表論文［http://arts.anu.edu.au/sss/apsa/default.htm］〔リンク切れ。〕）

包摂を達成しているものになりうる。しかし、これらの手法は、進行役によって導かれた、徹底した対話や反省の機会を十分にもたないので、参加者たちが問題の複雑さと格闘することができないため誤りうる。それゆえに、これらは、対話を生む潜在的な能力あるいは**熟議**の能力という点では欠点がある[9]。

同様に、地域社会の発意による市民陪審は、もし（通常は、人口統計学的な特性に合致する層化されたサンプルを経由して行われる）無作為抽出が行われるなら、かなり**包摂的な**ものになるかもしれないし、そして、熟練した中立的な司会進行役が対話や前向きなグループ過程を促すことで、奥底まで**熟議的な**ものになるかもしれない。そうであるにもかかわらず、市民陪審は、政治的意思決定者に影響を与える能力という点において、致命的な欠陥を有する可能性がある。

さらに言えば、これらの三つの基準は相互に依存しかつ連関している。たとえば、協議から**影響**へと至る明確な道筋を欠いている場合には、高度に**包摂的な**サンプルを**熟議**に参加させることは難しい。また、非常に**包摂的な**サンプルがなければ、このプロセスが影響を与えるべき人びとから、このプロセスが、信頼を得ることもないだろう。これら三つの基準のうちのいずれか一つを満たすことができなければ、通常、そのプロセスは失敗し、他の基準についても悪化させる否定的な効果をもたらす可能性がある。

だからといって、基準に満たない実践がいつも時間の無駄であるということではない。実際のところ、検討される問題によっては、熟議型世論調査は、一定以上の対話を必要としないかもしれない。あるいは、市民陪審は、対話のための包摂的な機会を有していれば、意思決定者には影響をたいして与えないとしても、参加者の人生には変化をもたらすかもしれない。前進と変化は、依然として可能でありかつ期待できる。実務家としての私たちにとって重要なことは、プロセスによるこれら三つの基準の満足度を自覚し続け、現状を前提にした現実的な基準値に照らして満足度を測定することである。

上記のとおり、市民による集会を評価する基準を明確にした上で、私たちは、最善かつ可能な市民たちの議論のプロセスを生み出そうとした三つの試みを、手短に検討したい。それぞれの事例研究において、私たちが記述したのは、議

---

9 —— Blaug, R. (1999). *Democracy, Real and Ideal: Discourse Ethics and Radical Politics*. Albany: State University of New York Press.

論の目的と、その目的を達成するためにいかに異なった手法を組み合わせているかである。それぞれのケースでは、一つのプロセスがもつ短所を、補完的な長所をもつ別のプロセスと組み合わせることによって補う試みがなされた。本章の最終節では、包摂、熟議、影響力という三つの基準が、これらの事例においてどの程度達成されたかを評価したい。

ニュー・サウス・ウェールズ州における飲料容器デポジット制度の立法：テレヴォートと市民陪審

主催者

2000年、リン・カーソンは、持続可能な未来研究所（The Institute for Sustainable Futures）と協働して、オーストラリアではじめて、テレヴォートと市民陪審の組み合わせをデザインした。ニュー・サウス・ウェールズ州の環境相は、持続可能な未来研究所出身のスチュアート・ホワイトに、同州の廃棄物処理法を点検することを求めた法的要件の一環として、飲料容器デポジット制度法案（**ボトル法案**とも呼ばれる）に関する独立した評価を依頼した。同州には飲料容器デポジット制度がなかったため、容器・飲料事業者は、地方政府や環境団体と争いを続けており、政策をめぐる状況は険悪なものだった[10]。この法案は、容器回収の責任は、生産者、すなわち飲料・容器事業者にあることを疑う余地なく明記しようとしていた。

会合のデザイン

広範囲にわたる分析の作業が、広範囲にわたる社会調査に支えられて進められた。テレヴォートと市民陪審の組合せが、この社会調査の重要な部分を代表しており、その社会調査は、パブリック・コメントの募集や利害関係者たちへのインタビューを含む、まさに「利害関係者による協議と市民参加の、質的手法と量的手法の組合せ」[11]から成っていた。評価を実施したホワイトは、意見を提供する市民がその前提として十分に情報をもっていることを保証するために、熟議に関するいくつかの新しいやり方を試したいと考えた。それまでのす

---

10 ─ キャロリン・ヘンドリクスは、彼女の博士論文で、オーストラリアのあるテレビ・ジャーナリストによる、この30年来の論争は、「偏向報道とくず情報と大金の有毒な混交」であるという主張（Ticky Fullerton. (2003, Sept. 8). "The Waste Club." a segment on "Four Corners." Sydney: Australian Broadcasting Corporation.）について触れている。

11 ─ White, S. (2001, Nov.). *Independent Review of Container Deposit Legislation in New South Wales*, Report prepared for Bob Debus, Australian minister for the environment. Vol. 3. Sydney: Institute for Sustainable Futures, 2. [http://www.isf.uts.edu.au/whatwedo/cdl_execsummary.html]

べての世論調査——それらのうちのいくつかは、飲料容器デポジット制度法案に反対する事業者によってなされた——は、法案に対して圧倒的な賛成を示していた。しかしながら、このような消費者たちによる支持は、きちんとした情報に基づかずになされたとして無視されることが少なくなかった[12]。

もし、市民陪審だけが主催されたとしても、それから得られた結果は、あまりにもサンプルが小さいとして無視されてしまうだろう。もし、テレヴォートだけが行われたとしても、それから得られた結果は、たとえテレヴォートが標準的な世論調査がもつ弱点のうちのいくつかを乗り越えているとしても、あまりにも情報をもたずになされたとして無視されてしまうだろう[13]。そこで、市民陪審の短所（たった11名の参加者という人数の少なさ）を、（400人の統計学的に代表されたサンプルを用いた）テレヴォートのもつ長所によって、乗り越えることが期待された。私たちはまた、市民陪審の、徹底して熟議を重んじるという特徴（3日間に及ぶ集中的で議論に基づいた探究）が、テレヴォートの熟議に関する不徹底さを補うことになるだろうとも考えた（表8.1を見よ）[14]。

飲料容器デポジット法案に関する独立した評価に関する契約条件により、飲料容器デポジット法案というトピックは、評価開始前に決められていた。そこで、持続可能な未来研究所が、市民陪審員に対する説明内容とテレヴォートにおける質問項目を決定した。ばらばらな関係者からなる利害関係者のグループが、テレヴォートと市民陪審のすべての参加者に配布される説明資料を、配布前に詳細に点検し内容の正確さと公平さについて合意した。

場づくり

テレヴォートの参加者は、RDD法[(2)]によって選ばれた、電話利用者の無作

---

[12] − 世論調査のうちの一つは、1976年以降飲料容器デポジット制度が義務づけられてきた南オーストラリア州で実施されたものである。この調査の回答者たちは、議論の余地はあるが、十分に情報が与えられていた。というのも、飲料容器デポジット制度は彼らの日々の生活の一部であり、調査を受けた人びとのうち95%が制度を支持していたからである。しかしながら、市民の選好が信頼できないものであるという主張にもまた正しい部分がある。飲料企業は、人びとの、口頭で報告する行動と実際の行動とのギャップを暴露する「ゴミ漁りスパイ」アプローチを用いてこれを証明した。以下を参照せよ。Beverage Industry Environment Council. (2001). "A New Method for Measuring Littering Behaviour in Australia." [http://www.biec.com.au/litterspies.html]〔リンク切れ。〕

[13] − Baecker, T., and Slaton, C. (2000). *The Future of Teledemoclacy*. Westport, Conn: Praeger.

[14] − これら二つの協議の手法に関する詳細については、以下の評価書（White [2001]、*Independent Review of Container Deposit Legislation*）に引き続いて公表された報告書第3巻に記載されている。さらに、要約情報は、持続可能な未来研究所のウェブサイト参照。[http://www.isf.uts.edu.au/whatwedo/cdl_execsummary.html]

(2) − RDD法については、本書第5章訳注(6)を参照。

表8.1 飲料容器デポジット法案におけるテレヴォートと市民陪審の特徴比較

テレヴォート	市民陪審
無作為抽出。	無作為抽出（求められる拘束時間の長さのために、テレヴォート以上に、自己選択が働いた可能性がある）。
電話による接触。	手紙による接触。
代表性がある。	ニュー・サウス・ウェールズ州の地域社会の横断面を示す多様な集団。
n=400、ニュー・サウス・ウェールズ州の地方と都市に住む市民が対象。	n=11、ニュー・サウス・ウェールズ州の地方と都市に住む市民が対象。
（直接的および間接的に）多くの人が関わるということは、問題についての地域社会の意識を啓発する力がある。	参加する者の数は制約されるが、メディアの関心を喚起し、もって、地域社会の学習と意識を刺激する可能性がある。
費用：400人規模で15,500〜39,000アメリカドル。	費用：11人規模で8,000〜12,000アメリカドル。
量的な成果：サンプルの規模は統計学的に有意な結果を生むのに十分である。	質的な成果：パネルが作成した報告書の形式で提出される提案。
プロセスに参加する人数が大きいため、より大きな正統性をもつとみなされる可能性がある。	プロセスは、意思決定者に正統性を欠くものとしてみなされる可能性がある。それは、一握りの人びとしか参加していないからであり、また、熟議という要素は定量化できないからである。
世論調査と比べれば、より多くの情報を得たうえで行われる。	詳細な情報を得たうえで行われる。
個人的な熟慮。ただし、参加者は、その問題について、友人や家族、同僚と議論するように促される。	グループによる熟議。専門家に対する対面での質疑、ファシリテーションされた議論、さまざまな意見や主張との接触、経験学習と社会的相互作用の機会（たとえば、現地視察への参加）。
要約された活字情報の利用によって、専門家による説得の影響を避ける一方で、他者の意見との一定の接触は許容する（このプロセスに、コンピューターを組み入れられれば、より双方向のやり取りと、より一層の情報へのアクセスが可能となる）。	プロセス全般を通じて、まず、要約された活字情報に接し、ついで、より詳細な活字情報やその他のメディア（たとえば、ビデオやスライド）に接する。論争において支配的な意見をもつ人びととの、説得や動機づけ、特徴と接触する。こうすることで、参加者は「事実」に内在している価値を感じ取り、レトリックから事実を切り離すために自分自身の判断を用いることができる。
他者との議論を通じて修正された、自己利益に基づいた決定。	熟議は、人びとを、地域社会の利益となる成果へと方向づける。対話や、他者の立場や意見に触れることが、学習と合意形成を可能にする。

出所：Carson, L., White, S., Hendriks, C., and Palmer, J.（2002, July）. "Community Consultation in Environmental Policy Making." *The Drawing Board: An Australian Review of Public Affairs*, 3（1）.

為標本であった。市民陪審の参加者は、電子電話帳から選ばれたニュー・サウス・ウェールズ州の2,000世帯に送られた招待状に応じた人たちだった。143名の市民が、トピックを知らないまま参加への関心を表明し、州のあちこちから集まった。住民による市民陪審は2001年2月9日から11日まで、シドニー大学のウーマンズ・カレッジにて開催された。また、テレヴォートは2001年1月に実施された[15]。

ファシリテーション

市民陪審は、二人の専門ファシリテーターによって進められた。一人は司会役として任命され、もう一人は陪審のためのファシリテーターであった。この区別は、その後無意味になった。というのは、開始直前の時点で、飲料容器事業の専門家によるプレゼンテーションが取りやめになったからである。運営側は、このことを、熟議を妨害しようとする組織的な試みであると受け取った。市民陪審は、地方政府や環境団体の専門家によるプレゼンテーションもなしに進められた。偏向しているという非難を避けるため、専門家のプレゼンテーションの代わりに、公務員や研究者が情報を提供した。偏向していると非難される可能性に対処するため、市民陪審については、独立した外部評価も行った。

参加者

無作為抽出のおかげで、テレヴォートと市民陪審の参加者はどちらも、きわめて多様だった。テレヴォートのサンプルについては、それが規模の大きなサンプルであるという理由から層化しなかったが、サンプルの構成は、ニュー・サウス・ウェールズ州の国勢調査のデータとよく一致していた[16]。それとは対照的に、市民陪審は、飲料品の利用やごみの収集に影響を与える（たとえば、年齢、居住地、世帯構成など）社会人口統計学的な違いについて参加者の多様性を保証すべく注意深く層化された。

情報と活動

テレヴォートの参加者は、まず一度、調査に回答するよう求められた。そ

---

15 ― このケース・スタディに関する完全な詳細は、持続可能な未来研究所のウェブサイトにある、担当相への最終報告書第3巻においてみることができる。[http://www.isf.uts.edu.au/publications/whiteetal2001depositsNSWvol3.pdf]

16 ― White (2001), *Independent Review of Container Deposit Legislation*, vol. 3, 23.

の後、飲料容器デポジット制度法案に関する情報を受け取って家族や友人とその情報について議論した後で、もう一度調査に回答するかどうかを尋ねられた。同意した人びとは、1週間後に電話を受け、2回目の調査に答えた。飲料容器デポジット制度は導入されるべきかどうかという肝心な問いについては、1回目の調査では71%が支持する結果であったが、2回目の調査では59%だけが支持する結果となった。このことは、12%の人びとが賛成を取りやめたということを意味しているのではない。テレヴォートの結果が示したのは、飲料容器デポジット制度の法案への「賛成」を翻す人もいれば、「賛成」へと転じる者もおり、いずれの動きもかなりあったということである。ただし、態度を変更した大部分の人びとは、「賛成」から「反対」への移行か、あるいは「わからない」から「反対」への移行だった。

市民陪審の参加者11人は、テレヴォートの参加者が受け取ったのと同じ情報を受け取った。その上で市民陪審が行われた週末、飲料容器デポジット制度というテーマについて、プレゼンテーションを聞いたり、図書館に足を運んだりウェブサイトにアクセスしたりした。彼らは、大半の時間、一つのグループとして活動したが、時には、さらに小さなグループで集中的に活動する等、さまざまなグループ・プロセスを用いて、この問題について調べたり議論したりするように促された。集中的に熟議を重ねていくなかで、市民陪審は、7名の「賛成」(4名の態度保留)から徐々に、全員一致での「賛成」へと変わった。

私たちは、より多くの人びとがこの問題について学べば学ぶほど、飲料容器デポジット制度の導入に賛成すると結論づけた。テレヴォートはこの結論に対して、さらなる支持を与えた。1回目と2回目のテレヴォートの間に、この問題について家族や他の人びとと議論した人は、しなかった人よりも、飲料容器デポジット制度に賛成する傾向が2倍高かった。また、それについて議論しなかった人の考えは、法案に対してサンプル全体がもともともっていた考えと同じだった。つまり、飲料容器デポジット制度への賛成がより低かったのである[17]。

事業の持続可能性

この調査の事業の後、熟議を継続する試みは行われなかった。というのもこ

---

[17] — White (2001), *Independent Review of Container Deposit Legislation*, vol. 3, 26.

表 8.2 熟議的なプロセスの包括性、熟議、影響力

話し合いの手法	包摂	熟議	影響力
市民陪審とテレヴォートの組み合わせ	3と3	5と2	1
都市との対話	4	4	4
市民陪審のみ	5	4	5
多基準分析会議	3	4	4
コンセンサス会議と熟議的調査	4と4	4と3	4と3

注：0＝まったくない；1＝少し；2＝ややある；3＝適度にある；4＝かなりある；5＝模範的 二つの手法が組み合わされたとき、それぞれの手法は分けて評価したので、二つの値が記されている。

出所：以下の文献から翻案。Coote, A., and Lenaghan, J. (1997). *Citizen's Juries: Theory into Practice*. London: Institute for Public Policy Reserch, 11.

の調査のねらいは、市民たちが相応に複雑な問題について包括的な情報を入手した場合、彼らがどのように考えるかを知ることだったからである。持続可能な未来研究所は、市民陪審の提案を、まったく手を加えずに担当相に提出するということを保証した契約を、市民陪審の参加者たちと結び、実際にそのように実行した。市民陪審の長所として私たちが考えるのは徹底的な議論であり、それが全会一致の結論を導く。他方で、テレヴォートは、市民陪審がもつ熟議という長所をもたないが、多数派が賛成していることを明らかにした。テレヴォートには——たとえば、統計学的に代表性を備えているサンプルなど——市民陪審が欠いている長所がある。テレヴォートは、すべての当事者があらかじめ合意した資料を使って事前説明ができるという利点を備えている。他方で、市民陪審は、(市民陪審には伝えられなかったが) 利害関係者のボイコットを経験した。その他の比較については表8.2をご覧いただきたい。私たちは、これら二つの企画を組み合わせることによって、調査結果の信ぴょう性を高められると結論した。

「貨物輸送網に関する評価」：コンセンサス・フォーラム、多基準分析会議、熟議型世論調査、利害関係者による実施

　ほとんどの州都においてそうであるように、パース大都市圏周辺の貨物輸送

は、州の経済にとってのみならず、州民の生活の質にとっても、決定的に重要なものとなってきた。ジャネット・ハーツ゠カーブが、デザイン、調整、ファシリテーターを務めた、「貨物輸送網に関する評価」の目的は、地域社会、産業界、州政府および地方政府を、貨物輸送経路計画過程に、主体的に参画させることであった。この評価は、お互いに受け入れることのできかつ持続可能な(道路、鉄道、海路、空路を含む)貨物輸送網の計画の策定と、この計画を達成するための主要戦略の策定に重要であった。

主催者

西オーストラリア州の国土計画・インフラ担当相は、同省の局長たちの助けを得て、「貨物輸送網に関する評価」を主催した。包摂、熟議、影響力という三つの根幹的要素を最大化するために、一連の手法が用いられた。

可能な限りの包摂を達成するために、個別的な利害をもたない人びとを含む、あらゆる声が確実に聞き届けられるようにするため、相当な努力が費やされた。コンセンサス・フォーラムでは、その都度、専門家、行政職員、利害当事者に加え、地域社会から無作為抽出された人びとが、熟議を行い共通の土台を見い出すための席に着いた。地域社会のより幅広い意見を取り入れるため、無作為抽出による社会調査と熟議型世論調査[18]が組み込まれた。透明性を高めるため、地域の諮問グループが、最初から最後までこのプロセスを監視した。

熟議が効果的になるかどうかは、包括的な情報を入手できるかと、対話のための機会があるかにかかっている。第一段階では、利害関係者からなる準備会議が、フォーラムの事前資料を作成した。一般の人びとの態度と課題を確認して、今回のプロセスに活用するために、1,000人(都市圏住民500人と地域社会の懸念を生じさせている貨物輸送経路に住んでいる500人)の無作為標本を対象とする電話調査を行った。130名が参加した、初回の2日間のフォーラムは、必要とされる幅広い政策の方向と貨物輸送経路を決める方法に関する、熟議の機会を最大化するようにデザインされた。

第二段階は、フォーラムの成果を実施可能な解決策として具体化することを目標とした。地域社会、産業界、州政府および地方政府の代表からなる政策実

---

18 ─ 西オーストラリア州では、世論調査のもつ単一の解決を示すというニュアンスを避け、熟議対象の争点の複雑さを強調するために、**熟議型世論調査**ではなく**熟議型社会調査**(deliberative survey)という用語を用いた。

施チームは、最初のフォーラムの成果に基づいた貨物輸送計画策定のための包括的な方針を作り上げた。この方針の枠組みが設定された後で、六つのワーキング・グループが主催され、方針を実行に移す計画が練られた。ワーキング・グループにはすべての利害関係者が関わり、局長が各グループの議長を務めた。ワーキング・グループのうちの二つは、地域社会を巻き込むための別個の試み、すなわちフリーマントル港をどこまで開発するかを決定するための熟議型世論調査と、東西を結ぶ、最善の貨物輸送路を決めるための多基準分析会議を実施した。最後のフォーラムには、初回の参加者のうち120人が一堂に会し、各ワーキング・グループの報告を検討したうえで、どこまで支持できるか、どんな課題が残されているか、何を優先すべきかを決定した。

　第三段階では、六つの点からなる包括的計画が、第二段階のフォーラムで決定された優先順位に基づいて、政策実施チームによって策定された。この段階で、各局長が、それぞれの点に対して責任を負うことになり、また、設定された諸目標の進捗状況を伝える、四半期ごとの報告書をフォーラムに参加したすべての人に頒布することになった。各局長は、プロセスに逸脱や遅れが生じないように、担当相と定期的に面談した。この実施プロセスは、意思決定プロセスに対する、コンセンサス・フォーラムの影響力を最大にすることを目指して行われた。

参加者

　初回のフォーラムに集まった参加者はおよそ130名だった。そのうち、3分の1が、地域社会や事業者、州、地方政府といった、幅広い利害関係者の集団から招待された人びとであった。もう3分の1は、州単位の新聞やよりローカルな新聞、そして、専門職向けの雑誌での告知に応募してきた人びとであった。最後の3分の1は、居住地域によって層化された住民の無作為標本から得られた人びとだった（得られたサンプルは、招待を受けた者のうち、約12%を代表していた）。

　フォーラムの代表者が、政策実施チームとワーキング・グループを形成した。フォーラム参加者全員が2日間の多基準分析会議に招待されて、80名が

参加した。彼らは再び、丸一日かけて行われた最終回のフォーラムにも招待され、120名が参加した。

情報

初回フォーラムの1週間以上前に事前資料が送付され、参加者は、フォーラム前にしっかりとこの書類に目を通してくるよう求められた。事前資料に記された情報はさまざまな観点を反映させたもので包括的で読みやすいものだった。資料の文章は、政府機関、産業界、地域社会のグループの代表者たちから構成された、主要課題設定グループが作成した。参加者はまた、予備調査の結果を要約した報告書も受けとり、フォーラムの議事進行中にそれらの結果を議論した。初回フォーラム終了後2週間以内に、議論の成果が配布された。

最終回のフォーラムに先立って、各ワーキング・グループの報告文書が、すべての参加者に送付され、フォーラムにおいて議論された。最終回のフォーラム終了後、議論の成果はすべての参加者に配布された。実施進捗状況に関する四半期ごとの報告書は、担当相に提出され、参加者たちにも送付された。

開催環境

初回と最終回のフォーラムは同じ場所——大きな旅客ターミナル——で開催された。参加者たちは、10人ごとのグループで円卓に着席した。他のすべての催しでは、参加者は、無作為抽出で選ばれた参加者、産業界からの参加者、地域社会からの参加者、地方政府や州政府の参加者が、それぞれのテーブルで混ざるように意図的に配席された。

ファシリテーション

ファシリテーターのなかの責任者が、各回のフォーラム全体の進行を担った。各テーブルでは、議員あるいは州政府の各部局から参加した幹部職員がファシリテーターを務めた。すべてのファシリテーターは、フォーラムに先駆けて2時間の訓練を受け、フォーラム終了後には、2時間の結果報告会に参加した。それぞれのテーブルでは、議論の結果を模造紙に記録した。政策実施チー

ムとワーキング・グループもまた、グループ内のやりとりを最大限に高めるためにファシリテートされた。これらの場は、省内の支援と協力を確保するために、局長や部長が議長を務めた。

活動

2日間の初回フォーラムでは、まず半日間、事前資料のプレゼンテーションと質疑応答、専門家のパネルディスカッションによる主たる論点の検討が行われた。残りの一日半は、小グループに分かれてのやりとりに費やされた。熟議は、共通の土台——理想的な輸送システムのヴィジョンと、それを実現するために必要な要素や「推進者」、主たる戦略——を見い出すことに焦点を当てた。熟議には、各自が他者の見方を理解するよう後押しする共感的傾聴 (emphatic listening)、ヴィジョンや主たる戦略を把握するためのマインド・マッピング[19]、すべての人の考えを取り上げて含めるための類似性図 (affinity diagrams)[20]、鍵となっている問題に光をあてるための多基準分析による優先順位づけマトリックス[21]などが用いられた。

主要分野それぞれについて実施計画を策定するために、地域社会、産業界、政府の代表者からなる六つのワーキング・グループが立ち上げられた。あるワーキング・グループは、十分な情報を与えたうえで、市民が、フリーマントル港の成長限界についてどう考えるかを調べるために、熟議型世論調査を実施した。港湾圏域の住民から無作為に選ばれた1,600人のサンプルに対し、多様な利害関係者が練り上げたバランスのとれた基礎情報を同封した調査票が送られた。回答者は、同封された文書を読み、追加情報が必要ならフリーダイヤルに電話し、調査票に記入して返送する前に同僚や家族とこの問題について議論

---

[19] ― コンセプト・マッピングに関する情報については、たとえば、[http://cmap.coginst.uwf.edu/info/ およびhttp://www.columbia.k12.mo.us/she/cncptmap.html] を参照せよ。〔現在、この二つのサイトを見ることはできなくなってしまっている。代わりにコンセプト・マッピングの手法については、以下のサイトで見ることができる。[http://www.metu.edu.tr/~euzun/lectures/concept.pdf; http://cmap.ihmc.us/publications/researchpapers/theorycmaps/theoryunderlyingconceptmaps.html]〕マインド・マップやコンセプト・マップは、それを描く人が、平面上や階層的に諸概念をつなげたり関係づけたりすることによって、諸概念の意味を理解できるようにする道具である。

[20] ― Brassard, M. (1989). *The Memory Jogger Plus: Featuring the Seven Management and Planning Tools.* Methuen, Mass.: Goal QPC. 類似性図とは、生成された大量のデータを整理するために用いられる手法である。協働的な活動ではあるが、グループで類似したアイデアをまとめていく、通常は、無言の活動である。〔日本では、KJ法が代表的手法である。〕

[21] ― Brassard, M. (1989), *The Memory Jogger Plus.* 多基準分析は、特定の決定に関連する異なる複数の基準を、それぞれの基準に異なった相対的な重さを割り当てることで統合する手法である。優先順位づけのプロセスでは、縦横のクロス表が用いられる。

をすることが求められた。回答率は31%で[22]、調査結果は、ワーキング・グループが提案を検討するにあたって用いられた。

多基準分析会議は、東西を結ぶ最善の経路を決定するために開かれた。まず、80名が参加して地域で開かれた会議で、いくつかの選択肢と、それらを比較するための社会的・経済的・環境的基準を案出した。その後、10名の専門家によるパネルが量的および質的なデータを用いて、各基準に照らして、それぞれの選択肢を評価した。評価結果はコンピューターに入力された。地域社会のグループは、2回目の会議に再び集まり、それぞれの基準に重要度を付して各基準の重みづけを行った。この情報もコンピューターに入力され、それぞれの案がどの程度基準を満たしているかに基づいて、地域社会の人びとの目前で、プログラムが各案をランクづけした。ワーキング・グループは、提案の根拠としてこのランクづけを用いた。

貨物輸送網を評価するための最終回のフォーラムは2002年に開催され、初回のフォーラムの130名の参加者のうち、120名が参加した。各ワーキング・グループの報告書が事前に参加者に送付され、フォーラムでは手短にプレゼンテーションが行われた。各ワーキング・グループの代表者によるパネルが論点を検討した。相互のやりとりの時間では、小グループになって、意見の相違について議論し、各報告書が初回フォーラムの成果をきちんと検討しているかを確認し、実施にあたっての優先順位づけと時期について焦点を当てた。

利害関係者からなる実施チームは、フォーラムによる提案をさらに発展させて担当相に提出する責務を負った。フォーラムによる提案は全体としては承認され、その実施を監督するための新しいチームが作られた。

事業の持続可能性

内容とプロセスの双方の点で、貨物輸送網についての評価は、持続可能性に着目した。内容の面では、政府が採用した6項目からなる計画は、コンセンサス・フォーラムへの応答として、現行の貨物運送システムをより持続可能にすることを目指している。プロセスの面では、地域社会を、共同的な意思決定に参画させるという目標が達成された。包摂、熟議、そして、影響力を最大化

---

22 − ジャネット・ハーツ＝カープが行った他の調査の回答率は通常15%から20%であり、この調査の回答率はそれらよりも高い。

することによって、地域社会による参加と信頼が強化された。参加者によるフィードバックは、大多数の人びとは、今回のような地域社会を巻き込んだ活動に今後も参加したいと考えているということを明らかにした。貨物輸送網についての評価は、それ以前の地域社会を巻き込んだ活動――連結トラックに関するサミット――から得られた学びのうえに築かれたものであり、以下で検討する、より広範な熟議――「都市との対話」――への道を拓くものだった。

都市との対話：21世紀タウン・ミーティング、地域計画ゲーム、双方向ウェブサイト、マルチメディアによる参画、利害関係者による実施

　1990年代初頭から、パース大都市圏は、持続不可能な形で拡大の一途をたどっていた。住民の一部は地域計画に関する議論にかかわっており、地域に根ざしたロビイング活動団体も急速に増えていたが、より広範な課題についての市民の理解はほとんど存在しなかった。メディア報道は、娯楽番組化するばかりで、課題が理解されない状況や、地域社会が課題を自分たちのものとして捉えない状況を強化する一方だった。

主催者
　「都市との対話」は、西オーストラリア州の国土計画・インフラ担当相が、同省の道路局、鉄道局、港湾局、土地開発局、再開発局、国土計画・インフラ局の幹部職員と西オーストラリア州国土計画審議会とともに主催した。主催者を拡大し、州の財政的負担を軽減するために、これに加えて――たとえば、民放テレビ局、主要紙、コンピューター企業数社、主要鉱山会社との――戦略的なパートナーシップが、模索された。

デザイン、参加、開催環境、ファシリテーション、活動
　貨物輸送網の評価と同様、都市との対話も、単発のイベントではなくプロセスであった。このプロセスは、ジャネット・ハーツ＝カープがデザインし、

ファシリテートし調整したものだが、貨物輸送網の評価から何を学びうるのかに焦点を当てることからはじまった。その結果、包括、熟議、影響力を最大化するため、一層の努力が行われた。プロセスは、地域社会全体を巻き込むようにデザインされており、8,000人の住民調査、双方向ウェブサイト、1時間のテレビ放送、主要紙の一面を使った都市計画問題に関する連載、都市の未来についての芸術と作文の学校コンクール、話を聞かれないことが多い人びと──若者、先住民、非英語圏の出自の人びと──の話を聞くための場の新設などから成っていた。

　このプロセスのクライマックスは、2003年9月に開催された、1,100人が参加した21世紀タウン・ミーティングであった。参加者の3分の1が利害関係者として招待された人びと、3分の1が広報に応募した人びと、残りの3分の1が住民の無作為サンプルに送られた招待状に応じた人びとであった。熟議のための機会が、革新的な手法で提供された。このフォーラムは、重要テーマを決めるために設計された双方向コンピューター技術と、参加者各自が計画者となってパース市が今後どこでどのように発展するかを考えるための計画ゲームとを組み合わせて行われた。参加者は一つのテーブルに10人ずつ、専門性と意見が異なる者がもっともよく混ざり合うように意図的に配席された。一人の統括ファシリテーターが全体の調整を行い、各テーブルにはボランティアのファシリテーターと書記が配置された。当日は、計250名のボランティアがおり、全員が当日に先立って、丸一日のトレーニングを受けていた。フォーラムの終わりには、すべての参加者が、重要な成果をまとめた暫定報告書を受けとった。フォーラムの終わりには、参加者が練り上げ投票で優先順位づけをした重要テーマが明確となった。重要テーマとしては、未来に向けての大切な希望、変えたくないことと変えたいこと、望むべきパース市のモデル、そしてとりわけ、そのモデルの具体的な達成方法などが挙げられた。

　その後8か月間にわたって、都市との対話に参加したうちの100人が、州都の計画を策定するのに関わった。計画策定の重要な段階ごとに、1,100人からなる都市との対話の参加者全員が計画を検討した。1,100人以外の地域社会のメンバーもまた招かれてコメントをした。最終成果としてパース大都市圏の新

たな戦略計画がまとめられ、西オーストラリア州政府が受理した。

事業の持続可能性

　都市との対話が目指したのは、2030年までに世界でもっとも活気にあふれた都市を創造することだった。新しい方向性の実施が成功するには、幅広い地域社会の支持が必要であることは明らかであった。パース市の新たな計画戦略とは、根幹に持続可能性を据えるという、計画にあたっての方向性の変化ばかりでなく、私たちが計画を行う仕方の変化、すなわち、熟議民主主義を中心に置くという変化でもある。

　フォーラムから得られたフィードバックは圧倒的に肯定的で、98%の人びとが将来、同様な地域社会を対象とする活動に参加したいという意思を示していた。3分の1以上の人びとは、対話の結果、自分の視野が変化したあるいは明らかに広がったと述べた。

　多くの参加者は、地域レベルで計画がどのように実行しうるかを決めるための地域対話を実施するように求めた。それに対し、国土計画・インフラ担当相は、地方政府が、代表性をもち熟議型で影響力のある地域対話を実施できるよう、この対話から生まれた取組みに基金を提供することとし、本年は50万ドル、翌年は100万ドルを支出すると表明した。

振り返り

　私たちの西オーストラリア州での経験は、単一の熟議の手法を繰り返したものではないが、私たちのようなやり方がオーストラリア独自のものであるかどうかはわからない。私たちはただ、その場の目的にもっとも役立つよう、包摂、熟議、影響力の可能性を最大化する手法を組み合わせて応用するという実験に取り組んできた。現在、西オーストラリア州の国土計画・インフラ整備においては、計画策定プロセスに熟議民主主義を制度化する取組みが進行中である。他の州は、同州ほどには熱心に取り組んでいない。

　本章で取り上げた熟議プロセスがもたらす効果は、これらのプロセスがどの

程度、包摂的で、熟議的で、影響をもつかに応じて異なる。これら三つの特徴すべてが備わっておりかつ縒り合されているとき、その効果は大きい。熟議イベントは、地域社会による参画や特定の提案への支持に影響を与えてきただけでなく、地域社会が将来それ以外の問題に取り組むにあたっての意欲をも高めてきた。

　私たちの参照枠組みでは、包摂、熟議、影響力の三つが、民主主義プロセスにとっての最重要課題であり、したがって、このプロセスの決定的な成果指標である。表8.2で、私たちはこれらの指標に照らして、自分たちのプロセスのうちいくつかについて成果を測定した。私たちはそれぞれの要素を最大化するように努めてきたにもかかわらず、その達成はきわめて難しい課題であり続けている。私たちにとってはっきりしているのは、すべての指標において、成果が申し分ないあるいは十分満足できるとき、私たちがもっとも大きな効果を生み出してきたということである。三つの成果基準の**すべて**が高い水準で満足されたときには、効果は、各要素の総和よりもずっと大きくなり指数関数的になる。その結果、意思決定者たちは、より自信をもってその権能を発揮することができると感じてきた。参加者たちは、論点を再構成することで共通の土台を見い出すことができ、そうすることで最終的な結果を自分たちのものであると感じられるようになった。その結果、合意された成果が実施され、地域社会の能力と信頼が増大した。

　システム思考の観点でいえば、これら三つの要素の相互作用は「良循環」として作用する[23]。そうした循環においては、相互強化的なフィードバック・ループのはたらきによって、小さな変化が積みあがり、信頼さらには社会関係資本が増大することが保証される（図8.1を参照）[24]。そのような良循環は、市民参画や政策転換のための協働的な市民環境を築き上げる。持続可能なプロセスの構築という観点で言えば、地域社会への非参画的な傾向をひっくり返さない限り、熟議民主主義が育つのに十分な社会関係資本を得ることはできないだろう。

　私たちは、一つの公式や手法によって、このような動きを作りだせるとは思っていない。継続的なイノベーション、すなわち、私たちが行っていること

---

[23] ― Senge, P. M. (1990). *The Fifth Discipline: The Art and Practice of the Learning Organization.* New York: Doubleday.
[24] ― Hartz-Karp, J. (2004, May 14). "Harmonising Divergent Voices: Sharing the Challenge of Decision Making." オーストラリア行政協会ニュー・サウス・ウェールズ州大会における基調講演。［http://www.nsw.ipaa.org.au/07_publications/2004_conf_papers.htm］〔リンク切れ。〕

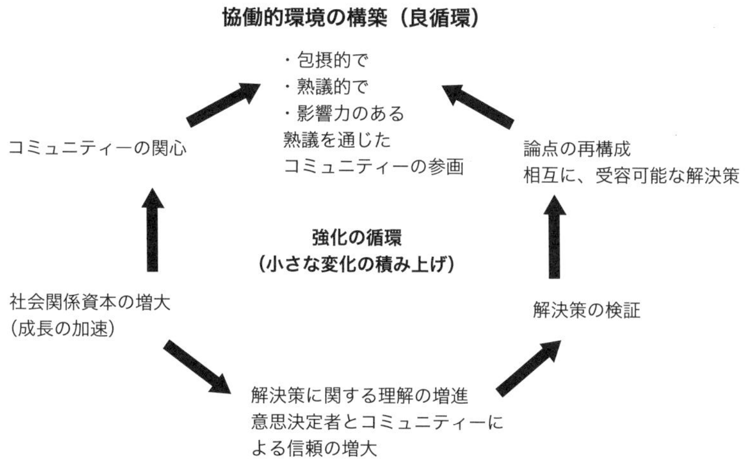

協働的環境の構築（良循環）

- 包摂的で
- 熟議的で
- 影響力のある
熟議を通じた
コミュニティーの参画

コミュニティーの関心

論点の再構成
相互に、受容可能な解決策

強化の循環
（小さな変化の積み上げ）

社会関係資本の増大
（成長の加速）

解決策の検証

解決策に関する理解の増進
意思決定者とコミュニティーに
よる信頼の増大

図8.1 熟議民主主義を通じたコミュニティー参画の良循環

の改善策の、継続的な組み合わせ、応用、創出が求められる。実際、それぞれの要素を最大化することがいかに難しいかということを私たちが学んだのは、数年にわたる経験を積んでからのことである。かつてはたいした関心しか寄せていなかった諸課題が、今や私たちの中心的な焦点となっている。すなわち、無関心な人びとの巻き込み[25]、ほんものの対話に参画する機会と能力を養うためのデザインの創出、成果実施のあらゆる点に地域社会の参画を広げ強めるプロセスの創出である。

　オーストラリアにおけるコミュニティー協議は、法制化や、規制、政策、受容されてきた慣行を通じて定着してきた。しかしながら、十分に効果的ではない協議の実施は、不信感の増大や地域社会と政府機関双方における信頼の喪失という意図せざる結果をもたらしてきた。地域社会の参画と熟議民主主義に向けた機運は高まってはいるが、新たな動きと言っても、その一部は、昔ながらのコミュニティー協議の手法の見かけだけを手直したものでしかないという兆候がすでにある。これらは、熟議的・包摂的なプロセスという言葉は用いているものの、実際の手法は取り入れていない。これは、まだ誕生したばかりの運

---

[25] ─ Ralston Saul, J. (1997). *The Unconscious Civilization*. Maryborough, Victoria, Australia: Penguin Books.

動に対する信頼を容易に掘り崩しかねない、憂慮すべき傾向である。

　私たちの見解によれば、もっとも困難な課題は、議論の分かれる複雑な課題を、熟議と包摂のプロセスを用いる（さらに応用し組み合わせる）機会として利用することである。仮に私たちが市民の不参加という潮流を逆転させたいのなら、パラダイム転換——政策決定者と政策専門家が市民と協議する仕方の根本的な変化——が求められるだろう。そうした変化を作り出すためには、私たちのプロセスにおいて包摂、熟議、影響力の程度を最大化する方法を見い出すための、持続的なイノベーションを行っていくことが必要である。

第 **3** 部

熟議による
ガバナンス

第9章
オンラインの対話が市民と政府をつなげる

パトリシア・A・ボナー、ロバート・カーリッツ、
ローズマリー・ガン、ローリー・E・マーク、
チャールズ・A・ラトリフ

森 達也 訳

　本章は5人の著者がそれぞれ別の場所で書いたものである[1]。私たちはEメールで調整しあいながら作業を進めたのだが、この調整作業自体に、本章で説明しようとする生き生きとした雰囲気が再現されるという幸運に恵まれた。以下に示すいくつかの簡単な抜粋は、この対話にこめられた精神をうまく捉えている。

　「どこからはじめましょうか。オンラインの対話で起きることをどういう具合にうまく表現したらよいのでしょうね」。
　「カリフォルニア州での対話では、なんでもすべて大文字で打ち込む上院議員がいました。私たちは小文字に直してくれないかなと気をもんでいました──大文字だと、まるで叫んでいるみたいに読めてしまいますから。裏ではいろいろなことに対応しないといけない、一つの例です」。

---

[1]── 本章の著者は、以下の5人である。パトリシア・A・ボナー (連邦環境保護庁、ワシントン特別区)、ロバート・カーリッツ (情報ルネサンス、ペンシルヴェニア州ピッツバーグ)、ローズマリー・ガン (同上)、ローリー・E・マーク (ウェステッド、サンフランシスコ)、チャールズ・A・ラトリフ (教育基本計画局、カリフォルニア州サクラメント)。

「なるほど。でもその例だと、大事なのは技術的なこと、ということにはならないですか。『感じる』部分こそかけがえがなくて、みんなを引きつけるところだと思うんです。アイディアや情報を興奮気味に楽しく気持ちをこめてやりとりするというか。技術的な部分には何もみんな感じないでしょう。特別で興味を引かれる部分に感じるわけで。みんな、人の話を聞いて学ぶなかで、お互いのアイディアにもっとオープンになれるんだと思います」。

「私のような『感じる』ということにそれほど重きを置かない人間でも、参加者の人たちが大きなコミュニティーとやりとりする経験をとても前向きに捉えているのがわかりました。ただ、技術的な部分もそれなりに大事だと思います。たとえば参加者のプロフィールは、自分が司会進行役だったとき、何人かの人びとの考え方を解釈する助けになりました」。

「ほら、このコメントはすごく使えると思う。『参加者の大部分は、初めにそれぞれの経歴や属するグループの立場から自分の個人的なニーズを表明した。時間が経過するにつれ、彼らは「全体像」のアイディアを作り上げ、すべてを一体として見るようになった。この点がすばらしかった』。これはうまくまとめてくれていますよね」。

「どのようにアイディアが練られ、どのようにホストや、参加者、パネリストの全員がお互いにやりとりするのかがわかるような引用も入れたらどうでしょう。動きと熱意があって、すごく**臨場感**が出ると思います」。

「いい考えですね。私が好きなのはこれです。『参加者は話を聞いてもらえていて、信頼されていると私は感じました。とても重要だと思っていたのにあまり議論されていなかったあるスレッドにコメントしたところ、たくさんの返事をもらえたのです。誰もが何か価値ある貢献ができるのですね』」。

「何日でもこうやって続けられそう！　とは言え、私たちは、一つ一つのピースが集まって、どのようにしてこうした素晴らしいコメントになるのかを説明する必要がありますよね」。

以上は、お互いに知り合いで、時には一緒に仕事をしたこともある共著者たち——的を射ていて和気あいあいとしていて、時には食い違いもある——会話である。本章で私たちが説明するオンラインでの企画には500人から1,200人の人びとが参加している。その大部分は過去に一度もお互いに会ったことがない人びとなのだが、オンラインの企画での会話にみることのできる生き生きとした雰囲気は、私たちのここでの会話のそれとよく似ている。オンラインのグループは複雑な課題に取り組み、重要で基本的な要点を理解し、具体的な問いと提案へと至ることができる。しかも、これらのグループではお互いが他人同士のようには感じないのである。

一つにまとめあげられたオンラインの対話に参加した人びとは、問題と解決策を幅広いさまざまな観点から見渡し、会話に知識と情熱をもたらす。意見が合わないこともあるが、たいていの場合は意見の不一致に対して礼儀正しさと建設的な議論でもって応答する。議論のなかに情報や考えが新たにもち込まれると、当初は食い違いや誤解が生じるが、しばしば参加者たちは、食い違いや誤解をもたらした問題の解決に向け具体的な提案を行う。私たちは自らの経験に照らして、公共政策に関する大規模な議論のための優れたメカニズムとして、また伝統的な意見聴取会や書面による意見募集を補完する価値あるものとして、オンラインでの対話についての私たちのモデルを紹介したい。

この対話の由来と目的

非営利組織「情報ルネサンス」によるオンラインの対話は、人びとの意見を取り扱うための政府の仕組みづくりに直接関わった経験から生まれたものである。最初の対話は1996年に、連邦通信委員会（FCC）が学校と図書館のインターネット接続費用を助成するためにはじめたEレートという取組みに応じる形で行われた[2]。インターネットを通じて人びとが政府に関わることを促している非営利組織の「情報ルネサンス」は、連邦通信委員会にこれまで提出された参考資料および書面による意見のすべてを収録した、電子媒体による記録一覧を作成した[3]。その後「情報ルネサンス」は、教師、図書館員、情報通信産業

---

[2]── オンラインの対話が行われる前に、提案書に対して書面でのコメントを求めるFCCの要望に応答したのは、全国16,000の学区のうちわずか2学区に過ぎなかった。その理由はおそらく、連邦官報に掲載された委員会の告知がこれら利害関係者に届かなかったことにある。

[3]── Information Renaissance. (1996, Aug.). "Comments, Reply Comments and Ex Parte Presentations." FCC Docket No. 96-45 In the Matter of Universal Service. [http://www.info-ren.org/projects/universal-service/repository-index.html]

の人びと、行政スタッフ合わせて500人が参加する6週間のオンラインでの対話を開催して、市民参加について考えるフォーラムを提供した[4]。

1999年、「情報ルネサンス」は、プロジェクト「社会保障を論じるアメリカ市民」[5]と協働して一つの対話を作り上げた。この対話では、政策立案者およびこの主題についての専門家をオンラインのパネリストとして組み入れることで、これまでよりも直接的に彼らを議論に引き込んだ。続いて行われた企画では、実験的にさまざまなスタイルのオンラインによる司会進行を取り入れた他、専門スタッフの関わる範囲をより広くした。2003年には「ウェステッド」(WestEd)がこのモデルをよりシンプルなものにして、後援する人びとがもっと安価に自分たちの対話を実施できるようにした[6]。

本章では、以下の三つの対話に関する私たちの経験について考察する。すなわち、連邦環境保護庁（EPA）の決定に対する市民参画をめぐって2001年に開催されたEPA後援の対話[7]、「カリフォルニア州教育基本計画」（CAMP）の素案について、同案を作成した両院の合同委員会のメンバーも参加して2002年に開催された対話[8]、その基本計画の実施を規定する法律の制定について、「教育基本計画事務局」が後援して実施した2003年の対話である[9]。それぞれの対話には、おおよそ1,000人が参加した。

オンラインの対話は、政府の政策立案者と市民の間の会話を可能にする新しい種類の公共空間の提供を目指している。このように大規模で双方向型（インタラクティヴ）のアクセスしやすい場は、政策を練り上げていく過程に市民が関わる可能性を高め、伝統的な意見聴取会や書面での申し入れとは比べものにならないほどの情報や

---

[4]── Information Renaissance. (1996, Aug.). "Universal Service/Network Democracy On-Line Seminar." [http://www.info-ren.org/projects/universal-service/]

[5]── Information Renaissance. (1999, Mar.). "National Dialogue on Social Security." [http://www.network-democracy.org/social-security]〔リンク切れ。〕

[6]──[http://www.webdialogues.net]を見よ。教育基本計画局（当時はカリフォルニア州教育基本計画連絡室、またはCEMPAとして知られていた）は、非営利の研究開発サービス組織であるウェステッドのホスト・サービスを使って、この対話を独自に企画し実施した。ウェステッドは、ウェブサイトの構築、パネリストの依頼、参加者の募集、議論の運営の各プロセスで、CEMPAのスタッフを指導した。また、ウェステッドは、このソフトウェアを自分のサーバーで動かしたい顧客にはライセンスを提供している。

[7]── Information Renaissance. (2001, June). "Dialogue on Public Involvement in EPA Decisions." [http://www.network-democracy.org/epa-pip/]〔リンク切れ。〕以下も見よ。Langlois, G. (2001, Aug. 6). "Online and Involved." *Federal Computer Week*, 15 (26), 38. [http://fcw.com/issues/issue-archive.aspx]; Visishtha, P. (2001, July 30). "EPA Takes a People Approach to E-Gov." *Government Computer News*, 20 (21), 1, 14. [http://gcn.com/issues/issue-archive.aspx]

[8]── Information Renaissance. (2002, May). "California Education Master Plan Dialogue." [http://www.network-democracy.org/camp]〔リンク切れ。〕

[9]── California Education Master Plan Alliance. (2003, Apr.). "California Education Master Plan Dialogue." [http://www.edgateway.net/cs/emp/view/di/6?x-t=home]

アイディアの交換を、しかも対立型のやりとりに陥ることなく促進することができる[10]。対話のためのウェブサイトは、十分な情報に基づく意見交換を奨励する。すなわち、参加者は政策立案者、当該分野の専門家、実施当事者を含む他の人びととじっくり議論するのに十分なように、サイト上でトピックについて学ぶことができるのである。

いくつかの主たる特徴

　オンラインの対話にはいくつもの利点がある。①他の多くの市民参加のプロセスと比べ形式ばっておらず、他の人びとのコメントを理解したうえで自分の主張を行うための十分な時間がある。②自分の都合のよい時に参加できる。③幅広い参考資料が簡単に利用でき、これらの資料が市民に情報を提供して議論の場を対等にする助けとなる。④政策立案者を含むすべての参加者が対等な立場で参加する。⑤政策立案者に対する単なる意見陳述と比べて議論がより熟議の性質を帯びたものになり、参加者の間により多くのやりとりがある。ある対話の参加者が述べているように、「この対話は、相異なる観点が表明されていることがわかり、自分とは異なる観点をもっとよく理解するのに……役立つ」[11]。オンラインでのフォーラムは大規模なグループを取り扱うことができるとは言え、そこでの経験は直接的で個人的なものとして感じ取られる。つまり、対話は「そのトピックに関心をもつ個々人の間での本物の会話であるかのように読むことができる」[12]。

　インターネットは確かに融通に富んだメディアであり、それゆえに、一つの共通フレームを用いながら多岐にわたるスタイルと内容の企画を行うことがで

---

10 ── カリフォルニア州での対話が行われた後のインタビューのなかで、立法府のスタッフは、対話は市民の意見を得るためのそれ以外の場よりもはるかに双方向型のものであったと語った。彼らは、多くの参加者にとってこの対話が議員に直接意見を述べることのできた最初の機会であったことを指摘した。意見聴取会は比較的段取りがあらかじめ決まっていてフォーマルである点でこれと対照的である。そうした意見聴取会で証言する人びとの大部分は、特定の組織の利益のために主張をするロビイストや組合幹部、あるいは専門機関の報道官である。また意見聴取会では発言は一度きりなので、一度発言してしまうと、他の人びととの意見に応答する機会は存在しない。次の文献を見よ。Gunn, R. W., and Carlitz, R. D. (2003). *Online Dialogue in a Political Context: The California Master Plan for Education*. Pittsburgh, Pa.: Information Renaissance, 64. [http://www.network-democracy.org/camp/report.shtml]〔リンク切れ。〕
11 ── California Education Master Alliance. (2003, Apr.). "California Education Master Plan Dialogue, Wrap-Up Evaluation." [http://webdialogues.net/cs/emp/download/dlib/183/alliance_eval.doc?x-r=pcfile_d]〔リンク切れ。参考：[http://www.edgateway.net/cs/emp/view/dai/35?x-t=summary.view]〕
12 ── California Education Master Alliance. (2003). "California Education Master Plan Dialogue, Wrap-Up Evaluation."

きる。しかしながら、そこにはいくつかの本質的で重要な特徴がある。企画の後援をする組織は十分な情報に基づく市民参画を求めるさまざまな団体でありうるが、後援をしたならばスタッフとしても時間を費やし、自らの公共への関わりがもたらす帰結を理解するところまでは、少なくともこの活動に入り込まなければならない。政策立案者とそのスタッフの存在が見えやすくなることによって、市民はより参加しやすくなり、対話をより真剣に受けとるようになり、自らの声が聞き届けられることを期待しやすくなる。加えて、参加者は自分の意志で参加するとしても、主要な利害関係者は最初に特定されているべきである。また、参加者の多様性を高めるためにきちんとした形で事前の周知が行われるべきである。

　他にも重要な特徴としては、パネリスト（幅広い知識と視野を議論にもたらす招待参加者）と、議論の要点を提起して会話の流れを手助けする司会進行役がある。舞台裏ではファシリテーターが援助して、発言をためらう人が意見を表明するのを励ますこともある。登録者全員に、一日ごとの議論の概要が、翌朝早くにEメールで配信される。これによって多忙な参加者や新たな参加者が議論に追いつきやすくなる。政策立案者には議論の要旨が提供される。

　オンラインの会話は思慮ある建設的な意見交換を促進するように体系的に作られている。参加者とパネリスト、ホストは、お互いに自由にかつ速やかに交流し、自分のオフィスや自宅のような圧迫感のない環境で情報や考えを交換する。課題に対してよく考えることが求められ、人びとはウェブサイトで投稿を読んで応答することができる。

　個人同士の相互のやりとりを促すため、参加者は登録をして名前を明らかにし、自分自身や関心事、当該トピックにどのように関わってきたかについて、若干の個人的な背景情報を提供することを求められることがある。これは議論のなかで提示される考えや観点を理解するための有益な文脈を提供する。私たちはまた、ウェブサイト上でスタッフとパネリストを紹介する。連邦政府の行う対話では、プライバシー法[13]によって個人情報を求めることが禁じられており、また公文書作成業務削減法[14]によって個人情報の収集を行わないよう定められている。これらの規則は、会話を評価したり分析したりすることにとって

---

13 ─ U.S. Department of Justice (2002). "Overview of the privacy Act of 1974." [http://www.usdoj.gov/04foia/04_7_1.html]〔現在は2010年版のみ参照可能。[http://www.justice.gov/opcl/privacyact1974.htm]〕
14 ─ U.S. Fish and Wildlife Service. (1998). "Overview of the Paperwork Reduction Act of 1995." [http://www.fws.gov/pdm/opra.html]

も妨げとなる場合がある[15]。また一部の連邦機関では、法律顧問が、修正第一条の権利は司会進行役が不適切な投稿を問いただすことを禁止していると解釈する可能性がある。しかしながら私たちの経験では、進行役がそのようなことをする必要はほとんどない。なぜなら参加者相互の付き合いが深まることで、礼儀正しさや他者の声を聞き自分の声も聞いてもらいたいという純粋な願望が強まるからである。

オンラインの対話をデザインし運営する

　対話をどのように組織し、誰がどのような仕事を担うのかについて、いろいろと決めなければならない。後援をする組織はその企画に責任を負っており、オンラインにも参加しなければならない。対話の参加者は、意思決定者やスタッフがその場にいるからこそ、自分たちが抱く物の見方や優先順位をよりよく理解してもらえると思っており、また、そこに参加している公職者に一目置く[16]。後援側がすべきことは、オンラインの参加に最低限の関わりをもつことから、企画全体を作り上げるという大きな役割まで、さまざまな程度になりうる。ウェブサイトを構築し、スタッフとパネリストを準備し、対話におけるすべての要素を調整するのは、多くの場合、プロデューサーの仕事となる。政治的な配慮を要するトピックを扱う場合、あるいは参加が想定されている人びとの間の信頼の度合いが低い場合には、後援をする組織は、党派性のない契約先に資料の用意や対話のホストをしてもらうことを好む場合がある。後援をする組織は、利害関係者を把握する、参加者を募る、内容（議題、パネリスト、ライブラリ）を固める、企画を運営するといった活動を他の人びとに任せる場合にも、意思決定には関与すべきである。

　対話は、通常一週間ないし二週間にわたって行われる。議論は、全体を通じて一つの大きなテーマに焦点を合わせると同時に、一日ごとに個々の具体的なトピックを扱う。この構成によって、資料にあたり、会話を振り返り、他の人びとと議論し、自分の投稿を昼夜問わず都合のよい時間に書き上げるための十分な時間が参加者に与えられる。ひとたび発表されたトピックについては、参加者が意見交換を続けることができるように、対話の期間を通してそのトピッ

---

[15] ― 州政府を相手に行われる対話も同様に、法律あるいは手続上の障害に直面するかもしれない。連邦レベルと同様の法律がある場合もあるし、州によっては、州議会議員は自らの発言を公開する前にそれを確認しなければならないという規定が設けられているケースもある(そうした規定はやりとりを極端に遅いものにし、それが対話の性質を大きく変えてしまう可能性がある)。それゆえに、市民とのやりとりに適用される法律ないしは手続きを調査することは、政府機関との対話を成功させるための準備作業の重要な一部をなしている。

[16] ― 2003年のカリフォルニア州教育基本計画のための対話の総括時の評価に記入した参加者の88%が、同様のオンラインの対話を通して一般市民の意見を求める議員を「かなり」あるいは「どちらかというと」

クに関する追加のコメントを受けつける。

　対話に関係する利害を有するさまざまな団体は、企画を周知する手伝いを求められる。それらの団体は電子討論への招待状を配布し、関連するウェブサイトにリンクを貼り、対話を宣伝する記事を紙媒体や電子媒体のニュースレターに載せ、会合や会議でフライヤーを配布し、メディアに開催通知を送付する。関心を抱いた個人は、対話のためのウェブサイトを訪問して参加登録を行う。参加者の属性情報が収集される場合には、それによって対話参加者のプロフィールを知ることができる。

　対話の期間中、参加者はその日の議題、背景資料、パネリスト情報、前日までの概要、議論のガイドラインを閲覧することで、議論に備えることができる。司会進行役はトピックを発表し、その日一日、それをさらに明確にする投稿や追加すべき意見を求める。議論における議事運営のスタイルおよび範囲は、課題やその目的、期待される成果によって異なる。パネリストの投稿もまた議論の枠組みを設定することを助ける。参加者は自分たちの物の見方をつけ加え、他人のものの見方について論じ、それらを通じて会話の流れに大きな影響を与える。後援側のスタッフは情報を整理して質問に答え、ファシリテーターは質問に答えたり参加を促したりしてサポートを提供する。オンラインでの調査は、参加者の物の見方の総計を捕捉して数量化することができる。

　対話を締めくくるにあたっては、参加者は、後援をする組織とプロデューサーにフィードバックを提供するための評価フォームへの記入を完了させるように求められる。ウェブサイト上のアーカイヴは、後援をする組織と取り決めがなされた期間は維持される[17]。

オンラインでの対話のインパクト

　以上で述べたようなオンラインの対話は、1996年以降、おおよそ年に一度の割合で開催されてきた。本章で説明しているモデルは、そうした経験の一つの成果である。

　私たちは、これらのオンラインでの政策対話が一般の聴衆を政府の公職者と結びつけることができ、双方に影響を与えることができることを経験してき

好意的に見ると答えている。California Education Master Plan Alliance (2003). "California Education Master Plan Dialogue, Wrap-Up Evaluation" を見よ。
[17] ― 本章で論じた対話の記録文書はオンラインで利用できる。Information Renaissance. "Dialogue Archives." [http://www.info-ren.org/what/dialogues_projects.shtml] WebDialogues. "Dialogue Archive." [http://www.webdialogues.net]

た。その正確なインパクトを数量化することは難しい。なぜなら、一つの対話は通常はより大きなプロセスの一部であって、議論の対象となる決定は、対話のずっと後になって実施されるかもしれないからである。しかしながら、私たちはオンラインでの調査や個々の投稿の検討、任意に選択した個人へのインタビューによって、参加者から情報を収集してきた。参加者は口を揃えて高い満足を表明し、将来もこうした企画に参加したいと答えている。参加者はコミュニケーションがお互いを尊重した建設的なものであると感じており、議論されたトピックに関する他人の物の見方について多くを学んだと報告している[18]。「カリフォルニア州教育基本計画」(CAMP) についての対話の参加者の多くは、政府と政治に対する関心を高めて議論を後にした[19]。対話の参加者は後援を行った機関の努力を誉め、対話の間にこの機関の業務に貢献した人びとを高く評価している。長期的に見れば、こうした対話は、自らの政府に注意を払い、政策に関する開かれた議論に参加しようとする、活動的で積極的に関わる一般市民を作り出す手助けとなりうる。

議論は政府にも影響を与える。たとえばCAMPについての対話では、合同委員会のメンバーが、ある参加者に対して「あなたのくれたコメントは、私自身の考えのある部分に大きな問いを投げかけてくれました」と言った。スタッフもまた、この対話が基本計画に対して直接的な政策上の効果を及ぼし、2002年のCAMPについての対話での社会人教育に関する生き生きとした議論が、合同委員会による追加的なアクションを促したと報告している。カリフォルニア州議会上院調査室は全米の社会人教育プログラムに関する報告書を作成し、対話に参加した経験をもつ一人の下院議員は、新たな特別委員会を設置した。政府内部でのインパクトを高めるためには、今後、委託を行う組織を挙げての取組みを確かなものにし、対話のタイミングを注意深く定めるよう努力しなければならない。

組織を挙げての取組み

全米規模の複数開催の市民の会合を後援するよりも、1,166名の一般市民を招集したオンラインの対話[20]の方が、連邦環境保護庁 (EPA) にとっては費

---

18 – Beierle, T. C. (2002). *Democracy On-Line: An Evaluation of the National Dialogue on Public Involvement in EPA Decisions*, chap. 4. Washington D.C.: Resources for the Future. [http://www.rff.org/rff/documents/rff-rpt-demonline.pdf]; Gunn and Carlitz (2003), *Online Dialogue in a Political Context*, chap. 5.
19 – Gunn and Carlitz (2003), *Online Dialogue in a Political Context*, 7. CAMP対話の後、評価に回答した者のうち3分の1以上——そしてあまり積極的でなかった人びとの50%——が、対話によって「政府と政治」に対する関心を高めたと答えている。
20 – Information Renaissance (2001), "Dialogue on Public Involvement in EPA Decisions" を見よ。

用対効果がより高く、現場スタッフの時間も節約された。2001年の対話は、もっと伝統的な手法のフィードバックがもたらすことのできる以上に、はるかに大規模でより代表性を備えた利害関係者の団体を巻き込んだ。この企画は、小集団の議論による密度の濃い相互のやりとりを幅広い全米規模の参加へとつなぐ機会を提供し、その結果、多様な観点と経験からなる充実した議論となった。またこの企画では、本庁の人員に加えてこれまでよりも多くの現場スタッフが議論に参加することができた。なぜなら、自分のデスクを離れることなく、短時間、議論に飛び入りすることができたからである。

全国の多くのEPA職員が、計画立案、参加者とパネリストの募集、自分たちの活動に対する質問や陳述に対して直接の応答をすることで、この企画を手伝った。EPAの10の部局が、各局一日ずつ議論のホストを務めた。市民参画担当のスタッフがすべての投稿をチェックし、質問や、誤りを含んだ情報をEPAの担当者に転送した。この企画の開催中と開催後に、すべての地域事務所と大半の本庁部局が、担当するプログラムに関連する何らかの事柄に応答した。

このオンラインの対話は、一般市民のための学びの企画であると同時に、EPAにとっても学びの企画だった。投稿したり議論をのぞいたりした多数の職員は、参加者の声を直接「聴く」ことができ、それが市民参加という抽象概念をより現実的なものにしたのである。EPA以外からの参加者は、EPAがオープンに彼らの話を聞いたり批判を受けとめたりすることに驚きを表明し、EPA職員の応答能力と、改善のための提案を求めるオープンな態度に対して非常に好意的だった。

この対話以降、この経験から得られた教訓と一部の資料は、EPAが市民参加の実践を改善するために作成した一連のトレーニング冊子に反映されてきた[21]。EPAは2003年6月に、完成版の『市民参画のための方針』を出版した[22]。

---

21 ― 2003年8月から2004年7月にかけて、ワシントン特別区にある連邦環境保護庁環境政策変革推進局が発行した、市民の参画に関する一連の小冊子（EPA Numbers 233F03005-233F03012 and 233F03014）は、全米環境出版物サービスセンター（National Service Center for Environmental Publications, P.O. Box 42419, Cincinnati, OH452422419）から入手可能である。このシリーズには、計画を立てて予算を組む方法、巻き込むべき人びとを把握する方法、技術と資金の援助を求める方法、周知の方法、市民に助言を求めて巻き込む方法、市民の意見を吟味しつつ活用してフィードバックを行う方法、評価する方法、市民との会合や意見聴取会を改善する方法、環境的正義のために活動するグループを巻き込む方法に関する情報が収録されている。

22 ― Office of Policy, Economics and Innovation, U.S. Environmental Protection Agency. (2003, May). "Public Involvement Policy of the U.S. Environmental Protection Agency." [http://www.epa.gov/publicinvolvement/policy2003] EPAは、同庁における市民参加に関する実践を改善するための計画に取り入れるアイデアを集める目的で、2001年の対話を後援した。寄せられた意見は、上記オンラインページの「基本枠組み」という文書に掲げられている、情報共有と研修、評価のタスクとツールに反映されている。Office of Policy, Economics and Innovation, U.S. Environmental Protection Agency. (2003, May).

インパクトを高めるために対話のタイミングを決める

　市民参画は、意思決定を行う者たちがすすんで耳を傾け、意見を考慮に入れるつもりがあって初めて政策に影響を与えうる。また、重要な決定がなされる前にそのような参画が開始されることも大事である。政策の立案がなされていく時期の間に対話を行うことは、世論を尊重していることを示し、政策立案者にとってより有益な情報を生み出し、事後に批判が起こるのを避けることができる。

　議員の参画を得るためには、タイミングが決定的に重要である。たとえばカリフォルニア州では、4月から6月——議会がもっとも忙しい時期——の間の対話はあまり注目されないだろう。同じく重要なことだが、委員会の法案審議の期限にあまりに近い時期の対話も、参加者の意見が実質的な修正に結びつく見込みを低めてしまう。

　カリフォルニア州教育基本計画に関連した二つの対話は、市民と対話に参加した政府機関の双方にとって、タイミング次第で市民の参加がいかに有意義になるかについての一つの視点を提供している。1回目の対話[23]は、計画の最終的な仕上げの前に、計画を検討していくつかの修正を提案する機会を参加者たちに提供するものだった。これらの提案の多くはそれ以降の修正版に反映され、計画に対する支持を広めるのに役立った。2回目の対話[24]は、基本計画のなかの提言の一部を実施するために提出された法案について意見を求めるものだった。この場合には、参加者の提案を受けとったのが法案の文案ができあがった後だったため、効果はあまりなかった。

　カリフォルニア州でのこれら二つの対話はどちらも議会の年間スケジュールに合わせて計画され、いずれもちょうど学校が年度末を迎える時期に開催された。それぞれおよそ1,000人の参加者があったが、参加者の回答からは、別の時期ならばより多くの人びとが参加してさらに多くの投稿が寄せられただろうことが明らかになった。

　市民の参画と議論は、政策の立案がなされるかなり初期の段階にはじめられるのが理想的だろう。教育問題については、多数の団体や多くの中学生やそれ以降の学生を巻き込んだ二部構成のプロセスを考えることができる。最初のプ

"Framework for Implementing EPA's Public Involvement Policy." EPA 233-F-03-001. Washington D.C.: U.S. Environmental Protection Agency. [http://www.epa.gov/publicinvolvement/policy2003]
[23] ― Information Renaissance (2002). "California Master Plan for Education Dialogue" を見よ。
[24] ― California Education Master Plan Alliance (2003). "California Education Master Plan Dialogue" を見よ。

ロセスは、政策の目的、意図、将来構想について全体的に検討する。この対話は地域社会でのさまざまな催しや学習会、メディアに組み込んでおくことができる。提案された計画について続いて行われる対話には、目的と課題をすでに熟知している多くの人びとが参加することになるだろう。早い時期から参画を取り入れるならば、以下のいくつかの点でインパクトを高めることができるだろう。市民によるフィードバックが政策立案段階のうちに得られる。市民が十分な情報に基づいたうえで、政策立案者と突っ込んだ議論を行える可能性がある。幅広い対案が検討できる。議論が行われることで、時が経つにつれて市民のより深い理解がもたらされるとともに、議論の結果として行われる法律の制定に対する市民の関心が高まることになる。

考察

オンラインの対話に関するいくつかの注意点、それをうまく実施するうえでの課題、この技術の将来における拡張の可能性を示すことで、本章を閉じることにしたい。

いくつかの留意点

オンラインでの参加のプロセスが用いられるのには、多くの理由——法律上の要件を満たすため、市民と交流するため、利害関係者の団体を教育するため、よりよい手続きと成果を得るため——がある。成功した企画は信頼と善意を増加させることができる。しかしながら、他のあらゆる市民参加のプロセスと同様に、オンラインの対話も責任を生じさせる。それらの責任を果たすことができなければ、後援をした機関にとってリスクが生じる。

よい結果を得るために必要な条件には次のものが含まれる。市民の参画に対して真に開かれたアプローチ（すなわち、政策立案のプロセスの早い段階であればあるほどよい）。議論の目的、変更が可能な部分はどこか、投稿はどのように用いられるか、参加者たちは成果から何を学べるのかについて、参加者に率直に伝えること[25]。対話の準備と実施のあらゆる要素——ライブラリの資料

---

[25] たとえばEPAの2001年の対話は、書面の申し入れ書をEPAに提出するという正式の手続きと並行して開催された。スタッフは広報として対話の期間中に、オンラインでの投稿も、政策の実施戦略を練り上げる際に、またその戦略を支援する資料を作成する際に用いると明言した。しかしながら法律上の制約によって、政策案に対する正式の意見は別途送付しなければならなかった。

やパネリストの選定、利害関係者の把握と連絡、議論の司会進行、スタッフの参加を含む——における非党派性、バランス、多様性である。

オンラインの対話のプロデューサーとサービス提供者は、必要となる運営能力やスタッフの勤務時間、資源について、後援をする組織と協議する責任がある。どのくらいの量の外部からの助力が必要となる可能性があるかを、後援をする組織が正確に検討できるようにするためである。準備作業を終えるのに必要な資源に加えて、企画開催中は参加者へのサポートが必要であるし、企画終了後は、対話から得られた相当な量の資料を処理し、共有し、利用に供するための計画がなければならない[26]。市民参加の経験を積んだ後援者ならば、これらの作業を自力でこなす準備を十分に整えていることだろう[27]。

さまざまな課題

オンラインで行われる企画は、市民の参画のための課題と好機の両方を明るみに出す。インターネットが人びとの間の距離を取り去ってからというもの、地理的には多様な一群の利害関係者を把握してそれらと接触することが可能になった。同時に、マイノリティ集団や部族の代表者、低所得者層、若者を勧誘すること、政策論議に慣れていない人びとや公共の場でのやりとりを心地よく感じられない人びとに興味をもってもらうこと、オンラインにアクセスできない人びとにアクセスできる場所を紹介することは課題である。短期的には、権利擁護(アドヴォカシー)団体やその他の仲介者を取り込むための配慮がなされるべきである。長期的には、インターネットへのアクセスはもっと普及するかもしれない。とはいえ、インターネットが、政策立案への参加を阻む他の障壁——法律制定のプロセスに不案内であること、信頼の欠如、読み書き能力の欠如を含む——を小さくしてくれるわけではない[28]。

---

26 ― たとえば2001年の対話の運営に携わった、EPAの2人の職員は最初の2日間のすべての投稿を読んだ結果、企画終了後にすべての投稿を整理することがどれほど困難になりそうかということに気づいた。彼らは「情報ルネサンス」のスタッフと協働して、トピック別の主題リストを作成して投稿の仕分けをはじめた。これらはその後、検索可能な一覧表になり、対話のためのウェブサイトに掲載された。Information Renaissance. (2001, Aug.). "Dialogue on Public Involvement in EPA Decisions: Summary Data Tables." [http://www.network-democracy.org/cgi-bin/epa-pip/show_tables.pl]〔リンク切れ。〕EPAはそれ以降も、注22で説明した研修教材にさまざまなアイディアを収録するために、この一覧表を何度も手直しした。

27 ― カリフォルニア州教育基本計画局による2003年の対話の成果は、後援者が対話プロセスを担うことの実行可能性を実証している。この組織は、2002年のCAMPの対話に参加しており、「教育基本計画策定のための合同委員会」とも緊密に連携することで恩恵を受けていた。

28 ― Kirsch, I. S., Jungeblut, A., Jenkins, L., and Kolstad, A. (1993). *Executive Summary of Adult Literacy in America: A First Look at the Results of the National Adult Literacy Survey.* Washington D.C.: National Center for Education Statistics. [http://www.eric.ed.gov/PDFS/ED358375.pdf](また、Kirsch, I. S., Jungeblut, A., Jenkins, L., and Kolstad, A. (1993, Aug. 30). *Adult Literacy in America: A First Look at the Findings of the National Adult Literacy Survey.* NCES 93275. Washington D.C.: National Center for

オンラインでの市民参画は、あらゆるレベルの政府の活動に対して課題を投げかけるだろう。この媒体はその性質からして、伝統的な手法よりも透明性が高い。意見聴取会や書面でのコメントのために制定されている法律上の指針は、オンラインの環境においても意味が通るように新たな解釈を必要とするかもしれない。また、公文書作成業務削減法のような法律は、データ収集と発表のための革新的な手段を意図せずして妨害するかもしれない。たとえ意見聴取会を数十年間も経験している政策立案者であっても、オンライン対話での要求と機会に合わせるためには多少の調整が必要であるかもしれない。市民は、組織防衛的な反応を示せば、食ってかかるかもしれない。他方で、聞く能力の高さ、批判に対する開かれた態度、誠実な対応は報われる。そうすれば、時間をかけて一つの答えに至るまで考え抜き、必要な時は他の人びとに助力を求めることができる。

拡大の可能性とさまざまな好機

オンラインの対話は、政策に関するさまざまな問題を議論するにあたって、市民を教育すると同時に巻き込むための一つの仕組みを提供している。もし対話が政策立案のプロセスの初期段階に導入されて、それがバランスのとれた利用しやすい情報を伴っていれば、対話は公共の議論を深化拡大させ、考慮される選択肢の幅を広げ、市民が得失を正当に評価する助けとなる。私たちが用いてきたこのモデルを広めることで、交渉を支援したり集団的な合意に向かったりするようなオンラインの対話が可能になるかもしれない。

幅広く関わってもらうことがうまくいけば、新たな課題も生じるだろう。より大きな規模の市民による議論をどのように組み立てればよいのだろうか。私たちは千人規模のグループでは成功を収めてきた。コンピューターの技術は、さらに大きなグループの効率的で直接的な相互のやりとりを容易にすることができる。だが、この規模の対話を、政府のニーズに応えつつ参加者の大半を満足させるやり方で行うというのは一つの課題である。

思慮ある多様な参加者との対話は、議論に投稿を寄せる人びとよりも大きな集団に影響を与える潜在的な可能性をもっている。参加者はしばしば、他の誰

Education Statisticsからも入手可能)。I・S・キルシュとその同僚によれば、人口の23％に達する人びとが「レベル1」の読み書き能力しかもっていない。このレベルの人の多くは、簡単でこみ入っていないテキストについて単純な反復作業を行うことはできるが、一部の人びとの読解力は非常に限定されている。

かがすでに自分の代わりに意見を述べてくれたと感じた時には投稿を控えたと報告している。これは代理対話——閲覧者は自分と同一視できる人が参加している学習プロセスを観ることによって、その代理人を通じて議論に参加するというもの——と、似ていなくはない[29]。

　私たちは、オンラインの政策対話の観衆が成長し、最終的にはこの人たちも政府の計画立案のなかに定期的に組み込まれた市民参画の一部になるだろうと考えている。このプロセスの多くの段階は制度化することによってシンプルなものになる。たとえば、潜在的な参加者への周知はシンプルな作業となるだろうし、再利用可能なフォーマットの構成要素のおかげで立ち上げはシンプルで安価なものになり、倫理規準は明文化され、これに市民がかける期待はもっとはっきりしたものになるだろう。インターネットを対話に用いることについて、法解釈が整備されるようになるだろうし、政府機関は市民からの意見に期待し、受け取った情報を利用するだろう[30]。オンラインを通じた市民の関わりは、本書の他の章で論じられる諸々の手法への刺激的な追加要素であり、その将来は明るく可能性に満ちている。

---

[29] ― Gunn and Carlitz (2003), *Online Dialogue in a Political Context*, 85ff.
[30] ― Yankelovich, D. (1999). *The Magic of Dialogue*. New York: Simon & Schuster, 164-168.

第10章

21世紀のための
タウン・ミーティング

キャロリン・J・ルーケンスマイヤー、
ジョー・ゴールドマン、スティーヴン・ブリガム
津富 宏 訳

　1999年秋、ワシントン・コンヴェンション・センターで開催された第1回シティズン・サミットには、3,000人を超えるワシントン特別区の住民がアンソニー・ウィリアムズ市長のもとに集まった。彼らは特別区の予算と戦略計画を作るために、この新市長の招待に応じて町じゅうからやってきた。多くの人たちはこの新たな試みについて懐疑的だったが、それは至極当然のことであった。長年にわたり、地域の政治家たちはこの町の将来を計画するにあたって、住民の参加を求めてきた。地域集会に膨大な時間が費やされ、小さな図書館が一杯になるほどの大量の計画書と報告書が作成された。しかし、こうした努力が有意義な活動や成果につながることはごく稀であった。

　ウィリアムズ市長は、自らの提案したネイバーフッド・アクションという取組みは過去のものとは違うと約束した。市長の要請にこたえ、アメリカ・スピークス[1]は、地域が決める優先順位に沿って、市の提供するプログラムや

---

[1]── アメリカ・スピークス（America*Speaks*）は、ワシントン特別区に本拠を置く、1995年に創設された非営利組織である。そのミッションは、あらゆるレベルの政府において、市民自身の生活に影響を与えるもっとも重要な公共的決定に市民を関わらせることである。

```
市民による        シティズン・
採点表    →      サミット

実施                         戦略計画

        業績管理  ←  年間予算
```

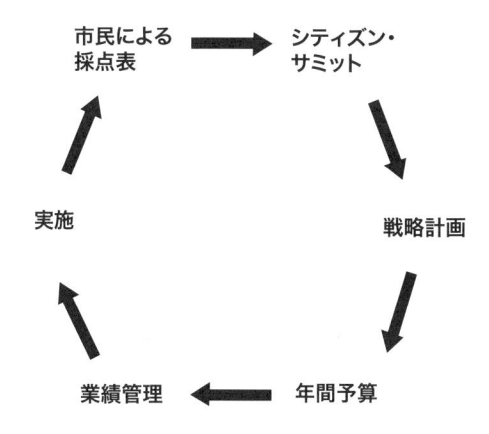

図10.1 コロンビア特別区の戦略的マネジメント・サイクル

　サービスを動かしていくための新たなプロセスをデザインした（図10.1を参照）。ウィリアムズ市長は、市の方向性の決定に何千もの人たちを巻き込めば、市民の信頼が得られると信じていた。このプロセスは、これらの優先順位に沿って特別区の予算を組み、市民が考える優先順位に沿って実施がなされているかどうかを、洗練された業績管理プロセスと市民がつける採点表によって確認するというものであった。

　シティズン・サミットは、コロンビア特別区の統治を変革するという、ウィリアムズ市長の公約の中核である。1999年以降に2年に一度の割合で、市長はこのユニークな市民フォーラムに参加した何千もの住民に戦略計画の素案を示して意見を求めてきた。このサミットにおいて市民たちは10人掛けのテーブルに座り、そこで丸一日を費やして市長が提案するプログラムを検討し、市の抱える問題と取り組む。この町の豊かな多様性を反映して、さまざまな境遇にある市民がサミットに参加している[2]。提示されたそれぞれの課題を参加者たちが検討していくにつれ、各テーブルに備えられたネットワーク・コンピューター・システムを通じて、この巨大な会議場全体で扱われているテーマが姿を現してくる。これらのテーマは会場の正面にある大きなスクリーンに

2── たとえば1999年の第1回のシティズン・サミットでは、その日の初めに、入力装置による匿名の集計により、参加者の性別、居住地域、年齢、世帯収入、人種などの人口属性が測定された。参加者の61％は女性で39％は男性だった。市には八つの区があるが、参加者の15％を上回る区も、9％を下回る区もなかった。世帯年収は五つの区分で測られ、25,000ドル未満（22％）、25,001ドルから40,000ドル（19％）、40,001ドルから60,000ドル（20％）、60,001ドルから100,000ドル（21％）、100,000ドル超（18％）であった。18歳未満は12％、19歳から34歳は12％、35歳から54歳は35％、55歳から64歳は19％、65歳以上は22％であった。黒人は61％、アジア系は5％、白人は22％、ヒスパニックは3％、ネイティヴ・アメリカンは2％、多文化は5％、1％は非公開であった。

よって各グループに再提示され、参加者は集計用の入力装置を使い、将来の最優先課題に関する明確な意思表明を市長に送る。

市長はシティズン・サミットに参加した市民によって示された優先順位を参照して戦略計画を見直し、それを2か月後に開かれる次回のフォーラムで再度提示する。市は戦略計画を完成させて予算の策定に用いる。この戦略計画に沿った業績管理システムは、実施機関の責任者を対象とする、オンラインの採点表と業績契約を通じて行政の説明責任を確保する。

市長はワシントン特別区の住民との約束を守ってきた。市民の要求と市民への説明責任との間に、目に見えるつながりを創り出すことによって、市長は、何十年間も不適切な運営がなされてきた市の行政における新たなパラダイムを創造した。この5年間で、ネイバーフッド・アクションを通じて1万人以上の市民が市の運営に関与した。シティズン・サミットが終わるたびに、参加者たちはこのプロセスに非常に高い評価を与えてきた[3]。より重要なのは、ネイバーフッド・アクションによって、何百万ドルもの公的資金が、市民たちが優先順位を与えたプログラムに振り向けられたことである。たとえば1999年に開かれた第1回シティズン・サミットの後、市長と部局長は、市民による優先づけに応えるため、市長と部局長は、市議会に対する予算提案の一部として700万ドルを超える資金を新たなプログラムに充当した[4]。

概観

アメリカ人の大多数は、自国の民主主義の機能のあり方が、何か根本的なところで間違っているという意見に同意するであろう。この数十年の間、政治はますます党派的なものとなり、選挙にはいよいよお金がかかるようになり、政策決定はますます特定の利害関心に左右されるようになってきた。この過程において、ある大切な声が一貫して排除されてきた。それは市民の声である。ピュー慈善信託財団が最近行った世論調査によると、「選挙で選ばれた多くの公職者は私のような市民が考えていることを気にかけている」と信じているアメリカ人は10人中4人以下であった[5]。別の世論調査では、「ワシントン

---

[3] ― 第1回シティズン・サミットでは、参加者は匿名の入力装置を使ってプロセスを評価するように求められた。91%がサミットを「非常によい」「よい」と評価した。「普通」「不十分」と評価した参加者は4%だった。94%が「今日は十分に参加する機会があった」と答え、91%がネイバーフッド・アクションの取組みは「大変重要なプログラムである」と答え、8%が「やや重要なプログラムである」と答えた。

[4] ― Potapchuk, W. (2002). "Neighborhood Action Initiative: Engaging Citizens in Real Change." In D. D. Chrislip (ed.), *The Collaborative Leadership Fieldbook*. San Francisco: Jossey-Bass.

[5] ― Pew Research Center for the People and the Press. (2003, Nov. 5). *Evenly Divided and Increasingly Polarized: 2004 Political Landscape*. Washington, D. C.: Pew Center for the People and the

にある政府が正しいことをしていると信頼できると思う」アメリカ人の割合は、1995年に18%になるまでほぼ一貫して下がり続けてきた。2001年9月11日以降、数値は55%に跳ね上がったが、それ以降減少し続け、2004年の夏には36%に下がっている[6]。

健全な民主主義は、自分たちの生活に深甚な影響を及ぼす公共政策に市民が直接的に影響を与える能力に依拠しているが、現行のシステムには、市民の率直な意見を受け止め反映する余地がほとんどない。残念なことに、市民の意見を集めるために用いられる一般的な方法は、市民の関心を高めて持続させることもなければ、意思決定者に役立つ情報を生み出すこともない。その結果、こうした方法は公共生活への参加を再活性化したり拡張したりすることにはほとんど役立たない。市民と行政の間の不信感が高まっているこうした状況においては、市民を巻き込むための新たな仕掛けが必要である。

アメリカ・スピークスによって、私たちはこの課題に取り組むための新たな仕組みをデザインする作業に着手した。意思決定者が、世論調査以上に市民と素早くかつ偽りなくつながることができ、市民の声を聞くことができる方法とはどんなものだろうか。市民の間の非公式な会話の価値を引出し、その知恵を聞き取り、市民の声を尊重する確かな手法とはどんなものだろうか。意思決定者と市民の関係を深め、政策決定と財源計画に市民が手ごたえある形で影響を与えうる手法とはどんなものだろうか。このプロセスをより大規模なものとしつつ、かつ、政治家の時間的な制約をも満たす方法とはどんなものだろうか。21世紀タウン・ミーティングは、これらの問いに対する答えとして、1998年に初めて実施された[7]。

21世紀タウン・ミーティングには、どこか魔法のようなところがある。何千人もの人たちが、それぞれ独自の関心と観点をもつ独立した個人としてフォーラムにやってくる。ミーティングが始まると、会場の何千ものテーブル一つ一つに座った人たちが、地域が直面している重要課題について議論を始める。熟練したファシリテーターの助けを得て、それぞれのテーブルに着いている参加者は、自分たちが関心を抱いていることの多くが同じであることに気づく。参加者は自分たちに共通のアイディアをコンピューターに入力し、それ

第10章 21世紀のためのタウン・ミーティング

Press.
[6] ── CBS News/New York Times Poll, July 11-15, 2004. サンプル数は全国の955人の成人。誤差は±3%。
[7] ──「21世紀タウン・ミーティング」は、アメリカ・スピークスが商標登録しているプロセスである。

を会場の正面に送る。何分か経って見上げると、自分のテーブルで支持されたアイディアが会場全体で共有されていることがわかる。文言の修正があったり、いくつかの項目がつけ加えられたりすることはあるが、基本的なアイディアはそのままである。「私」から「私たち」に向けてのプロセスが動きはじめる。

　21世紀タウン・ミーティングは、何千もの市民たちが同時に親密な熟議に参加し、そこに招集された人たち全員の集合的な叡智に貢献することを可能とする方法である。住民の構成と比例した大規模な代表グループが市民による熟議に参加することによって、21世紀タウン・ミーティングは、①すべての声（一般市民の声と重要な利害関係者の声）がテーブルについていること、②市民が示す優先順位が意思決定者とメディアの関心を獲得すること、③市民の相当数がフォーラムの結果を支持し、その実施に関心をもつことを確実なものにする。一回一回のミーティングは、市民の声と実際の意思決定との間に即時的で目に見えるつながりを創り出すために意図的にデザインされている。

タウン・ミーティングのプロセスを記述する

　21世紀タウン・ミーティングは、アメリカ・スピークスと（単独または複数の）後援団体が、地域の直面している重要課題に取り組むために主催している。多くの場合、21世紀タウン・ミーティングの後援者は、特定の問題に対する意思決定権をもった、現役の公職者や公的機関である。たとえばウィリアムズ市長は、市の予算案と戦略計画の作成プロセスの一部として、この5年間、市民を招集してきた。シカゴやシンシナティの地域計画局は、地域の包括的な土地利用計画の策定に参加してもらうために市民の集まりを主催してきた。あるいは、特定の問題に関する中立的な主催者として、市民団体が21世紀タウン・ミーティングを後援することもある。たとえばニューヨーク市では、100近くの市民団体が連携して、9月11日の攻撃に遭ったワールド・トレード・センター跡地の再開発計画の一環として、21世紀タウン・ミーティングを3度主催した。市民団体が主催する場合には、意思決定者をパートナーとしてこのプロセスに招き入れて、フォーラムの成果に応答する旨を確約してもらうよ

うに計らう。

　アメリカ・スピークスは、市民の意見が、より広範な計画や意思決定過程と確実に統合されるように、後援者と協働する。シカゴ、シンシナティ、ワシントン特別区といった都市におけるいくつかの取組みでは、21世紀タウン・ミーティングは、当局の正式な運営・意思決定過程の一部となっている。タウン・ミーティングの主催者が市民団体である場合には、ミーティングのプロセスの成否は、利害関係者と意思決定者から、プロセスに参加し、かつきちんとプロセスに応答するという確約を得られるかどうかに、いっそう左右される。またミーティングの規模が大きければ、意思決定者たちはフォーラムの結果に敬意を払うよう圧力を受ける。

　21世紀タウン・ミーティングは一度に何百何千もの人たちを招集するが、これはあらゆる種類の声がプロセスに反映されるようにするためであり、また、そこでの議論が示す優先順位の影響力を高めるためである。個々のミーティングの規模は、市民、意思決定者、メディアという三種類の観客に対して十分な信頼を確保するためにどれだけの人数が参加する必要があるのかに基づいて、後援者とともに計画する。フォーラムの最適な規模を定める科学的な方法はないが、地域社会の規模、問題の性質、その地域の過去の市民参加の記録など、いくつかの基準を参照する。ひとたびミーティングの規模が決まれば、アメリカ・スピークスは、フォーラムに参加してもらう人たちの人口統計学的な構成を後援者と共同で決定する。私たちは通常、まず、全米国勢調査によって測定された実際の人口構成からはじめ、次に、どのような特別な集団——たとえばニューヨークのグラウンド・ゼロの再開発のためのフォーラムにおいては、被害者の家族——に、より多く参加してもらわなければならないかを考える。

　アメリカ・スピークスは、その人口統計的な目標値を達成すべく積極的に参加者を勧誘することによって、21世紀タウン・ミーティングがその地域の人口構成を反映することを担保する。参加者勧誘の戦略は個々のプロジェクトごとに工夫されるが、一般的には草の根レベルの組織化と洗練されたメディア・キャンペーンを組み合わせて行われる。若者や低所得者層など、容易に接触しにくい集団のメンバーは、彼らが知っており信頼している人たちを通じて個人

的に招待する。フォーラムへの参加登録が進んでくると、アメリカ・スピークスは登録された人数を人口統計的な目標値と比較し、必要に応じて募集の手法を修正する。たとえば登録人数に関して、特定の区の人たちや特定の属性の人たちが少なければ、その集団からの参加を増やすための資源を割り当てる。

参加者が熟議に参加するための適切な情報を得られるように、アメリカ・スピークスは、参加者のための非常にわかりやすい手引きを後援者と協力して作成する。これらの手引きは、問題を取り巻く文脈や、政策決定者が考慮しているさまざまな選択肢の一覧を理解できるように書かれている。多くの場合、資料は複数の言語に翻訳される。これらの情報提供の資料は、可能な限りフォーラム開催前に参加者に郵送する。場合によっては、地方紙を通じて地域全体に配布したり、スーパーマーケットや図書館など、地域内の人の集まる場所で配布したりすることもある。フォーラムでは文字資料をプレゼンテーションやビデオで補足する。加えて、議論のテーブルで出された質問に答える中立の立場の専門家も用意する。

21世紀タウン・ミーティングの構造には、以下に挙げるいくつかの決定的な要素が含まれている。

ファシリテーションによる熟議：人口統計学的に多様な10人から12人の参加者からなるグループが、訓練されたファシリテーターのサポートを受けつつ、議題となっている問題について深みのある議論を行う。この人数であれば安全で親密な場を創り出せ、この場において参加者は、一人一人の見方をもっともよく統合して代表する、集合的な見方に到達できる。

ネットワーク化されたコンピューター：個々のテーブルのコンピューターは、各テーブルにおいて生まれたアイディアの記録を即座に生成することで、すべての声が聴かれ、かつ、一つのアイディアも失われないことを保証する、デジタルな模造紙として機能する。無線ネットワークを通じて、市民が自分たちのアイディアを中央データベースに送ることで、すべてのテーブルから送られたテーマを精選するための用意が整う。

テーマ化：「テーマ化チーム」のメンバーは各テーブルから送られてくる参加

者のコメントをリアルタイムで読み、それらをふるいにかけて鍵となるテーマやメッセージを抽出する。抽出されたテーマは、グループ全体の成果として全員で共有するために、会場に再提示される。

集計用入力装置：21世紀タウン・ミーティングの参加者たちは、無線の入力装置をそれぞれ手にしている。これは彼らが諸々の議題について投票を行い、自分の立場が他の参加者のそれと比べてどのような位置にあるかを知るための装置である。この入力装置はイベントに参加している人たちの人口統計学的分布を明らかにするためにも用いられるので、参加者は、自分がより大きな集団の一部であると感じることができる。入力装置による投票は人口統計学的に分類可能なデータを生み出せるので、意思決定者にとっても非常に有用である。

21世紀タウン・ミーティングは、テーマを集め、抽出し、投げかけるためのテクノロジーを用いることによって、親密な小集団における対話と数千人規模の集団的な作業の間を往復することができる。このような小規模対話と大規模対話の往復を必要なだけ繰り返すことで、意思決定者が行動を起こす根拠となりうる提言が形成される。

21世紀タウン・ミーティングは、開始から終了まで実際にはどのように進むのだろうか。その日は、議題となっている問題に関する文脈を設定するための、主要な政治指導者たちが手短な開始コメントをすることから始まる。参加者は入力装置を使って、一連の人口統計学的な質問に答えることで装置の使い方に慣れ、この部屋にどんな人がいるかを知る。主たる内容の熟議に先立って、自分たちにとって議題となっている問題の何が重要であるのかを知るために、ヴィジョンや価値に基づいた議論を行う。参加者が議論を通じて確定した、決定的に重要なヴィジョンや価値は、引き続き行われる主要な問題や政策決定に関する4、5時間の議論の基礎となる。上述のように、議題ごとに各テーブルで議論が始まり、それらはリアルタイムでテーマ化され、そして全体に対して明確化と修正のために再提示され、最終的には投票が行われる。

フォーラムの最後の20分間は、一日を振り返って今後のステップを確認し、参加者から聞き取ったことについて意思決定者がコメントする時間である。一

日の成果を要約するレポートがその日のうちに用意され、会場を出る際に参加者に配られる。意思決定者とメディアに配られるのと同じ情報が、一般にも公開される。一日の終わりには、意思決定者、メディア、市民が、一般市民の人口統計的構成を代表する大規模かつ横断的な集団の集合知を耳にすることになる。意思決定者がイベントに参加しており、彼らは提言に基づいて行動する確約をしているので、21世紀タウン・ミーティングで一つになった市民の声は永続的な影響力をもつ。継続的な市民参加を可能な限り支えるための持続的な仕組みが設置される。たとえばウィリアムズ市長は、市民に継続的な役割を与えるための地域活動の仕組みを作ることで、市民を、都市計画者と部局のサービス提供につなげた。

タウン・ミーティングの歴史とその影響力

　アメリカ・スピークスは40以上の21世紀タウン・ミーティングを全米の30以上の州で主催してきた。同組織は社会保障の議論のあり方に影響を与えたり、9月11日のテロに遭ったワールド・トレード・センター跡地の再開発計画を変更させたりと、さまざまな問題について有意義な結果を残してきた。

　21世紀タウン・ミーティングがもたらした成果に関するエヴィデンスにはどのようなものがあるだろうか。第一に、21世紀タウン・ミーティングは参加者を教育し、争点となっている問題に関する参加者の態度を変化させる。アメリカ・スピークスは毎回必ず入力装置を用いて、参加者に対して、フォーラムで何かを学んだか、自分の意見に何か変化はあったか、この問題に今後も関わりたいかを質問する。これらの質問に関する回答はいつも圧倒的に「イエス」である。ノースウェスタン大学政策研究所の研究者によって1998年に書かれた、社会保障改革に関する一連の21世紀タウン・ミーティングの評価報告書はこのことを裏づけている。この報告書によれば、熟議に参加した結果、社会保障問題に関する参加者の理解は有意に高まった。「フォーラムに参加したことで社会保障に関する事実の理解が深まったと参加者自身が答えているばかりでなく、事実を問う6項目の質問の回答は、参加者の知識が全体として実際に増加してい

ることを示している」[8]。報告書は、さらに、「フォーラムに参加した人たちの社会保障への関心は、無作為標本と比較しても、フォーラムに招待されたが参加しなかった人たちと比較しても、劇的に高かった。フォーラムの後、出席者たちはそれ以外の人たちと比べて、社会保障について考えたり話したり読んだりするのに時間を費やしていると答える傾向が圧倒的に高かった」と続く[9]。この評価報告書は、フォーラムに参加した結果、特定の政策案に対する支持と、問題に関わり続けたいという熱意が増加したことも指摘している。

公的な意思決定に対する21世紀タウン・ミーティングの影響はこれにも増して劇的なものとなることがある。たとえばニューヨーク市におけるアメリカ・スピークスの活動は、ワールド・トレード・センター跡地の再開発に実質的な影響を与えた。200社以上ものメディア、地方政府の代表者、市長、地域計画局が見守る中、フォーラムでは、何千人もの参加者が、提示された六つの案のそれぞれの根幹的な要素のいくつかを圧倒的な多数で否決した。特筆すべきは、再建案における敷地利用密度と、センターに入居していたオフィスと商業施設をすべて元に戻さなくてはならないという各再建案に課された条件に、市民の大半が不満を示したことである。その翌日には、『ニューヨーク・デイリー・ニューズ』紙に「ワールド・トレード・センター再開発計画頓挫 白紙撤回へ」という記事が掲載され、同様の見出しをもつ記事が全国の新聞を飾った[10]。

フォーラムから数日以内に、州と市のリーダーは計画の前提となっていたいくつかの不評な条件を見直すことに同意した。2週間も経たないうちに、『ニューヨーク・タイムズ』紙の社説は、ロウワー・マンハッタン再建の当初のデザインに対する市民の失望のうねりを受けて、パタキ知事が「振り出しからやり直そう」と決定したと報じた。社説は「マイケル・ブルームバーグ市長と同様、今やパタキ知事もグラウンド・ゼロのよりよい利用配分および、マンハッタンのダウンダウンに24時間のコミュニティーを創り出すことに熱意をもっているように思われる。……港湾運営局によってこの土地に関するあらゆる計画は9月11日の攻撃で失われたすべてのオフィス、ホテル、商業施設の建築面積を確保しなければならないという条件が設けられていたが、知事はこの条件を公然と疑問視した」と続く[11]。

---

[8] — Cook, F.L., and Jacobs, L. R. (1998, Sept.). *Evaluation of Americans Discuss Social Security: Deliberative Democracy in Action*. Philadelphia: Pew Charitable Trusts, 27.

[9] — Cook and Jacobs (1998), *Evaluation of Americans Discuss Social Security*, 26.

[10] — Gittrich, G. (2002, July 21). "Plans for WTC Project: So, Back to the Drawing Board." *New York Daily News*, 7.

[11] — "Governor Pataki Weighs In." (2002, July 31). Editorial, *New York Times*, A18.

10月には、再開発プロセスの担当者は、計画が要請するオフィス面積を100万平方フィート減らすことでかつてその敷地にあったオフィス面積のおよそ40％にまで縮小することを可能とする新たなプログラムを策定した。この新たなプログラムおよび新たな計画案の募集要項には、市民による具体的な提案が数多く含まれていた。それらはたとえば、眺望に視覚的な楽しみを加えるために少なくとも一つの高層ビルを建てるとか、ウェスト・ストリートを遊歩道の下におさめるといったものである[12]。

考察

　ニューヨークで生まれたこの劇的な成果は決して例外的なものではない。すべての21世紀タウン・ミーティングが、今日の政策立案の政治的現実に応え、具体的な結果を出せるようデザインされている。アメリカ・スピークスのアプローチは、規模、多様性、透明性、そして意思決定者との強力な関係を用いることで、市民の声が聴かれることと、参加経験がエンパワーメントとなることを保証する。21世紀タウン・ミーティングの活用が増えるにつれ、統治過程において自分たちが役割を果たせるという市民の信念が再び構築されること、それが私たちの願いである。

　熟議民主主義の批判者たちはしばしば、熟議参加にはプラスの成果があるという主張は実証的なデータによって支持されていないと反論する。この批判には確かに正しい面もある。私たちアメリカ・スピークスは、個人と政策決定が長期的に見てどのような影響を受けるかに関する21世紀タウン・ミーティングの影響について研究を始めたばかりだ。しかしながら、私たちの7年間の経験と手元にある限られたデータに基づいて、私たちは、21世紀タウン・ミーティングを通じて市民により大きな声を提供することがもたらす利益は、吟味に耐えうると信じている。

　熟議民主主義と市民参加の分野は歴史が浅く、市民参加のための主導的なモデルの多くは現在進行中の活動である。21世紀タウン・ミーティングも例外ではない。私たちが運営する各回のプロセスのたびに、アメリカ・スピークスは、

---

12 ― Rosegrant, S. (2003, Apr. 1). *Listening to the City: Rebuilding at New York's World Trade Center Site (Epilogue)*. Cambridge, Mass.: John F. Kennedy School of Government Case Program, Harvard University.

意思決定において市民により強力な声を与えることができるような、多様でかつ質の高いフォーラムをどのように創造するかについて、より深く学んでいる。アメリカ・スピークスは、とりわけ以下の3点について今後も改善を図っていく。

多様性：アメリカ・スピークスは、人口構成に比例した集団を得るための参加者勧誘戦略を大いに発展させてきたが、容易に接触できない集団、特に若者と低所得者層の募集は依然として課題である。

持続可能性：アメリカ・スピークスは、非常に多数の人たちを統治過程に導入することに関して顕著な成功を収めてきたが、21世紀タウン・ミーティング終了後に大規模な市民参加を持続させるための仕組みづくりには苦労している。

費用：何百何千もの市民に参加してもらう費用は非常に大きく、小規模から中規模の自治体にはしばしば手の届かない金額になる。アメリカ・スピークスは、タウン・ミーティングの質を落とさずに市民参加のコストを抑えるための手法を絶えず探求している。

　アメリカ・スピークスが未来に目を向けているように、私たちにとっての最優先事項は、私たちが市民参加について学んだことを用いて、それらの教訓を国政に応用することである。市民はあらゆるレベルの政府においてより大きな声を必要としているが、市民と意思決定者の乖離がもっとも大きいのはまさしく国政レベルにおいてである。連邦議会および連邦政府の行政部門に影響を与えられるような、何百万人もの人たちを巻き込んだ全米規模の議論の青写真を作るため、最近、アメリカ・スピークスは、市民参加をリードする10余りの団体の連合体を主催した。市民の声と国の統治過程を結びつけながら、この国の民主制度の健康を回復するために、これらの国民全体の議論を効果的な統治メカニズムに組み込む方法を見つけなければならない。

　民主主義を復興する道のりは疑いもなく長いものである。しかしながら、市民を巻き込む新たなアプローチが示してきた近年の進歩をみると、勇気が湧いてくる。一歩一歩前進することで、私たちは真に「人民の、人民による、人民のための」国家に近づくのである。

第11章
協同学習と市民による森林の管理

アントニー・S・チェン、ジャネット・D・フィエロ
林 寛平 訳

　さまざまな分野の専門家たちが、コロラド州西部の水資源事業という、議論の的となっている課題を話し合うために最近集まった。主催者は、参加した当事者それぞれが、利害を有する分野を代表することが期待されていると説明することで会合の流れをつくろうとした。参加者の一人はかつて協同学習プロジェクトに参加したことがあり、ファシリテーターに反論し、こう発言した。「ここウェスタン・スロープ地方[(1)]の私たちは**協働する**ことに慣れています。自分のことだけでなく、全体の利害という大局を見ましょう」。

　協同学習[1]は市民参加の新たなイノベーションであり、課題解決の伝統的なプロセスを打ち破ってくれる。協同学習は、葛藤管理(コンフリクト・マネジメント)や、システム思考、成人学習の理論に基づいている。このアプローチは、アメリカ農務省森林局が管理している国有林のような、連邦の公有地と資源の管理におなじみの、複雑かつ憎しみのこもった紛争に取り組むために特別に考案されたものである。

---

(1) ― コロラド州を左右に分かつ大陸分水嶺の西側の地域。
1 ― Daniels, S.E., and Walker, G. B. (2001). *Working Through Environmental Conflict: The Collaborative Learning Approach*. Westport, Conn.: Praeger, 328.

1976年の国有林管理法は、それぞれの国有林について10年から15年ごとに森林計画の見直しと更新を求めているが、国有林の管理手法の決定にあたり市民が参加することを定めている。コロラド州西部にあるグランド・メサ[2]、アンコンパーグレ[3]、ガニソン（GMUG）国有林の直近の計画は1983年に策定されたものだが、その後も多くの変更がなされてきた。GMUG国有林のある地域の人口、経済、政治の変化を踏まえつつ、GMUG国有林を管理するうえでの優先事項を戦略的に設定することは、大きな困難をともなう。地域に根ざした熟慮を促す、積極的で協働的な手法を模索したいと考え、GMUGの幹部は、協同学習を選んだ。

　協同学習のプロセスの鍵となる側面の一つは、計画のプロセス全体にわたって、市民参加を継続することである。なぜなら、幅広い利害関係者に理解され支援されることで初めて、実現可能性の高い森林計画が策定できるからである。GMUGの場合、プロセスは五つの段階に分けられ、国有林の五つの地理的区域のアセスメントから始まり、計画案、最終計画、公聴期間、実施へと続く。本章は、2002年春から2004年夏にかけて行われたGMUG森林計画の前段である、アセスメント段階に焦点を当てる。それぞれの区域のアセスメントは区域に応じた主たる課題を確定し、現在の望ましい状態を定義し、重要な傾向を指摘し、計画を改善するための解釈と提案を提供する。アセスメントは、次期GMUG森林計画を決定する際の基礎となるため、利害関係者の参加は不可欠であった。利害関係者にアセスメントに関与してもらうための仕掛けとして、それぞれの地理的区域ごとに一連の景観ワーキング・グループを組織した。ワーキング・グループの参加者は、GMUG計画チームや地区職員と相互にやりとりしつつ、GMUG計画チームによる地理的区域のアセスメント結果の原案に盛り込まれるであろう、将来構想の策定、現況の明確化、望ましい将来の状態の確定に、協同学習アプローチを活用した。

協同学習アプローチの背景

　協同学習アプローチは、解決不能と思われていた太平洋岸北西部における

---

(2) ─ コロラド州にある1,300平方kmある、世界最大の台地。
(3) ─ コロラド州にある国有林の名称。

第11章　協同学習と市民による森林の管理

1990年代初頭の資源管理論争に始まる。オレゴン州立大学の森林政策の元教授で現在はユタ州立大学西部農村開発センターの所長をしているスティーブ・ダニエルズと、オレゴン州立大学で発話コミュニケーションの教授をしているグレッグ・ウォーカーが、この論争の解決に、交渉や葛藤管理(コンフリクト・マネジメント)、成人学習、ソフト・システムズ・アプローチ (soft-systems methodology) に使われている理論や枠組み、実践を応用したのである。協同学習アプローチは、当初、二つの分野に用いられた。国立オレゴン砂碓レクリエーション区域のためのレクリエーション管理計画[2]とワシントン州のウェナチー国有林の火災後の復旧[3]である。どちらのプロセスも顕著な進展を産み出し、参加市民から高い満足度評価を受けた[4]。

　自然資源の問題は複雑で、かつ論争を引き起こす。問題が複雑であるのは、資源が置かれている状況には、生態、経済、社会といった次元があって、これらが相互に関係しあっているためである。自然資源の問題を直線的な因果関係に単純化しようとすると、必ずや多くのつながりがみえなくなってしまう。直線的な因果関係アプローチと結びついた「たった一つの根本原因があると考えがちな症候群 (single-devil syndrome)」にはまりこんでしまうのではなく、利害関係者がさまざまな課題について、それをシステムであるという視点から考え熟慮する能力を育み増強するために、協同学習におけるソフト・システムズ・アプローチが用いられる。ただし、たとえ利害関係者が一つの資源問題をシステムとして捉えたとしても、価値をめぐっては深刻な葛藤がある場合もある。経験的な社会学習や、交渉、紛争解決に由来するさまざまな枠組みと実践を用いて、人びとが自然資源について有している、避けようのない価値観の対立を取り扱うことができる。目標は、利害関係者たちがある状況を一つのシステムとして、また、複数の視点から探求することである。そうすることで、利害関係者たちは、何ができるかについて、当初の自らの物の見方を超えるような問題の扱い方を発見するだろう。

　協同学習の前提となっているのは、実際の土地の一角や現実の人びとの生活に影響するような決定を下す前に、背後にある問題や、さまざまな利害関係者の価値観や懸念、科学的な情報、資源管理の状況を複数の角度から見る方法を

---

[2] Daniels, S. E., and Walker, G. B. (1996). "Collaborative Learning: Improving Public Deliberation in Ecosystem-Based Management." *Environmental Impact Assessment Review*, 16, 71-102.

[3] Daniels, S. E., and Walker, G. B. (1996). "Using Collaborative Learning in Fire Recovery Planning." *Journal of Forestry*, 94(8), 4-9.

[4] Blatner, K. A., Carroll, M. S., Daniels, S. E., and Walker, G. B. (2001). "Evaluating the Application of Collaborative Learning to the Wenatchee Fire Recovery Planning Effort." *Environmental Impact Assessment Review*, 21, 241-270.

しっかり学ぶことが重要であるという考えである。資源管理機関と利害関係者（たとえば、利用者、権利擁護団体(アドヴォカシー・グループ)、地域社会の構成員）の双方は、そのような学びから便益を受けることができる。

　協同学習には、システム思考、建設的な対話、実行可能な改善への着目という、三つの本質的な特徴がある。協同学習には、この三つの特徴以外にも、他の章で書かれたものと似通った多くの重要な特色があるが、これら3点のそれぞれがこのプロセスを他の熟議の手法とは違うものにしている。

システム思考　自然資源管理の状況が、直線的な因果関係モデルによって説明できることはほとんどない。より一般的には、自然資源システムには、さまざまな自然の力や人為的な力が作用している。また、自然資源システムと関連した、多数の重複した用途や価値があるため、原因と結果を正確に測定することは非常に難しい。利害関係者たちが自然資源の状況を相関関係やフィードバック・ループ、複数のつながりをもつ複雑系として見ることができれば、その状況について実現可能な改善を行う方向へ進むための用意が整っている（そして、たった一つの根本原因を取り除こうとする誤解へと突き進んでしまうことが少なくなる）。具体的な手法には、状況や概念の図示化、（紙媒体か電子媒体の地図を利用した）地形図の作成、社会的ネットワークの図示化、多分野によるパネル発表、現場視察などがある。

差異と共通点についての建設的な対話　対立が起きている自然資源管理の状況の多くは、利害関係者たちが、ひとたびお互いを尊重し合ってコミュニケーションをはじめるならば、有効に舵取りすることができる。対話は理解を導き、理解は状況についての新しい見方に扉を開く。中立的な第三者は建設的な対話を促進することができる。協同学習のアプローチは、多様な、小集団の技法と大集団の手法を自由に用いる。たとえば、一人で、気になっていることやアイディアを10分間書き出し、自分が書き出したことを、さらに10分間、二人組になって共有するという手法がある。この二人組は、他の二人組と、さらに10分間共有を行い、さらに、四人組から、八人組となる。この1-2-4-8という議論の手法を用いれば、すべての人が自分の気になっていることやアイディア

を口に出し、グループとしての気になっていることやアイディアをまとめ上げる機会を得ることができる。

実現可能な改善への注目　利害関係者を巻き込むためのごく一般的なプロセスでは、個人やグループは、コメントを紙に書くか、あるいは、公開の会合において口頭で述べるかのいずれかの方法を通じてのみ、機関が提案している計画に対して意見を表明することができる。この場合、利害関係者たちは、自分たちが何を望んでいるか（あるいは望んでないか）を表明し、機関の側は、それらの望みをすべて実現させることに対して責任を負う。一方、協同学習のプロセスにおいては、すべての利害関係者は、単に自分たちが望むことを主張するだけでなく、状況を可能な限り改善する責任も負う。加えて、協同学習においては、問題の解決ではなく、改善を強調することが重要なコンセプトである。自然資源の状況が全体的に解決されることはまれだが、改善は可能である。改善は測定することができ、意味ある前進の度合いを示す指標を提供する。協同学習を用いることを通じて、自然資源の状況は、全面的な改変ではなく、じりじりとした変化を通じてよりよく改善されるようになる。

　三つ目の特徴は、以下の節で議論する、景観ワーキング・グループにとって決定的とも言える出発点であった。多様な利害関係者がテーブルにつく場合、一気にすべての問題を解決することは現実的ではない。現場レベルの実体的な問題ばかりに注意を向けないことも重要である。そうではなく、協同学習はそれぞれの協働のプロセスには三つの次元があることを認識している。事実、手続き、関係性である。これらの次元は相互に関連しているため、持続可能な協働の成果は、これら三つのすべての次元における進展として表れる。それゆえ、協働プロセスは、現場の状況に取り組むことに加え、そのプロセスの公平性と厳密さの改善に向かって取り組む機会を提供すべきであるし、一緒に活動するにあたって尊重しあえる関係を促進すべきである。

協同学習の具体例としての景観ワーキング・グループ

　すべての景観ワーキング・グループは、米国環境紛争解決機構との契約により、中立的な第三者がファシリテートする、誰でも参加できる市民によるプロセスとして行われた。中立的な第三者とGMUG計画チームの渉外担当者は、グループ会合の告知を葉書やEメール、ウェブサイトで送る他、利害関係者たちに対してこまめに直接連絡をとった。グループの参加者には、レクリエーションの愛好家、牧場主、環境活動家、選挙で選ばれた公職者、製材業の代表者、ネイティヴ・アメリカンの部族代表者、地元の森林環境と地域社会の持続可能性を危惧する市民が含まれていた。ワーキング・グループの会合は、地域社会の利害関係者たちが、十分にプロセスに参加できるように、それぞれの地理的区域に位置するさまざまなコミュニティーで開かれた。42回の会合が開催され、1,035人が参加した。会議には公共の会議室を使ったが、消防署の屋根裏部屋から大学キャンパスのかしこまった部屋までさまざまであった。コロラド州西部の小さな町々では、人が集まれるスペースが限られており、参加者の数を制限せざるをえなかった。

　景観ワーキング・グループのプロセスには評価研究の要素も含まれており、進捗指標を測定するために、会合後のインタビューと調査を用いた。それらの指標は、先述の協同学習の三つの次元(事実、手続き、関係性)に基づいていた。モニタリングと評価は、各々のグループで用いられている熟議型アプローチを修正し改善するために決定的に重要であった。

　初めに、GMUG計画チームは、景観ワーキング・グループの参加者に対して、GMUG森林計画の目標と市民が計画に貢献する役割について、導入説明を行った。この説明の目的の一つは、市民が計画に影響を与えることのできる範囲をあらかじめ明確にしておくことであった。法令や裁判所命令、行政規則によって決まっている要素については、影響を与えることはできない。この導入説明は、市民がアクセス可能な「決定範囲」を明らかにするために必要不可欠であった。中立的な第三者は、グループが従う根本ルールを明示した。このグループ・プロセスに参加する者全員が、そのルールを守り、他の人の違反に

気づいたら、その人にルールを思い起こさせるよう求められた。

　導入説明の後、景観ワーキング・グループのプロセスは2段階に分けて行われた。景観の将来構想を策定する段階と、将来の望ましい景観に焦点をあてた地図作成の段階である。景観の将来構想を策定するために、参加者は6人から8人の小グループに分けられ、その地理的区域固有の特徴や価値——その地理的区域にあって、地球上の他のどこにも見つけられないもの——を明らかにするよう指示された。この作業を通じて、参加者は、自らの価値観——この区域の土地や自然資源、地域社会に対する全面的な謝意——を表明した。次に、参加者は、このような特徴や価値を保持したり、高めたりするためには何をすべきか、その道筋にはどのような障壁があるのかを明らかにするよう指示された。その後、参加者は、小グループ内で自分の考えを他人と共有するよう求められ、小グループごとに、その区域固有の特徴や価値を、それらを保持したり高めたりするための機会と障害とともに、包括的なリストとしてまとめた。小グループでの30分間の議論の後、同じ議論を全体でも行った。この議論を通じて、いろいろなキーワードやフレーズがもたらされたが、それらは、なぜその地理的区域が個性的で価値があるのか、そして、何をすればそれを保持し改善できるのかを説明した将来構想の提言案に最終的に盛り込まれた。

　将来構想の提言は、すべての参加者が共通して考えていること——なぜ自分たちは、その地理的区域に価値を置くのか——に焦点が絞られた。地図作成の段階では、将来、自分たちの土地がどのような様子であってほしいかを明らかにするために、参加者は共同作業を行った。このプロセスは再び、参加者を6人から8人の小グループに分けて行われた。小グループをファシリテートするための訓練を受けた森林局の職員が、それぞれのテーブルに座って、技術的な質問に答え、対話が開かれたものになるよう促した。それぞれの小グループのテーブルには、一つの地理的区域をさらに小さな景観単位に分けた3×5フィートの地図、景観テーマの参照ガイド、各景観単位のデータのまとめ、望ましい状態を記入するためのワークシートが配布された。

　地図とデータのまとめは、計画チームが地区の職員とともに作成したものであった。地図は、ハイキングやバイクのツーリング、ドライブといったレク

リエーションで一般的に使われている地図をデジタル複製したものであったので、地図に掲載されている場所や地理的縮尺は、利害関係者たちにとってなじみのあるものであった。地図上の景観単位は、景観テーマごとに色分けされていた。景観テーマは、景観の状態によって、手つかずの原野（テーマ1）から永続的な人間による変更が加わった開発（テーマ8）まで連続的に分類されていた。つまるところ、景観テーマは、純粋に自然のものから純粋に人工のものまで、どのような攪乱要因が景観に影響を与えるかを示したものである。景観テーマを設定した目的は、利害関係者たちに、これらの景観域の現在の状態と望ましい状態と、それぞれの景観域の変更案について意見交換するための共通の言語をもってもらうことにあった。

　データのまとめは、植生の種類、自動車道や登山道の広がり、レクリエーションの機会、材木加工やその他の資源生産活動の可能性、絶滅危惧種や歴史的建造物といった固有の生態学的・社会的価値のある存在など、その区域についての主たる情報の一覧を含んでいた。

　地図作成のプロセスの第一段階は、地図上のそれぞれの景観域についての情報を確認し、調整し、修正することであった。そうすることで、参加者は、自分と他者が有する、景観や資源とその利用に関する知識を引出して、森林局が提供した情報と突き合わせた。この作業は、地元の利害関係者たちにとって、地元の景観についての情報と知識を生み出すことに貢献するかけがえのない機会であった。地図とデータのまとめに、変更が加えられた。

　地図作成のプロセスの第二段階は、その土地の望ましい状態を確定することであった。このプロセスは、その土地が将来どのようになるべきかに関する個々人の将来構想と、この将来構想を達成するための人びとの役割を統合することを要する、きわめて熟議型のプロセスであった。多様な個々人が、自分たちの違いに向かい合い、環境の状態に関する専門的な関連情報を比較し、その景観に関する多様な価値を考慮し、今後変更が加えられるであろう共通の将来構想に辿り着かなければならなかった。望ましい状態を記入するためのワークシートは、景観テーマを用いて、利害関係者たちが小グループの熟議のなかで気づいたことを書きこむ形式となっていた。反対意見の視点も盛り込めるよう

に、ワークシートには、特記事項や懸念も書きこまれた。

協同学習の歴史

　熟議アプローチとしての協同学習は、レクリエーション区域の計画[5]、山火事後の復旧計画[6]、いくつかの小規模土地管理計画[7]といった数多くの状況で用いられてきた。しかしながら、大規模な景観ワーキング・グループの枠組みが用いられたのは、グランド・メサ、アンコンパーグレ、ガニソン国有林が唯一であり、今日まで他の国有林の計画プロセスには適用されていない。GMUGの五つの地理的区域から、計1,035人の参加者がグループ・プロセスに参加し、一会合あたり参加者数は平均29人から52人であった。五つの地理的区域のうちの残りの三つの区域では、利害関係者の参画をより効率的に行わなければならないという、それ以前に学ばれた決定的な教訓を踏まえて、前述した、将来構想策定と地図作成という2段階のプロセスで行った。先行して行われた二つの景観ワーキング・グループ（アンコンパーグレ、ノース・フォーク・バレー）は、それぞれ合計で17回と8回の会合をもち、後に行われた三つのグループ（グランド・メサ、サン・フアンス、ガニソン盆地）は、それよりも少なく、それぞれ6回、6回、4回の会合をもった。

　会合後の評価アンケートが、参加者の熟議プロセスがもたらした効果の量的指標を提供している。表11.1に、学習に着目した質問文に対する回答の平均得点が示されている。得点を見ると、計画のプロセスの当初から熟議の機会をもてたことについてほとんどすべての参加者がプラスの評価をしている。「森林計画の見直しの早い段階から市民が参画することは重要である」という質問文への回答は、1点（「まったくそう思わない」）から5点（「まったくそう思う」）にわたる尺度において、平均して4.59点であった。同じ尺度を用いて、参加者は、他者のもっている知識（平均＝4.3点）や森林局のもっている知識（平均＝4.22点）にも価値を置いていると答えている。参加者は、一般的にいって、小グループでの議論（平均＝4.29点）と地図作成のプロセス（平均＝4.36点）に価値を置いていたが、全体での議論（平均＝3.96点）についてはそれほど満

---

5 —— Daniels and Walker (1996), "Using Collaborative Learning in Fire Recovery Planning."
6 —— Daniels and Walker (1996), "Using Collaborative Learning in Fire Recovery Planning."
7 —— Daniels, S. E., and Walker, G. B. (1997). "Collaborative Learning and Land Management Conflict." In B. Solberg and S. Miina (eds.), *Conflict Management and Public Participation in Land Management*. Joensuu, Finland: European Forest Institute.

表11.1. グランド・メサ、サン・フアン、ガニソン盆地景観ワーキング・グループの会合後調査から、学習に関する質問文に対する回答の平均得点

評価質問	平均	標準偏差
今晩の会合がGMUG森林計画の見直しにどのように関連しているかがわかった	3.81	1.05
この区域についての私の知識が、この会合に重要な貢献をした	4.06	1.05
この区域についての他の市民の知識が、この会合に重要な貢献をした	4.30	0.98
この区域についての地区職員の知識が、この会合に重要な貢献をした	4.22	0.98
森林計画の見直しの早い段階から市民が参画することは重要である	4.59	0.91
森林局職員によるプレゼンは、この区域に影響を与えているさまざまな問題をよりよく理解するのに役立った	4.11	1.04
知り合いでない人たちと、気持ちよく、公有地に関する問題を話し合えた (n=273)	4.11	0.00
異なった視点をもつ人たちと、気持ちよく、公有地に関する問題を話し合えた (n=273)	4.11	1.02
全体グループの活動の間、気持ちよく、議論に貢献できた	3.96	1.10
小グループの活動の間、気持ちよく、議論に貢献できた	4.29	0.95
景観管理の活動の間、気持ちよく、地図を使うことができた	4.36	0.95
この区域の問題について、気持ちよく、森林局の職員に話すことができた	4.34	1.03
過去5年間に、何回の協働プロセスに参加しましたか	2.55	1.10
そのうち何回が、GMUG森林に関する協働プロセスですか	2.16	1.14

注：回答は1点（「まったくそう思わない」）から5点（「まったくそう思う」）までの尺度で記録されている。サンプル数の合計 (n) は、特記がない限り、329である。

足していなかった。景観ワーキング・グループに出席した参加者たちは、それ以前に、2、3回は、協働グループに加わったことがあり、すでに熟議のプロセスに通じていたことには留意する必要がある。

いくつかの反省と提案

　協同学習を異なった場所や目的に成功裡に応用するために、主催者はそれぞれの話し合いの場で用いられる議論の方法を、地域の文化や公共の課題の複雑さに基づいて注意深く修正する必要がある。協同学習が確かに起こるようにする活動をデザインするためには、主催者が、このプロセスの背後にある理論や枠組みを完全に理解していなければならない。通常、森林局をはじめとする政府機関は、そのような徹底したプロセスを主催するために必要な訓練、技能、時間、人的資源や財政的資源を欠いている。たとえ、協同学習のアプローチについての理解とそれに対する支援があったとしても、必要な技能と資源なしで

は、実施はまず不可能である。話し合いのデザインは、料理本のレシピのように手順に従うものではない。主催者とファシリテーターは、現場に特化した話し合いの場をデザインし、地元の地域社会の変化するニーズに応えるために、協同学習のモデルを修正してその強みを活用し尽くさなくてはならない。

　今後の問題として残っているのは、どのようにして利害関係者の期待をうまくさばくかということである。言葉の選び方が決定的に重要である。論争を引き起こす、複雑な公共の課題は、解決することは不可能だとしても、改善することは可能である。協働を期待することは、協働が起きることを助けるだろう。逆に、特別な利害関係者たちにそれぞれの利害得失に着目することを期待させてしまうと、彼らは、全体状況——個別の不一致や争いが生じている場である、より広範なシステムという文脈を含む——がもつ複雑さに取り組むことができない。違いを尊重したり受容したりすることは、単に違いに寛容であることとはまったく違う。利害関係者間の戦略的な振る舞い——計画プロセスの最初から熟議に参加するのではなく、行政に対する請願や訴訟を起こそうと待ち構えたり、議会に動きを求めたりすること——はいずれにせよ継続することになる。

　もう一つの直面している課題は、提言や行動の計画にすぐにとりかかるのではなく、アセスメントに時間をかけることである。アセスメントの段階を通じて、その土地の社会、経済、生態上の歴史を学ぶことで、隣人たちや敵対者たちは、現状についての共通の理解を発展させることが可能となる。つまり、彼らはお互いの視点と価値観を学ぶのである。この共通の基礎と相互尊重が、変革や改善のための提案を策定する際に、より豊かな対話を可能にする。

　質の高いアセスメントと市民の組織を構築するには、幅広い利害関係者たち全員が代表されていることが必要だ。すべての当事者の代表を、それぞれの人口の割合に応じて、どのように確保するかが、引き続きの課題である。

　市民が、よくデザインされた公共のフォーラムは心からの満足をもたらしてくれるということを学ぶにつれて、もっと多くの人びとが本書の本章と他の章で議論されているような市民参加のプロセスに参加したいと考えるようになる。100人かそれ以上の人びとからなる話し合いの場をデザインするなら、さまざまな活動や方法を応用することが求められる。第9章や第10章、第11章で述

べられているような手法を用いて実験的に行ってみることも有益だろう。インターネットはウェブ上で、より幅広い参加の機会を提供する。ただし、それはお互いの顔の見える会合がもつ関係構築という側面を犠牲にするかもしれない。考えられうる決定がもたらす結果を前もって描きだすのに、モデル・シミュレーションを用いることも、人びとが情報に依拠した意見表出を行うのを助けるだろう。新しい会合の手法が進化している今、地域社会が将来の問題に一緒に取り組むための能力を作り出す方法を見つけることが私たちの課題である。

第12章
ブラジルにおける参加と公共政策

ヴェラ・シャタン・P・コエルホ、
バーバラ・パゾーニ、
マリアナ・シフエンテス・モントーヤ
井上弘貴 訳

　民主主義への公式の移行を宣言した1988年のブラジル憲法は、政策形成の分権化を推し進め、市民が社会政策の形成、実施、評価に参加する仕組みを組み込むものであった。憲法草案が出され、参加民主主義の仕組みを創設してほしいという要望に50万筆の署名が集まるにつれて、数百数千の利益団体が国中で活動をはじめた。この要望の根底にあったのは、市民が参加する余地を設けることで、政策形成のプロセスがより透明で説明責任を果たすものになり、社会政策が市民のニーズをもっと反映したものになるだろうという考えだった。
　このような法律上の基礎の上に、市民参加のさらなる制度的枠組みの整備が推進された。運営評議会、意見聴取会、さまざまな会議、参加型予算、監督官庁内部の熟議の仕組みがそこには含まれる。怒涛のように導入されたブラジルにおける参加の仕組みのなかでも、参加型予算と運営評議会は1990年代にもっとも大きな勢いを得た。この二つの参加の仕組みは行政部門に結びついて

―― 本章は、イギリスの国際開発学部の支援を受けつつ、開発学研究所の市民権、参加、説明責任に関する開発研究センターとブラジル分析計画センターが実施した研究成果を公表するものである。

おり、透明性、地域によるコントロール、行政サービスの行き届いていない地域への資源再配分に重きを置くものである。

1989年以来、5,507のブラジルの地方公共団体のうち250が、参加型予算というプロセスを採用している。それはインフラと基本的な社会サービスに対する政府の投資の優先順位を設定するにあたって、市民の参加を可能にするものである。参加型予算とは、市民による熟議を地域で、予算問題について実践するものである。参加型予算をめぐる集会は、政府の業績について公共の場での検討を容易にし、市民が公共投資の優先順位について調整を行う場を提供している。参加型予算というプロセスの最終文書は、ソーシャル・ワークとサービスについての計画である。この計画は予算の不可欠な一部として行政府に送付され、議会での検討と最終投票に付された。参加型予算編成が最初に行われたポルト・アレグレ市は130万人の住民を擁する都市であるが、10万人近い人びとが参加型予算のプロセスに参加したのである[1]。

28,000以上の運営評議会が保健政策、教育や環境その他の問題のために設立された。これらの評議会は地域から連邦国家に至るまで、あらゆる政府のレベルで組織され、それが行うフォーラムで市民たちはサービスの提供者や政府と一緒になって公共政策を詳らかにし、政策の実行を見守った。運営評議会は、市民たちが政策形成について声を上げ、さらなる説明責任の仕組みを人びとにもたらすものである。

参加型予算と運営評議会という二つの参加の仕組みのなかで、運営評議会は、少なくともその規模において、より重要である。しかし、この評議会は市民参加を推進するという点で、本当に効果的なのだろうかという問題提起が先行研究によってなされている。そうした研究によれば、評議会が民主的であるという前提自体が、ブラジルの州内部の権威主義的な伝統によって、もっと一般的に言うなら、根強く残っている権威主義的な政治文化、脆弱な市民団体、社会と国家機関双方からの抵抗によってすでに損なわれているというのである[2]。

---

1 —— Souza Santos, B. (1998). "Participatory Budgeting in Porto Alegre: Toward a Redistributive Democracy." [http://www.ssc.wisc.edu/~wright/santosweb.html]
2 —— Brazilian Association of Collective Health. (1993). *Relatório final da oficina: incentivo à participação popular e controle social em saúde* [Final report: Popular participation and social control in health]. Série Saúde e movimento [Health and movement series]. Vol. 1. Brasília: Brazilian Association of Collective Health; Andrade, I. (1998). "Descentralização e poder municipal no nordeste: os dois lados da moeda" [Decentralization and municipal power in the North East: Two sides of the coin]. In J. A. Soares (ed.), *O orçamento dos municípios do Nordeste brasileiro* [The municipal budget in the Brazilian Northeast]. Brasília: Paralelo15; Carneiro, C. (2002, March). "Conselhos: Uma reflexão sobre os condicionantes de sua atuação e os desafios de sua efetivação" [Councils: Challenges for their implementation]. *Informativo CEPAM* [CEPAM Bulletin], 1(3), 62–70. São Paulo: Fundação Prefeito Faria Lima; Carvalho, A. (1995). "Conselhos de Saúde No Brasil" [Health Councils in Brazil]. Política, *Planejamento e Gestao em Saúde*.

評議会が設置されている場合でさえ、もっとも貧しい人びとは排除され続け、自分たちの要求を言葉にする十分な資源をもたずにいる。その一方で、参加のコストは資源をもっている人びとの方がより低いままである。

　本章で私たちは、異なる見方をとる。運営評議会の組織構造がそこに関わっているアクターたちの既存の不平等を強化する可能性があることを認めつつ、そうした不平等は、評議会のプロセスの一部である熟議を改善することによって、少なくとも部分的には対処可能である。たとえば、評議員が選ばれるプロセスを検討し、適切な規則や手続きを工夫することで、相対的に言って技術的な専門知識をもたずコミュニケーションの資源がない市民が、熟議による意思決定のプロセスの効果的な参加者のなかに含まれるように保証することが必要である。

　事例を考察するにあたって、私たちが焦点を当てるのは、サンパウロ市の保健医療評議会である。この評議会は、積極的にそこに関わっている市政府や市民との望ましい環境のなかで運営されている[3]。このような保健医療評議会は、事例研究に適している。なぜなら、これら評議会はその他の評議会よりも長期間にわたって設立され、より組織として強固であると考えられるからである。サンパウロの事例を個々に検討する前に、保健医療評議会の法的前提を検討しておこう。

保健医療評議会の法的前提

　1988年憲法は、保健医療をすべての市民の権利であると同時に州の責任であると規定し、統一保健医療システム（SUS）を制定している。これはブラジルの国民健康保険制度であり、ユニバーサリティの原則と保健福祉提供の平等性に基づいている。統一保健医療システムは説明責任（社会的統制）と住民参加という考えを取り入れており、保健医療システムは民主的に運営されなければいけないこと、政策形成に市民社会が参加することはその民主化の達成にとって根本的なことであるとうたった[4]。保健医療評議会は、保健医療分野のガバナンスにおいて市民参加を可能にするための責任ある制度として、法律の

Série Estudos [Study series: Politics, planning, and health management], no. 3. Rio de Janeiro: Ibam/Fase, 5–41.

[3] 労働者党は2000年から2004年にかけての任期で市の選挙に勝利した。保健医療部長は、市民社会からの参加を熱心に進めたエドゥアルド・ホルヘだった。

[4] Lobato, L. (1998, Sept. 24-26). "Stress and Contradictions in the Brazilian Healthcare Reform." Paper presented at the annual meeting of the Latin American Studies Association, Chicago.

枠内で立ち上げられた。保健医療評議会は、連邦、州、自治体の政府レベルで設立されてきた。

　保健医療評議会は、市民、保健医療の専門家、政府関係機関、保健医療サービスの提供者や事業者からなる常設団体である（連邦法第8142号）。現在のところ、5,500以上の保健医療評議会が存在し、ほぼ10万人の市民ときわめて多数の団体が関わっている。保健医療評議会は政治的なフォーラムであり、そこでは参加者たちがさまざまな課題について議論し、保健医療部局の計画を手助けしたり優先順位や政策を詳らかにしたりするために連携することもある。これら評議会の強さは主に、保健医療部局の計画や説明に対して拒否権を与えている法律に負っている。もし保健医療部局が年次ごとに公表することを求められている計画や予算を評議会が拒否したら、保健省は予算を交付できないのである。

　サンパウロ市の保健医療評議会のような自治体の保健医療評議会が保険医療分野のガバナンスにとって特に重要なのは、統一保健医療システムの原理の一つが保健医療システムの分権化だからである。分権化のプロセスを通じて、保健医療の計画策定と保健医療サービスの提供については自治体政府が責任を負うこととなった[5]。このプロセスが、保健医療政策の細かな検討にとって鍵となるような政治の場に自治体を変え、自治体の保健医療評議会を政策形成への参加にとって重要な場に変えたのである。このように憲法で定められたサービスの提供を実行に移すために、権限を付与するための法律の制定がなされ、連邦、州、自治体の政府間での資源分配が変更され、自治体政府が相当に強化された。統一保健医療システムを規定している基本的運用基準は、公衆保健医療予算の60%を管理している連邦政府から各自治体へと保健医療セクター内部で財源を移譲するよう定めているが、その場合、各自治体には保健医療評議会が設置されていることが条件となっている。このような法的枠組みが施行されたことで、ブラジル国内の自治体の保健医療評議会が相次いで設立されたのである。基本的運用基準はまた、評議会の代表は「パリティの原則」に基づくべきであると規定しており、この原則は、保健医療サービスの提供者、保健医療の専門家、担当の政府機関の代表の総計と、市民社会（市民）の代表の数は等

---

[5] ── Lobato, (1998), "Stress and Contradictions in the Brazilian Healthcare Reform." 連邦政府は国家の政策を策定する責任を保持し、統一保健医療システムを通じて国内規制を統轄するとともに、州と自治体に技術的ないしは財政的支援を提供する。各州は、州内部の保健医療に関する横と縦の連携を管轄することと、自治体への技術的ないしは財政的支援の監督と提供に責任をもつ。

しくなければならないとうたっている。

どのようにサンパウロ市の保健医療評議会は運営されているか

　サンパウロ市の保健医療評議会は、一千万人の都市であるサンパウロ市の中心市街地にある、市の保健医療部局の本部に置かれている。評議会は、熟議集会、運営協議会、事務局の三つの組織からなる（1999年市行政命令第38576号）。熟議集会ないし総会は、月に1回（定例会）と議長あるいは構成員の多数が必要と認めた時（臨時会）に、市保健医療部局の本部で行われる。熟議集会は公開であり、評議会の課題について最終決定を行う。熟議集会の会合に求められる定足数は、構成員の過半数である。評議会は64名からなり、32名は名義のみの構成員であり、32名が選出されて出席する。評議員は2年任期で選出され、再選されることもある。評議員としての参加は公共の奉仕であるので、法律によって有給であることは認められていない。保健医療部長は法律により評議会の構成員であり、議長を務める。議長は熟議集会において意見を述べる権利はあるが、採決が同数のために投票が必要である場合を除いて投票権はもたない。

　評議会を公式に定めている市の行政命令は、四つの構成グループ内での評議会に代表を送る権利を有する団体や組織の概要とそれらが有する評議員の数を規定している（表12.1を見よ）[6]。評議会に選挙あるいは別の方法で代表を送る責任は、この四つのセクターにある[7]。パリティの原則は、市民社会に出自をもつ団体が評議会の評議員席の半数を占めることを保証している。保健医療の専門家が評議員席の4分の1を占め、政府機関の代表と官民の保健医療サービス提供者の代表に残りが割り振られている。

　先行研究が指摘しているのは、サンパウロ市では評議会に代表を送っている市民社会に出自をもつ団体の大多数は、政策形成のプロセスから歴史的に排除されてきたり周縁化されてきた、あるいはまた社会の主流からの差別に苦しんできた市民たちと、緊密に関係しながら活動しているということである。この

---

[6] 他でもないこれらの団体や組織がどのようにして、そしてなぜ選ばれてきたのかを検討した研究は管見の限り見当たらない。表12.1のリストは、異なる複数のアクター間で密度の濃い政治的な交渉が行われた結果であるというのは相当程度にありうることだが、この交渉がどのように行われたのかには、それでもなお光が当てられなければならない。

[7] 評議員を任命するにあたって、候補者リストが保健医療部長に提示され、部長は市の保健医療の会議の際に新しい評議員に任命状を手渡す。

表12.1　サンパウロ市保健医療評議会の人員構成

市保健医療評議会に代表者を送っている機関	評議員席の数
市民社会（合計16席）	
保健医療の住民運動	6
社会運動	5
患者団体	2
障がい者団体	1
労働組合	1
管理職組合	1
保健医療の専門家（合計8席）	
保健医療の専門家の組合	2
職域組合	2
直接の治療に関わる専門職の諮問評議会	2
（血液バンクや薬剤師のような）指導や薬物投与に関わる専門職の諮問評議会	1
療法士や技士のような専門職の団体	1
政府機関（合計6席）	
市の保健医療部局	4
公立大学および研究機関	1
私立大学および研究機関	1
保健医療産業の事業者（合計2席）	
健康や医療に関するサービスや製品を生産、提供している企業	1
健康や医療に関するサービスを提供している非営利団体	1

出典：1999年サンパウロ市行政命令第38576号

　周縁化されてきたグループに含まれるのは、貧困地区に住む貧しい住民、黒人たち、障がい者たち、高齢者たちである[8]。市民団体に確保されている評議員席の大半（16席のうち11席）は、保健医療の住民運動や社会運動の団体に割り当てられており、残りの三つの席は障がいをもった市民（1席）とHIVのような疾病をもった人びと（2席）を代表する団体がもっている。残る二つの席は、労働組合の代表が占めている。民主主義への移行や保健医療評議会の制度化にあたって、いかに社会運動の団体が役割を果たしてきたかが、評議会でそれらが占めている評議員席の数によって説明できる。特にサンパウロ市では、保健医療の住民運動が、貧しい人びとや周縁に追いやられてきた人びとの健康や住居の環境の改善を求める闘いのなかで重要な役割を果たしてきた。
　評議会を構成する団体が代表者を選出しているプロセスについては、ほとん

---

[8] Pozzoni, B. (2002). "Citizen Participation and Deliberation in Brazil." Unpublished master's thesis, Institute of Development Studies, University of Sussex, Brighton, U.K.; Coelho, V. (2004, Apr.). "Brazil's Health Councils: The Challenge of Building Participatory Political Institutions." *IDS* [Institute of Development Studies] *Bulletin*, 35 (2), 33–39.

ど知られていない。2002年の3月に、ある評議員が評議会の臨時会招集を求め、労働者党の側からの評議会に対する「党派的な介入」を批難した。その評議員の主張するところでは、労働者党はいく人かの評議員、とりわけ社会運動や組合に関係する評議員の選出プロセスをコントロールしているという。この問題は評議会のなかで激しい議論を引き起こしたが、結果的に変更は何もなされなかった。

　いくつかの場合の評議員の選出プロセスを検討するために、2001年の7月に行われた東部地区での保健医療の住民運動の代表者選挙を手短にみておこう[9]。その会合は平日の午後に行われ、市の東部地区に含まれる13の保健区域からやって来た64人の人びとと市の評議会が任命した役員1名が参加した[10]。評議員の役職には3名の候補者がいたが、この人びとがどのようにして選ばれたのかについて説明はなかった。候補者たちが演説を行い、彼らの提案が議論された後、参加者は挙手によって投票を求められた。当選者は39票を集めた。私たちは参加者の素情と彼らが代表している団体について情報を得ることはできなかった。それらの詳細を示す書類は存在しなかった。しかも、以上のような選出プロセスが典型的なものであるとは限らない。評議会に参加している他の団体（あるいはブラジルの他の保健医療評議会）は、自分たちの代表を選出するのに異なった方法を採用している可能性があるからである。とはいえ、このように見てみると、選出が行われるプロセスについての情報不足とともにこのプロセスを明らかにすることがいかに難しいかがよくわかる。

　評議会についての社会経済的ないしは政治的背景についての研究が明らかにしていることだが、市民の代表者たちの45%は、1970年代から1980年代の間に社会運動に参加しはじめ、残りの人びとは左翼政党と関係があった。2000年度に市民社会を代表した人びとの75%は女性であり、78%は50才以上であり、年輩の評議員の多くは退職者だった。市民の代表者たちは低学歴であり、評議会に代表を送っている他のグループと比較して所得は低い。市民の代表者たちの43%が4人以下世帯の最低賃金と同じ程度の収入しか得ていないと述べた。これは他のグループの代表者たちが得ている収入よりもずっと低いものである。

---

[9] —— Pozzoni (2002), "Citizen Participation and Deliberation in Brazil." サンパウロ市には保健医療の住民運動と結びついた六つの団体があり、市の六つの地区に対応して一つずつ存在している。そのそれぞれは、市の保健医療評議会に1席を保持している。
[10] — それぞれの保健区域には、約25万人の住民がいる。

行政命令によって評議会の構成員としての権利を与えられることは、政策形成に市民を包摂するための前提条件ではあるが、それだけでは十分ではない。包摂が果たされるのはもっぱら、どのくらい市民の代表者たちが評議会の会合に出席できるか、しかも自ら進んで出席できるかにかかっている。諸々の会合は平日の午後2時に組まれるが、これは仕事をもっている評議員は出席するために仕事を抜けてくる必要があることを意味している。政府機関や大半の保健医療の専門家から選ばれた代表者たちにとって、これは問題にならない。なぜなら彼らの仕事の性格上、参加を促されるからである。それに対して、市民の代表者たちは仕事先から許可を得なければならず、仕事を抜ける時間をどのくらい得るかについて交渉しなければならない。さらに人によっては中抜けしている時間は給料が出ないこともある。それゆえに彼らにとって、評議会の会合に出席することは、相当な機会費用をともなうのである[11]。以上の考察を踏まえれば、市民社会の代表者のごく一部しか評議会の会合に参加できない、あるいは進んで参加しないとしても驚くべきことではないだろう。しかしながら、2001年度のサンパウロ市保健医療評議会総会の出席リストを検討してみると明らかになるのは、市民の代表者たちの過半数は、評議会の会合に**きちんと**出席しているということである。さらに言えば、彼らの出席状況は評議会の他のグループの出席状況よりもわずかに高い傾向があるので、彼らはつねに参加者の少なくとも半数を構成し、しばしば他のグループを数のうえで上回るのである[12]。

　評議員についての社会経済的な背景と彼らの出席状況についてのデータが示唆しているのは、サンパウロ市保健医療評議会は、他のフォーラムであれば通常は一堂に会することのない、しかも歴史的にみて保健医療政策について一緒に議論したり詳らかにする機会を欠いてきた社会集団の間に対話の場を開くことに成功してきたということである。この成果にもかかわらず、社会のなかのもっとも貧しいセクターはそれでもなお参加していないということ、評議会に代表者を送っている市民団体のかなりの数が、歴史的にみて労働者党と関係してきた一方で、貧困層に対する保健医療サービスの提供を改善すべく活動している多くの他の団体が、評議会の公式の構成からは排除されているという事実

---

11 ─ 失業しているか退職している市民の代表者たちにとって、会合に出席することは自由な時間を費やした活動である。これは被雇用者が代償として払っている機会費用を伴わないようにみえるが、出席しなければ自由な時間であった時間を余計に提供していることに変わりはない。
12 ─ Pozzoni (2002), "Citizen Participation and Deliberation in Brazil."

を見失わないようにすることが重要である[13]。

このような状況は、特定の団体や組織に評議員席を与えている評議会の内規に主に起因している可能性がある。評議会への市民の関わり方を規定している規則は、いくつかのグループ(つまり規則が作られた時に動員されたグループ)だけが評議会に関わることを想定しており、その結果として代表を送っていない社会集団の排除を強化してしまっている。この潮流に抗しようとするなら、動員されていない脆弱な諸グループの包摂を保証するために、参加型制度に代表を送り出すことを組織するより適切な方法を工夫する必要があるだろう。何人かの論者はそのようなやり方をすでに提案しているが、今後参加型フォーラムのなかでいくつかの代替策がテストされることを期待したい[14]。

サンパウロ市の評議会の影響を検証する

評議会の公式の構成は水平的であり、対面による議論に参加して自分自身の見解や選好を論じる完全な自由が構成員には保証されている。評議会の総会は、選ばれた評議員が司会を務め、その者はファシリテーターの役割を果たす。この水平的構造が、異なる社会的アクターの声を保健医療のガバナンスに届けることを期待されている。

しかしながら、評議会の総会議事録を私たちが検討したところで明らかになったのは、参加者間での情報交換を促進することには困難がつきまとうということである。いくつかの話題提供しか、他の参加者からの反応を引き出して議論を生じさせることには成功せず、その他の話題提供はそのまま無視されてしまう。インタビュー調査の結果、大半の評議員が同意していることだが、論点にずばりと迫り、脱線を避けて、討論されている問題を外さない議論の仕方が、評議会のなかでの立場を高める効果的な方法である。保健医療分野の専門的な言葉を自分のものにすることは、最近の政策の物言いになじむ仕方で自分の考えを伝え、支持する立場により多くの重要性と正統性を与えることを評議員に可能にさせる。うまく組み立てられておらず、非常に些細な問題にこだわっているとみなされてしまうような仕方で市民の代表者が議論をしてしまう

---

13 ― Coelho, V. (2004). "Conselhos de saúde enquanto instituições políticas: o que está faltando?" [Health councils as political institutions: What is lacking?]. In V.S.P. Coelho and M. Nobre (eds.) , *Deliberação e Participação no Brasil* [Deliberation and participation in Brazil]. São Paulo: Editora 34 Letras.
14 ― Fishkin, J. (1995). *The Voice of the People*. New Haven, Conn.: Yale University Press; Cornwall, A. (2004, Apr.). "New Democratic Spaces? The Politics and Dynamics of Institutionalised Participation." *IDS* [Institute of Development Studies] *Bulletin*, 35 (2), 1–10; Fung, A. (2003). "Recipes for Public Spheres: Eight Institutional Design Choices and Their Consequences." *Journal of Political Philosophy*, 11, 1–30; Font, J. (2004). "Participación ciudadana y decisions públicas: conceptos, experiencias y

と、その者の発言は不明瞭であるとか情緒的であるとか、あるいは場をひっくり返すような内容を含んでいるとか他の分野の代表者たちには関係のないものとみられてしまう。しかも、こうした発言のスタイルは貧しく教育を受けていない人を連想させる傾向があり、効果的でないとみなされるだけでなく、実質的に理解不能とみなされてしまう。

　行政の規則や保健医療計画の変更のような重要な政治的課題について討論がなされる際、多くの評議員が気づくのは、自分たちが行った議論が、政府が提起している案を結局のところ意味のある形で修正していないということである。評議員の大多数が政府の見解に反対した場合であっても、評議会は首尾一貫した別の政策提言を練り上げたり提案したりする能力がないことを露呈してしまう。評議員たちへの面接が明らかにしているのは、評議会が保健医療制度のなかで行使できる影響力は限られているということを評議員たちはよくわかっているということである。自分たちはいつも制度の日々の運用のなかにある問題をあげつらっているが、その問題を解決すべく自分たちを組織する方法を見い出すことはまれであると評議員たちは言う。このことが意味しているのは、評議会は市民参加の機構であると言われるが、それは新しい関心や実践に正統性を付与できておらず、そのことが評議会を政府に対して交渉する際に弱い立場に置くことになってしまっているということである。このような限界にもかかわらず、多くの評議員たちは市の保健医療評議会の構成員でいることには、少なくとも二つの理由から見返りがあると考えている。一つには、評議員でいることは就任する以前であれば得られなかった新しい情報に接する機会を与えてくれる。二つ目に評議員たちは、保健医療制度の改善に関わっている他の人びとと出会う、一つの社交の場として評議会を見出しているのである[15]。

　サンパウロ市保健医療評議会における参加の動向を私たちが分析することで示唆したいのは、それまでであれば排除されてきた集団の考えが表出されうる政治的な場を制度化しているという点で、重要な前進がなされているということである。それにもかかわらず、これらの集団の声がきちんと聞かれるためになされるべきことは多く残されている。主な問題の一つは、社会経済的な背景が異なる集団間で包摂を目指す対話を促進することである。総会の際に議論を

---

metodologias" [Citizen participation and public decisions: Concepts, experiences, and methodologies]. In A. Ziccardi (ed.), *Participación ciudadana y políticas socials en el ámbito local* [Citizen participation and social policies in local government. Mexico: Instituto Nacional de Desarrollo Social [National Institute of Social Development].

15 ─ 2000年度と2002年度にその職にあった評議員へのインタビュー調査は、サセックス大学開発学研究所の「シティズンシップ・参加・説明責任に関するシティズンシップ開発研究センター」の支援を受け、ブラジル分析計画センターが実施した、「ブラジルにおける参加と社会的包摂」プロジェクトの一部として実施された。

ファシリテートしたり、すべての参加者に参加を促したりすることを司会役の評議員に任せることは、評議員たち全員がこの仕事をこなすのに必要な能力をもっているとはかぎらないので、明らかに有効な戦略であるとは言いがたい。何人かの論者がすでに論じているように、参加型のフォーラムのなかで社会的弱者が自分たちのことを効果的に表現可能にするためには、技術的な専門的知識やコミュニケーションの資源をもたない参加者の能力を育むことを目的とした特別な方法が考案され採用される必要がある[16]。

　他方で、保健医療部局が提起する政策や計画に対して評議会が影響力を行使できないことに対しては、評議会で議論される課題をもっと注意深く選別することが求められる。高度に特別な知識が要求されたり市民に専門的知識や情報が欠けているために、市民が参加してもほとんど成果があがりそうもない分野というものがある[17]。その一方で、政治家や行政職員よりも市民に一日の長がある分野では、重要な成果が期待できる。ローカルな知識と市民の選好が、重要な役割を果たす場合というのがあるのである。

考察

　市保健医療評議会の経験は、注意深く検討されるべき運動の一部分である。それは、市民社会と政治のアクターたちが政策形成における市民参加のための政治的場を制度化するために力を結集させようという運動である。サンパウロ市保健医療評議会の経験が示しているように、保健医療のガバナンスのなかに効果的に市民を包摂していくことを達成するための問題は、たとえ望ましい条件が存在している場合であっても数多くある。私たちが見てきたようにこれらの問題は、関係するアクター間で政治とコミュニケーションの資源が不平等に配分されていることから生じているだけではなく、市民の代表の選出方法、議論されるべき課題の選び方、熟議のプロセスの運営のやり方を定める規則からも生じている。もしもこれらの問題が放置されれば、政治的コネとコミュニケーションおよび技術的な資源を欠いている集団の排除を再生産し強化することになるだろう。

---

[16] ― Carvalho (1995), "Conselhos de Saúde No Brasil" ; Fung (2003), "Recipes for Public Spheres" ; Gaventa, J. (2004). "Strengthening Participatory Approaches to Local Governance: Learning the Lessons from Abroad, " *National Civic Review*, 3 (4), 16-27; Cifuentes, M. (2002). "Political Legitimacy of Deliberative Institutions." Unpublished master's thesis, Institute of Development Studies, University of Sussex, Brighton, U.K.; Delli Carpini, M. X., Cook, F. L., and Jacobs, L. R. (2003). "Talking Together: Discursive Capital and Civil Deliberation in America." Paper presented at the meeting of the Midwest Political Science Association, Chicago.

[17] ― Fung (2003), "Recipes for Public Spheres."

市保健医療評議会のような参加型制度は、上記のような不平等を少なくとも部分的に緩和するための資源を提供することが期待される。私たちが提案したいのは、これらの資源は市民の代表者たちの選出をもっと透明で民主的なものにし、熟議のプロセスをもっと包摂力のあるものにするために、評議会の組織としての能力を強化するための投資がなされるべきであるということである。関係するアクターたちが、そのような変革を推進するのに十分なやる気と能力を感じられるかはわからない。これらの問題への対処は政治的な領域からなされるかもしれないが、過去数年の間に参加型フォーラムを推進することに相当な努力が払われてきたことが示唆するように、相当に幅広い社会、州、政治のアクターたちがその実現に関わることになるだろう。

第13章
フィラデルフィア・ウォーターフロントの都市計画における熟議

ハリス・サッカラフ、ハリス・M・スタインバーグ、
スティーヴン・N・パイサー

秋田真吾 訳

　フィラデルフィア市では、長年にわたって、市民の意見を行政に反映させることを嫌う政治文化が厳として存在してきたために、市が開発や再活性化を行う際に支障をきたしてきた。裏取引や私的な会合が「公益」とは何かを定義するのだと市民に思われてきたのである。以下で紹介するのは、都市計画や開発を行う際に、市民に発言の場を与える一つの試みについての事例である。

　ペンズ・ランディング[1]のあるフィラデルフィア・ウォーターフロントは、30年以上もの間、公益に基づき開発を行うべきか、私企業により開発を行うべきかの対立が絶えなかった場所である。1976年に埋め立て地が公共空間としてデラウェア川に造成された時には、ペンズ・ランディングは市内に観光客を呼び込む将来有望な場所になると考えられた[1]。それ以降、この地を開発するために多くの試みがなされたが、それにもかかわらずペンズ・ランディングは、再生のための最善の策を講じられることなく放置されてきた。10車線あ

---

(1) ── ペンズ・ランディングは1682年に、ペンシルヴェニア州の開祖、ウィリアム・ペンが上陸した場所にあたる歴史的記念地である。1960年、都市計画家エド・ベイコンの提案で同地に公共空間を造成することになり、以降60年代、70年代に整備が進められた。今日ペンズ・ランディングと呼ばれているデラウェア川河口のウォーターフロントは、60年代以降、漸次造成された。1976年には独立200周年を祝うべく、歩道とボート設備が整備された。

1 ── フィラデルフィアの伝説的な人物、エド・ベイコン──第二次大戦期の都市計画者──が、オスカー・ストロノフと共同で、1947年に最初のウォーターフロント公園再生のアイデアを提案した。

る高速道路によって市の中心部から切り離されているため、この地の開発は無理だとみられてきた。

　2002年の夏、6度目の開発案が頓挫した後[2]、ジョン・F・ストリート市長と市の開発チームは、同地の新たな開発業者を選定するプロセスに着手した。このプロセスの結果として（ペンシルヴェニア大学デザイン研究科の特別プログラムである）ペン・プラクシスが、プログラムへのサポートを申し出た（この地域最大規模の日刊紙である）『フィラデルフィア・インクワイアラー』紙の特別編集チーム、（ペンシルヴェニア大学教育学大学院に付属している）学校教育評議会本部、フィラデルフィア・デザイン・アドヴォカシー・グループと連携することになった。各団体は一体となって、ウォーターフロントの将来についての市民対話という形をとって、フィラデルフィア市の人びとが関わることのできる公共のプロセスを作り上げたのである[3]。

　2003年の冬の50日間、フィラデルフィア市民はペンズ・ランディングがあるフィラデルフィア・ウォーターフロントの将来についての市民間の対話に参加して、忌憚なく意見を交換した。ストリート市長の行政が支援を行い、参加者に名を連ねるなかで開かれたペンズ・ランディング・フォーラムズは、埋め立て地の今後についての四つの連続したイベントから構成され、ウォーターフロントの開発についての専門家のプレゼンテーション、ペンズ・ランディングの将来についてのファシリテーションをともなった市民による熟議、都市デザインの専門家協議会が行われた[4]。800人を超える市民が参加することで、専門家の知識と市民の応答との間に相互に尊重しあう関係が生まれ、その成果はペンズ・ランディング憲章として実を結んだ。憲章は、ペンズ・ランディングの開発に携わる者なら誰しもが遵守すべき根本的な価値を表したものである。

　市政に世論を表明することが、「こうしたらどうだろう」という発言ではなく「反対」という発言を行うための機会であると考えられることがあまりにも多いフィラデルフィア市にあって、市民たちはさまざまなフォーラムを通じて

2── 2003年の開発案は、インディアナポリスのサイモン・プロパティ・グループによる高架駐車場を備えた600,000平方フィートの娯楽複合施設であった。
3── このパートナーシップは、部分的には、歴史的建造物についての**「街の声を聞く」**という企画により着想を得た。これは2002年の夏、ニューヨーク市により主催された企画であり、4,000人以上の市民が、破壊された世界貿易センター跡地について事前に提示された計画に応答した。本書第10章、Pyser, S., and Figallo, C. (2004, Spring). "The Listening to the City' Online Dialogues Experience: The Impact of a Full Value Contract." *Conflict Resolution Quarterly*, 21(3), 382. 参照。
4── ペンズ・ランディング・フォーラムズとその関連資料のために特設された『インクワイラー』紙のウェブサイトを参照のこと。

市政に対して建設的な発言を行うことができたのである。

ペンズ・ランディング・フォーラムズの背景

　ペンズ・ランディング・フォーラムズは、政治や開発は市民の手の届かないところにあるというフィラデルフィア市の文化のなかにあって、もっと市民の参画を創り出したいという思いのなかから生まれたものである。

起源と目的

　ペンズ・ランディング開発の試みが失敗してきた経緯を考えれば、フィラデルフィア市民が、市の都市デザインや計画についての議論から閉め出されてきたと感じるのも無理はない。かつては市の金権構造が厳として存在していたので、ペンズ・ランディングはおろか市のどの場所であれ、何を造るかについて市民の意向などまったく相手にされなかった。市の指導者と有力な開発業者が、誰が開発の権利を受けるべきか、誰が重要な場所への公的な助成を受けるべきかの権限を掌中におさめており、それを手放す気などさらさらなかったのである。こうした事情から今回の計画は、フィラデルフィア市の中央に位置するウォーターフロントの将来について、具体的に何かを決めるのでなく、原則をつくる役割を市民に与えることを目的とした。都市デザインにあたっての原則は、『インクワイラー』紙の論説紙面とウェブサイトの両方に掲載された。

　この計画のなかで示された認識によれば、代表制民主主義における市民の役割は、情報をきちんと知ることであり、その裏返しとして、政策立案者がなすべき仕事は何かを伝えることである[5]。典型的なやり方は、市民が新聞などの活字と電子媒体の双方を参照したり、講演会などの情報共有の場に出席したりすることで自ら学習したうえで、直接的に、または利益集団、ロビイストを通じて議員と接触して意向を伝えることである。議員の側が世論調査を通じて市民の考えを調査することもある。

　これらの方法によって市民は情報を知り、政治家に意思を伝えるのだが、どの方法にも弱点がある。個人が一人で学習しようとしても一人よがりになり、

5── デイヴィッド・マシューズの指摘によると、市民が民主主義に果たしうる役割は四つである。①公益の定義、②行動のための共通の土台の作成、③長期間にわたる信頼できる政府への支持、④私的な個人から公共性を備えた市民への転換 。

ある課題について限られた狭量な物の見方しかできない可能性がある。個人としての市民は往々にして、自分の立場と他の市民の立場とで葛藤が生じるかもしれないということを認識できないものである。世論調査の弱点は、時間が経つにつれ変化する一貫性に欠ける多様な意見を、そのまま表すことしかできないところにある。そのために世論調査は、一貫しない世論の根底にある市民の懸念や希望を知るうえではあまり価値のない不確かな情報しか提示できない[6]。

際立った特徴

ペンズ・ランディング・フォーラムズは、いろいろな観点をもった市民が集まり、専門家に学び、さまざまな懸念や希望を共有し、一貫した方向性を切り開く機会を創り出すことによって、個人単位による学習や世論調査ではうまくいかないところを克服した。開発業者と政策立案者が行うべき仕事は何かを伝えるべく、一つに集約される声をともに生み出すために市民が一緒に作業できるように、このプロセスはデザインされた[7]。

ペンズ・ランディング・フォーラムズは、これまでの章で言及したような熟議に基づくプロセスと共通する部分が多いが、他方で二つの際立った特徴がある。一つは、同地の都市デザインのためのアイディアを発案するうえで、デザイン・コミュニティーの果たした役割の重要性であり、もう一つは市民の会合を開催し、結果を広く伝え、より幅広い層の市民と課題とを結びつけるにあたっての新聞の役割の重要性である。

第一の特徴に関して言えば、ペンズ・ランディング憲章が、インディペンデンス・シーポート博物館で丸一日かけて行われた都市構想ワークショップや都市デザインの有識者による専門家協議会の基礎になった。ワークショップでは、都市計画家、建築家、都市デザイナー、技術者、経済学者、学生、芸術家、市民からなる三つのチームが組まれ、同地域に対するそれぞれ異なるアプローチを模索した。どのアプローチも市民の議論から引き出されたものである。各チームはペンズ・ランディング憲章を遵守するように求められた。専門家協議会が行われている間に生み出された各々の都市デザイン案は、憲章に市民がこめた価値と市民の間の緊張関係の双方を反映しており、価値に基礎を置いた

---

[6] — Yankelovich, D. (1991). *Coming to Public Judgment: Making Democracy Work, in a Complex World.* Syracuse, N. Y.: Syracuse University Press.

[7] — Susskind, L, (1983). *Paternalism, Conflict, and Coproduction; Learning from Citizen Action and Citizen Participation in Western Europe.* New York: Plenum Press.

ウォーターフロントについての市民対話の枠組みを設定した。

　第二の特徴は、『フィラデルフィア・インクワイアラー』紙が果たした役割が、フォーラム成功に必要不可欠だったということである。『インクワイアラー』紙は市内最大の日刊紙である。参加への呼びかけは同紙の論説紙面に掲載された。このことにより、フォーラムの運営側は、参加するかもしれない幅広い読者に訴えることができた。さらにつけ加えると、同紙は論説と読者意見の紙面、特設のウェブページ、日曜版の論説紙面にフォーラムの経緯を時系列的に掲載し、日曜版の論説紙面には、専門家協議会の結果も同様に掲載した。『インクワイアラー』紙は、フォーラムについて精力的に、また、繰り返し取り上げることで、主催者と報告者とを兼ねるという特異な役割を果たした[8]。このようにして、同紙の読者はフォーラムが扱うウォーターフロント開発という話題に関心を寄せるようになったのである。

フォーラムのデザインと運営

　以上の背景を踏まえつつ、私たちは他の環境下で行った自分たちのやり方を、フィラデルフィアの今回のプロジェクトのニーズに合うように工夫した。三つの主要なパートナーが、異なる背景と目的をフォーラムのデザインというプロセスにもち込んだ結果として、フォーラムはプロジェクトに関係したさまざまな分野の強みと価値を反映した協働の試みとなった。

会合のデザイン

　専門家が主導する作業と市民が主導する作業とが交互に行われるようにデザインされた四つの会合からプロセスは構成された。フォーラムの皮切りとなったのは、各専門家によるパネル形式でのプレゼンテーションである。不動産、ウォーターフロントの設計と開発、ペンズ・ランディング地域の過去の開発の経緯、世界中の成功したウォーターフロントの設計に精通した専門家がそれぞれプレゼンテーションを行った[9]。市民による熟議を行うにあたって共通の知識の基盤を創り出せるよう、プロジェクトに協賛する『インクワイアラー』紙が

---

[8] ── ニュース報道の側では、インガ・サフランが「失われたウォーターフロント」と題された連載を専門家協議会に先立って書き、フォーラムのための優れた基盤を作った。サフランはこの連載でピューリツァー賞の最終候補者となった。また『インクワイアラー』紙のニュース報道局は、現在進行形のニュースである開発の進み具合についても、フォーラム同様、精力的に報じた。これらはすべて、『インクワイアラー』紙のウェブサイトで閲覧可能である。〔http://go.philly.com/penslanding〕〔リンク切れ。〕

[9] ── 5人の専門家は、ジェイムズ・コーナー（ペンシルヴェニア大学都市景観学部教授、学部長）、ワイトールド・リブジンスキー（ペンシルヴェニア大学マーティン・アンド・マギー・メイヤーソン記念講座都市問題研究教授、不動産学教授）、ピーター・D・リンネマン（ペンシルヴェニア大学アルバート・サスマ

紙面と同紙のウェブサイトとに同時並行して掲載した一連の記事と歩調を合わせてプレゼンテーションが行われた。

次に行われた市民の会合では、小グループに分かれた市民の熟議が行われた。この熟議を通じて市民たちは、専門家の知識とウォーターフロントについての自分自身の個人的な経験とを結びつけた。この会合は、先のプレゼンテーションや新聞記事に補足を加えたウェブサイトをざっと閲覧することから始まり、ペンズ・ランディング地域で鍵をにぎる都市デザイン上のさまざまな課題について、熟議に参加している市民が豊かな理解をもてるようにされた[10]。

この第2回の会合は、ペンズ・ランディングを開発するための根本的な原則を練り上げるべくデザインされた。参加者は無作為に10の小グループに分けられ、それぞれのグループが熟練したファシリテーターと一緒に、四つの問題領域に焦点を当てた。① 誰がペンズ・ランディングを使用するのか。誰が過去、将来、未来における使用者なのか。誰がこの話し合いの席上にいないのか。② ペンズ・ランディングで利用者は何をするのか。現在、どのように利用されているのか。他にどのような利用方法が考えられるのか。③（①の問いから導かれる）人びとが（②の問いから導かれるような仕方で）ペンズ・ランディングを利用するにあたって、何が制約になっているのか。④ ①から③の問いに対するグループの答えをもとにして、グループはどのような原則をペンズ・ランディングの開発の指針とすべきか。以上の4点である。

最後の問いに答えを出したとき、具体から抽象、個別から一般へと議論は本質的に変化した。すなわち選挙で選ばれた公職者の責任は、市民による意見に耳を傾けることであることが認識されるとともに、市民の責任は政策立案者に意見を伝えることだということも認識された。このことによって、市民一人一人が、個人的な利害を超え、自分の利害と他人の利害とが衝突するかもしれないということを認識することができた。この利害の相違を含み込んだ原則を共同で策定することを通じて、それに基づいて開発業者がウォーターフロントの開発を行うべき共通の土台が作られた。

小グループに分かれての検討作業は、次に述べるペンズ・ランディング憲章を起草することになった。この地を開発する場合には、必ずこの憲章を尊重し

ン記念講座不動産学教授、金融・ビジネス・公共政策教授）、ジェイムズ・コレイト（フィラデルフィア市商務局長）、ギャリー・ハック（ペンシルヴェニア大学パーリー記念教授、デザイン研究科長）である。
10 － 国際的に有名な建築家、都市設計家でヴェンチュリ・スコット・ブラウン・アンド・アソシエイツ建築事務所の代表を務めるデニス・スコット＝ブラウンが、このプレゼンテーションを行い、アクセス、土地利用、交通機関、シンボル、イメージ、コンテクストといったトピックに焦点を絞った。

なければならない[11]。

誇りあるフィラデルフィアの特別な場所。フィラデルフィアにとって名刺代わりとなる場所、市民が誇りをもって世界への「玄関口」として大切にできる場所を作る。

いいか、問題は川なんだ。市民がデラウェア川をますます楽しめるようにする。ペンズ・ランディングを、「川畔の街」というフィラデルフィアのアイデンティティーを高めるための目玉にする。

交通網の整備。センター・シティ、カムデン、フィラデルフィア・ウォーターフロントに沿って点在する魅力あるスポットを結びつける。州間高速道路95号線の遮断壁、駐車場、公共交通機関といった問題に取り組む。

「観光地としてのフィラデルフィア」を推進する。ペンズ・ランディングを地元の公園として扱うだけでなく、この地域の行楽地としても扱う。

低予算と持続可能性を求める。ペンズ・ランディングの経済的潜在力と環境上の制約について現実的になる。

公共空間として維持する。あくまでも公共空間としてペンズ・ランディングを維持する。

市民によるプロセスを活用する。この地域の納税者が将来について適時発言することを保証する。

---

11 ─ 憲章の全文は次の通りである。①**誇りあるフィラデルフィアの特別な場所**。フィラデルフィアに象徴的な場所、市民が誇りをもって世界への「玄関口」として大切にできる場所を作る。他市の物まねをしてはならない。ペンズ・ランディングは「チェーン店」の場ではなく、フィラデルフィアの場なのだ。このことが意味するのは、ペンズ・ランディングが市の美徳を象徴するものであるべきだということである。具体的には、センター・シティの人間大のスケールと歩きやすさ、歴史感覚（とりわけ、この地が、ウィリアム・ペンの偉大な実験の種が撒かれた場であること）、一級品の都市デザインという伝統、住民の多様性があげられる。この地の象徴となる建築や展示物──市の象徴的イメージとして、リバティ・ベル、ビリー・ペンの帽子、フィラデルフィア美術館の「ロッキー・ステップ」と呼ばれる階段に並ぶようなもの──のある場にしたいという市民の願いがある。②**いいか、問題は川なんだ**。市民がもっともっとデラウェア川を楽しめるようにする。退屈なものにしては元も子もない。水辺に接続した道を増やす。たとえば川を見る、川沿いを散歩する、川のなかで何か（釣り、ボート遊び等）をするといった例があげられる。川沿いの散歩道や公園のネットワークによって、ペンズ・ランディングを「川畔の街」というフィラデルフィアのアイデンティティーを高めるための重要な場所とする。ただし、デラウェア川を「まじめな」川として尊重すること。つらい労働がつきまとう港としてのフィラデルフィアの地位は無視したり、糊塗したりすべきでない。③**交通網の整備**。ペンズ・ランディングが二つの活気あるスポットのどちらにも通じる場所となることを理解する。それは(1)東から西、カムデンの急成長しているウォーターフロントとセンター・シティと、(2)北から南、フィラデルフィアの現在は点在しているウォーターフロントの魅力あるスポットの二つである。センター・シティ、カムデン、フィラデルフィア・ウォーターフロントに点在する魅力あるスポットと適正に接続させる。全体となった方が、部分的であるより規模が大きくなり、公共目的での使用、営利目的での使用、住宅地としての使用の適切なバランスは達成しやすくなる。これに反して、孤立化の問題に取り組もうとしないペンズ・ランディングの計画はどれも破綻する運命にある。よい計画にするためには、州間高速道路95号線の遮断壁、駐車場、公共交通機関といった問題に取り組むための戦略、カムデン・ウォーターフロントやフィラデルフィア・ウォーターフロントに点在する魅力あるスポット

憲章は優先順位にしたがって並んでいるわけではない。憲章の各項目間には、緊張関係も存在している。したがって、単一の計画だけではすべての項目を平等に尊重することはできない。

専門家のプレゼンテーションと市民の熟議で論じられた理念と価値は、3本の都市デザインのシナリオ作成に使用された。3本のシナリオは第3回目の会合にあたる、都市デザインの専門家協議会の基礎となった。専門家協議会は市民たちには非公開であり、フィラデルフィア・デザイン・アドヴォカシー・グループの援助の下で企画された。参加者は、著名な市内の建築家、都市計画者、都市景観専門家、技術者、経済学者、芸術家、学生と学部の教員だった。

シナリオ1：都市生活からのひと時の休息。真の公共空間として、ペンズ・ランディングを刷新する方法を提示する。そこでは 近隣住民と労働者が川に日常的に触れることができ、また、市が大規模な公共の催しものを開催することもできる。

シナリオ2：活気に満ちた新しい地域。デラウェア川とセンター・シティ地域を隔てる交通アクセスの便の悪さが緩和されれば、ペンズ・ランディングは新しいリヴァーフロント地域の中心となりうるので、そのための方法を考える。

を結ぶ戦略が含まれていなければならない。④**「観光地としてのフィラデルフィア」を推進する**。ペンズ・ランディングは地元の公園と同時に、地域の行楽地でもある。近年、カムデン・リヴァーフロントやフィラデルフィアの歴史遺産に対して目覚ましい文化や娯楽の面での投資が行われているが、それを強化するようにペンズ・ランディングを使用する。ペンズ・ランディングをカムデンの世代を超えた魅力とフィラデルフィアの豊かな歴史遺産とが交差する場所とする。⑤**低予算と持続可能性を求める**。過去30年間にかけてのペンズ・ランディングの計画の命運を決めた、壮大すぎる無理な目標設定の轍を踏んではならない。ペンズ・ランディングの経済的潜在力、環境上の制約について現実的になる。限界以上に何もかも詰め込む危険は避け、中央のウォーターフロントのより大きな計画の一部としてペンズ・ランディングを扱う。かつて行われた、完了した出来事としてではなく、忍耐強く数世代かけての事業としてリヴァーフロント開発にアプローチする。リヴァーフロント沿いの今ある成功から学ぶとともに有効活用する。15年以内に州間高速道路95号線が老朽化することを念頭に置く。⑥**公共空間として維持する**。基本的に公共空間としてペンズ・ランディングを保護する。営利目的での使用が公共目的での使用を圧倒してしまうことがあってはならない。公共目的での使用を排除してはならないのは言うまでもない。市民は、この地の川沿いの大規模な公共の催し物に集まる場所でとしての役割を高く評価し、毎年6月4日に開かれる大規模な祭りである、フェスティバル・ピアよりも重要視している。今のグレート・プラザのデザインは維持する必要がないが、機能は維持しなければならない。市の住民はまた、個人、家族が川で日常的に触れ合える安全地帯として、ペンズ・ランディングに高い価値を与えている。したがって催し物の空間により、個人が日常生活で川を満喫できないようになったり、妨げとなったりすることはあってはならない。⑦**市民によるプロセスを活用する**。市に住む納税者は、ペンズ・ランディングを造成するための税金を納めた者であり、将来について適時、本心から発言することが保証される。ペンズ・ランディングの将来が市の因習である、「金を払えばなんでもできる」と考え、目的のためならどんな手段でも厭わないような開発業者と市当局による手段を選ばない談合体質によって決められるのを、市民たちはまったく望んでいない。市民が参加した、信頼できるプロセスに基づく計画によって、地域社会が誇りをもって支持できる開発が行われるのである。

シナリオ3：インディペンデント・ハーバーを活用する。ペンズ・ランディングを、対岸のカムデン側にある行楽地だけでなくセンター・シティの歴史ある地の一部として活用する方法を考える。これはデラウェア川の両岸にまたがる市の観光客向けスポットの確立というインディペンデント・ハーバーの目的を達成するためである。

　専門家協議会の結果は、最後の市民会合の前にあたる週末、『インクワイラー』紙の日曜版の論説の紙面および同紙のウェブ上で掲載された。これらの都市デザインのシナリオは、理念的な問題を扱うとともにおおよその見取り図を示したものであり、憲章をどのようにして開発計画のなかに落とし込むかを考える意図があった。他方で都市デザインの憲章には、政策立案者に助言するという意図もあった。実際に、憲章はプロジェクトが終了した後も引き続き使われることになった。

　最後の市民会合は『インクワイラー』紙の論説で告知され、過去の会合の参加者は皆、Eメールを通じて招かれ、350人以上のフィラデルフィア市民が、ペンズ・ランディングにあるインディペンデント・シーポート博物館で開催された最後の会合に参加した。3本の都市デザインのシナリオのプレゼンテーションと憲章の確認の後、参加者は無作為に小グループへと割りふられた。各グループでは憲章にどれだけ忠実かという観点からそれぞれのシナリオについて議論が行われた。何を建てたいかという観点だけでなく、各シナリオがどの程度まで憲章を尊重しているかという観点も同様に重視して、参加者はそれぞれ各シナリオを点数化して、小グループによる検討作業は終わった。夕方から夜にさしかかろうとしている時、集められたグループに点数の最終集計が報告された。

　会合と熟議の話し合いの場はどれも、お互いに顔を突き合わせて行われた。『インクワイラー』紙により立ち上げられ、ペンズ・ランディングの問題を専門に扱う特設ウェブサイトによるサポートもあった。ウェブサイトの内容には、専門家協議会により提示された都市デザインについての3週間ごとの調査結果が含まれた。調査には、5,000件もの反応が寄せられた。それに加えて、

フォーラム期間中のペンズ・ランディングについての投書は、300件以上が新聞社に寄せられた。これはイラク戦争停戦についての投書にはわずかに及ばなかったが2番目に多い数を記録した。

ペンズ・ランディング・フォーラムズのようなフォーラムの場合、会合の場所は象徴的な価値をもつために重要である。最初の2回のフォーラムは、ペンシルヴェニア大学で開かれたが、市民たちはペンシルヴェニア大学をこのプロセスからは独立した主催者であると考えた。最後のフォーラムはペンズ・ランディング内の場所で開催され、最多の人びとを集めた。

市民による会合を主催する

ペンズ・ランディング・フォーラムズはナショナル・イシューズ・フォーラム（第3章参照）のアプローチを応用したものだった。今回の場合における共通の土台は、市民による熟議が組み込まれた一連の計画の原則と都市デザインだった。プロセスはしっかりと体系的に組まれ、目標はわかりやすく述べられ、ブレのない課題達成のためのスケジュールのなかでイベントが行われ、成果が生み出された。

市民が参加したプロセスの実施手順は、課題に応じて設定され、事実確認、振り返りをともなう対話、評価が行われるように体系的に組まれた。ファシリテーターは皆、対話の実践に熟達した者であり、コンフリクトの解決、対話と熟議、教育学、政治学、法律学について専門的技能を有していた。多くの者が、ナショナル・イシューズ・フォーラム、ペンシルヴェニア大学公共政策研究所およびその他の郡内の機関を構成するメンバーとして経験を積んできた。

ファシリテーション・チームは入念にフォーラムの準備をした。ペンズ・ランディングの位置するウォーターフロントの開発というテーマを研究し、来場が予測される幅広い層の利害関係者について想像した。ファシリテーション・チームには、フォーラムが新たな展望を切り開くものになるだろうという期待があった。不測の事態に備えたガイドラインと基本ルールが準備され参加者に周知されたが、ふたを開けてみると、市民の対話はどれも敬意に満ちた生産的なものだった。水準の高い準備とグループ・ガイドライン策定とが、企画の成

功に重要な役割を果たしたのである。

　フォーラムへの参加者は、『インクワイラー』紙上で2003年秋に掲載された一連の論説紙面とニュース記事のなかで公開募集された[12]。利害関係者の関心を明らかにするための参考になるよう、記事には歴史的経緯が掲載された。参加への関心と責任感をもつ、ニュージャージー州およびペンシルヴェニア市の市民、開発業者、政策立案者、各分野の専門家、利益団体といった幅広い層の人びとがこの公開で行われた行動への呼びかけに応え、簡潔な一枚の登録書類に記入して参加した[13]。参加者は、たとえば学生と年長の市民といったように、年齢、役割という点で幅広い層を代表してはいたが、その大多数はペンズ・ランディング周辺に住む白人だった。したがって、参加者は2000年度のフィラデルフィア市の人口統計とは一致しないことになる[14]。参加者のなかにマイノリティがいないということから、将来的にはもっと的を絞った形で参加者を募集する必要があることがわかった。

　フォーラム参加者は、50日のプロジェクト期間中に、三つの市民による集会に招かれた。事前に全参加者は、フォーラムの目標と問題解決をめざすというフォーラムの任務についてわかりやすく記されたEメールを受けとっていた。フォーラムのプロセス、時間配分、段取りもそれぞれの集会の冒頭で説明され、少人数グループでの対話の際にもファシリテーターから同様の説明があった。

　フォーラムのプロセスは特別な実施手順にしたがって行われたが、ファシリテーターは対話を柔軟にリードし、全員が議論に参加できるようにした[15]。グループの対話ではナショナル・イシューズ・フォーラムで用いられるガイドラインが記されたポスターが使用されたが、ファシリテーターのなかにはルールを追加することで、基本ルールを補完した者もいた。ファシリテーターたちはグループとともに作業をするなかで、市民の参加や参画の意味を明らかにし、参加者の理想的な行動とはどのようなものかについて議論した。

　招かれた参加者たちは、個人的な回想や語りを含め、さまざまな形の会話を

---

[12] ―『インクワイラー』紙ウェブサイトに連載記事、論説のアーカイヴスが収録されている。[http://go.philly.com/pennslanding]〔リンク切れ。〕

[13] ― 統計的に評価することはできないが、参加者による口コミでの勧誘もまたフォーラム参加者を生み出したと感じている。フィラデルフィア・シティ・プラニング・コミッション、アーバン・ランド・インスティチュート地域支部、アメリカ建築家協会フィラデルフィア支部、デザイン・アドヴォカシー・グループ・オブ・フィラデルフィアといった組織のEメールリストは、運営にたずさわった者たちが特定の支援団体と接触する際、おおいに役立った。

[14] ― 民族的には、フィラデルフィア市民の40％が白人、44％がアフリカ系アメリカ人、9％がヒスパニック、5％がアジア系アメリカ人、その他2％である。出典：American Community Survey 2003 date file.

[15] ― ファシリテーターは、生産的な議論ができる環境を保証できるよう、熟議のための部会の前に顔合わせした。

通じてフォーラムに貢献した。フォーラムの参加者は、ペンズ・ランディングでの個人的な経験についての語りや今後の開発に関する自分の考えを共有するように促された。話のペースは速く、グループは活気づき、話し合いは生き生きとした熱心なものとなった。しかしながらおもいきった議題であることと熟議の時間が限られていたために、議論の焦点を合わせ、範囲を限定する必要が生じた。

　ファシリテーターは参加者の意見が異なった際には緊張が高まるのを抑制しつつ、相違を明確にするために各々が経験で培った手法を用いた。振り返って考えると、情報の共有を通じてお互いに協力して作業するように参加者に要請したことが、フォーラムが成功した要因の一つであると考えられる。これによって、参加者たちの価値や理想と、運営側が提供した異なるタイプの専門的知識とを統合するための豊かな土壌が創り出されたのである。

フォーラムの影響

　ペンズ・ランディング・フォーラムズは、市政に直接的な、意義深い影響を与えた。その影響は、フィラデルフィア市は今後の公共の計画に関する市民の話し合いのなかにどのように関わるつもりなのかということに関わる。かつてペンズ・ランディングの歴史とは、密室で行われる政治主導の開発談合の歴史だった。ペンズ・ランディング・フォーラムズは、ウォーターフロントの将来について青写真を描く作業に市民が参加し、行政に「こうしたらどうだろう」と伝える機会を、まさに初めてもたらした。この機会に応えてフィラデルフィア市民は、『インクワイラー』紙に投書したり、運営側にEメールを送ったり、オンライン上の調査に参加したりして、自分たちの関心と認識を示した。

　とりわけ意義深いことは、このプロジェクトがペンズ・ランディング地域の業者選定、都市デザインのプロセスに直接的な強い影響を与えたことである。ストリート市長と開発チームが開発計画案を模索していた最中、市長らは自らが主導するプロセスを取りやめ、ペンズ・ランディング・フォーラムズにプロセスを委ねた[16]。市政の主要人物たちは、公共の場で開催された一連の集会の

---

16 - 事実、フォーラムの運営側としての目的の一つは、速度を優先しすぎる「おきまりの政治」の速度を落とすことであった。重要な意味をもつ市民の参加を、政策決定プロセスの一部として組み込めるようにするためである。

参加者になった。プロセスが最高潮に達した時、報告書が市長に提出され、運営にたずさわった者たちはフォーラムの成果と勧告内容を説明するために、市長に招かれた。ストリート市長率いる行政はペンズ・ランディング憲章を、同地の入札に関心をもつ開発業者に提供する資料に加え、開発業者が計画を説明する際にはこの憲章と照合することを要請した。設計案の認可が下りると、ハリス・スタインバーグとハリス・サッカラフは『インクワイラー』紙の論説紙面で、その都市デザイン案が憲章を遵守したものになっているか検討を行った[17]。

　ペンズ・ランディング・フォーラムズによって、公共の領域をどのようにデザインするかについての公職者との建設的な議論に参加できるだろうという期待感がフィラデルフィア市民に生まれた。同地についての議論は今日に至るまで続いており、ストリート市長は先日、フィラデルフィアに新たに生まれたウォーターフロントでのコミュニティーの発展を促すべく、5千万ドルの投資を行うことを発表した[18]。また市長は、この地の開発案をすべて却下している。ペンズ・ランディングは「川の都市」というコンセプトの中心に位置し続けている。卓越した都市デザインを追求するうえで、公共に基づいた計画プロセスの実施は重要なことである。ペンズ・ランディング・フォーラムズは、公職者とフィラデルフィア市民が、このことについて意思疎通をはかるのに有益な役割を果たしたのである。

　さらに言えば、フォーラムズによって市民たちの想像力は具体的な形をとり、他の重要な計画に関する問題について熟議を行うフォーラムを新たに結成する機会が生みだされた。デラウェア川流域で、ペンシルヴェニア市の真北にベンサレム・ウォーターフロントがある。ペン・プラクシスと学校教育評議会本部は、それ以降、このウォーターフロントについての地域社会と高校によるプロジェクトに、専門家、市民間の熟議に基づくプロセスを活用している[19]。ウェスト・フィラデルフィア地区では、メインストリート活性化のための計画憲章の策定に、ペンシルヴェニア大学と地域社会が参加している[20]。ペン・プ

---

[17] ― Steinberg, H., and Sokoloff, H. (2003, Oct. 23). "Developers Plans and the Public Voice." *Philadelphia Inquirer*. [http://www.philly.com/mld/inquirer/news/editorial/7079394.htm]〔リンク切れ。〕
[18] ― ストリート市長が2004年3月18日に行った予算演説では、5億ドルの投資を行うことが述べられた。デラウェア川、スクールキル川流域にある38マイルのウォーターフロントへの先例のない投資費用を負担したのである。[http://www.phila.gov/pdfs/budget_04_speech.pdf]〔リンク切れ。〕
[19] ― McGinnis, J. (2003, Oct. 10). Students Present Riverfront Dreams. *The Intelligencer*. [http://www.phillyburbs.com/pb-dyn/news/113-10102003-175392.html]〔リンク切れ。〕
[20] ― フレンズ・オブ・40th・ストリートウェブページ掲載の地域社会計画策定プロセスを参照。[http://www.40thSt.org]

ラクシスと『インクワイラー』紙、学校教育評議会本部、デザイン・アドヴォカシー・グループからなるチームは、地域のある財団の依頼を受けて、フィラデルフィアの学校設計の将来についてのフォーラム、熟議による話し合いの場、専門家評議会を主導している[21]。

ペンズ・ランディング・フォーラムズの意義は、専門家の組織にも認められている。このプロジェクトはアメリカ建築家協会ペンシルヴェニア支部から2003年度には優秀建築功労賞[22]を、2004年にはウォーターフロント・センターからクリアウォーター賞をそれぞれ受賞した[23]。2004年3月にプロジェクトは、アメリカ建築家協会の全米リーダーシップ・カンファレンスである「グラスルーツ2004」にてもっとも優れた実践例として紹介された[24]。また、プロジェクトは2003年のバッテン賞[(2)]市民的ジャーナリズム部門の最終選考に残り、2003年、ワシントン特別区にある全米記者クラブで紹介された[25]。

考察

ペンズ・ランディング・フォーラムズの参加者は、一連の野心的な仕事を成し遂げた。生産的な対話を行う必要がなぜあるのかは、それ以前に市がペンズ・ランディングの開発を拙速に進めようとして失敗してきたという政治の現実と比べてみるとよくわかる。それゆえに、一晩かけて対話してみることは必要だった。回数を重ねて持続的に対話すれば、対話はもっと豊かなものになるだろう。

基本的な連絡先情報は、市民が参加登録をした時に収集された。登録方式を一元化し、簡単なものにしようという目的があったため、詳細な人口統計上の

---

[21] ― ペンズ・ランディング・フォーラムズの成功を受けて、ウィリアム・ペン財団は、フィラデルフィア・スクール・ディストリクトにより提案された、次の10年間における学校建設と設備更新のための15億ドルの計画について、市民の熟議を促進する目的で開催されるフォーラムに、資金援助を行っている。
[22] ― AIA Pennsylvania. (2003). AIA Pennsylvania 2003 Design Awards. [http://www.aiapa.org/special_events/honor_award/2003Winners.htm]〔リンク切れ。〕
[23] ― Waterfront Center. (2004). 2004 Excellence on the Water Awards. [http://www.waterfrontcenter.org/awards/awards2004.html#clearwater]〔リンク切れ。〕
[24] ― 2004年3月、ハリス・スタインバーグとクリス・サチュロはワシントン特別区で開催されたアメリカ建築家協会の全米リーダーシップ・カンファレンス「グラスルーツ2004」にて「市民たちに声を与える――ペンズ・ランディング・フォーラムズ――」を発表した。
[(2)] ― ナイト=バッテン賞とは、電子メディアを利用し、卓越した業績を挙げたジャーナリストに与えられる賞のことである。公共的な問題に人びとを参加させたり、人びとに情報提供を行ったりするための新たな試みが評価される。[http://www.j-lab.org/projects/knight-batten-awards-for-innovations-in-journalism/]
[25] ― J-Lab: The Institute for Interactive Journalism. (2003). Batten Awards―2003 Selected Entries. [http://www.j-lab.org/coolb2003.html]〔リンク切れ。〕

情報は収集していない。参加者は会場にやってきた際、到着時刻に基づいて自動的にグループに割り振られた。もっと考えてみると、より詳細な登録情報があれば、作業グループへの割り振りを、もっと目的をもった形で行うことができたかもしれなかったことは認識している。

　対話と熟議のこのようなモデルを頻繁に使っていこうとする時、いくつかの壁に突き当たる。第一にぶつかる壁は、市民が疎外感を感じていることである。言い換えれば、居心地のよい個人的空間の外に出て、市民による対話のなかで意見を交換するよう、人びとを動かすことが第一の壁となる。それと同時に、このフォーラムならびに都市デザインをテーマとする後続のフォーラムの影響で、人びとがフィラデルフィア市の事例のような性質の市民対話を行いたいと切に願っていることが強く印象づけられたことも、記さなければならない。自分たちの未来に関わる公共の決定にどのようにしたら市民の声が影響を与えることができるのかについて、人びとに教えることが第二の壁である。ほとんどの人びとが、整然と組織されたロビイング活動に対して無力感を覚えており、多くの人びとが現在のところ、代表制政府との結びつきを欠いている。こうした事情から、制度上の統治機構は、従来ものを言ってこなかった有権者と比べて強い立場に立って政策を実行し続けている。

　ペンズ・ランディング・フォーラムズのプロセスは生産的な対話と熟議の一形態と考えることができる。対話と熟議のなかで、市民が参加した熟議に基づくプロセスが、憲章と都市デザインを生み出した。伝統的な政府機関は、たとえ市民たちの幅広い支持を集める可能性がある場合ですら、市民による検討と説明責任に自らをさらすことになるという理由で、このような熟議に自ら進んで参加したがらないかもしれない。ペンズ・ランディング・フォーラムズは、公共政策に情報を伝えるべく、専門家と市民とが一緒に作業するモデルとなるプロセスを提供している。とりわけ重要なことは、フォーラムによって生み出された原則が、継続的な熟議のための共通の土台を創り出しているということである。

第 4 部

地域社会(コミュニティー)と熟議の文化

第14章
学習サークル
熟議民主主義の礎石としての地域での熟議

パトリック・L・スカリー、マーサ・L・マッコイ
林　寛平 訳

　ニューハンプシャー州ポーツマス市は、熟議による対話を当地の市民文化の不可欠な一部とする道をたどってきた。過去数年間にわたって、多様な地域社会(コミュニティー)のグループが、数百人の住民を巻き込む学習サークルを、何度も運営してきた。学習サークルが一つ成功するたびに、新しいグループのリーダーたちが刺激を受け、また、新たな問題について熟議を運営してきた[1]。

　1999年に行われた、「**対話の日：尊敬できる学校**」というイベントで、ポーツマス市の住民は、初めて学習サークルを体験した。この学習サークルでは、ポーツマス中学校から200人の6年生と、75人の大人が数回集まり、いじめなど学校の安全に関する問題について議論した。学習サークルが終わった後、生徒たちは、教育委員会と市議会に提案書を提出した。学習サークルの結果として、学校の運営方針が変わり、いじめが減った。さらに、学習サークルは、地域の異なる集団をつなげる役割も果たした。今では、学校と地域のリーダー

——著者は、貴重な編集上のアドバイスを頂いたモリー・ホルム・バレットに感謝したい。
[1] Goldman, J. (2004). "Draft Case Study of Portsmouth Study Circles." Cambridge, Mass.: Kennedy School of Government, Harvard University. この事例研究は、ハーバード大学ジョン・F・ケネディ行政大学院のアーチョン・ファンによる、より大きな研究の一部である。本章の事例はゴールドマンの事例研究とMengual, G. (2003, Summer). "Porthmouth, N.H. –Where Public Dialogue is a Hallmark of Community Life." *Focus on Study Circles*, 14(2), 1, 7.に基づく。

> 学習サークルとは
> ・小さく、8人から12人からなる多様なグループである。
> ・2時間の会合を数回行う。
> ・自分たちで基本的な決まりごとを設定する。これによって、議論の質について責任を共有するようグループに促す。
> ・議論をかじ取りする中立なファシリテーターが司会をする。ファシリテーターは、問題についてグループに何かを教えることはしない。
> ・自分自身の話からはじめる。次に、グループが多くの観点から、その問題を見られるように援助する。その次に、グループは可能な解決策を探す。最後に、行動と改革のための計画を作る。
>
> 学習サークルのプログラム
> ・地域社会全体を代表する多様なグループの人びとで運営する。
> ・さまざまな暮らし方をしている多数の人びとを含む。
> ・扱いやすく、公平さに配慮した討議資料を用いる。
> ・その地域社会の多様性を反映した、訓練されたファシリテーターを用いる。
> ・学習サークルが終結したら、コミュニティーを行動に向けて動かす。

はより頻繁に交流するようになり、市民による熟議を前向きな変化へと向かうための道筋であるとみなしている。

　その一年後、この学習サークルに参加したことのある一人の教育委員が、同じプロセスを学区の変更問題についても行うことを提案した。学校への入学者数と校舎の物理的な広さの問題を解決するための試みはこれまでも行われてきたが、いずれも、後味の悪い論争を市民の間に引き起こし失敗に終わっていた。そこで、各校からの代表が同数になるようにして、100人以上の人びとが学習サークルに参加した。別々の小学校で各回の会合を開催したことによって、参加者は、それぞれの学校を尊重するようになり、過剰な児童数がもたらす結果を理解するようになった。この学習サークルが作成した最終報告書である『学区を変えず、考えを変える』は、学区変更計画に関して10点からなる提案を盛り込み、転校する生徒をわずか65人に絞り込んだ。以前の学区変更の試みと比べると、地域社会による受容の度合いは、目覚ましいものだった。

　2002年、若い黒人男性に対して人種的偏見に基づく警察活動と嫌がらせが行われているという申立てに応じて、市警察、全国黒人地位向上協会（NAACP）、学校区は、人種差別と人種問題に関する学習サークルを後援した。

議論には、警察官、学校の管理職、地域の人びと、高校生が加わった。具体的な政策変更には至らなかったが、警察と地域のコミュニケーションが改善した。

2002年の後半、市の計画委員会——市長、行政のトップ、計画部、市議会議員の後押しを受けて——は、市の基本計画に市民の意見を盛り込むため、学習サークルを支持した。市のリーダーたちは、学習サークルを先導するために、非公式組織である「ポーツマスは聴く！」を立ち上げた。運営側は、地域社会を構成するあらゆる部分の住民がプログラムを計画し熟議に参加できるようにした。プログラムは三つの段階からなっていた。2003年1月に行われた第一段階には、ほぼ300人の人びとが参加して、ポーツマス市の住民にとって**生活の質**とは何を意味するのかを定義し、それを持続させる方法を提案し、それを、例外的に建設的で出席率の高かった住民参加の会議の場で、市の計画委員会に報告した[2]。2003年4月には、「ポーツマスは聴く！」は、基本計画について熟議の第二段階を開始した。今度は、学習サークルは行動を強調した。七つのグループがそれぞれ、生活の質に影響を与える課題を明らかにし、実行できることを議論し、計画委員会に対して提案した。改定された基本計画が公表されると、市が学習サークルからの助言を採用したことは明らかだった。2004年の夏の間には、第三段階の参加者が大小のグループで集まり、気づいたことについて話し合い、優先順位を設定し、市への最終的な意見書について議論し、影響をもたらし変化を可能とするために、市と協働する方法を模索した。

多くの課題に取り組むために学習サークルを使うことで、ポーツマス市の住民は、自分たちの間の違いを建設的に公表し生産的に協働できる公共空間を創り出しつつある（表14.1参照）。ある研究者が述べているように、「学習サークルは、地域の紛争を解決し意味ある変化を生み出すための、強力な手段になることを、ポーツマスにおいて証明した」。

学習サークルの起源、目的と根本原則

アメリカで今日実践されている学習サークルは、ポール・アイヒャーの考えがもとになっている。彼は、実業家であり慈善家であり、1989年に学習サー

---

[2] —— City of Portsmouth. (2004, May). *Portsmouth Master Plan: Vision Statement, Priorities for Action, Goals, Objectives, and Strategies – Draft*. Portsmouth, N.H.: City of Portsmouth.

表14.1 ニューハンプシャー州ポーツマス市の学習サークル

時期	主な運営組織	議題	参加者数
1999年	ポーツマス中学校	いじめ、学校の安全	275
2000年	教育委員会	小学校区の見直し	100
2002年春	警察、NAACP、学校区	人種差別と人種問題	50
2002年秋〜2004年夏	「ポーツマスは聴く!」（市政府、全市地域住民委員会、商工会議所、住民有志）	市の総合計画（三段階）： 1. 方向性の設定 2. 具体的な計画の要素の掘り下げ 3. サークルから提出された意見をもとに総合計画の検討	第一段階：300 第二段階：100 第三段階： 40

クル資料センターを立ち上げた。彼がこのセンターを創設したのは、顔を突き合わせて行う熟議を、市民生活の当たり前の一部にするためである[3]。彼が学習サークルの概念に魅かれたのは、そのポピュリスト的な歴史と原理のゆえであった。学習サークルは、19世紀後半にアメリカで始まったが、すぐにその後、スウェーデンで盛んになった。スウェーデンでは、学習サークルはスウェーデンの民主主義をより参加型のものにしたと評価されている[4]。人によっては、**学習サークル**という言葉は教育の過程を意味しているように思うかもしれないが、アメリカでは、アクティブ・シティズンシップの実践とますます関連してきている。学習サークルは1989年に誕生して以来、あらゆる種類の変革——個人、地域社会、社会制度、政策——に、熟議を結びつけるという先駆的役割を果たしている。

　学習サークル活動の究極の目的は、**すべての人**に意味ある参加のための日常的な機会を提供することにある。学習サークル資料センターは、熟議のプロセスそれ自体、そして、地域という場への熟議の導入という二つの側面において、何が有効かを学ぶことに力を注いできた。

　学習サークル資料センターでの私たちの活動は、二つの「出会い」に基づいている。まず、学習サークルは、対話と熟議の出会いである。対話は、建設的なコミュニケーション、ステレオタイプの解体、誠実さ、他者を傾聴し理解しようとする意思を促す[5]。熟議は、公共政策に市民が取り組み、意思決定をす

---

[3]── 学習サークル資料センターは、かつてはトップスフィールド財団の、現在はポール・J・アイヒャー財団のプロジェクトである。財団と学習サークル資料センターの歴史については、Fanselow, J. (2002). *What Democracy Feels Like*. Pomfret, Conn.: Topsfield Foundation、あるいは、学習サークル資料センターのウェブサイト [http://www.studycircles.org] を参照。

[4]── Oliver, L. P. (1987). *To Understand Is to Act: Study Circles, Coming Together for Personal Growth and Social Change*. Washington, D.C.: Seven Locks Press.

[5]── Daniel Yankelovich (1999)は、*The Magic of Dialogue: Transforming Conflict into Cooperation*. New York: Simon & Schuster.において、対話の多くの活用法に関する有益な概観を行っている。

るための方法の一つであり、批判的思考と理性に基づく議論を促す[6]。さらに、学習サークルは、熟議による対話とコミュニティー・オーガナイジングの出会いであり、それによって大規模かつ多様な参加と意味ある成果を、すべてのレベルで保証しようとする[7]。

　私たちは、学習サークルを説明するにあたっては、特定のプロセスや方法としてではなく、学習サークルの原則という観点からその根本的な特徴を描き出すことが大切であると考える。たとえプロセスに関する特定の助言が有用であるとしても、原則こそがプロセスのデザインに関する素晴らしい決定を導くからである。手短にいうと、それらの原則とは以下のとおりである。

- **みんな**を巻き込む。コミュニティー全体を歓迎し、必要としていることを示す。
- 多様性を大切にする。あらゆる種類の人びとを巻き込む。
- 知識、資源、権力と意思決定を共有する。
- 対話と熟議を結びつける。理解を生み出し幅広い解決策を探るための、市民による対話を創り出す。
- 社会、政治、政策の変革と、熟議による対話を結びつける。

　これらの原則に基づいて、私たちは対話を企画するさまざまな種類の多くのコミュニティー──近隣地域、市や村、州、学校区、学校、大学キャンパス──に助言してきた。彼らとともに学びつつ、私たちは、手段やプロセスを創り出し見直し、私たちが学んだことを技術協力や研修を通じて普及してきた。プロセスについての私たちの助言は、運営にたずさわる者たちが、①コミュニティー規模の熟議を組織するための戦略を創り出し、②熟議を構造化するために課題ごとの討議資料を開発し、③ファシリテーターを採用・養成し、④熟議を測定可能な変革につなげ、⑤熟議による対話の価値と成果を広めることを促してきた。

　ポール・アイヒャーの考えに特徴的なのは、地域社会自体が熟議を実践するのを見たいという熱意である。彼は、公共の問題を解決するため人びとが民主

---

[6] Mathews, D. (1998, Dec.). "Dialogue and Deliberation: 'Meaning Making' Is Essential to Decision Making." *Connections*, 9(2), 24-27.

[7] McCoy, M. L., and Scully, P. L. (2002, Summer). "Deliberative Dialogue to Expand Civic Engagement: What Kind of Talk Does Democracy Need?" *National Civic Review*, 91(2), 117-135.

的に協働できるよう、地域社会に、熟議の原則や手段を容易に利用してほしいと考えた。その過程で、地域は、他の地域が、真似をしたり応用したりできるモデルを生みだすだろう。アイヒャーは、こうした地域での活動が、全国的に見て重要な社会問題や政治問題に取り組むことができる、全国規模のネットワークの礎石となることをも望んでいた。これらのねらいは、学習サークル資料センターと、私たちが助言するコミュニティー・プログラムの目標であり続けている。

熟議による対話をデザインし、計画する

民主主義は、絶えず進化しているので、草の根における、革新と実験は重要である。学習サークル資料センターのような全国組織は、ネットワークづくり、多くの事例からの学習、成果の普及にあたって重要な役割を果たしている。私たちは、熟議のための柔軟な枠組み——地域社会がそれぞれの状況や目標に応じて採用できるプロセス——を出発点として提供している。

運営する

学習サークルを組織しようとするきっかけは通常、ある特定の課題をめぐる関心である。市民としての生活を向上させたい、つまり、熟議民主主義を推進したいという、明確な関心が原動力であることは滅多にない[8]。運営にたずさわる者たちが私たちに連絡をとってくるのは、特定の公共の問題が継続して生じていて、もし自分たちのコミュニティーが、住民が、お互いに耳を傾け、協働するための生産的な方法を有しているなら、自分たちは解決に向けて前進できると考える時である。

地域社会のあらゆる部分から、相当な人数の人びとに参画してもらうための最善の戦略は、学習サークルを計画し運営するにあたって、地域社会のリー

---

[8] 1999年に、全米女性有権者同盟は、レイク・スネル・ペリー共同事務所とテランス・グループに、複数の段階からなる市民参加プロジェクトの運営を委託した。このプロジェクトの報告書、「どのようにして政治的に有効でありうるか。協働すること。アメリカにおけるコミュニティへの関与」は、地域の活動家に対する一対一のインタビュー、全米4市の市民に対する小グループでのインタビュー、および、全国調査に基づいている。この研究は、市民参加は地域の問題に明確な変化をもたらしうる機会によって動機づけられていることが多いということを見出した。(League of Women Voters. (1999). "How to Be Politically Effective: Working Together: Community Involvement in America." [http://www.lwv.org/elibrary/pub/cp_survey/cp_l.html].)。Dionne, E. J. (2000, Summer). "The State of the Movement." *National Civic Review*, 89(2), 122-126におけるMichael X. Delli Carpiniのコメントも参照。

ダーによる多様性のあるグループを形成することである[9]。よくあるのは、まず、ある一つの組織が主導してスタッフも提供するという場合である。学習サークルのプログラムの典型的な母体としては、地方政府、社会サービス機関、非営利組織、宗徒組織や宗教団体、学校や学校区、自治会などである。近隣地域や小さなコミュニティーで行う場合には、既成の団体ではなくその場で結成されたグループがプログラムを組織することもある。

プログラムのデザインと支援

　プログラム・デザインを決めるのは、地域社会の目標と資源である。支援を求められた時、私たちは、まず、熟議プロセスによって、地域の人びとが求めているような変革が達成できるのかどうかについて検討するための手伝いをする。運営にたずさわる者がプログラムを開始した後は、私たちは、強力で多様な後援者のつながりを作り、目標をはっきりさせ、課題を明確にして討議資料を決定し、コミュニケーションの戦略を立てるよう助言する。地域の人びとによる最適な参加を確実にするために、私たちは、（たとえば、参加者の数と望ましい対象区域を定めることで）プログラムの範囲と規模を決めること、（多様性を強調した）参加者募集の方法を開発すること、ファシリテーターの採用・訓練・支援をすることを手伝う。最後に、私たちは、プログラムに対する支援（たとえば、スタッフ、資金、プログラムの調整）の調達方法、熟議による対話を行動と変革に結びつけるための仕組みを創り出し支援する方法、プログラム全体を記録し評価する方法について助言する[10]。

　多くの場合、主催者は、熟議による対話のための大規模な集まりを数回、一連のシリーズとして企画する。その場には、一般の人びとに加えて、団体関係者や意思決定者が幅広く集められる。話し合いの場を交通の便のよい公共空間で開くことで、地域のあらゆる階層の人びとが参加する可能性が高まる。一回一回の集まりと同時に、地域のあらゆるところで、同じ課題について熟議を行う多数の小グループ会合が行われる。

　各々の学習サークルは同じ段取りに従い、訓練されたファシリテーターの誘導に従い、2時間の会合を3回から5回、一連のシリーズとして進めていく。

---

[9] ── Mengual, G. (2003). *What Works: Study Circles in the Read World*. (2003). Rona Robertsによる報告書、Roberts & Kay, Inc. Pomfret, Conn.: Topsfield Foundation, 6-13から翻案。

[10] ─ 学習サークルを組織するにあたっての最良の方法に関して私たちがまとめた手引きと研究については以下を参照のこと。Campbell, S. vL., Malick., Landesman, J., Barrett, M. H., Leighninger, M., McCoy, M. L., and Scully, P. L. (2001). *Organizing Community-Wide Dialogue for Action and Change*. Pomfret, Conn.: Topsfield Foundation. Mengual, G. (2003), *What Works* も参照。

初回では、人びとは基本的な決まりごとを決め、お互いを知り合い、課題と自分自身の関係を示す。それ以降の回では、参加者は課題を探り、解決策を考え、行動と変革の優先順位をつける。多くの場合、一連のシリーズは、各学習サークルから集まった考えを検討し行動のための優先順位を設定するために、参加者、公職者、その他のリーダーが集まった大規模なイベントで幕を閉じる。実行のための作業部会を立ち上げて加わることを選ぶ人もいる。理想的な状況では、運営にたずさわる者は、実行部会が前進するのを援助するスタッフを提供する。もっとも成功する実行部会は、学習サークルで学んだ熟議のスキルと民主的な実践を用い続ける[11]。

対話の目標が公共政策を変革することであるなら、採用するべきいくつかの重要な戦略がある。

・プログラムのすべての段階に、公職者をリーダーとして巻き込む
・公職者を対話に参加させる
・熟議から得られた主要なアイディアを、公職者向けの報告書のなかに盛り込む
・公職者を、実行の優先順位づけや、アイディアを実施するための市民との共同作業に巻き込む[12]

討議資料とファシリテーション

効果的な討議資料は、課題に関して基本となる情報を提供する。これらの資料はまた、問題の原因や何がなされるべきかをめぐる主たる議論の、率直でバランスのとれたまとめを提供する。最良の討議資料とは、読みやすく、簡単に使うことができ、あらゆる人びとが安心して自分の考えを表明するのを助けるものである[13]。多くの地域が、学習サークル資料センターの開発した討議資料を利用ないしは応用している。特定の課題のための討議ガイドブックがない場合、センターは、しばしばその地域の人びと自身が、ガイドブックを開発するのを支援する。センターは、そのガイドブックの多くをスペイン語で提供しており、いくつかの地域はこれらの資料をさらに別の言語に翻訳している。

---

11 − Campbell and others (2001), *Organizing Community- Wide Dialogue*, 89-98.
12 − Campbell and others (2001), *Organizing Community- Wide Dialogue*, 133-136.
13 − Campbell and others (2001), *Organizing Community- Wide Dialogue*, 13-18.

討議資料が、議論の素材を提供するのとちょうど同じように、ファシリテーターは健全なプロセスを保証するのを助ける。よいファシリテーションの基本は、熟議のプロセスを公平に動かすことであって、専門家や教師のように振る舞うことではない。大規模な学習サークルのプログラムがうまくいくか否かは、地域から選ばれ訓練されたボランティアのファシリテーターにかかっている。そうすることで、地域社会が熟議を行う能力が拡大し、草の根のリーダーシップが開発される。新人ファシリテーターは典型的には1日間か2日間の研修に参加し、小グループにおける効果的な熟議による効果的な対話の原則と手法と、その対話がプログラムの目標やそれよりも広範な市民性という文脈とどう関連しているかを学ぶ。研修では、新人ファシリテーターは、討議資料や学習サークルの基本原則が、どのようにプロセスを効果的なものにしているのかについても学ぶ[14]。

参加者の構成と役割

意味のある成果を生むには、運営にたずさわる者たちは、一定の人数を参画させなければならない。成功した取組みは、1回の学習サークルのシリーズに、75人から500人の人びとを巻き込んできた。また、個々のグループの規模（8人から12人）を限定することで、全員が貢献できる。

規模に加えて、参加者の多様性も決定的に重要である。効果的なプログラムには、あらゆる人種や民族的背景をもつ人びとと、男性と女性、公職者と一般市民、あらゆる学歴、収入、年齢の人びと——普段、公共生活に関わっていない人びとを含めて——が巻き込まれている[15]。

熟議による対話を、コミュニティーに**横串を通して**組織することは、コミュニティー形成と公共の問題解決の新たな可能性を創り出す。強力で多様な後援者の連帯を立ち上げることは、大規模で包摂的かつ多様な参加者を参画させるもっとも効果的な方法である。協働と連帯形成には時間がかかるが、努力は必ず報われる。連帯が幅広ければ幅広いほど、変革を生み出すその力も大きくなる。

落ち着いた生産的な議論ができるという保証のもとで、学習サークルはす

---

[14] ― Campbell, S. vL. (1998). *A Guide for Training Study Circle Facilitators*. Pomfret, Conn.: Topsfield Foundation, 1998.
[15] ― 私たちの研究の一部は、多様な参加者を集めるための最良の方法に注目してきた。Mengual (2003), *What Works*, 20-27.を参照。

べての人が平等な立場で参加することを可能にする。どんな人であっても、自分自身の意見が表明できるように、そのプロセスは、基本的な約束（グラウンド・ルール）、個人的な経験の振り返り、ストーリーテリング、ブレインストーミング、傾聴といった手法を使う[16]。それに加えて、参加者はすべての回の会合に参加すること、議論の質についての責任を共有することに同意する。議論から生まれた変革のためのアイディアのうちいくつかの実現に関わるかどうかを、参加者自身が考えることも重要である。

持続可能性

私たちは、人びとに対して、学習サークルの活動を他から切り離された出来事としてではなく、むしろ、より民主的な地域社会を創り出すための第一歩だと考えるように促している。一度きりのイベントも、より情報に基づきより考慮された、市民の意見を生み出すことはできるかもしれないが、一度きりのイベントは、多様な形態の社会変革や政治変革のための土台を創り出しうる、信頼や理解、新たな生き生きとした関係を発達させる可能性は低い。

持続可能性について考えるもう一つの方法は、熟議による対話を、市民の参画プロセスの**すべての**面にどのように根づかせるかを考えることである。たとえば、学習サークルを推進する効果的な取組みにおいては、プログラム開発のすべての段階――①目標を設定し計画を立てるプログラムの後援者の間で、②小グループの参加者の間で、③学習サークルの成果である行動計画と変革の取組みにおいて――で、熟議が用いられることが不可欠である。

変化が実感できれば、熟議による対話のプログラムは、長期間にわたって持続しうる。本章冒頭のニューハンプシャー州ポーツマス市の事例が示しているように、人びとは大規模で包摂的な熟議の具体的な結果を目にすれば、あらゆる種類の課題にこのプロセスを応用しようとする。

---

[16] ― プロセスのデザインとファシリテーションの手法を組み合わせることで、リン・サンダースによる熟議に対する批判が突きつけているジレンマのうちのいくつかを解決しうる一連の具体策が生まれる。彼女は、熟議がしばしば多くの声と視点を排除したままで、理想化されあるいは実施されていると記している。Sanders, L. M. (1997, June). "Against Deliberation." *Political Theory*, 25(3), 347-376.を参照せよ。彼女の主張は、批判的議論に加えて、「挨拶、レトリック、ストーリーテリング」に価値を置く「コミュニケーション民主主義」を唱える、アイリス・マリオン・ヤングの主張とも同期する。Young, I. M. (1996). "Communication and the Other: Beyond Deliberative Democracy." *Democracy and Difference*. Princeton, N.J.: Princeton University Press, 120-135; Young, I. M. (2000). *Inclusion and Democracy*. London: Oxford University Press, chap. 2.を参照。

学習サークルは、アメリカ全土で どのように用いられてきたか

以下の情報は、参加者の人数とプログラムの持続期間に焦点を当てる。なぜなら、これらは、学習サークルプログラムが、集団的な変革、とりわけ公共政策と公的制度の変革を促進する能力を示す最善の「生の」指標の一つであるからだ[17]。

1993年、オハイオ州リマ市は、人種差別や人種問題についての熟議による対話に数百人の人びとを巻き込んで、全米初の、地域全体を対象とした学習サークルのプログラムを立ち上げた。それ以来、全米で少なくとも130の地域が、75人以上の参加者を巻き込んだ学習サークルのシリーズを開いてきた[18]。これらのうち29の地域は200人以上のシリーズを運営し、四つの地域は少なくとも500人の参加者を動員した。少なくとも43の地域が3年以上にわたって学習サークルのシリーズを運営している(表14.2参照)。

これまで、いくつかの州が、州全体を対象とするプログラムを運営したことがある。表14.3には、州レベルの政策に影響を与えることを意図した取組みをまとめた。これらのプログラムでは、一つの州のあちこちの地域に住む数百人が、同じ課題について同時期に熟議を行った[19]。加えて、いくつかのプログラムでは、地域レベルの課題に取り組むために、分権化の取組みとこのアプローチを組み合わせた。たとえば2002年には、アーカンソー教育委員会連合会は、約6,000人のアーカンソー州民を熟議に参加させ、州教育審議会にその結果を提供した[20]。1998年以降、アーカンソー教育委員会連合会は、12以上の地域が学校改善のために熟議による対話を使うのを支援してきた[21]。1991

---

[17] ― ここに記されている頻度は控えめに見積もったものである。学習サークル資料センターは、ウェブサイトを通じて討議ガイドとマニュアルを無料で提供してきたので、私たちが知らないプログラムが開発されている可能性がある。参加者数やプログラムの持続期間といった重要な指標の集計に加えて、私たちは、本章で示した諸原則を、学習サークルプログラムがどれだけ実現しているかといった、それ以外の指標についても測定する能力を高めつつある。

[18] ― シリーズとは、一定期間(3か月間から4か月間)の大規模な学習サークル活動を意味する。プログラムによっては、一年間を通じて、同時に複数のサークルを開くという、連続的なアプローチを好む。どちらのアプローチも多数の参加者を集めることができる。連続的なプログラムは、個人の行動や態度の変化、あるいは新しい関係性といった、多くの肯定的な効果を生むが、私たちは、集団的な変化をもたらすことは少ないだろうと仮定している。

[19] ― Leighninger, M. (2002, Summer). "Enlisting Citizens: Building Political Legitimacy." *National Civic Review*, 91(2), 137-148.

[20] ― これらの「話せ、アーカンソー("Speak Up Arkansas")」という対話は、一度しか会合を主催しなかったが、そのアプローチは学習サークルを導くのと同じ原則にしたがっていた。Arkansas Blue Ribbon Commission on Public Education. (2002). *Arkansas Speak Up! on Education*. Little Rock: Institute of Government, University of Arkansas at Little Rock.を参照。

[21] ― Pan, D. T., and Mutchler, S. E. (2000). *Calling the Roll: Study Circles for Better Schools: Policy*

表14.2 学習サークルに多くの人びとを参画させてきた地域の例

地域	期間	課題	参加者数
イリノイ州オーロラ市	1995-2004	人種差別、人種問題、若者の関心事	4,000
コネティカット州グレーターハートフォード圏	1997-2004	人種差別、人種問題、教育	3,000
カンザス州カンザスシティ市	1999-2004	教育、近隣の関心事	1,300
オハイオ州リマ市	1992-2004	人種差別と人種問題	3,000
カリフォルニア州ロサンゼルス市*	1995-2003	人種差別と人種問題	5,000
デラウェア州ニューキャッスル郡	1996-2004	人種差別と人種問題	8,000
ウィスコンシン州ラシーン市およびケノーシャ市	1999-2004	人種差別と人種問題	1,600
ニューヨーク州シラキュース市	1996-2004	人種差別と人種問題	1,200
ミネソタ州ツインシティーズ圏	1995-1999	人種による隔離、教育、住宅政策	1,200
ノースカロライナ州ウェーク郡	1998-2004	人種差別と人種問題	2,500

*ロサンゼルスのプログラムでは、主として、対話のための会合は単発で行ったが、時には、数回連続のシリーズとして行った。

表14.3 州規模の学習サークルプログラムの例

州	時期	課題	参加地域数	参加者数
アーカンソー	1998	教育改革	10	374
メイン	1998	アルコール乱用	50	1,000
ミネソタ	2000	移民とコミュニティーの改革	17	961
ニューヨーク	1999-2001	刑事司法と矯正	71	2,200
オクラホマ	1996-1997	刑事司法と矯正	13	972
オクラホマ	1998	教育改革	5	500

年以降、メイン州は、学習サークルの原則をさまざまなトピックに応用し、1万人を超える人びと（4,000人の若者を含む）を参画させてきた[22]。

学習サークル資料センターが、1993年以降把握したプログラムのうち約60％は人種差別や人種問題に関するものだった。約20％は幼・小・中の教育改革に焦点を当てていた。その他のプログラムは、地域住民と警察の関係、発展と開発、地域の再活性化、移民といった課題に焦点を当ててきた。

Research Report. Austin, Tex.: Southwest Educational Development Laboratory; Metzler, D., McManus, M., Davis, P., Cook, J., and Best, H. (2003). *Schools and Communities Working Together: Helping Arkansas Students Succeed*. Little Rock: Institute of Economic Advancement, College of Business, University of Arkansas at Little Rock.

22 ― Houlé, K., and Roberts, R. (2000). *Toward Competent Communities: Best Practices for Producing Community-wide Study Circles*. Lexington, Ky.: Roberts & Kay Inc., 63; Clary, B. (2000). *Program Evaluation: Maine Youth Study Circles, Project of the Maine Council of Churches, Funded by the Lilly Endowment*. Portland: University of Southern Maine.

学習サークルの効果

17のプログラムについて2年間の研究が行われ、学習サークルが人びとや組織、地域、制度の変化にどのように貢献するかを明らかにした。同研究で挙げられている多くの成果は、学習サークルが社会資本と公共問題の解決能力を作り出すことを示唆している。(同研究の報告書で挙げられている、社会資本の構築に関する成果の典型例は、デラウェア州ニューキャッスル郡で、学習サークルの結果として、アフリカ系アメリカ人のコミュニティーからYWCAの運営委員会のためのボランティアが増えたことである)[23]。私たちは現在、大規模な熟議による対話が機関や公共政策に与える影響を調べている[24]。表14.4に、ニューハンプシャー州ポーツマス市の例を用いて、学習サークルが生みだした行動と変化の典型的な形態を示す[25]。

その他の応用例

30人から40人を超えない人びとに参画してもらう小規模な取組みもある。これらのプログラムは、個々人の態度や行動を変えることが目的であるなら有効となりうる。これらのプログラムについては細かく把握していないが、1993年以降、数百は行われている。

中学校や高校も、学習サークルの原則とプロセスを応用し用いている。こうした活動を支援するために、学習サークル資料センターは、南部貧困法律センターの「寛容を教える」プロジェクトとそのウェブサイト(Trelance.org)と協働して、十代の若者たちが、自分たちの学校内の、相互交流を妨げる社会的な障壁という課題に取り組むのを助けるための資源を提供している[26]。2004年6月までに、少なくとも500校の学校と1万人の生徒が「混ざり合え!」という熟議による対話に参加した[27]。これに加えて、少なくとも25の大学キャンパ

---

[23] – Houlé and Roberts (2000). *Toward Competent Communities,* chaps. 8 and 9. 学習サークルプログラムによる成果の他の例については、Leighninger, M. (1998, Fall). "How Have Study Circles Made an Impact?" *Focus on Study Circles*, 9(4), 2, 7; "How Have Study Circles Made an Impact? Organizers Report on Their Successes." (2000, Fall). *Focus on Study Circles*, 11(4), 1, 7.を参照。

[24] – ハーバード大学ジョン・F・ケネディ行政大学院のアーチョン・ファンが率いる研究者チームは、学習サークルとナショナル・イシューズ・フォーラムの制度および政策に対する効果について2年間にわたる研究を行っている。この研究は、チャールズ・F・ケタリング財団から委託され、ウィリアム・アンド・フローラ・ヒューレット財団から資金の一部を提供されている。

[25] – この表の以前のバージョンは、Mengual (2003). "Portsmouth, N.H." に最初に掲載された。

[26] – Wulff, B., Campbell, S. vL. McCoy, M., and Holladay, J. (2003). *Reaching Across Boundaries: Talk to Create Change, A Mix It Up Handbook.* (2nd ed.) Montgomery, Ala.: Mix It Up.

[27] – 数字は2004年に『混ざり合え!ハンドブック』を注文した約8,000人を対象とする調査に基づいている。1,200人が調査に回答し、500人以上が2003〜2004年度に対話プロセスを運営したと答えた。この調査の回答者は、非回答者よりも対話集会を運営した可能性が高いと仮定されるので、「混ざり合え!」の

表14.4　ニューハンプシャー州ポーツマス市の学習サークルプログラムから生まれた行動と変化

変化の種類	ポーツマス市の例
個人の行動と態度の変化	校区の見直しに関する学習サークルに参加したある住民は、それまで、増税に一貫して反対していたが、三つの学校のすし詰めの状況を目の当たりにし、また、保護者や教師の不安や真剣な取組みを耳にして、増税をともなう、学校改善のための170万ドルの計画をおおやけの場で支持した。
新しい関係性とネットワーク	人種差別に関するサークルに参加した後、警察の副本部長は、今後、問題や疑問が生じたら、NAACPのメンバーは、正式な手続きをとることなく、彼自身か他の警察官に一本電話を入れる方が簡単であるとコメントした。
組織の変革	学校安全についての学習サークルの後、新しい計画には、バス車内へのカメラの設置、同級生による仲裁プログラム、学校行事における大人による監督の強化といった、生徒からの提案が含まれた。このプランが実行に移されて以来、学校でのいじめは減少しているように思われる。
公共政策の改革	ポーツマス市の計画委員会は、市の10年間総合計画に関する学習サークルを組織するにあたり中心的な役割を果たし、参加者と顔を合わせた後、住民の優先事項について知るためにサークルから得られた意見を活用した。その結果、保全を目的とした緑地10エーカーの買上げの承認や、ウォーターフロントの住宅とスタジオを芸術家のニーズに応じて整えるための再区画などの計画変更がなされた。

スが、さまざまな課題を扱うために学習サークルを利用した[28]。

将来に目を向ける

　ニューハンプシャー州ポーツマス市の事例は、全米の地域で何が起こりうるかの証左である。外部からの支援をほとんど受けずに、ポーツマス市は、熟議を市民的なインフラと文化の中心的な部分にしてきた。このように、地域が公共の問題を解決する力をつけることこそ、学習サークル資料センターがあらゆるところで起きることを望んでいることである。

　ポーツマス市のような地域の数が増えることは、あらゆるレベルの社会や政府における熟議民主主義を支援する全米規模のインフラの基礎になりうる。このようなインフラを作ることは、医療や外交政策といった課題についての国民的な熟議が、地域における十分な支援と全米規模での効果をもつために不可欠であろう。そのような野心のあるプロジェクトが、多くの障害に遭遇するのは

対話は、この年度に、少なくとも1,000校で行われ、15,000人から30,000人の生徒が参加したと推計される。
[28] ─ 学習サークルの原則が、高等教育と同じように、中学校や高校でどのように応用しうるかという議論については、Wulff, B. (2003, Fall). "Creating a Sandlot for Democracy: The Study Circles Resource Center's Approach to Youth Civic Engagement." *National Civic Review*, 92(3), 12-19; Mallory, B., and Thomas, N. (2003, Sept.-Oct.). "When the Medium Is the Message: Promoting Ethical Action Through Democratic Dialogue." *Change*, 11-17.を参照。

確実である。地域プログラムを練る際に、全米の学習サークルの運営にたずさわる者たちは、次に挙げるような、いくつかの共通の課題に直面する。①低収入で低学歴の人びとを参画させることが格別に難しい、②地域社会がますます多言語化、多文化化している、③学習サークルを組織するのには非常に労力がかかり、資源が限られている、④公職者や権利擁護者が、熟議を費用が高い、政治的なリスクが高い、あるいは、効果がないとみなす可能性がある、⑤熟議を制度変革や政策変革へとつなげることは、個々人や小グループの変革に熟議をつなげることよりも難しい。

　私たちが認識しているもっとも大きな問題のいくつかは、大規模な熟議による対話に学習サークルを用いてアプローチすることだけでなく、熟議民主主義運動全体にあてはまる。

資源。数百の学習サークルプログラムは地域のボランティア、地域の非営利団体からの現物の寄付、地方政府や助成財団からの助成に依存している。地域の取組みが、全米規模で仕掛けられた取組みを模倣したり、それに貢献したりするためには、地域と国の両方のレベルにおける、実質的で持続的な支援を必要とする。

研究と評価。地域からの支援が得られるかどうかは、運営にたずさわる者たちが、熟議による対話が難しい公共的課題について進歩をもたらすことができることを示せるかどうかにかかっている。この目的を果たすために、私たちはプログラム評価という行為を神秘化してはならない。神秘化しないことで、地域で運営にたずさわる者たちは自分たちの物差しで目標を設定し成功を測定することができる。全米規模の取組みが支持されるどうかは、学術研究者が多くの地域の取組みを比較してパターンや意味を取り出せるかどうかにかかっている。

コミュニケーション。私たちは、熟議による対話を自分たちの民主主義に活力を与えて立ち直らせる方法とみなせるように人びとを啓発すると同時に、市民による熟議のもたらす具体的な利益について伝える語彙を創造しなければならない。社会と統治のあらゆるレベルにおける問題について、人びとが前進するのを、いかに熟議が手助けしているかという物語を話すという仕事を、私たちはもっとうまく行う必要がある。

地域の熟議を強化するために残された仕事はまだまだ多いが、私たちは、地域における取組みを、息を吹き返した国の民主主義の根幹に市民による熟議を置こうとする運動に結びつけることにも集中しなければならない。私たちが予見する障壁は相当なものだが、それは乗り越えられるものである。

第15章
e-thePeople.org
現在進行中の大規模な熟議

マイケル・ワイクスナー
木村正人 訳

　2003年3月中旬、イラク戦争がはじまるまでの数週間、戦争支持者と反対者の間に緊張が高まっていた。イー・ザピープル (e-thePeople) は、双方の側が、自分たちとは異なる視点について理解を深めるために、集まることができる場であった。一例を挙げると、クウェートに駐留している21歳の米兵が、反戦活動は愛国的でありうるかというテーマで対話の口火を切ったことがあった。彼は、イー・ザピープルのアカウント登録を済ませた後、「湾岸地域で従軍しています」というタイトルの記事を投稿し、次のような書き込みをした。「反戦活動家たちのデモや怒りの声、暴力が起きているが、俺たちが今、目の前にしているのはイラク人たちのものすごく忠実な姿だ。イラク人は、自国民を飢えさせ、拷問し、財産を掠め取るようなリーダーであっても支持する。なのに、なんでアメリカ人は自分たちのリーダーを支持できないんだ。アメリカ人は、自分たちの側の犠牲者よりも、イラクの犠牲者に対してよっぽど同情を

寄せている。俺たちのために何かやっている気でいる反戦活動家は、嘘つきだ。反戦活動をするなんていう時期はもう過ぎた。君たちは、俺たちの敵か味方の、どっちなんだ」。

イー・ザピープルの会員たちは、オンラインの評価システムを使って、このスレッドを圧倒的に「お勧め」し、そのせいでこのスレッドは数時間のうちに一番人気になった。一番人気の評価を得ると、そのスレッドは目立つようにイー・ザピープルのトップページに表示される。このスレッドを閲覧したりそれに参加したりした人は、定期的な利用者以外にも数千人に達した。このスレッドの存在について人びとが知った経緯は主に二つあり、地元新聞社のウェブサイトからやってきたか（数百もの新聞社が、そのトップページか政治面から、イー・ザピープルへのリンクを貼っている）、もしくはGoogleなどの検索エンジンから導かれてきたかのいずれかであった（このスレッドは、当時**反戦活動家**という語で検索するとトップ表示されていた）。

イー・ザピープルに参加したければ、誰もが参加できる。対話に参加するのに必要なのは、ユーザー名とEメールアドレスを入力してオンライン登録することだけである。世界中から寄せられた返信の送り手は、たとえば次のような人たちであった。既婚、2児の父親で、ダラスで新興の住宅保証会社を経営するベトナム戦争の退役軍人、ラリー・ベック氏。ペンシルヴェニア州出身の元コンピューター・アナリストで、クシニッチ大統領候補[1]のサポーター、ドナルド・ガーバック氏。南部バプテスト教会員で、自称「根っからの共和党保守」の「マリエッタガール」氏。カリフォルニア州出身の改革党員サンドラ・ケイ氏。

上述の米兵による最初の投稿に人びとが応答した際、そのコメントを起点にまた新たな対話のためのスレッドが立ち上がったので、会員たちは、多くの論点についてそれぞれ存分に議論を深めることができた。もっとも議論になったのは、「軍隊を支持しているのに、戦争を支持しないことはできるのか」というトピックだったが、この他にもたとえば、「反戦活動家が軍隊を公然と支持したところで、それが兵士たちにとって慰めになるのか」、「反戦を訴え異議申し立てすることは、すべての市民の愛国的義務なのか」、「反戦活動は、敵を勇気づけるものではないか」など、多くのトピックが取り上げられ、詳細に議論

---

[1] デニス・クシニッチは、オハイオ州選出のアメリカ合衆国下院議員。2004年と2008年の民主党の大統領指名選挙に立候補した。

された。

　会員たちは、自分の都合がよいときに投稿することができ、人のコメントに対してもさらに返信することができるため、この対話は4日間続けられた。このように時間をずらして対話を継続することができるおかげで、会員たちは、よく考えてから投稿することができ、120文字程度の、典型的な投稿をするのに平均で45分かけている。とはいえ、いかに人気がある対話でも、いずれ首位の座を明け渡すことになる。それは、対話の重要度評価が、時間の経過とともに指数関数的に減るようにされているためであり、この機能のおかげで、つねにタイムリーで重要度が高いトピックが取り上げられるようになっている。

　その週の終わりに、イー・ザピープルの管理者は、購読者15,000人にEメールで送る週刊のニュース・レターで、この対話についての特集を組んだ。掲載された716語のエッセイは、兵士による投稿の抜粋と会員13人によるコメントを要約したもので、投稿された238件のコメントに表現された多様な見解を反映した文章になっていた。この文章は、対話に参加していた人にとっては要点の整理であり、参加していなかった人にとってはわかりやすい要約であった。この文章は、イー・ザピープルのウェブサイト上の記事データベースにも投稿され、検索すれば見つけられるようになっていた[1]。

　似たような対話が、引き続く数か月間に数百件生まれ、戦争の進め方、戦後の占領、大統領候補者のハワード・ディーンがネット上で資金集めに成功したこと、医療保険制度改革、9.11調査委員会[(2)]、イラク人捕虜に対する拷問、レーガン元大統領の遺産、マイケル・ムーアの映画「華氏911」などの問題が話題にされた。

イー・ザピープルの起源と目的

　インターネットは、すでに商業市場の力学を一変しているが、それと同じくらい顕著に政治市場の力学をもまた変貌させるであろうという予測が、1999年にイー・ザピープルが設立されるための重要なヒントとなった。ビジネスがより「消費者中心」になってきていたのと同様に、政府と政治家は「市民中心」

---

[1] ── E-thePeople.org. (2003). "Is Protesting Patriotic? Domestic Dissent, Troop Morale and Collateral Damage." [http://www.e-thepeople.org/about/news/91802386]〔リンク切れ。〕

[(2)] ── 正式名称はアメリカ同時多発テロ事件に関する独立調査委員会。2004年7月に『9.11委員会報告書』を発表した。[http://www.9-11commission.gov/report/911Report.pdf]

になるであろうに違いないと思われた。イーベイ（eBay）[3]が最高額をつけた入札者が商品を落札するような競争市場を創造したように、イー・ザピープルはこの社会を統治するための最良の提案が最大の信用と支持を勝ちうるためのアイディアの競争市場となりうる。

　インターネットが、他のメディアに比べ、より自然かつオープンで、しかも人を巻き込むコミュニケーションを促すという気づきもまた、もう一つの重要なヒントとなった。ウェブサイトは、人びとが訪問してはじめて力を発揮するものなので、世論を操作するようなサイトではなく、信頼でき便利なサイトである必要がある。よいサイトであるためには、サイト利用者に使ってよかったと思ってもらえる必要がある。つまり、サイトは、利用者を尊重することが必要である。これらの要件が欠けていると、人びとは、ワンクリックでそのサイトから去っていく。このようなコンセプトを、政治という分野にあてはめてみるとわかるのは、つまりはより信頼に足る形で、政治について語り合う場が必要である、ということである。誰もが政治に関するテレビ広告を嫌う。もし支配的な情報メディアが、そんな詐欺まがいのメッセージを時代遅れにすることができたらどうなるだろうか。そうすれば、政治に関わる人びとは、お互いに尊敬の念をもって、積極的に関わり合うようになるのではないだろうか。

　イー・ザピープルの使命は、インターネットを使って市民参加のあり方を向上させるということにある。この使命を果たすために、イー・ザピープルは、市民が議論し政治的な行動を起こすための無料のオンライン・フォーラムを提供している。このフォーラムの際立った特徴は、参加者に、フォーラムの運営自体がかなりの程度委ねられていることにある。参加者自身が、ルールを考えそれを実施し、議論のトピックを決め、議論の枠組みを決める。これは、市民主導のタウン・ホールを作ろうという試みなのである。

　議論をするためのウェブサイトやソフトウェアなどは、すでにたくさん存在するし、無料のものも多い。イー・ザピープルが、それらのなかでも際立っているのは、次のような特徴を合わせもっている点である。

熟議による。 評価システムがあるため、情報価値のない記事、不正確な記事、

---

[3] ― カリフォルニア州に所在するインターネット・オークションの会社。［http://www.ebay.com］

攻撃的と思われる記事については、他の会員が、それらが目に留まるのを厳しく制限することができるので、人びとは、偏見に捕らわれず思慮深い文章を書くよう動機づけられている。

合意を反映する。評価システムがあるため、参加者は、自分たちが重要だと思っていることについて、集団全体として伝え合うことができる。おかげで、閲覧者——政治家、ジャーナリスト、その他の参加者——は、すべての記事を読まなくても、また、参加している者がどういう人なのか詳しく調べなくても、一体感が得られる。

コミュニティーの質を維持する。議論の司会進行役を務める権限を参加者に与えることによって、あからさまな検閲などしなくても、適切でない議論を自分たちで取り除けるようになる。このように、司会進行を参加者に委ねることはまた、参加者に対して、議論において自分たちが主人公であるという感覚を与え、外部から議題や偏見が押しつけられているのではないかという疑いを軽減する。

多様性を反映する。どの記事に対しても、他のサイト利用者がコメントできるようになっているため、多様な見解を反映することが可能である。

読みやすい。ほとんどの議論用ウェブサイトは、投稿者を念頭においてデザインされているそのため、ふと訪れた人は混乱してしまったり圧倒されてしまったりすることが少なくない。イー・ザピープルは、どんな対話においても、聞き手は話し手と同じくらい重要であるということがわかっているので、イー・ザピープルのページは、独立した個々の記事の見出しが並び、一番活発かつタイムリーに行われている対話がわかるように自動選別するフィルターのついた、読みやすいニュース・サイトのようにデザインされている。

包摂的である。多くの人びとが、インターネットでの議論に参加することを心地よく感じない。これはおそらく、自分には議論をする資格がないと思っていたり、他の人の反応を不安に思っていたりするせいだろう。そこで、イー・ザピープルは、人びとが参加することができる複数の段階を設定した。つまり、ただ読むだけから、評価をする、さらに、コメントをする、そして、実際に記事を投稿するといういくつかの段階である。

イー・ザピープルでの熟議

イー・ザピープルの熟議は、集団全体による自己管理型プロセスから展開していく[2]。

熟議によるイベントのデザイン

会員登録は、Eメールアドレスさえあれば誰でもできる。そして会員になれば誰でも、すべての対話に参加でき、自分で対話を始めることもできる。イー・ザピープルでの対話は、スレッド型の議論モデルの機能を強化したものに沿って行われる。スレッド化された議論では、どの投稿に対しても直接返事をすることができる（これに対し、直線的な議論モデルでは、すべての投稿が時系列に並べられる）。イー・ザピープルは、このスレッド型のモデルに、会員たちが投稿に優先順位をつけることができる評価システムを加えるという機能の強化を行った。

イー・ザピープルでの対話として典型的なのは、政策について直接論じている対話か、あるいは、政策的にみて重要な意義をもつ対話である。これらの対話が、政策決定過程に直接結びつくわけではない。しかし、間接的に影響することはありうる。なぜなら、これらの対話は、イー・ザピープルの対話に参加したり週刊のニュース・レターを読んでいたりする何万人もの人びとの見解に影響を及ぼす可能性があるからである。また、特定のトピックについては、政治家や専門家を、他の会員と同様にフォーラムでの議論に参加するよう招くこともある。

議論の参加者に対して、投稿以外の情報をイー・ザピープルのウェブサイト上で提供するということはしない。なぜなら、必要であれば会員自身が、その他のインターネット・サイトや参考資料へのリンクを直接貼ることができるからだ。ただし、参加者は、いずれのコメントに対しても直接応答して、フォーラムでなされた主張の裏づけや反証を示すよう当人に求めることができるし、自ら提示することもできる。議論は、実際そのように行われることもある。

---

2 ── イー・ザピープルの原動力である議論スペースの技術は、イー・ザピープルが所有しており、組織内の開発チームが独自開発したものである。

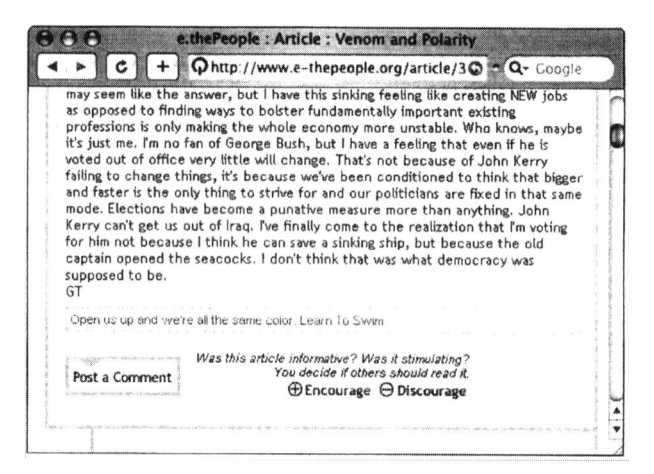

図15.1 イー・ザピープルの評価づけシステム

　すべての対話はオンラインで行われ、会員は、ウェブ上のフォームを使って投稿する。投稿は、管理者によるチェックなしで、即座にサイトに掲載される。またすべての投稿は、会員のプロフィールにリンクされているので、ある会員がどんな背景をもっているかを、他の会員たちが見てわかるようになっている。会員たちはEメールアドレスやインスタント・メッセージのアドレスを交換して、お互いに私信を送ることもできる。

公開で会議を開く

　イー・ザピープルの原則とは、議論の際、参加者たち自身に司会進行を委ねることである。対話は、コミュニティーの他のメンバーに読んでもらい返信してもらえるよう、参加者が記事を投稿することからはじまる。記事を読んだ参加者は、他の読者に読むことを「お勧めする (＋)」か、「お勧めしない (−)」か、いずれかの評価をつけてフィードバックする (図15.1を参照)。記事とそれに寄せられたコメントを合わせて、対話が形成される。

　記事を評価する際には、具体的な基準がある。会員たちは、「その記事が有益かどうか、刺激的かどうか」を考慮するよう求められる。評価システムを活

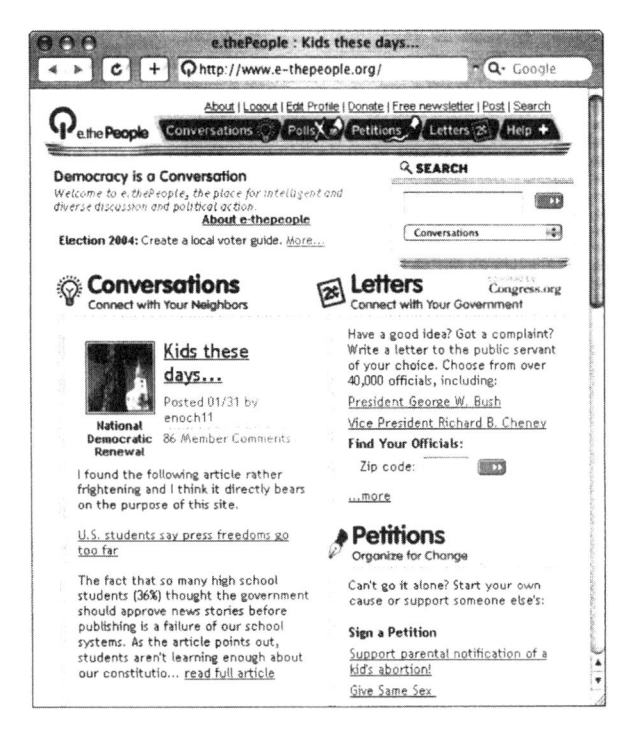

図15.2 イー・ザピープルのホームページ

用する際には、記事の内容に賛成か反対かを示すのではなく、市民としての礼儀正しさをはじめ、熟議を助ける規範を促進することが期待される。集計された評価に応じて、イー・ザピープルのホームページ上で、どれだけ目立つ位置に掲載されるかが決定される（図15.2）。この重要度を表す得点――「お勧めする（+）」の数と「お勧めしない（-）」の数と、投稿日によって決まる――がもっとも高い記事は、トップページおよび対話のセクションに掲載される。「お勧めする（+）」の数がより多く、「お勧めしない（-）」の数が少ないほど、この得点は高くなる。この得点は、時間の経過とともに指数関数的に減っていくので、「お勧めする（+）」数がいくら多くても、永久に最高点であり続ける記事

図15.3 イー・ザピープルにおけるコメント表示

はありえない。こうした仕組みのおかげで、いつもタイムリーな記事が取り上げられるし、新たな話題を必要以上に長期間締め出さないようになっている。

　つけ加えると、投稿された直後で、まだそれほど人の目に触れていない新しい記事ばかりを掲載しているセクションもある。こうしたセクションがあることで、すべての記事が評価を受けるための平等なチャンスが得られるように保証されている。

　記事は、特定の情報を紹介するだけでなく、人びとによる応答を引き出す出発点でもある。誰かがある記事にコメントをつけて応答すると、そのコメントは記事と並んで表示される。図15.3の例では、まずポール・ミラー氏による「薬物撲滅戦争をやっても、得られる利益より費用のほうが高くつくのではないか」という質問によって対話が開始されている。これに「ソクラテスは考える」氏が応じ、自分の娘が（コカインとヘロインの過剰摂取で）死に至った

経緯から、費用のほうが実際に高くつくという考えを述べている。彼の応答は、もっとも高い評価を得たため、元記事のすぐ下に表示されている。このコメントに対してだけでも、さらに17件の応答がついており、そのうちのいくつかは強調表示されている。「薬物合法化 ("Legalizing Drugs")」というタイトルの、ラルフ・レッカンプ氏による返信を読むには、もう一度クリックする必要があるが、「本当にそうなるんだろうか?」というタイトルのポール・ミラー氏による再返信の内容は全文が表示されている。というのは、より多くの読者が、他の読者にお勧めするに値する記事であると感じたからである。この仕組みのおかげで、参加者たちは、質問に答えたり、新たな情報を提供したり、質問の前提に反論を加えたりして、特定の記事について考えることができる。記事と並列表示されるコメントが増えれば増えるほど、サイト上の参加者たちがもっている多様な視点が、より豊かに手触りをもって記録される。記事と同じく、コメントについても、「お勧めする(＋)」か「お勧めしない(−)」かの評価をすることができ、もっとも共感を得たコメントがリストのトップに表示され、共感が少ないものは最下部に表示される(次頁に追いやられる場合さえある)。また、これによって、参加者たちは、サイト上でなされる議論のルールに違反した内容を、集団全体の力で抑制することができる。また、参加者たちは、思慮に満ち尊敬の念をこめたコメントをしようという気持ちにもなる。

フォーラムへの参加

　イー・ザピープルの公開フォーラムには、誰でも参加することができる。週刊のニュース・レターで活動報告を読んだり、イー・ザピープルのウェブサイトの投稿を読んだりするという最小限の参加の仕方もある。より積極的なメンバーは、署名運動を始めたり署名をしたり、世論調査を始めたり回答したり、対話を始めたり参加したり、サイト上でどの投稿を目立たせるかについて投票したりする。2003年7月から2004年6月までの12か月間で、イー・ザピープルでは、正味180万人のサイト訪問者による1,600万回のページ閲覧、計300件のオンライン署名運動と、のべ18,000人分の署名、16,000本の記事と75,000件のコメントの投稿、2,900回の世論調査と266,000件の回答があった[3]。

---

[3]── 数値は、イー・ザピープルのOracleTMデータベース上に保存されている運用データおよびイー・ザピープルによる同データの分析から得られたものである。

署名運動、記事やコメントの投稿、世論調査を行い、またそれらに優先順位をつけられるのは、サイトの会員のみである (つまり、対価を得ている執筆者、編集者、管理者が行っているのではない)。

政治家や専門家も、市民同様、自由に参加できる。また、彼らを特定の対話に招待することもできる。イー・ザピープルで行われている対話は、全米中の新聞紙上に掲載されるので、編集者や記者もそれを読む可能性がある。

イー・ザピープルは、参加を希望する者すべてに対して開かれた場であるので、無理に参加者の多様性を確保することはできず、多様性を促進するには幅広く広報活動によるしかない。この点について成功を測る一つの尺度は、参加者たち自身がフォーラム全体をどの程度、思想信条的にバランスの取れたものとみなしているかである。自分以外の会員の大半は思想信条的にバランスが取れていると感じる者は全体の40%で、一方、他の会員をリベラルだと見ている者は28%、保守的であると見ている者は16%である (図15.4)。図15.4をみると、会員は、他の会員のことを、狭量であるとか不道徳であると感じているわけではなく、知的で礼儀正しいとみなしていることもわかる[4]。とはいえ、イー・ザピープルの参加者は、一般集団に比べると人口学的な観点において、おそらく、多様性に乏しい。図15.5からは、会員の構成が、一般集団に比べて、45～54歳の年齢層、高学歴層、男性に偏っていることがわかる[5]。

平均すると、トップに表示された対話は1～2日間首位の座にとどまり、64件の回答を引出し、1,900人に読まれる。しかしこれらの数値は、トピックの魅力やその他の要因によって著しく変化する。非常に人気がある対話の場合、数百名からコメントが寄せられ、10,000人以上の人びとによって読まれる。

ところで、イー・ザピープルのトラフィック容量は、どの程度なのだろうか。イー・ザピープルのスレッド型議論モデルでは、数百件程度のコメントは処理できるが、数千件はおそらく無理だろう。現在のところ、活発な議論は1日あたり一つある程度だが、成功をおさめている他の議論サイトの実績を踏まえると、せいぜいのところ、スレッド六つから八つが限度だろう。現在のような対話の仕組みを維持する限り、イー・ザピープルが運用できるのは、おそらく現在の参加レベルの10倍程度である。

---

[4] e-thePeople. (2003). "Emailing Alone." Research for the Rockefeller Brothers Fund. 2002年12月13日から12月30日にかけて、イー・ザピープルのサイト訪問者を無作為に抽出したところ、264名が短いオンライン調査に任意で答えてくれた。調査データを運用データと突合せ、さらに並行して行ったフォーカス・グループによる調査結果と比較した。サイトの動きをより深く把握するために、常時利用者と随時利用者を区別して比較した。随時利用者は数のうえでは常時利用者の4倍以上いるが、単発の利用者を除外すると、全調査サンプルの64%にとどまった。単発の利用者は、イー・ザピープルの初回利用者、あるいは、利用頻度の非常に低い利用者であると思われるため、今回の調査対象には含めなかった。

[5] e-thePeople (2003), "Emailing Alone."

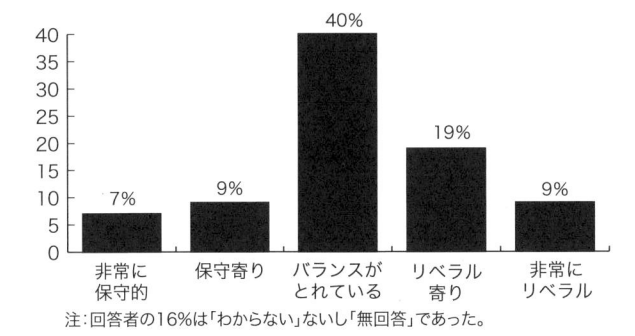

```
40 ┤                  40%
35 ┤
30 ┤
25 ┤
20 ┤                         19%
15 ┤
10 ┤         9%                     9%
 5 ┤   7%                
 0 ┤
    非常に  保守寄り バランスが リベラル 非常に
    保守的         とれている  寄り   リベラル
```
注：回答者の16%は「わからない」ないし「無回答」であった。

イー・ザピープルの利用者は他の利用者をどうみているか

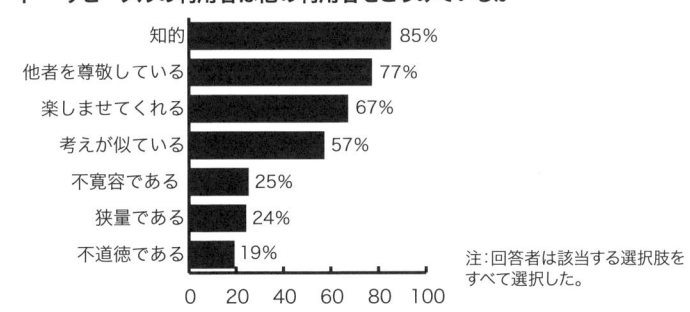

```
知的              ████████ 85%
他者を尊敬している     ███████  77%
楽しませてくれる      ██████   67%
考えが似ている       █████    57%
不寛容である        ██       25%
狭量である         ██       24%
不道徳である        █        19%
            0  20  40  60  80 100
```
注：回答者は該当する選択肢をすべて選択した。

図15.4 イー・ザピープル調査の結果：サイト利用者による他の利用者の認識

　年間ベースで言うと現在、常時利用者が3万人、随時利用者が13万人、閲覧のみの利用者が100万人いるが、イー・ザピープルの構造を変えない前提で、将来的には、常時利用者が30万人、随時利用者が100万人、閲覧のみの利用者が1,000万人程度になると想像することができる。これ以上の参加規模に対応するためには、イー・ザピープルは、本章最終節で言及する拡張機能のすべて、あるいはその一部を必要とする。

　参加者が、フォーラム運営のほとんどあらゆる側面について責任を負っている。参加者の責任は、対話の枠組みを決めて促進すること、熟議のルールを守らせること、他の会員に応答することなどである。イー・ザピープルが提供す

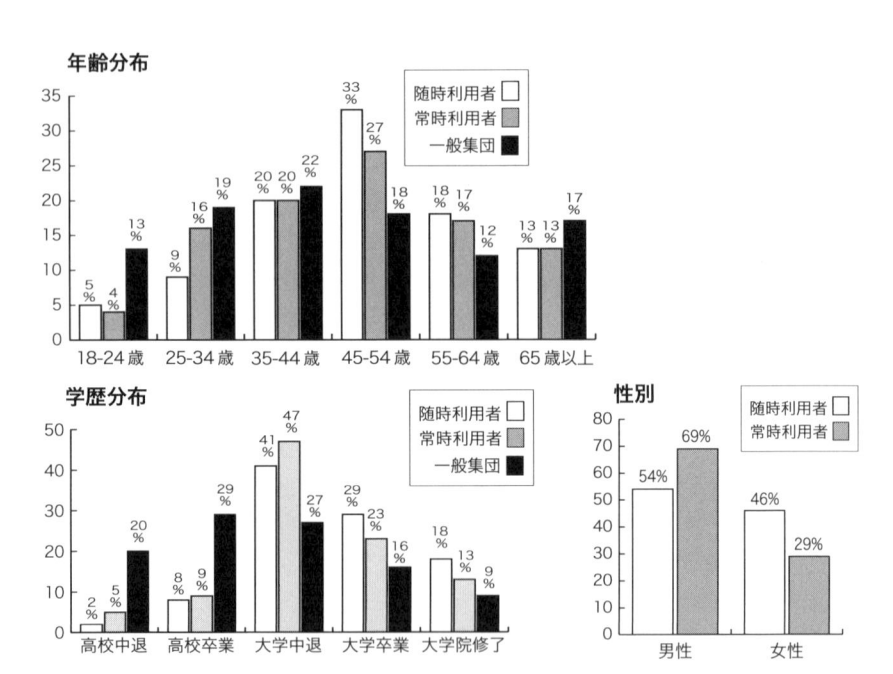

図15.5 イー・ザピープル利用者の人口統計学的属性

る唯一の管理機能は、ウェブサイトの技術支援、不正行為の検出と対応、週刊のニュース・レターの作成と送信に限られる。イー・ザピープルの管理者が、運営、技術、戦略上の決定をする際には、イー・ザピープル自体について対話するためのスペースを通じて、会員と綿密な協議をする。

イー・ザピープルの歴史と影響

　イー・ザピープルは、2000年8月から継続的に利用されてきた。1日あたりの投稿記事数およびコメント数の90日間移動平均値は、2000年9月から2004年7月にかけて、10件から270件に跳ね上がった[6]。（2002年5月に投稿

---

6 ── イー・ザピープルの運用データおよびその分析による。

```
自分の意見を述べるため          ■ 52% / 53%
政策立案者に影響を及ぼすため     ■ 45% / 40%
他の人の意見を聞くため          ■ 38% / 39%
他のメディアでは入手できない
情報を得るため                 ■ 41% / 32%
特定の主張を行うため           ■ 30% / 28%
最新の動向に通じるため         ■ 34% / 27%
```

□ 随時利用者　■ 常時利用者

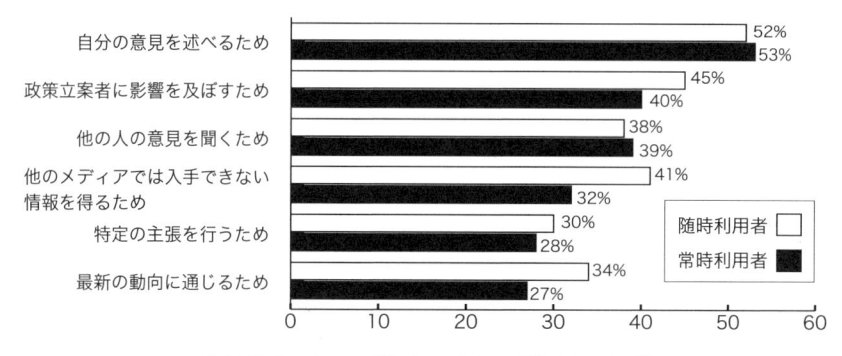

図15.6　イー・ザピープルを利用する目的

数が8倍になっているが、これはクオラム (Quorum.org) のウェブサイトとイー・ザピープルのウェブサイトが統合されたことによる)。

　イー・ザピープルへの投稿は増大しているがその数は不安定である。これはフロリダ州での大統領選挙の再集計、9.11のテロ攻撃、イラク戦争などの外的な出来事が引き金となって、投稿数が異常な仕方で増えることがあるためである。他方で、社会保障、機会の平等、人種とメディア、薬物合法化、移民などのトピックは、投稿数を異常に増やす原因となるようなニュースとは関連していない。

　熟議は、政策決定過程に直結しているわけではないので、イー・ザピープルの政策決定過程に対する影響は、いずれにせよ、参加者自身に対する影響の波及的な効果として生じる。この点について調べるため、2002年12月に行われた、イー・ザピープルのサイト利用に関するインターセプト研究[4]では、どのような人びとが利用し、なぜ参加し、参加することで自分はどんな影響を受けたかについて尋ねた。この研究によれば、利用目的としてもっとも多く挙げられたのは、「自分の意見を述べるため」、「政策立案者に影響を及ぼすため」の二つであった (図15.6)。その次に、参加者が挙げたのは、「他の人の意見を聞くため」、「他のメディアでは入手できない情報を得るため」であった[7]。常時利用者のほぼ9割 (87%)、随時利用者の3分の2 (67%) が、自分たちのサイト利用

---

(4) ― インターセプト法とは、無作為抽出によるのではない、いわゆる有意抽出法の一つで、出口調査のように実際の利用者に声をかけて、サンプル・データを収集する方法を指す。インターネットの場合は、一定の間隔でサイト訪問者を選び出し調査協力を依頼するなどの方法をとる。

7 ― e-thePeople (2003), "Emailing Alone."

利用者がイー・ザピープルによる「非常に前向きの」影響を認めた分野

分野	随時利用者	常時利用者
さまざまな見解についての気づき	12%	29%
ニュースを細かく追う能力	16%	27%
世界のできごとについての気づき	21%	24%
政治について論じる回数	10%	24%
自分の信念についての自信	14%	21%
地域のできごとについての気づき	14%	20%
さまざまな見解の尊重	11%	17%
他者に影響を及ぼす能力	8%	11%
政府に影響を及ぼす能力	5%	7%

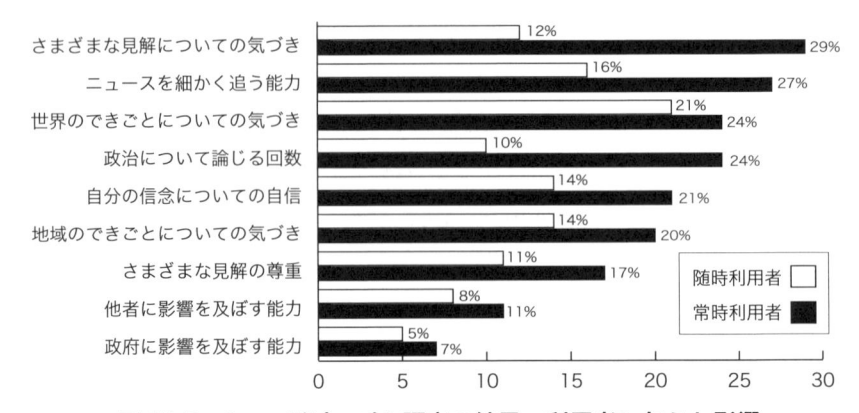

図15.7 イー・ザピープル調査の結果：利用者に与えた影響

目的を満たすのに、イー・ザピープルが「まずまず」あるいは「非常に」適していると回答している。それどころか、常時利用者の約5割（47%）は、イー・ザピープルが彼らの利用目的に「非常に適している」と答えている[8]。

自己申告による限り、サイト利用による影響がもっとも大きかったのは、予想通り、常時利用者であった。彼らがもっとも多く挙げた「非常に前向きな」影響は、「さまざまな見解についての気づき」であった（図15.7）。他方、随時利用者がもっとも多く挙げたのは、「世界のできごとについての気づき」であった[9]。参加者が重視していた利用目的が、自分の声を聞いてもらえることと政府高官に影響を及ぼすことであったことを踏まえると、「他者に影響を及ぼす能力」と「政府に影響を及ぼす能力」の水準が相対的にも絶対的にも低いことは、これらの分野については今後一層の努力が必要であることを示唆している[10]。ただし、利用者自身に対する直接的影響（たとえば、気づきの増加）のほうが、他者や政治に対する間接的影響よりも、より一般的で、また認識しやすいのは当然であろう。

---

[8] — e-thePeople (2003), "Emailing Alone."
[9] — e-thePeople (2003), "Emailing Alone."
[10] — e-thePeople (2003), "Emailing Alone."

オンライン熟議の限界と拡張可能性

　イー・ザピープルのモデルの一つの限界は、対話の大多数が不首尾に終わるということである。仮に、成功した対話を、10件以上の「お勧めする」と20件以上の返信がついた対話と定義するなら、昨年なされた9,000件の対話のうち成功したのは、たった7%にとどまる[11]。不首尾に終わった対話のうち、半数には明らかな理由がある（たとえば、書き方が稚拙である、トピックが重複しているなど）。しかし、かなりの比率の投稿が、もっとも優れた投稿にならった真剣なものであったにもかかわらず、他の会員からの注目を集めることはできなかった。もし閲覧者と投稿者が自らの関心を表明するよりよい方法があれば、投稿者の努力は無駄にならなかった可能性がある。たとえば、会員がアクセスできるチャット・ルームが用意されていれば、記事を投稿するために時間をかける前に、非公式に自分のアイディアを提示することができる。

　もう一つの限界は、これは明らかなことであるが、イー・ザピープルを利用するには、インターネット・アクセスが必要であるということである。このことは、潜在的な利用者の一部は、公共の図書館やインターネット・カフェでしか、イー・ザピープルを利用できないということである。さらに言えば、コンピューターを使うには一定レベルの識字能力が必要で、そのため一部の市民が排除される。また現在のところ、イー・ザピープルは英語でしか利用できない。

　また、信頼性の獲得と匿名性の維持も、克服されなければならない課題であり、この二つの課題は相互に絡み合っている。メディアは、インターネット上での議論を、対立的で憎しみに満ちている、あるいは、同質的で偏っているものとして描いてきた。つまりはいずれにせよ、インターネット上の議論は、信頼できないということである。参加にあたっての匿名性もまた、信頼を得るための阻害要因になっている。参加している者についての情報――とりわけ、参加者のうち、何人が自分の選挙区の住民か――がわからない限り、選挙で選ばれた公職者たちは、フォーラムでの議論を真剣に受け止めないだろう。同様に、メディアをはじめとする外部の観察者は、対面型のフォーラムに参加した場合以上に、イー・ザピープルの参加者に関する人口統計上の情報を欲しがる。

---

11 ― イー・ザピープルの運用データおよびその分析による。

イー・ザピープルのサイト内では、会員たちは、政治的なコメントをパソコン画面の向こう側に書きこむことの利点と欠点について語り合っている。これまでには、会員たちがより個人的な情報を提供することによって、会員相互の信頼度が増し、別の会員の自己開示を促すという良循環が生じる場合も確かにあった。とはいえ、対面型のフォーラムに比べると、信頼と尊重の醸成が、依然としてより高いハードルであることには変わりがない。

　他にも言及しておくべき、多くの問題や限界がある。一つは、いかにして言葉を実際の行動に結びつけるかである。ムーブオン（MoveOn.org）[5]のような団体が見せてくれたように、「ワンクリック運動」は一般の人びとに好感をもって受け止められている。しかしワンクリック運動を熟議のプロセスに結びつけることによって有意義なものにするという課題は、オンライン熟議のファシリテーターにとっても、対面型熟議のファシリテーターにとっても困難な課題である。もう一つの難題は、幅広い参加をいかにして動機づけるかである。現在、イー・ザピープルのサイト訪問者中、会員登録をする者は0.5％でしかない。これは、イー・ザピープルの熟議に参加する意義についての提案が、多くの人にとっては説得力がないということである。これは、政治について話し合うだけではなんの効果もなく、参加をして時間をつぶすには値しないという考えの反映であるのかもしれない。その他にも、そのすべてがオンラインでの熟議に特有の問題というわけではないが、いろいろな問題がある。意見の分裂、排他的な党派性、参加に要する時間と労力などである。

　これらの限界の他に、現在の射程を超えてイー・ザピープルを広げるための有望なアイディアがたくさんある。もっとも難しいのは、これらのアイディアに優先順位をつける（そして資金調達をする）ことである。ここでは、三つのわくわくするような可能性に焦点をあてて結論とする。

パーソナル・ツールを使って信頼度を高める。友人の輪を通じて人びとを結びつける人気のサイト、フレンドスター（friendster.com）[6]のようなサービスは、参加者の政治的主張のプロフィールを結びつけるところまであと一歩のところまできている。またムーバブルタイプ（moveabletype.com）やブログライン

---

[5] ─ ムーブオン(MoveOn.org)は、1998年、クリントン元大統領のスキャンダル事件をきっかけに、ジョアン・ブレイズとウェス・ボイドによって設立された非営利の政治団体。「（弾劾ではなく）けん責処分で前進しよう（"Censure and move on"）」というスローガンを掲げて、オンラインで署名キャンペーンを行い、成功をおさめた。

[6] ─ FacebookやMySpaceなどに先だち、ジョナサン・エイブラムスとロブ・パツォルニクによって2002年に公開された会員制交流サイト（SNS）。2009年にマレーシアのMOL グローバル社に買収された後、現在ではサービス内容を変更し、ソーシャル・ゲーム・サイトとなっている。

ズ (bloglines.com) のようなサービス[7]は、一般的で他と同じようなデザインではなく、もっと自分なりの好みに従って、ウェブサイトを編集し公開することの強みを明らかにしている。これらのサービスを統合すれば、信頼感の形成、会員数の増加の加速、政治運動の効率化などを図ることができ、それによって、イー・ザピープルを根本的に改善することが可能である。たとえば、会員が日記を公開し、自分の政治的主張のプロフィールを明らかにすれば、人びとの注目を集める手助けになるだろう。

政府との結びつきを強化することにより、より幅広い閲覧者を獲得する。ムーブオンのサイトやハワード・ディーン[8]の選挙運動によって実証されたのが、ワンクリック運動の力である。イー・ザピープルは、この手段をより熟議型にするよう努める一方、政治行動のもつ感染力をうまく利用することによって、貢献することができる。オンライン署名へのリンクを議論スペースに掲載することも考えられる。

熟議へのアクセシビリティを高める。翻訳ツールがあれば、市民は自分の母語で閲覧や投稿ができるようになり、また、国外や米国内の英語を話せない人びとと交流できるようになる。加えて、イー・ザピープルで行われている対話を、対面での対話など現実世界で行われる取組みと組み合わせることによって、コンピューターを使えなかったり使うのが苦手だと感じていたりする人びとに新たな選択肢を提示することができるだろう。

---

(7) ― MoveableTypeは、2001年にリリースされたブログソフトの草分け的存在。Bloglinesはニュースやブログの記事をまとめ、配信するRSSサービスの古参（2003年開設）で、インストールの必要がないウェブベースの無料ニュースフィード・リーダーとして人気を博した。
(8) ― ヴァーモント州選出のアメリカ合衆国下院議員。2004年の民主党の大統領指名選挙に立候補した際、イラク戦争に反対の立場をとり、ブログ上での選挙資金調達に成功して、一時旋風を巻き起こした。

第16章
ラーニング・デモクラシー・センター
市民が活動する場

キャロル・J・シュウィン、ジョン・T・ケスラー、
デイヴィッド・R・シュウィン
津富 宏 訳

　学者や政治家、評論家が、連邦、州、地方政府のいずれが強力であるべきかについて論争している間に、ますます多くの市民組織が普通の市民の手に権力を戻す手助けをするようになってきている。本章ではこうした組織のことを**ラーニング・デモクラシー・センター**（Learning Democracy Center: LDC）と呼ぶ。これらの団体や取組みは、信頼があり、中立的で、制度として確立されている主催者である。彼らは、自らの地域社会においてもっとも差し迫っている社会問題や経済問題、環境問題を解決するために、地元の多様な人びとを動かすことができる。

　これらの組織はいずれも、包摂的で参加型の民主主義に必要な諸々の能力を、地域社会が身につける手助けをしている。その能力とはすなわち、地域社会が、①あらゆる面において多様性を尊重し、②市民による有意義な対話に参加し、③複雑な問題がシステムの問題であることを理解し、④組織や分野の壁を

越えて協働し、⑤革新的な解決策を考え出して実行し、⑥資金や支援の新たな提供者を探し、⑦自らの行動が地域社会の福祉に貢献しているという証拠を示し、そして最後に、⑧経験から学ぶという能力である。

アメリカにおいてLDCが存在するコミュニティーの数は増え続けている。その一例は、マサチューセッツ州イーストハム町の、ロウワー・アウターケイプ地域協議体である。同協議体は、多様な利害関係者からなる特別チームを組織し、地元で見出されたニーズに対してローカルな解決策を与える活動をしてきたが[1]、この15年間にわたる活動を通じて、地域社会全体にわたる問題に取り組むために利害関係者を招集し、標準化された計画プロセスを通じてその活動を促進する一種の社会的育成機関へと進化した。これらの特別チームによる活動から継続的なプログラムやサービスが生まれた場合、それらは自立的な組織として分離されることもあれば、既存の組織のなかに居場所を見い出すこともある。その活動から生まれた団体には、ホームレスのための宗教者協議会、ケイプコッド子どもプレイス、ヘルシー・コネクションズ、エレン・ジョーンズ地域歯科センターなど他多くの団体がある。

同協議体は1987年に、医療・福祉サービスへのアクセスを強化する必要に対応するため、関連諸機関のネットワークとして始まった。この地域はやや孤立した半島に位置するため、サービスや資源配分の点でしばしば軽視されてきた。満足のゆくサービスを受けるために、50km時には100kmも、多くの人びとが車を走らせなければならなかった。同協議体はサービスへのアクセスとサービスの質の向上に長らく役立ってきたが、同時に、地元の人びとや経済そして環境を大切にするということが地域社会にとって何を意味するのかという問いに、より幅広く、よりシステム的な視点から取り組んできた。たとえば、同協議体のメンバーは経済的発展と安価な住宅の供給を目的とした、ローカルなコミュニティーづくり企業を起業し、今では「広域的に考え、地元で行動する」アプローチを用いて協働促進のためのコミュニティー円卓会議を組織している。

しかしながらその最大の成功は、この地域における公共的な活動が達成される仕方に関する文化が劇的に変化したことによって示されている。この地域に

---

[1] 本章は、部分的には、2003年および2004年に、LDCその他の組織のスタッフに対して行った大規模なインタビューと会話に基づいている。引用その他の言及に関する資料については、キャロル・シュウィン (carole@berkana.org) に連絡されたい。また、本章で取り上げた各プログラムの連絡先は、それぞれの注に示す。バーカナ研究所 [http://www.berkana.org] が後援するLDCが参加しているオンラインの実践共同体への参加に興味がある地域は、キャロル・シュウィンに連絡されたい。

住む3万人は歯科治療にアクセスできず、また水道水にフッ素が添加されていなかったため、歯の健康状態が極端に悪い人が多かった。しかしこの地域があるマサチューセッツ州は、メディケイド[(1)]から歯科治療をはずすという決定を行った。そこで2003年秋、同協議体は地元としての組織的対応を整えた。同協議体が形成に手を貸した教育・予防・検診・歯科治療プログラムが、四つの学校においてサービスを提供しており、わずかな資金で活動するボランティアによってすべてが運営されている。統括責任者であるB・L・ハサウェイはこの取組みについて振り返り、次のように述べている。「以前ならほとんどの人があきれた様子で『こんな大きな問題についてできることなんかない』と言ったと思う。でも今では自分たちにはやれるという気持ちも能力もあるから、もう限界について考えることさえほとんどない。私自身ができるという感覚にあまりに浸っているので、ここのグループや地域の外に出かけて、他の場所に行って、マイナス思考や、ひねくれた考え、なぜ物事が実行できないかに関する思いつく限りの障害について聞かされた時に初めて、世界は、いまだに、ネガティヴな態度で動いているということを思い出すんだ」。

　同協議体は近年、市民参加、技能向上、そして公共的な活動におけるリーダーシップと参加のための能力向上をめざす積極的なアプローチを強化している。同協議体が運営している「エンパワーメント・プログラムのための自己トレーニング」の参加者は、対話と熟議、争いごとの解決、ミーティングの進行、そして変化のための努力に関する体験的なトレーニングを通して、民主主義について真剣に学ぶ。参加者は、同協議体がプロジェクトチーム用に開発した標準的な戦略計画プロセス——これはもはや当たり前の「仕事術」になっている——を利用・促進することについても学ぶ。同協議体の唯一の常勤スタッフであるハサウェイは言う。「どのようにしたら成功できるかを学ぶことで、私たちはこのプロセスを長年にわたって磨き上げてきました。これほどわずかな資源で活動を行えるのは、私たちが協議体という形をとっているおかげです。私たちの役割は、適切な人びとと一緒に活動していくために適切なプロセスを整え、彼らに継続してテーブルに着いてもらうことなんです」。

---

(1) — 低所得者向け医療保険。

背景

　私たちがLDC運動と呼ぶ流れは、地域社会を基盤としたさまざまな改革のための取組みに由来している。すなわち、「持続可能なコミュニティー」、「安全なコミュニティー」、「コミュニティー形成」、「市民デモクラシー」、「住みやすいコミュニティー」、「スマートな成長」などと呼ばれる取組みである。2000年に、全米市民連盟とすこやかなまちとコミュニティーのための連合体が、W・K・ケロッグ財団から助成金を受けて、これらの取組みを一つのコミュニティー運動として統合できるかどうかについて評価するプロジェクトを行った。同プロジェクトでは、全米5箇所（アイオワ州デモイン市、ヴァーモント州ホワイトリヴァージャンクション村、フロリダ州ジャクソンヴィル市、ユタ州ソルトレイクシティ市、ワシントン特別区）の組織と対話を行った。同プロジェクトの立案者たち（本章の著者の一人であるジョン・ケスラーを含む）は、各団体の目的、地域社会に基盤をもつ他の運動との連携、重点分野、基本的な価値に関心を寄せた。ケスラーとドリュー・オコーナーの報告によれば、大半の参加者は「これらのコミュニティー運動が共有している一連の基本的価値・手段・目標」が存在することを認めたばかりでなく、さらには「これらの運動を統合すれば、資源を最大限に利用でき、地域社会変革プロジェクトの影響力を向上させるためにも役立つ可能性がある」という認識をもっていた。彼らはまた、「対話と熟議が行われ、信頼が構築され、地域社会の問題解決の基礎が形成される観念的な場」として、地域社会における市民セクターが重要であるとの認識も共有していたという[2]。

　コミュニティー運動に関するこの研究の補足として、私たちは2003年と2004年に10箇所余りのLDCのリーダーに聞き取り調査を行った。私たちは、それらが、①どのように機能しているか、②どのように後援を得て資金を確保しているか、③どのように運営されているか、④何をもって成功としているか、⑤何を学んでいるか、そして、⑥（もっとも重要なことだが）公共的な活動に直接関与してもらうことを通じて人びとが民主主義を学ぶ手助けをするにあたって、どのような参加と熟議のプロセスを用いているかについて、詳しく知

---

[2] —— Kesler, J., and O'Connor, D. (2001, Winter 2001). "The American Communities Movement." *National Civic Review*, 90, 4.

りたいと考えた。その結果、さまざまな知見が得られたが、私たちは、何にもまして、これらのLDCが共通の目標をもっているということを発見した。すなわち、社会的・経済的・環境的次元を含む地域社会のあらゆる次元において、すべてのセクターの生活の質を向上するために、地域社会の多様なメンバーの声を増幅してメンバーの創造的なエネルギーを活性化することである。端的に言えば、これらのLDCは他のLDCと同様に、個人、団体、組織が民主主義を学ぶ手助けを行う「コミュニティー育成機関」なのである。これらのLDCは新たなシステムや構造を生み出しており、それらのシステムや構造を通じて普通の人びとが自分自身の未来と地域社会の未来への責任を担いつつあった。

実態

　私たちが聞き取りを行ったLDCが用いている熟議の手法は、相違点よりも類似点の方がはるかに多い。典型的なのが、サウスカロライナ州アンダーソン市の3万人の人びとと、同市を取り巻く郡内の15万人の人びとを含む三つの郡で活動する草の根の非営利組織であるすこやかなコミュニティーのためのパートナーズである[3]。理事長と最高執行役員を長年務めるラッセル・ハリスは、パートナーズの役割について次のように述べている。すなわち、第一に、システムに関わる重要課題を地域社会が特定する手助けをすること、第二に、ファシリテーションと計画の支援を提供すること、第三に、新たな組織や取組みを誕生させること、そして最後に、それらを前進させ持続性を保証する後継者に引き渡すことである。そのプロセスや手法はLDCによって異なるが、それぞれのLDCは、自らの地域社会にポジティヴな社会的、経済的、環境的変化をもたらすために、以下に掲げる要素の大部分またはその全部を用いている。

望ましい未来を描く

　ヴァーモント州チッテンデン郡のシャンプレーン・イニシアティヴは、地域の人びとに今後20年間のヴィジョンの策定に参加してもらうことから活動をはじめた[4]。州全体の組織に成長した持続可能性のための取組み、人種差別に

---

3 —— Partners for a Healthy Community, Anderson, South Carolina [http://www.healthy-community.org]〔リンク切れ。〕
4 —— Champlain Initiative of Chittenden County, Vermont. [http://www.unitedwaycc.org]

関する学習サークル・プロジェクト（学習サークルについては第14章の議論を参照）をはじめとして、策定されたヴィジョンに関わる特定の課題に取り組む多くのグループが、このプロセスから誕生した。シャンプレーン・イニシアティヴは、こうして始まり、さまざまな社会的、環境的、経済的課題に焦点を合わせたコミュニティー・イノベーション・ラボへと進化した。

　同様に、インディアナ州グレイター・ラファイエット地域の「ヴィジョン2020」は、同地域のヴィジョンと戦略計画を立てるために発足した[5]。同組織は現在、地域社会の幅広く多様な層から市民を呼び寄せ、戦略計画を更新し、すべての声を確実に反映させるための現在進行中のプロセスを取り仕切っている。運営責任者のキャシー・デイルは、地域社会全体を巻き込んで市民の能力を高めることが、実質的な目標を達成することと同様に重要であると報告している。

コミュニティー指標を構築する

　私たちがインタビューを行ったLDCのスタッフの多くは、「コミュニティー指標」の共同開発、公表、モニタリングが成功の理由であると考えている。ヴァーモント州チッテンデン郡のシャンプレーン・イニシアティヴを含む大半のLDCは、広い意味における地域社会の生活の質に寄与する諸要因を測定するための包括的で多面的な指標を用いている。コロラド州のボウルダー郡市民フォーラムは、人、環境、経済、文化と市民社会という四つの相互に関連した領域における50項目の指標を追跡している。これらの指標は、公職者、ビジネスリーダー、助成財団、地域団体、一般市民によって、情報源および計画手段として用いられている。「複雑な地域問題は、その多くが、伝統的な問題ごとの権利擁護のもつ視野の狭さや地理的境界を超えている」が、地域社会の健全性に関する相互に関連する諸側面を包括的に捉える視点をもつことによって、「これらの問題を炎上させるのではなく、光を当てる」ことができる[6]。

　もう一例を挙げよう。コロラド州のヤンパ・ヴァレー・パートナーズが公表している年次指標報告書は、地域社会内の会話を喚起し、重要な問題を明らかにし、パートナーシップ活動を形成し、協働と資源共有を促進するための推進

---

5 ── Vision 2020 of Greater Lafayette, Indiana. [http://www.ourvision2020.com]
6 ── Boulder County Civic Forum, Colorado. [http://www.commfound.org/home.php]

力となっている[7]。しかしながら、執行責任者であるオードリー・ダナーによれば、重要なのは報告書ではなく、むしろ自分たちが何者であり、自分たちの価値が何であり、これらの問題に取り組むために何が必要であるのかについて、地域社会のメンバーが集まって話し合う際に立ち現れてくる、指標の背後にある意味や共有された理解である。ダナーは、地域社会の子どものすこやかさに関する尺度を作成するための参加者同士の会話において、次のような熟議がなされていることを教えてくれた。「子どもが健康であってほしいと言うとき、それはテストの好得点のことなのか、予防接種のことなのか、胎児の検診のことなのか、それとも貧困ラインよりも家族の収入が高いことなのか。これらの尺度がどのように関連していれば、街なかの小さな商売人であれ、鉱山会社であれ、その他の企業であれ、私たちみんなが、自分の役割のなかでこれらの尺度を理解して用い続けられるのか。これらの情報をどのようにとりまとめたら、地域社会において自分たちが行っていることのほとんどすべてがこの指標に影響を与えていることを人びとが理解できるのか。この指標を人びとにどのように教えたらよいのか。このプロセスに人びとにどのように参加してもらったらよいのか」。

重要な課題を確定する

重要な課題は、上述したヴィジョンの作成やコミュニティー指標の設定などのプロセスをはじめ、さまざまな過程を通じて立ち現れてくる。LDCが用いる他の情報源には、たとえばロウアー・アウターケイプ地域協議体が行っている「人間の状況調査」や、ペンシルヴェニア州のすこやかなヨーク郡のための連合体が実施する地域社会全体の健康診査、フォーラム、サミットがある[8]。オレゴン州ポートランド市のイノベーション・パートナーズの会長ルース・スコットの報告によれば、教育、コミュニティー形成、経済的活性化の分野における優先的な地域課題を見つけ出すために、事実に基づいた研究開発プロセスを用いている[9]。

重要な問題を特定してそれを公共的な議題とするためのさらに洗練されたプロセスとして、フロリダ州のジャクソンヴィル・コミュニティー評議会株式会

---

[7] — Yampa Valley Partners, Colorado. [http://www.yampavalleypartners.com]
[8] — Healthy York County Coalition, York, Pennsylvania. [http://www.healthyyork.org]
[9] — Innovation Partners, Portland, Oregon. [http://www.innovationpartnership.org]

社の研究プロセスが挙げられる。副責任者のベン・ワーナーによれば、同社は市民参加のプロセスを通じて、毎年数多くの重要な地域社会の課題を特定しその中から集中的な研究の対象とする課題を選び出す。さまざまな研究委員会が6か月間から9か月間、毎週開かれ、一つ一つの研究課題を完全に理解し、主要な発見に関する合意を形成し、そして報告書を公表する。次に、市民による特別実施チームが報告書を地域社会に持ち帰り、その課題を地域社会の議論の俎上に載せる努力を行う。その目標はさらなる熟議と市民の意識向上であり、最終的には担当の行政官によるアクションである。同社は、課題の選択から課題の研究、地域社会の人びとに課題をつきつけるための行動の実施に至る、このプロセスのすべての段階を説明した、一般市民が入手可能な手引きを開発している[10]。

創造的なエネルギーを動員する

ひとたび重要な課題が確定されれば、LDCには、地域社会が有する創造的なエネルギーをこれらの問題に動員する能力とスキルがある。すこやかなヨーク郡のための連合体の執行責任者であるケイティ・ベルが言うには、同連合体は地域社会のなかで、企業、政府、非営利組織など地域社会のすべての分野を一つにする力がある唯一の中立的な組織とみなされている。ロウアー・アウターケイプ地域協議体の統括責任者であるハサウェイは、多様なアプローチが重要であることに同意し、「たとえば、子どものケア、住宅、経済的発展などの基本的なニーズについて話し合おうとするなら、広く支持される解決策に到達するためには地域社会の複数のセクターを巻き込む必要があることが、時間とともに徐々に明らかになった」と言う。

LDCはそれぞれの地域社会において多様なボランティアを多数動員することに成功してきた。その一例はユタ州ミッドヴェール市のまちづくりコミュニティーの主導による、10代の妊娠を減らすプログラムである[11]。10代の妊娠率が増加していることを裏づける統計とこの問題に関する包括的な議論に基づいて、まちづくりコミュニティーは地域社会内のすべての宗教団体と連携することを決定した。執行責任者のヒラリー・エヴァンスの報告によれば、地域社

---

10 ― Jacksonville Community Council Incorporated, Jacksonville, Florida. [http://www.jcci.org]
11 ― Community-Building Community, Midvale City, Utah (phone: 801-566-8463).

会のすべての宗派のリーダーが集まり、共通して有する懸念について合意した。基本的な情報が提供され、各教団はそれぞれの信念と価値体系のなかで、若者たちとともにこの問題に取り組んでいる。

後援と資源を獲得する

　LDCに対する後援と支援は、地方政府や州政府、連邦政府、公的財団や民間財団、コミュニティー財団、単科大学や総合大学、医療システム、寄付、会費、募金活動など、多様なソースから得られている。後援と資源を獲得するためのLDCの手法は、LDCの他の活動の手法と同様に透明性が高く、協働性も高い。たとえばインディアナ州のグレイター・ラファイエット地域の「ヴィジョン2020」は、もともと市と郡から資金を得ていたが、現在では企業や非営利セクターからも資金を得ている。商工会議所が「ヴィジョン2020」の財政面を担い、地元のコミュニティー財団が非営利側のとりまとめ役として活動している。

　もう一例を挙げよう。ロウアー・アウターケイプ地域協議体はマサチューセッツ大学の地域プログラム事務局から設立資金を得て、その後も同大学から引き続き年次助成を得ている。その他、マサチューセッツ州公衆衛生局からも長年にわたり単年度の助成を得てきた。これらに加えて州や連邦の助成も受けているが、通常それらは特定のプロジェクトに充てられる。最近、同協議体の理事会メンバーは、参加者が公的な健康保険制度に加入する手助けをするための連邦一次医療局のプログラムをこの地域に導入する際のアドバイザーとして活動した。この地域の八つの自治体も、後援会員同様、同協議体の運営に資金を提供している。

　資金集めというのは経済的に苦しいこの時代においてはとりわけ困難な課題であり、LDCは創造的な資源獲得を以前にも増して求められている。たとえば同協議体は最近、ニーズ調査の手続きや社会調査の道具立てなど、自分たちが開発したプロセスや成果物を用いた専門的なサービスの提供を開始した。ジャクソンヴィル・コミュニティー評議会株式会社は、地域社会に基礎を置く研究とコンサルティング・サービスを長年にわたって提供してきており、アメ

リカ全土に加えてカナダ、オーストラリア、ドイツ、韓国、ブラジルなど、世界中の国々のコミュニティーと関係を築いてきた。コロラド州のヤンパヴァレー・パートナーズのように、連携関係と現物の寄付に頼る取組みもある。そこではたとえば地元の地方紙が、宣伝、印刷、出版、そして年次指標報告書の新聞折込配布を引き受けている。

効果を測定する

私たちが研究した多くのLDCにとっては、先に議論したコミュニティー指標がLDCの効果を測定する主要な手段であるが、大半のLDCはそれ以外の方法も用いている。たとえばロウアー・アウターケイプ地域協議体は取組みの実施前と実施後において、(歯の健康など)生活の質に関する社会調査を行っている。すこやかなコミュニティーのためのパートナーズは、多様なベースライン研究やベンチマーク研究を用いている。

量的な尺度はしばしばLDCの成功を示すものであるが、生活の質に対するこれらLDCの最大の貢献はおそらく、社会的育成機関として、従来は対処不能であった問題に対するローカルな解決を産み出したことである。たとえばマサチューセッツ州ノースアダムズ市のノーザンバークシャー・コミュニティー連合は、地域社会における主催者として、地域のホームレス予防プログラムおよびシェルター(ファミリーライフ・サポートセンターとルイゾン・ハウス)、無保険者に医療へのアクセスを提供するユニークなプログラム(エキュ・ヘルスケア)など、無数の地域サービスを創造してきた[12]。ビッグ・ブラザーズ・アンド・ビッグ・シスターズ[(2)]の支部をノースアダムズ市に招致する責任も負っている。毎月後援する市民フォーラムにおける議論は、非暴力のためのノーザンバークシャー連合、ノーザンバークシャー青年団、ノーザンバークシャー交通協会、コミュニティー健康諮問会議、家計自立タスクフォースなど、地域社会における数多くのプロジェクトの発足を主導してきた。

時間をかけて成熟し進化するにつれて、LDCは公共政策に影響を与えるのに必要な経験、社会的信用、能力を手に入れてきた。たとえばロウアー・アウターケイプ地域協議体は特別チームを組織する他、医療サービスおよび対人

---

12 ─ Northern Berkshire Community Coalition of North Adams, Massachusetts. [http://www.nbccoalition.org]
(2) ─ 社会的に恵まれない青少年に対するメンタリング・サービスを提供する全米団体。

サービスへの市民のアクセスのために積極的に発言し、これらの分野における公共政策、実践、プログラムに関する監視役として活動している。同協議体は「人間の状況調査」から得たデータを地域の自治体に提供し、調査結果について、それぞれの自治体の（同協議体自体がその設立に深く関わった）人的資源委員会と議論を重ねてきた。次のステップは、自治体と協力して、状況を改善する活動を推進できる市民にこのデータを伝えることであろう。統括責任者ハサウェイはこのアプローチに強い信念をもっており、「私たちは意思決定、公共政策、資源配分に携わっている人びとにデータを伝えて実際に利用してもらうという、自分たちの役割を果たさなくてはならない」と説明した。

考察

　私たちが調査したLDCは、LDCという市民参加や市民による熟議、地域の能力形成の新たなかたちが、アメリカの地域社会における参加型民主主義の実践を再び活気づけ持続させる可能性をもつことを確固として裏づけている。それぞれのLDCは少なくとも10年間は運営されており、制度化され、中立的で、信頼されており、共通善のための地域社会の多様な要素の招集者として成功を収めてきた。それぞれのLDCは、市民の無関心、意見の食い違い、官僚的な制度と構造など、多くの深刻な障壁を、①時間をかけること、②現実の市民にとってもっとも重要なことに着目すること、③人びとのエネルギーがあるところから出発すること、④企業・政府・非営利セクターに働きかけること、⑤よりいっそう多くの人びとにテーブルに着いてもらうこと、⑥地域社会の強みを利用すること、⑦他者を信頼すること、⑧多様な支持者の信頼を苦労して勝ち取ることによって乗り越えてきた。

　しかしながら、依然としてLDCは困難な課題を抱えている。大半のLDCは、①地域社会の奥へと分け入って、希望を失っている人や、エンパワーされていない人、公民権を失っている人に関わりたい、②活動の範囲を広げて地域全体の協働を実現したい、③人生の意義を感じさせてくれる参加型の民主的リーダーの勇気や能力、スキル、決意を絶えず高めたいという願いを表明している。

たとえばシャンプレーン・イニシアティヴは、地域社会へのより能動的な参加のために、個々の地域社会のメンバーの能力を高めようとしている。そうすることで、草の根の市民が地域社会のなかでより積極的になるための「手がかり足がかり」になろうというのである。また、ペンシルヴェニアのすこやかなヨーク郡のための連合体は、地元の団体サウスジョージストリート・地域パートナーシップが組織する地元リーダーの会と協働して、地域の課題を地元の人びとの手に渡し、課題とそれがもたらす影響について住民が学べるように、草の根のリーダーと協力している。

　ここで私たちが検討したLDCや同様の多くの組織によって積み上げられてきた経験は、次のような潜在的可能性を示している。それはすなわち、アメリカ全土の地域社会が、一連の包括的な熟議プロセスと実務手法を用いて、複雑な問題に対する革新的でローカルな解決を生み出すのに必要な能力とスキルを形成する可能性である。この潜在的可能性は、①LDCという新たな現象に関心を向けること、②現在行われている取組みを相互に結びつけて知識を創造し共有すること、③支援や情報、資源を提供しようと苦闘している新たな取組みを育成すること、④成功事例を語り続けることによって、実現されると信じている。

第17章
不合意と合意
市民による熟議における動的な更新の重要性

クリストファー・F・カーポウィッツ、
ジェイン・マンスブリッジ

原科達也 訳

　「コミュニティーで合意はなされたのです」。ニュージャージー州プリンストンのまちづくり計画への熟議アプローチの導入を主導してきた住民団体「プリンストン・フューチャー」のリーダーは、これまでに少なくとも2度はこう明言し、そして、何度も同様の意味の発言を行った[1]。2002年8月のある蒸し暑い夜、プリンストンの特別区議会の議場を隅から隅まで埋め尽くした市民たちは、数時間にわたって、プリンストン・フューチャーの手法と結論に対する不満をあらわにしたが、結局、集会の最後に市民たちが耳にしたのは、プリンストン・フューチャーによって提案された市民による熟議の新たなモデルについて、提唱者が締めくくりに述べた次のような総括であった。「全員に参加が呼びかけられ、ここにいる皆さんは、ワークショップや地域の集会に招かれました。そして皆さんから投げかけられた質問に、私たちは耳を傾けてきました。こうした聞き取りの結果は計画に取り入れられます」。もう一人の発言者

[1] 2002年8月13日、特別区議会で行われた集会におけるシェルドン・スタージェスによる発言。

も、議論のプロセスと結果を、地域社会全体の合意に至った「瞠目すべき、例のない成果だ」と声高に称賛した[2]。

しかし、プリンストン・フューチャーの参加型モデルが、それほどまでに成功していたのなら、なぜ、議会での今回の集会における市民の発言はあんなに異論に満ちていたのだろうか。今回の集会およびそれ以後に行われた集会で示された、熟議のプロセスとそのプロセスから得られた結論に対する不満は、熟議のプロセスが、潜在的な対立点に向き合い、それらを包含することができなかったことの反映である。ある市民が述べたように、「プリンストン・フューチャーは、真の意見交換を認めなかった」[3]のである。

本書のこれまでの章では、市民による熟議の具体的な手法を記述することをねらいとしてきたが、この章では、より広く、熟議のダイナミクスに焦点を当てる。以下では、熟議を生み出すようデザインされた、二つの具体的な集会の手法——合意を志向するプリンストン・フューチャーの手法と、意見の対立をより志向する意見聴取会の手法——を見ていくが、私たちの目的は、これらの手法を記述することよりも、むしろ、あらゆる手法にあてはまる課題を指摘することにある。その課題とは、変容しうるお互いの価値観や利害を開かれた精神で絶えず発見していくことの重要性であり、私たちはそれを**動的な更新**(dynamic updating) と呼ぶ。

私たちは、生産的な熟議の参加者たちは、熟議のプロセスの進展に合わせて、共通または対立する利害についての自らの理解を持続的かつ意識的に更新していく必要があると主張する。とりわけ、熟議には合意へと向かう規範的な性質があるので、参加者は、利害や心の奥底に隠された意見に残存している可能性がある対立点について注意を払うように努めなければならない。もちろん、参加者は、お互いに共通な利害を練り上げることが可能な場合には、そうするべきである。たとえば、パイ全体を拡大することによって、新しい価値を生み出しうる場合や、自らの利害やアイデンティティーを今後是認できるようなしかたで変容させることによって、より高次の目標に到達することができる場合などである。しかしながら、参加者はまた、どの時点であってもお互いの利害が姿を現すたびに、それを発見し探求するように努める必要がある。このような

---

[2] —— 2002年8月13日、特別区議会で行われた集会におけるマイケル・モステラーとシェルドン・スタージェスによる発言。同集会において、別の発言者は、「プリンストン・フューチャーの手法と結果には満足しています。これ以上のやり方がありえたとは思えません」と話した。プリンストン・フューチャーの支持者たちは、普段からそのような心情を吐露していた。ある女性が、別の議場集会で述べたように、「プリンストン・フューチャーのおかげで、私たちは自分たちがともに抱えている問題に新しい方法で対処することができたのです。市民の考えを、プロセスに組み込むことができました」(2003年12月3日)。
[3] —— 2002年12月10日特別区議会での集会におけるドロシー・コーエンによる発言。

発見のプロセスにおける徹底的な解き明かしは、(たとえば、自分たちが本当に望んでいるのは、BよりもむしろAであるということを当事者自身に理解してもらうことにより)一層深まった自己理解を創りだすための重要な要素であるばかりでなく、不明瞭さと情報操作を最小化することも目的としている。共通の利害を練り上げることを強調しすぎると、非現実的な期待が生まれたり、真の対立点が曖昧にされてしまったりする。既存の利害を見い出すことを強調しすぎると、利害とは、そもそも、固定的で静的で、見つけ出されるのを待っているものであるかのような印象を与えてしまう。熟議を行う集団は、だからこそ、動的な更新のプロセスに取り組む必要がある。このプロセスでは、ファシリテーターは、どのような連携の形がありうるかだけでなく、どのような対立点がありうるかを探り、また、参加者たちは、互いに連帯して結束を強め、価値観を共有し、予期していなかった一致点を見い出すだけでなく、対立点を探る作業をも気兼ねなく行うのである。

　要するに、私たちは、熟議プロセス自体において共通する利害だけでなく対立する利害の進展にも継続的に注意を向けていく、案出と発見の相互作用プロセスに賛同する。私たちは、プリンストンでの事例では、そうした注意を怠ったため、熟議プロセス自体に対する反発が生まれたというのが私たちの主張である。注意を怠ると何が生じるかは、熟議のためのもう一つの方式の存在——特別区議会議場で一連の公開審議として行われた意見聴取会で用いられた、どちらかというと対立的な方式——によって一層明らかとなった。ここでのより大きな問題は、利害において深く食い違う対立点が見出されたとき、そのような対立点は、熟議のプロセス内で——たとえば、交渉の要素を熟議のプロセスに組み入れることによって——どの程度まで対処可能なのか、あるいは、プロセス内で対処する代わりに、たとえば、多数決や、プリンストンで用いられた、意見聴取会と選挙によって市民の審判を受ける議員による決定の混合型など、明らかに対立型のプロセスに、どの程度まで差し戻し可能なのかということである。

プリンストンの都心部開発(ダウンタウン)

　プリンストンの熟議を用いた改革は、対立的な政治への不満から生まれてきた。この地域の政治システムは、ややめずらしく、二つの異なる行政単位からなる(1)——一つは、地理的により大きくより郊外に位置するプリンストン郡区(タウンシップ)、もう一つは、より人口密度が高いビジネス街とその近隣住区からなり、それ全体が郡区に囲まれている、プリンストン特別区(ボロ)である。特別区と郡区は別個の地方行政体を維持しているが、この二つの行政単位は、人口規模においても人口学的特徴においても類似しており[4]、さらには、ニュージャージー州全体[5]に比して、双方ともに教育水準が高く、はるかに裕福であり、白人の人口比率が大きい。

　特別区の住民たちは、郡区との政治的な合併には一般的には反対しているが、二つのプリンストンは、特別区と郡区の両方の住民を含む、地域教育委員会や地域計画委員会、プリンストンに一つしかない公立図書館の運営を通じて協力し合っている。特別区における都心部新開発を検討する地域社会の取組みが始まるきっかけとなったのは、新しくより大きな施設を建設するという図書館運営委員会による決定であった。代替建設地について多少の検討を行った後、図書館運営委員会は、新しい建物を、現在の図書館があるのと同じ、特別区の

---

[1]── ここでは、アメリカ特有の自治体単位であるtownshipを郡区、broughを特別区と訳した。ニュージャージー州の州法によれば、州のもとに郡（カウンティ）があり、その下に郡区、特別区そして市（シティー）、町（タウン）、村（ヴィレッジ）などがある。ただし、これら郡より下位の自治体の間には日本の自治体に見られるような序列はなく、州法によって認められた形態にしたがって、それぞれ独自に自治が行われている（自治の形態は、一部を除いて住民によって選択される）。なお、2011年11月8日に行われたプリンストンでの住民投票において、プリンストン特別区と郡区の合併が可決された（2013年1月施行予定）。この問題に関しても、プリンストン・フューチャーによる集会が数度開かれている。ニュージャージー州の自治形態と合併の事情についてはそれぞれ以下のサイトを参照のこと。[http://www.njslom.org/types.html#SpecialCharters] ;[http://www.cgr.org/princeton/commission/index.aspx]

[4]── 2000年の国勢調査によれば、特別区には約16,000人の住民がおり、郡区にはおよそ14,000人の住民がいた。特別区と郡区双方の住民の80%近くが白人で、アフリカ系アメリカ人や、ヒスパニック、アジア系のより小規模なコミュニティーもあり、それぞれが人口の5%から10%を構成している。

[5]── 25歳を超える郡区の居住者の4分の3以上が少なくとも大学教育を受けており、さらにおよそ50%の人が、大学院卒もしくは専門職の学位をもっている。郡区における世帯収入の中央値は10万ドルに近い。特別区の住民もまた、並はずれて高い教育を受けていると言うことができ、特別区住民の60%近くが大学を卒業しており、40%をわずかに下回る人びとが大学院の学位をもっている。特別区における世帯収入の中央値は、年間67,000ドルよりわずかに多い。郡区の人びとのわずか3分の2だが、しかし、それでも州全体の中央値55,000ドルよりも大きい。ここで研究された地域は明らかに特別であるが、これらの特徴のおかげで、プリンストンでは、熟議の実行に関する、ある意味、理想的な試験が可能である。もし、論点を理解しそれらについて話をすることに時間を割く余裕がある、自分の言葉で話せる人びとが住むここで、熟議の実施に問題が生じるのなら、プリンストンのような利点をもたない地域社会においては、さらにより多くの困難が予測できる。他方で、プリンストンでうまくいけば、おそらく、この事例は、相対的に理想的な条件下で行われて成功した改革の好例として役立つだろう。

中心部近くに建設するという、特別区と郡区の間の合意を取りつけた。その合意内容の一部として、図書館を維持するために税収からより大きな割合を負担している特別区は、郡区に対し、新しい施設に車で来たい郡区の住民のために「手ごろで、アクセスしやすく、十分な」駐車場を整備することを保証した[6]。加えて、地域の芸術評議会も、都心部の駐車場をより多く必要とする、施設の拡張を計画していた。図書館の建設計画を受けて、特別区議員は、市長からの要請に応え、駐車場の候補地を探し始め、駐車場に関するコンサルタントを雇用した。特別区は新しい図書館の周囲の土地をすでに所有していたので、駐車場の案は、そのエリアを中心として提案された。駐車場の案のなかには、都心部に立体駐車場を作る計画もあった。

プリンストン・フューチャーによる合意を志向する熟議

新しい図書館と駐車場案が議論の俎上に上ったとき、地元の有力者の一部——たとえば大学の元学長、建築学部の元学部長、地元民主党の幹部など——は、地域社会自体が、地域の将来や開発計画についてもっと広い視野で考えなければならないと考えていた。彼らは、自分たちを、地方行政の欠点を補う新しい進歩的な解決策であるとみなし、既存の政治制度のもつ対立的な伝統は効率的に地域計画を立てる障がいであり、また、市民が計画のプロセスにもっと直接的に関わらなければならないと主張した。彼らは、新たな市民参加の機会が設けられない限り、効果的な都心計画について、特別区、郡区、大学の三者が合意に至ることはできないと予測していた。市民参加という、より「建設的な」要素をつけ加えることで「代表制民主主義を手助けしたい」という動機を掲げて、彼らリーダーは、プリンストン・フューチャーと呼ばれる新たな市民グループを結成した[7]。驚くほど潤沢な資金提供を受けた彼らの活動は、手始めに人目を引く3ページの新聞を発行し、あらゆる市民に対して、ともに活動し、自分たちの地域社会とその可能性について対話しようと呼びかけたのであった[8]。

プリンストン・フューチャーが行ったこの最初の告知に含まれていた公開書簡において、プリンストン・フューチャーは、熟議の試みが彼らのアプローチ

6——「手ごろな」駐車場とか、「十分な広さの」駐車場が、正確なところ何を意味しているのかという問題は、政治的な議論の対象となったが、特別区議会と図書館運営委員会は、結局、路上のパーキング・メーターに支払うよりも高くない料金で、図書館利用客のための少なくとも85台分の駐車スペースを意味するという結論に落ち着いた。
7——2002年4月27日ニュージャージー州、プリンストンでの「コミュニティー大学」(Communiversity)という催しでの、ロバート・ゲッデスによる発言。
8——団体設立後数か月で、プリンストン・フューチャーは、25万ドル近くの資金を調達した。ロバート・ウッド・ジョンソンをはじめとする地元企業の他、大学も多大な資金提供をした。

にとって不可欠な側面となることを明確にしていた。「私たちは、一つにまとめ上げられた解決案をめざしてともに進んでいくことを望んでいます。私たちは、細分化された、プロジェクトごとのアプローチは、あらゆる種類のコミュニティーの不平、景観上の不満、不公正を生み出しかねないと考え、そうしたアプローチを避けることを望んでいます。**私たちは自分たちの隣人の声に注意深く耳を傾けているでしょうか。私たちは、境界を超えて——この境界は、私たちの間にある不一致が、たった一つの目的をもつ誓約の発する陽光へと溶け込んでいくのには十分なほど長く流動的であり続けているのですが——敬意に満ちた対話ができるでしょうか**[9]。

プリンストン・フューチャーは、本書のこれまでの章で描かれてきた多くのプログラムに活力を与えてきたものと同じ、熟議を志向する目標を有していた。この場合、熟議は、地域開発に関する実践的な決定を導く合意を生み出すことを意図していた。「鍵となるのは人びとの意見を小グループに分けて聞くことだということがわかってきました。……私たちには、計画に情報を提供し方向づけるような社会的未来像を生み出すためのプロセスが必要でした」[10]。このプロセスは対立を避け、ある程度の社会的調和を達成するようにデザインされていた。「私たちの意図は、協力し合い支え合うことであって、対立したり説教くさくなったりすることではないのです。……プリンストンの都心部の将来についての計画は合意を追求しなくてはならないと信じています」[11]。企画者たちは、熟議が、実用的な政策提言と市民教育を生み出すとともに、よりよき意思決定者になるよう市民を教育することを望んでいた[12]。

プリンストン・フューチャーは、2000年11月から始めて、地域の個人宅や教会で、34回にわたる小グループでの議論を開催した。これらの市民対話の機会の司会を務めたのは、グループセッションを運営するトレーニングを受けて

---

9 — Geddes, R. Goheen, R. F. Sturge. (2002, Sep. 13). "Open Letter to the Community." *Town Topics*, 36．〔強調は原文による。〕
10 — Princeton Future. (2002, Feb.), *Princeton Future Annual Report 2002*, Princeton Future, 3.
11 — Geddes, Goheen, and Sturges (2000), "Open Letter to the Community."
12 — Capuzzo, J. P. (2002, Dec. 22). "Hot Under the Buttoned-Down Collar," *New York Times*, NJ1. この「教育」という問題は、規範的な問いを提起する。プリンストン・フューチャーの企画者が、建築や都市計画についてそれほど知らない人たちを、専門家と同じ意見にしようという考えであったなら、そもそも、専門家の側は、専門家のもつ根本的な前提に反対する市民の意見に、どの程度、耳を貸そうとしていたのだろうか。参加型民主主義についての、プリンストン・フューチャーによる主張（「すべての人が参加するよう招かれた。すべての人がワークショップや地域社会における場に招かれた。すべての人に質問がされ、そして、私たちは皆さんの答えに耳を傾けた。聞いた結果を〔私たちの手で〕デザインに取り入れた」）自体が、このプロセスのトップダウン的な性格を裏づけている。

いた近隣コーディネーターたちで、また、毎回の集会では、市民による発言を記録し分類するための綿密な手続きが用いられた[13]。近隣集会は、グループでの議論を通じて、プリンストンのための「社会的未来像」を練り上げることを焦点としていた。これは実際には、司会進行役が、市民たちに対して、プリンストンのどこが好きで、どこを改善したいのかについて問いを投げかけることで、議論を喚起するということを意味していた。過去になされた都市再開発の試みにおいてしばしば矢面に立たされてきたアフリカ系アメリカ人たちに参加してもらうために、アフリカ系アメリカ人が歴史的に住んでいる近隣地区で、黒人のファシリテーターが毎回司会を務めた、特別な4回の連続集会が開催された。一連の近隣集会を終えるにあたり、プリンストン・フューチャーは、新しい図書館を取り巻く区域のための開発計画を提供するという合意を特別区と交わした。プリンストン・フューチャーのリーダーたちは、市民の意見に基づいた計画を立てるために、コンサルティング会社と契約をした。

　こうした議論を土台にして、プリンストン・フューチャーが描いた計画は、広い公共広場、広場と都心部の他の部分を結ぶ新設の歩行者専用道路、地上部分は3階を超えず地下を広くとった立体駐車場の拡張、都心部の食料品スーパー、少数の集合住宅の追加を約束するものであった。2001年の初夏を通じて、プリンストン・フューチャーは、考案された計画について、市民が検討し意見を述べられるよう、さらに何回かの市民集会を後援した。第2ラウンドとなったこれらの集会もまた、住民に参加を呼びかける大きな新聞広告や数千枚のはがきによって広く周知された。2001年7月、特別区議会は、4対2の投票結果をもって、プリンストン・フューチャーの立てた計画を、新図書館周辺開発のための一般的ガイドラインとして採択した。反対した二人の議員のうち一人はこの計画にはさらなる検討、特に交通量に関する分析が必要だと述べ、もう一人はプリンストン・フューチャーによる熟議のプロセスを賞賛しつつも、このまちは、別の駐車場案を追求すべきだと述べた[14]。

---

13 ― プリンストン・フューチャーのリーダーたちは、市民の発言を正確に記録することが、彼らの取組みの核心部分だと主張した。市民たちは、自分たちの発言が詳細な議事録に記録されていることを知っていたなら、プリンストン・フューチャーが、市民の発言を重視しているといっそう感じたであろう。プロセスの後半で開かれた比較的大規模なグループ集会はビデオ録画されて、発言は詳細に文字起こしされ、市民が確認できるように提供されている。

14 ― 反対者からの意見が穏やかであることは、特別区議会におけるプロセスのその他の特徴とともに――これらの手続きは、対立的な民主主義とも両立可能ではあるが――特別区議会において本来好まれているやりとりのスタイルは、共通善の探求を前提とし、しばしばあからさまな対立を避け、可能な限り全会一致で意思決定をしようとする、どちらかといえば一元的なスタイルのやりとりであることを示している。多くの町と同様、プリンストンでは、政党の競合が続くような事態はもはや存在しない。特別区議会の議員は全員民主党員であり、かなり長い間、共和党の議員は選出されたことがない。これらの理由で、特別区議会には、反対意見を探り対立に光を当てることを期待することはできなかった。プリンストン・フュー

熟議のプロセスと都市計画策定のプロセスを通して、プリンストン・フューチャーの運営委員会は、さまざまな利害がプリンストンに存在しているということを認識していた[15]。グループの設立当初の直感は、要は、特別区、郡区、大学の利害は、熟議を用いた新たな制度を導入しない限り、一つにまとめることなどできないというものであった。また、グループ・リーダーの会議録をみると、(社会統合や景観の改善に関わるものと定義された)「社会的」「公共的」な利害と、歳入を維持したいという特別区の希望や、利潤をあげたいという開発業者の必要などの経済的な利害を調和させる必要性に相当の注意を向けていた。これまで無視されていたマイノリティ集団(特に、都心部に接した近隣住区に住むアフリカ系アメリカ人やヒスパニックの人びと)の声に注意して耳を傾けたことは、こうした市民の関心を明確化するうえでの重要なステップであると思われる。プリンストン・フューチャーは、このように、熟議によるフォーラムを、共通の公共的目標を追求し、かつ、熟議を用いなかった場合には狭い私的な利害によって支配されかねない計画プロセスに抵抗するための手法とみなしている。そして、実際、多くの住民が、新図書館周辺に、広い公共空間、手ごろな食料品スーパー、新設の歩行者専用道路、少数の新規の集合住宅を設けることは、現在の図書館前にある小さい駐車場に比べて、有益な改善であるということに合意しているかのように思われたのである。その意味において、合意があるというプリンストン・フューチャーの主張は本当だった。

しかし、総意に基づく市民の利害を練り上げるにあたって、プリンストン・フューチャーは、コミュニティーを構成するさまざまな部分の間にある重要な対立に取り組むことに失敗した。私たちが利害の構造を分析したところ、その大半は駐車場と税金に関わっているように思われた。郡区の住民は全員が、新図書館および都心部のその他の施設に車でやってくるので、より多くの駐車スペースを欲していた。特別区の住民の一部、特に対象となる開発区域の近くに住んでいる人びとは、都心部の駐車スペースの増加にともないうる、交通量の増加に反対していた[16]。他には、大学の利害は、主に、税金の代わりの支払いを避けることと、来校者の駐車料金をまちに支払わせることにあると思い込んで、大学の関与についてひどく懐疑的な人びともいた。これに対して、特別区

チャーのプロセス、並びに、こうした特別区議会の姿勢が、苛立ちを強めていく計画の反対者に、「誰も私たちの声に耳を傾けてくれない」と繰り返し言わせることになった。

15 ― 『プリンストン・フューチャー2002年度報告書』は、「経済的、物理的、社会的」多様性を実現するという団体の目的を力説し、そして、プリンストンの「あらゆる収入の人にとって魅力的な、商店、サービス、建築物の種類、緑地を、負担可能な範囲でバランスをとって」設置する必要があると強調した。

16 ― これらの住民は、相互に関連しあっている二つの懸念を表明した。一つは、立体駐車場が建設されることで、交通量が増えるであろうこと、もう一つは、立体駐車場建設によってプリンストンは発展すると思われるが、そのため、小さなまちではますますなくなってしまい、同時に、同様に大規模な立体駐車

は、区税を上げずに済ませるため、新しい図書館の見返りに、以前から約束していた駐車スペースをできる限り費用をかけずに作りたいと考えていた。しかしながら、区議会は、最終的にどのような立体駐車場になろうと、その駐車料金は路上のパーキング・メーターより高くならないようにすることも約束していた。(現実的な見込みはなかったが) 路上の駐車スペースをより多く欲しいとか、プリンストン周辺のショッピングモールならどれにでも車で行けるので都心部で買い物をするために新設の立体駐車場に車でやって来るとはあまり思えないとか、現在も限られている路上の駐車スペースが新たな開発工事の期間中は利用できなくなるのが心配だなど、都心の商店経営者たちも葛藤を抱えていた。最後に、都市開発業者は、端的にいって、利益を上げる必要があった。

しかしながら、プリンストン・フューチャーのファシリテーターたちは、一部の市民の望みをかなえると他の市民が強く反対するので、これらの対立しあう目標の間で比較考量するのは、困難な選択であるとして、それを行わなかった[17]。また、彼らは、より多くの駐車場を望む人びとと税金の増額に反対する人びととの間で交渉がなされる場として熟議を構造化することもしなかった。このことは、プリンストン・フューチャーが得た、うわべの「合意」の裏側には、解消されていないいまだに落ち着いていない緊張がたくさん存在していることを意味している[18]。その代わり、困難な比較考量は、後になって、コンサルタントたちやプリンストン・フューチャー運営委員会によって、しばしば非公開で行われた。

プリンストン・フューチャーによる「開発基本計画」が承認されて以降、特別区議会は、都心の建設プロジェクトの詳細を策定するため、開発業者と契約する交渉に入った。2002年6月、開発業者は、プリンストン・フューチャーによる計画と若干似ているが、プリンストン・フューチャーが提案したものよ

場をもっている、ニュージャージー州の他の大規模な中心的ビジネス地区に一層似てしまうということである。これらの懸念は、かくも実際的 (交通量の増加による不都合) であると同時に、大いに象徴的 (こじんまりとした学園町としてのプリンストンの未来像の終結) でもあった。

[17] — プリンストン・フューチャーが後援した集会のなかには、建築物や広場の設計について、景観上の一長一短のさまざまな案を提示して、市民に意見を尋ね、回答を求める集まりもあった。しかし多様な利害の間でなされるべき、より大きな視野からの妥協案の模索は、考慮に入れられていなかった。

[18] — 一部の人びとが大学とその利害に対して抱いていた深刻な疑惑を踏まえると、この点は、大きな問題であった。さまざまな利害に関する問題がもっとオープンに考慮されていたならば、市民たちは、お互い同士、あるいは、大学の代表者に対して、特別区の議場集会よりも対立的でない場で、自らの懸念を表明することができただろう。実際には、そうした疑念や憤りは、合意を見い出そうとする探求の過程において沈潜したままだった。

りも、市民広場がずっと小さく、立体駐車場がずっと大きく、アパートの数もずっと多い提案を発表した[19]。

これに対し、プリンストン・フューチャーは市民集会を開催し、都心部開発に関する「共通の合意」の必要性を強調し、自分たちの提案と開発業者の提案との間の違いを強調した。プリンストン・フューチャーのリーダーたちは、彼らが熟議の努力を通じて見出したと考えていた市民の利害を代弁する役割を引き受けたのだ。

この集会およびプリンストン・フューチャーのリーダーたちとのさらなる交渉において表明された懸念を踏まえて、開発業者は計画に手を入れ、立体駐車場の大きさをわずかに縮小し、広場の広さを拡大し、他にいくつかの微修正を行った[20]。これ以降、プリンストン・フューチャーのリーダーたちは、開発業者の提案に対する支持を表明し、地域社会は自分たちが選挙で選んだ議員を支持する必要があり、この計画はプリンストン・フューチャーに参加した市民が実現しようとしていたことの大半を含んでいると主張した。

市民たちが、この計画に反対する請願運動を組織し、地元紙の編集者に投書し、地域団体を設立し、特別区の議場の外でピケを張ったことで、プリンストン・フューチャーが十分に認識していなかった反対意見が明るみに出た。地元紙の編集者に寄せられた投書の内容分析を行ったところ、都心の開発計画に対する反対は一貫して存在していたことがわかった[21]。その後、プリンストン調査研究センターと本章の著者の一人が行った調査は、プリンストン・フューチャーの提案について「聞いたことがある」とした登録有権者のうち、半数をわずかに上回る人びとが、この提案に「反対」もしくは「強く反対」と答えたことを明らかにした[22]。

---

[19] ― この間、プリンストン・フューチャーは、特別区と開発業者の間の交渉が、密室のなかで秘密裡に行われているのではないかという懸念を頻りに表明した。プリンストン・フューチャーは一貫して、市民に開かれたプロセスを要求しつつ、市民から寄せられるすべての不満を、特別区が開発業者との交渉を公開することに消極的であるせいにしていた。

[20] ― プリンストン・フューチャーの計画は地下に駐車場を増設することを求めていたが、計画された広場の地下水位が高いため、駐車場の増設は極端に費用がかかることがわかった。立体駐車場の規模が最終的に争点となったことを踏まえると、この点は決定的な新事実であった。

[21] ― 新聞社の編集者が都心部開発を強く支持していたにもかかわらず、2002年6月から12月の間に掲載された投書のうち、およそ62%が何らかの形で反対を表明していた。

[22] ― クリストファー F. カーポウィッツが、2003年8月から11月にかけて行ったプリンストン・コミュニティー調査による。この調査は、特別区と郡区の選挙人名簿の無作為標本、および、プリンストン・フューチャーの催しやプリンストン特別区議会における集会に熱心に参加した人びとから過剰抽出したサンプルを対象に、郵送法で行われた。調査に回答したのは計723名で、回答率は44.88%であった。プリンストン・フューチャーの集会に参加し、かつプリンストン・フューチャーの計画に関する質問に答えたすべての回答者のうち、47.98%がプリンストン・フューチャーの提案に、「反対」あるいは「強く反対」と

意見聴取会としての特別区議会での集会

　2002年8月に始まった、プリンストン都心部開発に関する公式の市民討論は、特別区議会内で開催された一連の集会へと移行し、最終回は2003年1月に開催された[23]。これらの集会は、熟議のプロセスの重要な補完としての役割を果たした。というのは、これらの集会は、先に行われた合意志向的なプロセスにおいては十分に表に出てこなかった反対意見を、公式に市民の声として表明させたからである。

　特別区議会での集会は、開発業者による提案とそれに至る議論のプロセスについて、意見を述べる公の機会を市民に与える、意見聴取会としての役割を果たした。これらの集会は、総じて、多くの参加者があり、いくつかの回では、100名以上の住民があふれんばかりに議場を満たした。たいていの場合、市長が、数時間にわたって地域住民が発言する機会をまとめて用意し、その後、議員が若干の応答を行った。このような議論の形式をとったせいで、議員と市民の間で多少の意見交換がなされたとは言え、特別区議会におけるやり取りの大部分は、長めの対話というよりは、むしろ、市民がマイクの前に立ち、選挙で選ばれた公職者[2]に向かってスピーチをする証言形式からなっていた[24]。スピーチをしている市民は、話している間、頻繁に強く感情を露わにした。反対の立場にある市民は、彼らが、自分たちの正確な認識に基づき、自らの利害に反している現行の意思決定と思われるものを打破しようとして、ことさら感情的になった。議員たちは、一度ならず、都心部開発が喚起した関心と情熱の高さに驚きを表明した。

　議場集会で登壇した市民は、結論とプロセスの双方について疑問を提起した。反対者たちは、住民投票を要求した。たとえば、ある反対者はこう主張した。

答え、48.65%が「賛成」もしくは「強く賛成」と答え、3.38%の回答者が「わからない」と答えた。プリンストン・フューチャーの集会に参加しなかった回答者のうち、57.09%がプリンストン・フューチャーの計画に「反対」もしくは「強く反対」し、27.09%が「賛成」もしくは「強く賛成」し、15.83%が「わからない」と答えた。

23 — 特別区議会は、都心部開発について議論する集会を継続して開催したが、開発業者による計画を議会で可決する前に開催された最終回は、2003年のはじめに行われた。その他、地域計画委員会の面前での議論も数回行われたが、これらは特別区議会で行われた集会ほどには、周知されなかったし、参加者も少なかった。

(2) — 選挙で選ばれた公職者とは、プリンストン特別区においては、市長と区議会議員のことを指す。

24 — リン・サンダースは、熟議の理論家の一部が主張するような、正式な推論のプロセスは、ある状況について説明し、その状況がどのような影響を自分たちに与えているかを述べるだけで満足してしまうような人たちを不利にしてしまう可能性があると指摘して、証言を熟議の代案として強く推奨している。Sanders, L. M. (1997). "Against Deliberation." *Political Theory*, 25. 347-376.

「反対する者の声は、プリンストン・フューチャーでは、沈黙させられていました。反対する者の声は、あらゆる段階において、最小限にされてきました！」。もう一人の反対者は、彼女の子どもの4年生の公民の教科書を振り上げて、こう主張した。「私たちには投票をする権利があります！　プリンストン・フューチャーは本当の意味での意見交換をさせないのです！　なぜあなた方は、私たちに投票をさせないのですか」と。何人かの登壇者が、プリンストン・フューチャーの熟議のプロセスは、より包摂的で、生産的な、新しい形の住民投票であり、他の町が模範とすべき事例であったと反論した。しかし、出席していた市民の明らかに半数以上が、熟議のプロセスないし開発計画に対して何らかの反対意見を表明していた。プリンストン・フューチャーのプロセスは合意ではなく、怒りと不満からなる反発を生みだしてしまったようであった[25]。

　プリンストン・フューチャーによる近隣集会とは対照的に、特別区議会の集会では、さまざまな利害に関わる問題と、それらの利害の困難な比較衡量が、議論の真正面にあった。難しい選択がなされなければならなかった。しかし、多くの反対の声にもかかわらず、その意見聴取会を閉じるにあたり、特別区議会は、5対1の得票で開発業者の提案を承認し、工事への資金投入へと歩を進めた。実際、反対から賛成へと態度を変えたたった一人の議員は、彼自身、この計画は住民投票において圧倒的多数で否決されるであろうと思ってはいたが、賛成票を投じることが正しいことであると考えたので計画に賛成票を投じたと、やや挑戦的に述べた。彼は、住民投票は、情報をもっている市民による真の意見を反映するものではなく、また、ほとんどの市民はこの計画のさまざまな側面を理解するのに時間を費やしていないので、これらの問題についてもっとも情報をもっているのは議員であると主張した[26]。

---

25 ― クリストファー F. カーポウィッツによる2002年12月10日の特別区議会での集会のメモ。はじめのころの特別区議会の集会では、市民の意見を取り入れる「メカニズム」に「欠陥」があったという発言が、複数の発言者からあった（2002年11月12日特別区議会での集会で）、そして、プリンストン・フューチャーのプロセスと特別区議会のプロセスの両方について、「私たちはこのプロセスに参加しようと努めてきたのに、全然意見を聞いてもらえなかったのです……このプロセスが、はじまったばかりのときから、そんな分裂状態を生み出してしまうのなら、まちの真ん中は、どんなふうになってしまうんでしょうか。本当の合意が生み出される必要があるのです」（2002年12月3日特別区議会での集会で）。カーポウィッツは、2002年9月から2003年1月までに開催された都心部開発に関する、すべての特別区議会での集会に参加し、発言者をはじめとする、このプロセスの諸側面について、膨大なメモを取っていた。この注の引用はこのメモから行った。

26 ― 実際、プリンストン・フューチャーが開催した集会の一つでは、一人の参加市民は次のように具体的な意見に述べた。「私は、住民投票に対しては注意したほうがよいと思います。投票をすることになります。政治的な工作をすることになります。いくつもの問題点がひとまとめにされ、感情的な話になり、わい曲もされてしまいます。誰かが勝てば誰かが負けることになります。これ〔プリンストン・フューチャー〕は、コミュニティーの将来がどうなるかを決めるためのすばらしいやり方です。参加したいと思っている者

市民による討論のために：二つの舞台の比較

　このように、プリンストン市民は、二つの異なる場において、都心部開発について議論する機会を得た。一つは、より一元的なアプローチを用いる場であり、もう一つは、対立的な側の端に近く位置する場であった（図17.1を見よ）[27]。これら二つの議論の場はいずれも、市民が、自分自身の意見に公的な理由を与える機会と、他者の意見に耳を傾ける機会であるという最小限の意味において、熟議の性質を有すると言える。いずれの場も、一般市民に最終的な権限を与えるものではない。しかし意見聴取会は、参加者たちが次の選挙で落選させることができる最終的な意思決定者に直接影響を与えようと試みているので、その状況にかなり近いと言える。

　これら二つの討議の場の間にある多くの違いを、一元的と対立的を両端とする軸上の位置として表現したのが、図17.1である。プリンストン・フューチャーによる集会のデザインは、共通の利害に焦点を合わせたグループ討論を行うことで、地域社会全体の合意が達成されうるという企画者の思いを反映し

は、自分の声が聞き届けられるとわかっているのです。プリンストン・フューチャーは、私たちが何を望んでいて、そこにどのように到達すればよいかを見い出すための最良の方法なのです」(Princeton Future minutes, Zone One Open Community Meeting, June 19, 2002, in Princeton Future (2003). *Listening to Each Other. The Downtown Core, The Downtown Neighborhoods*, N.J.: Princeton Future)

[27] ――一元的な民主主義と対立的な民主主義の区別に関する充実した議論については、Mansbridge, J. J. (1983). *Beyond Adversary Democracy* (Chicago: University of Chicago Press)を見よ。一元的な民主主義は、ルソーや、古代アテネの政治的「友愛」といったすぐれた知的伝統を振り返っており、それが成り立つには、集団を一つにまとめる共通の利害が存在し、市民相互が平等に尊重しあっていなければならない。集団全体に対する帰属意識が、市民に、友人同士として、全会一致で意思決定をすることを可能とする。熟議は、このような政治の鍵となる。「一元的な意思決定のプロセスは、票を数えることではなく、対面の場で議論のやりとりをすることから成る」(p.5)。このように、一元的民主主義を定義づける特徴には、平等な相互尊重、対面での接触、共通の利害、合意などが含まれる。

　反対に、対立的民主主義は、利害の対立をその出発点としてみなしている。その知的な遺産には、ホッブズ、ロック、アダム・スミス、マディソンなどが含まれ、その全員が、意見の対立こそ政治的な営みの中心的な要素であると認識している。対立的民主主義者にとっては、平等主義とは、平等な尊重や友愛というより、むしろ平等な投票のメカニズムを通じて、政治社会のなかで競い合っている、相異なるしばしば衝突し合う利害を守ることを言う。闘技民主主義に関する、とりわけ近年の研究は、熟議と、永続的で根本的な対立関係が両立可能であることを強調しているが、民主主義的な権力の行使を正統とはみなさない理論家もいる。たとえば、Arendt H. (1965). *On Revolution*. New York: Viking Penguin. [Originally published 1963] (＝志水速雄訳、1995、『革命について』、筑摩書房）; Cohen, J. (1989). "Deliberation and Democratic Legitimacy." In A. Hamlin and P. Petit (eds.), *The Good Polity: Normative Analysis of the State*. Cambridge, U.K.: Blackwell; Habermas, J. (1983). "Hannah Arendt: On the Concept of Power." In J. Habermas, *Philosophical-Political Profiles*. (F. G. Lawrence, trans.). Cambridge, Mass.: MIT Press. [Originally Published 1976] (＝小牧治他訳、1984、『哲学的政治的プロフィール（上）』、未来社）; Wolin, S. (1960). *Politics and Vision*. Boston: Little, Brown. 解説としては、以下の文献が参考になる。Mansbridge, J. (1995). "Using Power/Fighting Power: The Polity." In S. Benhabib (ed.), *Democracy and Difference*. Princeton, N.J.: Princeton University Press.

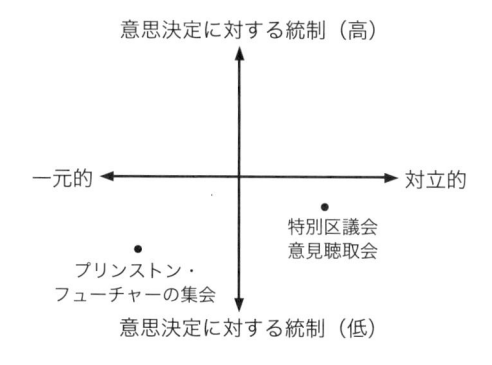

```
          意思決定に対する統制（高）
                    ↑
                    │
                    │
     一元的 ←───────┼───────→ 対立的
                    │      ● 特別区議会
                    │        意見聴取会
              ●     │
        プリンストン・│
        フューチャーの集会
                    │
          意思決定に対する統制（低）
```

図17.1　熟議に関する二つの軸

ている[28]。プリンストン・フューチャーの集会は、しばしば参加者の自宅で開催されたので、友人関係や近所付き合いの規範を喚起することになった[29]。また、その集会では、拘束力のある決定に至らなくてよかったため、グループは重要な対立点に向きあわなくて済んだ[30]。

　特別区議会での議場集会は、これとは対照的に、より対立的な状況となった。これらの集会では、市民たちは、市民同士の間でも、選挙で選ばれた公職者とも対話をすることはあまりなかった。その代わり、市民たちは席から立って、企業家、図書館の利用者、不動産所有者、今回の開発によって直接的影響をこうむる近隣住民といった一人一人の立場から、プロジェクトに関する個人的な利害にしばしば言及しつつ、開発への賛否の理由を説明するための証言を行っ

---

[28] ― プリンストン・コミュニティー調査は、二つの討議の場の間の重要な（かつ統計的に有意な）違いを市民たち自身が認識していたことを確認した。回答者は、参加した集会において、集会に関するさまざまな目標がどの程度重要であったかについての印象を、一つ一つの目標について0（「まったく重要ではない」）から10（「非常に重要だ」）にわたる尺度で評点をつけることで共有するよう求められた。集会の目標には、「人びとに地域開発について中立的で事実に即した仕方で教育すること」、「意見の違いを表明させ、異なる見解について議論させること」、「地域開発について合意に至るよう手助けをすること」、「特定のアプローチによる地域開発を支持するよう人びとを説得すること」などがあった。都心部開発に賛成する者も反対する者も、特別区議会での集会に比べ、プリンストン・フューチャーの集会にとって、人びとを教育し、合意に至るよう手助けすることを比較的重要な目標であるとみなす傾向がずっと高かった。反対に、特別区議会での集会は、特定のアプローチによる地域開発を支持するよう人びとを説得する場であるとみなされる傾向が高かった。こうした違いは、ある程度直観的に頷ける。というのは、特別区議会での集会の目的は、すでに検討の俎上に上がっている具体的な地域計画がもつ利点について討論することであったのに対し、プリンストン・フューチャーの集会の（すべではないものの）ほとんどは、計画策定を導く原則についての合意を見い出すことに捧げられていたからである。
[29] ― とはいえ、規模が大きめのプリンストン・フューチャーの集会の一部は、特別区議会の議場、地域の教会、大学などで開催されることがあった。
[30] ― 単に助言し、意見を述べ、議論をし、拘束力のある意思決定を行わない**熟考型の集団**は、通常は、すべての条件が同じだとすれば、拘束力のある意思決定を行う**活動型の集団**と比べ、はるかに敵意の小さい対立しか生み出さず、それゆえ、対立についての不安もまたかなり小さい。熟議型世論調査やアメリカ・スピークス、ナショナル・イシューズ・フォーラム、ここで分析しているグループであるプリンスト

た。議員たちが、これらのさまざまな意見から、なんらかの合意を形成しようとすることはほとんどなかった。むしろ、彼らは、プロジェクトに対して、なぜ自分が賛成あるいは反対なのかを述べて応答するだけであった。

動的な更新を通じて早まった合意を回避する

　プリンストン・フューチャーや本書のこれまでの章で述べられている熟議のプログラムは、自己利益に関心をもつ個々人が、誰が、何を、いつ、どのように獲得するのかをめぐって、相争う対立的なプロセスだと考えられている「おきまりの政治」に対して、しばしば挑戦しようと試みる。しかしながら、「おきまりの政治」の代替となるべき政治の姿とはどのようなものであるべきかについての合意のほうがむしろ存在しない。プリンストン・フューチャーもそうであるが、共有された共通の利害、すなわち、市民による完全な合意を発見あるいは形成することを目標であると考える者たちがいる一方で、共通の利害は、政治闘争を経てのみ、発見あるいは創造されるものであり、そして、得られたとしても、共有の対象であると同時に異議の対象であり続けると考える者たちもいる[31]。

　より一元的な民主主義的な未来像は、ときに、熟議を通じて実現しうるし、本書が紹介してきた事例のいくつかは、そうした成果の明瞭な事例である。交渉中の双方の当事者が、当初想定していたよりも相手に負担を与えずに、自分の得たいものを得られる革新的なやり方を見出し、どちらにとっても得になるような合意を見い出す場合もあれば[32]、誤解が払拭されて、真の共通の利害が目に見えるようになる場合もある[33]。熟議はまた、当事者に対して、以前からあった食い違いを乗り越えさせ、より合致可能な利害をも包含した、部分的には新たなアイデンティティーを形成させることを可能とするような、敬意と連帯感を生み出すこともある。

ン・フューチャーなど、多くの熟議型フォーラムは、熟考型の集団である。活動型の集団では、失うものも得るものも大きいから、切迫感もより大きい。友人が自分と反対の立場をとっているとき、決定の結果を人生の大半にわたって我慢せざるをえない場合のほうが、裏切られたという思いはよりいっそう大きい。

[31] ― Pitkin H. F., and Shumer, S. M. (1982, Fall). "On Participation." *Democracy*, 2, 43-54; Barber, B. R. (1984). *Strong Democracy: Participatory Politics for a New Age*. Berkeley: University of California Press. ピトキンとシューマー、そしてバーバーは、熟議を理解するにあたって、私たちが「闘技的」と呼ぶ側面を主張している。

[32] ― Follet, M. P. (1942). "Constructive Conflict." In H. C. Metcalf and L. Urwick (eds.), *Dynamic Administration: The Collected Papers of Mary Parker Follett*. New York: Harper. (Originally published 1925); Fisher, R., and Ury, W. (1983). *Getting to Yes: Negotiating Agreement Without Giving In*. New York: Penguin. (Originally published 1981).

[33] ― プリンストン・フューチャーにおいてさえ、集会に参加した市民たちが、都心部の設計や実行可能な計画について何かを学んだことは、いくら彼らが強烈に否定しようとも、明白である。集会に参加した人びとは、たとえば、参加しなかった人びとに比べて、都心部の開発について自分なりの意見をもっている

一方、この章で紹介してきたプリンストン・フューチャーの事例のように、実体的な共通利害を形成するコストがもっと大きな場合もある。誰かが得をすれば必ず誰かが損をする避けようもないゼロサム条件に近い状況では、合意を生み出そうとする努力のコストは、時間や参加者の消耗の可能性だけでなく、合意の強制やうわべだけの合意がなされる危険を含む[34]。合意を目標とする熟議の場への参加者は、場を収めようとするグループの熱意のあまり、自分たちの反対意見が無視されてしまうという不平をしばしば表明する。このことは確かに、反対グループが、プリンストン・フューチャーの近隣集会では、自分たちの声は聞いてもらえなかったと大きな声で訴えた、プリンストンの事例にあてはまる。この問題に対する一つの解決法は、グループに対して、動的な更新を実践する研修を行うことである。動的な更新とは、グループのメンバーたちが、熟議における各段階で、ありのままに利害状況を分析しようとする、継続的な、あるいは、少なくとも定期的な発見のプロセスである。

プリンストンでは、熟議プロセスを始める時点で、潜在的な、共通する利害と対立し合う利害の度合いを正確に測らなかったことが、合意が形成できるという期待を生み出したが、結局は、合意はまやかしであることが判明した。期待感は裏切られ、かえって、計画の最終案に対する怒りと反感を結果的に燃え上がらせるプロセスを生み出した。結果として生じた、多くの参加者の抱いた怒りと反感は、実際のところ、熟議のプロセスがなかった場合に生じたであろう程度よりも、大きくはなかったかもしれないが、しかし最終的な結論に反対した多くの人びとが熟議のプロセス自体を非難していたのは確かである。したがって、プリンストン・フューチャーによる手抜かりの熟議は特別区の問題を悪化させてはいないとしても、熟議自体の名声と評判を傷つけ、今後、この手の市民対話を行うに**まさに**ふさわしい状況であっても、行政や市民団体が熟議モデルを用いることはより困難となってしまった。

熟議の経過で、対立点を浮かびあがらせることができなかったことが、問題をいっそう難しくした[35]。通常の場合、参加者が、熟議のプロセスを始める時点で、潜在的に、共通する利害と対立し合う利害がどの程度あるのかを正確に測ることはできない。それはまさに熟議の過程で、人びとのアイデンティ

傾向がはるかに高かった。
34 ― プリンストンで生じた揺り戻しについて言えば、民主主義的手続きの最初においても進行中においても利害の対立について確認しようとしなかったことが、プロセスの発案者の一人の言葉によれば、「より参加型にすることで、民主主義をよりよく機能させる」はずであったプロセスを創りだそうという参加者たちの試みを土台から崩してしまった (2002年4月27日にプリンストンで行われたイベント「コミュニティー大学」におけるロバート・ゲッデスによる公開講演より)。
35 ― 実際のところ、市民参加を促そうとするプリンストン・フューチャーのその後の努力は、こうした認識を反映していたように思われる。開発のためにこれ以上の土地を失うことを強く警戒していた昔から

ティーが変化し、協力関係が生まれたり解消されたり、新しい情報が出てきたりするからである。特定の参加者がより大きな影響力を発揮して議題を設定してしまうため[36]、対立がある論点を取り上げることがもたらす人間関係のコストを一部の参加者が恐れているため[37]、あるいは、その両方のために、対立点が水面下に沈んでしまうことはある。他の多くの場合と同様、プリンストンでも、エリート集団が熟議の議題を設定し、時間とともに自然に合意に向かうであろう「教育的な」プロセスが起きることを期待した。

このような状況では、どのグループに属するファシリテーターも参加者も、お互いの価値観や利害に関する参加者の理解を、着実にかつ現状に即して更新していくための方法を見い出すために、懸命に努力する必要がある。共有された価値観や連帯を形成することを強調しすぎると、熟議の経過を通じて、潜在的な対立点を漉き取ることが難しくなる。もちろん、熟議を始める前に、あるグループの議論が合意に向かって進むのか、それともより根深い相違を明らかにするのかどうかを知ることはできない。しかし、ファシリテーターには、自分のグループをいずれの可能性にも開かれたものとするための手順と言葉を用いることが可能である。

ナショナル・イシューズ・フォーラム（NIF）が教えてくれる議論のプロセスが一つの手本になりうる。本書の第3章で示されているように、NIFのモデルでは、議論の共通の土台を探し求めることは有益ではあるが、「共通の土台は、同意ではなく、誰もが同じものを求めているという合意でもない。……実際問題として、議論を先に進めるために必要な共通基盤さえ特定できればよい。……熟議の過程を通じて、……参加者たちは、ほとんどの人びとが長い目でみてなんとか我慢する用意がある行動と結果を見極め始める」。議論の共通基盤

の黒人地区に建物を拡張しようとしていた地域の芸術評議会のからんだ対立においては、プリンストン・フューチャーは、芸術評議会のメンバー、近隣住民、その他の地域の住民を交えて、小グループでの一連の話し合いの場を組織した。このグループの、司会役は、元検事総長のニコラス・カッツェンバックが務め、まさしくここで推奨したタイプの異なる利害の間で調整を試みた。つけ加えて言えば、プリンストン・フューチャーによるその他の最近の催しでは、あらゆる利害関係者が参加し、それぞれが自分の見方を明確に説明する時間が保証されるよう特に留意されている。

36 — Bachrach, P., and Baratz, M. (1963). "Decisions and Non-Decisions: An Analytical Framework." *American Political Science Review*, 57, 632-642; Lukes, S. *Power. A Radical Review* London: Macmillan, 1974; Crenson, M. A. (1971). *The Un- Politics of Air Pollution: A Study of Non-Decisionmaking in the Cities*. Baltimore, Md.: Johns Hopkins University Press; Gaventa, J. (1980). *Power and Powerlessness*. Urbana: University of Illinois Press.

37 — 対立についての不安については、Rosenberg, M. (1954-1955). "Some Determinants of Political Apathy." *Public Opinion Quarterly*, 18, 349-366; Mansbridge (1983), *Beyond Adversary Democracy*; Eliasoph, N. (1998). *Avoiding Politics: How Americans Produce Apathy in Everyday Life*. Cambridge, U.K.: Cambridge University Press; Hibbing, J. R., and Theiss-Morse, E. (2002). *Stealth Democracy: American's Beliefs About How Government Should Work*. Cambridge, U.K.: Cambridge University Press. を見よ。

についてのこのように冷静な理解は、共同行動の必要性を認識しつつも、対立点がある可能性と共通性がある可能性のいずれかを過度に強調するということがない。NIFの進行役は、「困難な選択」に非常な重要性を置いており、この言葉は、もっとも広く配布されたNIFのパンフレットの一つのタイトルともなっている[38]。

省察：一元性の夢

一元性の夢はしぶとく残っている。1990年に、ジェイムス・モローンは、「アメリカの民主主義の核心には」、直接的な共同体による政治に対する切望があると結論づけた。アメリカ史のなかにモローンが見い出した「民主主義的願望」は、「私を公に」、「対立を協力に」、「隷属を市民権に」転換して、「対立的な自己利益」を乗り越えていく地域社会全体での同意で頂点に達する、直接的な市民参加を称揚する。それは、「地域社会という場に、市民が直接参加することによって見出される公共善に関する合意によって結束した、一つに連帯した人びと」という未来像である[39]。『対立的な民主主義を超えて』という著書で、マンスブリッジは、次のように同意している。「一つの国民として、アメリカに住む私たちは、一元的な民主主義を切望している」[40]。一元的な民主主義とは、共通善をめざす、合意志向型の直接民主主義である。彼女は、「一元的な制度」は、「対立的な制度では満たすことができない人間の欲求を満たす」と主張する[41]。

さらに言えば、アメリカ人は——おそらく、他の集団以上ではないのかもしないが——対立を好まない。マンスブリッジが描写している、ヴァーモント州で行われた小さなタウン・ミーティングについて、農業を営むある若者は、彼女にこう述べた。「集会に行くのはちょっと怖い。だって、家に帰ったら、頭が割れてしまいそうな、これまで経験したなかでも最悪の頭痛がするってわかってるから」。もう一人は、心臓が心配なので行くのをやめたと言った。多くの町民がタウン・ミーティングに参加していなかった。参加しなかった人になぜ行かないのかと尋ねれば、「『馬鹿みたいに議論ばっかり！』って言うと思

---

[38] – McAfee, N., McKenzie, R., and Mathews, D. (1990). *Hard Choices*. Dayton Ohio: Charles F. Kettering Foundation.
[39] – Morone, J. A. (1990). *The Democratic Wish*. New York: Basic Books, 5-7.
[40] – Mansbridge (1983), *Beyond Adversary Democracy*, 301.
[41] – Mansbridge (1983), *Beyond Adversary Democracy*, 4.

う」と、ある女性は言った。町の人びとは、しばしばタウン・ミーティングのことを、「口論の応酬」、「つまらない喧嘩」、「意地の悪い議論」、「大げんか」などと呼ぶことが多かった。ある女性が言うには、「不愉快な状況が、本当に嫌」なんだそうだ[42]。ジョン・ヒビングとエリザベス・サイス＝モースは、より一般的に、民主主義の手続きの不可欠な一部である厄介な不同意に無理やり直面させられると、対立を恐れるあまり、うまく対応できない市民がいることを示している[43]。

　それゆえ、対立というものを熟議に組み込まない限り、熟議をしているグループが、容易に手にできる共通の土台に基づく合意を見い出すほうを優先して、困難な比較衡量を完全に避けてしまおうとすることは十分ありうる。プリンストン・フューチャーの熟議はこの罠にはまったのだ。熟議において、共通の理解、さらには、共通の利害を形成すると同時に、対立点を明確にすることが可能であるのは確かである。問題として残るのは、共通善の追求を危うくすることなく、対立する利害に関する現実の交渉を、どの程度、熟議に組み込むことができるかである[44]。

　交渉の過程を熟議に統合することができないのであれば、もう一つの戦略は、比較的一元的な市民対話と比較的対立的な市民対話とを組み合わせることである。リン・カーソンとジャネット・ハーツ＝カープは、さまざまな熟議の形を融合する実験的試みを提案している（第8章を見よ）。さらに私たちが提案しているのは、熟議の手法を、熟議以外の市民討論の手法と混ぜ合わせることである。プリンストンの事例では、反対者たちは特別区議会の決定にいまだ満足していないが、より対立型の意見聴取会は、少なくとも熟議のプロセスでは水面下に沈んでいた対立点が浮かび上がらせることを可能とした。意見聴取会ではまた、より多くの証言をしてもらうことができた。

　プリンストン・フューチャーをデザインした人びとは、潜在的な対立点について、考え抜くことをしなかったのだ。プリンストン・フューチャーの熟議が、これらの問題に——企画のプロセスにおいて、並びに、参加者が自らの利害を更新していく動的なプロセスを通じて熟議を進めていくなかで——意図的に取り組んでいたら、熟議の過程自体が、これらの利害についての参加者相互によ

---

42 — Mansbridge (1983), *Beyond Adversary Democracy*, 60-65.
43 — Hibbing, J. R., and Theiss-Morse, E. (2002). *Stealth Democracy*; Hibbing, J. R., and Theiss-Morse, E. (1995). *Congress as Public Enemy: Public Attitudes Toward American Political Institutions*. Cambridge, U.K.: Cambridge University Press.
44 — 熟考型の集団に、対立についての議論を導入することは、まさにヒビングとサイス＝モース(2002)が『ステルス民主主義』で列挙したような、否定的な反応や回避を生み出す可能性がある。より大きな政治過程は、対立について似通った立場にある個々人に対して連帯し、お互いの共通の利害を練り上げ、対立する相手についての共通理解を形成する機会を含まなければならない——これらのプロセスはいずれも、何

る注意深い探究を包含しかつ促進することができたかもしれない。しかしながら、実際、プリンストン・フューチャーがそうであったように、市民の間にあるさまざまな対立について、すべての市民が理解し調整する手助けとしての用意ができていない、比較的静的なアプローチは、後になってみれば失敗した熟議プロセスとみなさざるをえないものを生み出してしまった。結局のところ、多くの市民たちに真の声をあげる機会を与えたのは、対立志向型の意見聴取会であった。

がしかの形での熟議を不可避的に含んでいる。「対立の案出」の経験的なダイナミズムを探究し、このプロセスと熟議的規範の装備一式との適切な関係を分析することは、今後の研究課題である。

第18章 熟議に基づくガバナンスの進展
ヴァージニア州ハンプトン市の教訓と着想

ウィリアム・R・ポタプチャク、シンディ・カールソン、
ジョウン・ケネディ
秋田真吾 訳

> まず集団ありきである。これが人間性および政治の根本的な真実であり、近代の政治理論も現代の政治理論も、いまだにこの真実を受け入れるに至っていない。
> チャールズ・フレデリック・アルフォード[1]

　2か月後に市議会議員と市長選挙を控えた3月のことである。選挙運動が本格化する時期ということもあり、各候補者は夕方のフォーラムに集まっていた。司会進行役は人びとを迎えいれた後、壁に貼られているポスターに人びとの関心を向けさせた。ポスターには、公共の言説を形づくるための基本的なルールが箇条書きにしてあった。人の話を聞く。人に聞こえる大きな声で話す。虚心坦懐を心がける。一度に話せるのは一人のみ。「これは私たちのグループのきまりです。候補者のみなさん、今夜この決まりを守れますか」。笑い声が部屋にあふれた。

---

[1] Alford C. F. (1994). *Group Psychology and Political Theory*. New Haven, Conn: Yale University Press. この引用をご教示いただいたターリー・メンデルバーグに謝意を表する。

もう一つのポスターは、さまざまな色のカードで埋め尽くされていた。司会進行役は手続きについて説明した。名前を書く。選ばれた候補者は壁から番号札を取る。司会進行役がカードの裏に印字されている質問を読み上げる。候補者には2分間の回答時間が与えられる。左右に座っている別の候補者も答えを述べることができる。

　候補者は我先に、この「ジェパディ」[1]方式のゲームに夢中になり、ディベートは活気あるものになった。質問は、教育や公共交通、職業訓練、犯罪、娯楽といったフォーラムの後援者にとってどれも重要な課題に関するものでばかりである。その間に後援側の人間が聴衆の中を縫うように歩き、聴衆が書いた質問を回収した。司会進行役は同じルールで新しいラウンドに入ることを告げ、再度多くの質問について多くの議論が交わされた。

　候補者は「なぜ、あなたに投票しなければならないのでしょうか」という質問に答えて、締めくくりの言葉を述べた。ほとんどの候補者が、自信をもってその理由を話した。候補者とこのフォーラムの市民との人間関係ができたのである。席を後にして夕食会へ行く時、多くの候補者が快適な雰囲気、きちんとしたガイドライン、熟練したファシリテーション、目的の定められた建設的な議論が行われたことに対して感謝の言葉を述べた。

　こうしたフォーラムに参加することは、ごくありふれた夕方の過ごし方として市民に定着しているのだろうか。おそらくその通りだろう。では、上記のシナリオにあるフォーラムを後援した団体がハンプトン市青少年委員会ならば、どうなるかを考えてみよう。司会進行役、タイムキーパー、案内役はすべて高校生である。聴衆のほとんどがジーンズを履いていて、投票年齢にはまだ達していない。なかには最近になって投票年齢の18歳に達した者もいるが、その若者たちも、そのフォーラムの夜のうちには有権者登録をすることだろう。フォーラムの開催を後援した大人の一人が帰り道、一人の若者にその夕方のフォーラムをどう思ったのか尋ねるとすれば、彼女はこう答えるだろう。「フォーラムに参加してみて、私も自分の街のために何かできるかもしれないと思いました」。

　この一見ありえなさそうなシナリオが表しているのは、いかに対話と熟議が

---

[1] 1964年に放送が開始されたアメリカの長寿クイズ番組。先にボタンを押した者が解答権を得ることができ、また回答者が次の問題を選ぶことができる。

ヴァージニア州ハンプトン市で浸透しているかということである。チェサピーク湾の入り口にあるハンプトン市は、多様な地域社会(コミュニティー)が集まって構成された人口140,000人以上の都市である。この市はアメリカ合衆国最古の都市の一つであり、ここ15年間で急速な変化を遂げた。地域社会が市民に関係する課題すべてについて、効率的に対話、熟議、協働ができるようにしようという努力を行ったことにより、この変化が生まれたのである。それは創造的だが苦労の多い取組みだった。

では、どのようにしてこの変化が起きたのだろうか。それを明らかにするために、まずはハンプトン市の行政の仕組みとその効率性について論じ、次いで協働的な地域社会を発展させるために、ハンプトン市がどのような方法をとってきたかについて説明することで、これらの要因の重要性について説明する。そのうえで、協働の取組みがハンプトン市でどのようにして根づいたのかについて三つの実例を提示し、最後に、熟議に基づいた協働的な地域社会を形成するうえで、どのようにしたら理論と実践との結びつきを強めることができるかについて考察する。

市民の能力を高めるうえでのハンプトン市政府の役割

ハンプトン市の市民文化である熟議に参加する姿勢がどのようにして育まれてきたかを跡づけるには多くの方法があるが、その端緒はおおむね、市政を担う人びとが意図的に行った方針転換から生み出された。他の多くの都市とは異なり、ハンプトン市では熟議は「催し物」などではない。熟議は市政府と統治(ガバナンス)のあり方を変えてきた抜本的改革に組み込まれているものであり、地域社会を支える市民の活動基盤は、熟議を通じて確固としたものにされてきた。

この大規模な方針転換の原動力となったのは、民主主義を強固なものにしたいであるとか協働による地域社会を作りたい、といった理想ではなく、戦略上の必要性だった。ハンプトン市の市政の中心を担う人びとは、近隣地区の多くが不健全な傾向にあると感じていた。若年層の非行に対する懸念が増していく一方で、この課題に取り組むだけの余裕が市にはなかった。そうした理由から、

ハンプトン市の市政の中心を担う人びとは地域社会の問題に取り組もうとした時、地域社会の協力を必要とし、地域社会の人びとと協働することを学ぶ必要が生まれた。

シティ・マネージャー制度モデル

それぞれの地域が抱える問題に取り組む際、地域社会は熟議に基づく協働のプロセスを実現し発展させなくてはならないが、ハンプトン市特有の市政の形態は、このプロセスの発展を促すものだった。ハンプトン市はシティ・マネージャー制度を採る市である。7人のパートタイムで活動する市議会議員がおり、これらの市議会議員は全員が選挙で選ばれている。政策を実施する権限は常勤の専門職であるシティ・マネージャーに市議会議員から委ねられ、シティ・マネージャーが市職員を率いる。シティ・マネージャー制度はアメリカの大都市の過半数で採用されている。この制度は、常勤の市長が政策を実施する権限を握り、市職員を率いる市長制とは異なるものである。相違点の一つは幹部職員の任期の長さである。ハンプトン市の現在のシティ・マネージャーは7年間この職に就いており、前任者は13年間この職を勤め上げた。市民ならびに市民団体との窓口となる各部局の部局長は、平均20年間勤めている。市民は毎年、市政評価のアンケートを求められるが、90％以上が市政に好意的な回答を行なっている。市職員との個人的関係が良好であるために、市民から高い支持を受けることが多い[2]。

このような職務上の理由から、ハンプトン市の幹部職員は、市民との人間関係を密にしなければならないと考えている。幹部職員は同じ市民のなかのリーダーたちと10年あまり、一緒に仕事を行うことになるからである。幹部職員はプライドをもって、自らが育んできた市民との関係について語る。また、幹部職員は一緒に仕事をすることによって、市民からいかに多くを学ぶことができたかに驚く。日頃から、市の幹部職員と市民とが人間関係をしっかりと構築しているので、方針をとりまとめ、課題に取り組み、そのための新しい機会を協力して生み出すための組織を作り上げるというそれぞれの段階に即座に移ることができる。それによって、実のある熟議を行うことが容易になる。

---

2 —— Osbourne, D., and Plastrik, P. (1997). *Banishing Bureaucracy: The Five Strategies for Reinventing Government*. Reading, Mass.: Addison-Wesley, 252. (＝小峰弘靖、前嶋和弘訳、2001、『脱「官僚主義」：欧米の行政に革命を起こした「リインベンション」とは何か』、PHP研究所。)

ハンプトン市の市政における幹部職員の任期を、ワシントン特別区[3]（第10章参照）における幹部職員の任期と比べてみよう。ワシントン特別区は熟議の文化を根づかせようと努力している都市である。現在、職務に就いてから6年目にあたる現職の市長率いる市政では、住宅コミュニティー開発局の局長は4人目であり、公園レクリエーション局の局長は3人目である。近隣地区対策局長は3人目、コミュニティー広報室の責任者は4人目である。幹部職員が頻繁に異動するために、限られた時間的枠組みのなかで成果を挙げることが求められた場合に、任についてまだ日の浅い幹部職員が、進行が遅く、時間を食う可能性が生じることが少なくない熟議のプロセスを避けがちになるのは、むしろ自然のなりゆきである。だが、そうした場合には、熟議に基づいていないプロセスに市民が不満を抱くようになる。先に述べたように、市の部局長がすでに問題になっている課題にじっくりと時間をかけて取り組むことはあまり多くない。新市長が着任する時に、ほとんどの部局長が交代するのもよくあることである。このような状況では、市民は距離をおいた態度をとり続ける。なぜなら、市当局が熟議を通じた政治のプロセスへの参加を市民に呼びかけたところで、市民をエンパワーし、市民の熟議に基づいた市政を行おうとしているのか、単にポーズとして熟議を形式的に行った後で予定調和的に行政の方針を押し通すに過ぎないのかがわからないからである。

　市政の形態が影響するのはこれだけではない。プロセスが正統なものと受けとめられるかどうか、すなわち後援者、主催者、参加者、参加予備軍が誠意をもって、すすんで参加するかどうかということにも関わるのである。今日、市民は政府やその他の大規模な組織に対して不審と諦めの念を抱きがちな傾向が強いだけに、プロセスが正統なものかどうかは、熟議に基づく試みを行ううえでの最初の試金石となる。市の部局長と市民が長期にわたる関係を構築することこそ、政治のプロセスが正統で信頼に値するものであると市民に認識されるための強固な基盤となるのである。

効率的な市政

　ハンプトン市の、二つ目の熟議に都合のよい政治文化は、市政の効率のよ

---

[3] — Potapchuk, W. (2002). "Neighborhood Action Initiative: Engaging Citizens in Real Change." In D. D. Chrislip (ed.), *The Collaborative Leadership Fieldbook: A Guide for Citizens and Civic Leaders*. San Francisco: Jossey-Bass.

さである。おそらく矛盾を感じるだろうが、他の市に比較して地域社会に基盤をもつ団体がほとんど形成されない理由は、この市政の効率性にある。シティ・マネージャー制度を採る都市の多くは、地方政府の効率性が高い。ごみ収集や防犯活動、区画の指定のような通常の行政サービスを運営するばかりでなく、他の自治体では草の根団体や、非営利組織によって担われることが多い事柄を市が行うことも少なくない。こうした都市では、権利擁護団体が急増するのを目にすることはあまり多くない。自治体が状況の変化に抗うのではなく漸進的に適応しているからである。こうした理由から、他の都市と比べてハンプトン市はコミュニティー・オーガナイジングの目標とはならない。家主、近隣住民、市民団体が合わさって、市民の活動基盤が構成されることが多いが、それらの多くはここでは団体としての力をきわめて限定された形でもつのみである。

　シカゴ市の事例と比較してみよう。研究対象となる地域は、ハンプトン市の人口のおよそ4倍の大きさである。そこでは、ずらりと揃った地域社会に基盤をもつ団体が印象的である。これらの団体は市民の参加を促すのに必要不可欠であったために結成された。シカゴでは「不動産開発業者、金融機関などのエリート組織と手を組んだ政治マシーンが、近隣住民の利害を、文字通りブルドーザーで踏みつぶしてきた歴史がある。このような政治的マシーンに対する直接の反対運動の中から生まれたのが」[4]、300人のスタッフを擁するコミュニティー開発会社のような事業体である。

　ハンプトン市は異なる道を歩むことを模索した。1980年代末、総合計画案を新しく改定していた時、市は計画立案の方法に潜む致命的な欠点に行き当たった。ジョウン・ケネディはその頃の出来事をこう書き記している。「私たちは、おきまりの伝統的な市民参加型政治はすでに経験済みでした。新聞広告を出し、皆に参加を呼びかける。そのうえで市民にやろうと思っていることを説明する。そうしたプロセスを踏めば、この計画は私たちが決めた地域社会の将来像であると胸を張って言えるというわけでした」。ケネディの叙述は続く。「私が、いかに総合計画が地域社会の将来に役立つことになるかを、長々と語り終えたちょうどその時でした。あたりを見渡すと、至る所で見られたのは怒

---

[4] —— Markus, G. B. (2002). *Civic Participation in American Cities*. Ann Arbor, Mich.: Institute for Social Research, University of Michigan.

りをあらわにした大勢の市民の顔でした。この計画は市民の将来像などではない。むしろ悪夢と言った方がずっと近いにちがいない、私はそう考えました」[5]。

　交通渋滞緩和のために、近郊住宅地のなかを突っ切る新しい道路を建設するという案に対して、市民は怒りをあらわにしていた。そこで市は提案を取り下げたうえで、利害関係者との集会を行った。その結果、市は協働による問題解決の方法を実施するにあたって何が必要であるかを教えられたのである。市は新しい道路の建設に真剣に取り組んだだけでなく、計画のなかで議論の分かれる課題のすべてを最後にはどうにか解決した。シティ・マネージャー補佐のマイケル・モンティースは、これらの人びとの議論をファシリテートし、その成果を次のように報告した。「それは私たちが提案したもののなかで、もっともよくできた総合計画だった。このことに疑いの余地はない。論争の火種となるような課題を扱う時には、急がずに長い期間をかけてじっくり取り組む以外にはない」[6]。ハンプトン市の政策スタッフは、近隣住民の利害関心をブルドーザーでなぎ倒すようなことはせず、住民の不信感を乗り越えるために、合意形成のプロセスという骨の折れる作業に一年間を費やした。近隣住民との間に、しっかりとした人間関係を樹立することができたためにこのプロセスは成功した。こうした関係を作り出すためには、まずはしっかり情報伝達を行うこと、最終的には近隣住民の利害関心に耳を傾けることが必要だった。

　近隣地区で計画立案を行う際、住民と熟議し協働によって問題に取り組んでいくうえでのこの試みは、新しい問題解決の方法を導入するための基盤になったが、反面では、よりいっそうの熟議に基づく市民文化を作っていくにあたって、今後に続く逆説をも明るみに出した。シカゴでは機能不全に陥った頑迷な市政のもとで、さまざまなコミュニティー団体や権利擁護団体が育まれたが、機能的で柔軟な市政のもとにある地域社会においては、どのようにすれば地域社会主導の対話、熟議、協働による問題解決をよりよくサポートし、市民の活動基盤を強めることができるのだろうか。

市民に重点を置いた問題への対応

　ハンプトン市の他の多くの取組みと同様、市民間での対話を促進しようとし

---

[5] Osbourne and Plastik (1997), *Banishing Bureaucracy*, 242.
[6] Plotz, D. A. (1991). *Community Problem Solving Case Summaries*. Vol. 3. Washington D. C.: Program for Community Solving, 35.

た時に直面した課題は、多面的に対応することによって解決されてきた。それにはリーダーの能力の涵養、フォーラムの創設、シティズンシップと社会関係資本の強化、市民の関心を引き出す試み、変化に適応し続ける工夫が含まれる。簡潔にこれらの側面について論じたい。

リーダーの能力の涵養。ハンプトン市は、ネイバーフッド・カレッジという名前の近隣住民のための教育機関を作った最初の地方政府の一つである。このカレッジでは、近隣地区の現在のリーダーと、これからリーダーになりたいと思う市民のために、基礎的な市民教育の原理と近隣地区の問題に焦点を絞った教育を組み合わせたワークショップが夕方開講されている。一般にカレッジでは、6回から12回にわたる講座が開催され、宿題もだされる。具体的には、効果的な会合の運営方法、多様な市民との協働を行うためのスキルだけでなく、地方政府の組織、防犯と警察の取り締まり活動、市予算および財政といったトピックに重点が置かれている。300人もの市民からなる卒業生が、近隣地区のプロジェクトを指導したり、市議会議員に立候補したり、各種の委員会に名を連ねたり、近隣住民の団体で中心的役割を担ったりするようになっている。

フォーラムの創設。ガバナンスの共有に向けての重要なステップとして、ハンプトン市は近隣地区委員会を創設した。この委員会は、近隣地区、地域社会に基盤をもつ団体、非営利団体、学校、企業、地方政府、若者それぞれの代表者から構成されている。近隣地区委員会は、市の近隣地区計画室と同じ権限をもっており、市全体で取り組まなければならない規模の、近隣地区を対象とする計画を実施する時には、市の近隣地区計画室と共同で市民の参加を募る。近隣地区委員会は、こうした一連の近隣地区に関する行政を行うための組織であり、市民間の人間関係を築くうえでの組織でもある。典型的な諮問機関とこの委員会とが違うのは、この委員会が各組織の代表により構成されていることと、この委員会が決定を下したり、資金を分配したりする権限をもっていることである。委員会そのものが、近隣地区の取組みに利害をもつ市民や他の機関をまとめる協働の機能をもつ。近隣地区委員会があるおかげで、それぞれの代表間の見解の相違について話し合いを行い、熟議を深めることが可能となり、さま

ざまな市民と協力関係にある機関との間で合意を形成するための枠組みが構築されるのである。先に言及した青少年委員会と同様に、統一委員会もまた市が創設したフォーラムを代表する例である。

シティズンシップと社会関係資本の強化。さきに述べたように、ハンプトン市が協働のプロセスに乗り出したそもそもの動機は戦略上のものである。住民たちは、若者であれ、大人であれ、参加型プロセスを通じて民主的な社会のなかで自らの役割を十分に果たす市民になるのだということを、市政の中心を担う人びとが認識するようになるには長い年月がかかった。市民はお互いに人間関係を構築し、社会関係資本の構築に寄与する。「社会的組織の特性、たとえばネットワーク、規範、信頼によって、相互利益のための調整や協力が容易となる」[7]のである。

市民の関心を引き出す試み。市民の関心を引き出す戦略がどんなに創造的であっても、ただ会合の席に座らせるだけでは市民は市民活動に参画しようとは思わないことを、ハンプトン市政の中心を担う人びとはよく認識している。近隣地区のための月間を定め、各戸の訪問、お祝い、パーティ、地区の清掃活動を行うことによって、多くの近隣住民は活動的な市民の営みへと引き込まれる。このような機会を設けることで一度住民がその近隣地区と結びつきはじめれば、市民たちはしばしば、地域社会の多様なプロセスへの参加をそれ以前よりも自発的に行うようになる。

変化に適応し続ける工夫。ハンプトン市政の中心を担う人びとは、技芸と学問とのバランスをとりつつ戦略と理論それぞれがもつ要素を組み合わせることで、地元に根ざした地域社会のプロセスについて実験をしてきた。その実験の目的は、個々の状況に応じてもっともうまくいくアプローチを創り出すことである。地方政府は、どのように市民たちはうまくやってきたのかというところから学んできた。すなわち、地域社会のさまざまな課題に取り組むにあたって、万能の方法などはありえないので、どのような結果が望ましいのかということから、プロセスのデザインを導いていく必要がある。対話と熟議のプロセスはそのような作業をはじめるための手段であって、それ自体が目的ではない。

---

[7] Putnam, R. D. (1993). *The Prosperous Community: Social Capital and Public Life*. American Prospect, 4 (13), 35.

ハンプトン市の問題解決方法についての三つの事例

　どのようにしてハンプトン市が熟議と協働の市民文化を作り出したのかを、三つの事例を示して説明したい。一つ目は人種関係に取り組む委員会の事例であり、二つ目ではユース・シヴィック・エンゲージメントの取組みについて事例を挙げ、本章冒頭の記述へと立ち返る。最後の紙幅をもっとも多く割いた部分では、近隣地区の計画立案を扱う。これら三つの取組みを描くにあたって、政策や実行を規定したり形成したりするうえでのハンプトン市民の役割に特に注意を払って詳しく述べる。なぜなら、この主題は協働による統治、ネットワーク型の統治に関する近年の研究で見落とされがちであり、また過小評価されがちだからである[8]。

市民統一委員会

　地域社会で行われる熟議のモデルがどのように進展してきたのかを跡づけることで、近年における人種関係へのハンプトン市の問題解決の方法について考えてみたい。この進展は単一のプログラムを採用することからはじまり、統合されたシステムを構築するに至っている。市政の中心を担っている人びとと市民たちは単一の問題を解決することからはじめて、より規模の大きい地域社会での検討課題へと到達するまでの長い道のりへと乗り出したのである。

　非白人が成人人口のほぼ半数を占め、21歳以下人口の60%以上を占める南部の古い都市であるハンプトン市では、人種について語らなくてはという機運が高まっていた。不幸なことに人種差別という問題は、対話のプロセスを促すような形で市民のフォーラムに提出されたわけではない。1990年代の初めごろ、市政の中心を担っている人びとと市民団体は、若者および家族を対象とした新たな戦略計画に着手した。この地域社会に基盤をもったプロセスを実行するうえで、利害関係者についての五つの特別調査チームを通じ、5,000人との接触を図った。この調査は、子どもや若者の健全な発展を保証するためには、どの課題を優先的に扱ったらよいかを明らかにする目的で行われた。

　100人以上の特別調査チームのメンバーは、調査結果を市議会に報告すべく

---

[8] 統治における市民の役割を正面から論じた緻密な研究は、下記のものを除いて他にはない。Linden, R. M. (2002). *Working Across Boundaries: Making Collaboration Work in Government and Nonprofit Organizations.* San Francisco: Jossey-Bass; Agranoff, R., and McGuire, M. Georgetown University Press; Healey, P., Magalhaes, G. de, Madanipour, A., and Pendlebury, J. (2003). "Place, Identity, and Local Politics: Analysing Initiatives in Deliberative Governance." In M. A. Hajer and H. Wagenaar (eds.), *Deliberative Policy Analysis: Understanding Governance in the Network Society.* London: Cambridge University Press; Innes, J. E., and Booher, D. E. (2003). "Collaborative Policymaking: Governance Through Dialogue." In M. A. Hajer and H. Wagenaar (eds.), *Deliberative Policy Analysis: Understanding*

最終的に行われた集会に集まった。一人、また一人と調査チームのメンバーは医療から教育に至るまで一連の重要な課題について詳しく述べた。その後、若者による調査チームのメンバーが壇上に登った。熱意あるプレゼンテーションのなかで、若者たちは自分たちにとっての最優先事項が、文化を変えていく力と多様性の尊重であることを明らかにした。彼らの宣言は次の通りだった。「私たちが引き継ごうとしている世界は平等ではありません。若者がうまくやってほしいとお考えでしょうが、大人のプログラムも仕組みも、決してこの世界の不平等を解決してくれていません。私たちの成功を望む前にまず、大人たちこそ一緒に活動する必要があります」。

多様性の問題を考察するための方法として、まず学習サークルという方法が採用された（第14章参照）。対話を重視しさまざまな異なった人びとを一堂に会させることに重きを置く学習サークルは、うまくいけば立派なものになるはずのこの取組みの素晴らしい入り口となった。最初の1年間で、250人以上が人種を混合させたグループに参加した。文化、人種、相違について考察を深める方法として、とげとげしくない話し合いの輪であることが市民を引きつけた理由である。

1996年、マイノリティが適切に代表されているかどうか、ハンプトン市の人種問題に関するガバナンスのあり方について激しく議論がなされるようになるに至り、市政の中心を担う人びとは、もっと直接的な熟議のプロセスが必要であることを認識した。市の憲章の見直し時期を目前に控え、市は協働による政策決定を行うために利害関係者を招集した。憲章検討委員会は、時には白熱することもあった熟議を2年間にわたって行い、市民に対して人種がどのような影響を及ぼしているのかについて、また、公平な形で人種を代表するために市は何を行うことができるのかについて模索した。

新しく市議会により任命を受けた市民統一委員会は、学習サークルの運動と憲章検討委員会の活動とを通じて作られた委員会である。市民統一委員会は、全市的に「多様性の尊重」を促進せよという曖昧で幅広い内容の委託を市から受け、まずは対話によって問題への接近を試みた。しかし委員会のメンバーも対話グループへの参加者も、すぐに、対話のみのモデルには行き詰ってしまっ

Governance in the Network Society. London: Cambridge University Press.

た。何回かグループ内部でミーティングを行った後、委員会の中心人物たちは対話のプロセスにフィードバックを行うべくフォーラムを開催した。委員会の中心人物たちは、多様性についてまず議論することが大切であると考えていたが、参加者はもっと先に進みたいという気持ちを表明した。参加者は、この課題と自分たち自身とがどのように関係しているのかについて考察するだけでなく、市民たちが活動できる潜在的な余地についても考察を求めたのである。この要望は新しく獲得した意識に由来すると言って差し支えない。参加者は教育に加えて実行のためのフォーラムを求めた。

それを受けてダイヴァーシティ・カレッジは、多様な熟議と教育へのアプローチの仕方に関する一連の講座に市民を招いて参加させている。もちろん、グループによる対話はカレッジの不可欠な部分であるが、教育、実地調査、実行計画の作成も不可欠であることに変わりはない。この講座で、課題の複雑さを十分に学んだ結果、ダイヴァーシティ・カレッジの参加者は多様性に関するテーマについて発言を行ったり、対話のファシリテーターを務めたり、市議会議員に選出されたり、さまざまな委員会の委員に立候補することによって、人種の多様性を擁護するために問題に引き続き関わっている。参加者のさまざまな意見は、ハンプトン市が新たに策定した地域社会の計画に取り入れられた。その計画は、以前よりも広い範囲を扱うことができるように多様性の再定義を行ったうえで作られたものである。参加者の及ぼした影響は、多様性をハンプトン市の長所として見直す流れに棹さしたのである。

市民統一委員会の人びとは、徐々に自分たちの市が変わっていくのを目の当たりにし、経験に支えられた対話が以前にも増して重用されるのを実感し、喜びで胸を膨らませている。地域社会での活動の担い手は、自らの属する地域社会内部の問題についてのみ取り組んでいるわけではない。市民に寛容であるように促し、市民間の対話を促進するプロセスに参加し、「普通の市民」の意見に耳を傾け、そのプロセスに関心をもってもらえるように努めている。こうした姿を目の当たりにして、多くの市民は、地域社会での活動の担い手を好意的に評価している。今では委員会の人びとは、自分たちが単に人種問題の解決に努めるだけでなく、地域社会における生活の質を向上させるべく貢献している

多くの市民の一部なのだと考えている。

ユース・シヴィック・エンゲージメントの取組み

　市民統一委員会の設立にハンプトン市の若者が重要な役割を果たしたのと同じように、若者たちの参加は、市のなかに協働による統治を抜本的に創り出すことに貢献してきた。多くの地域社会は、幅広い層の市民を地域における政策決定に参加させるために、多大な努力をしてきた。しかし公共の場で代表されてこなかった住民である青少年の意見を聞き、関心を高めようとする努力を、ハンプトン市ほど意識的に行ってきた自治体を見つけるのは難しいだろう。この道のりは困難なものである。世代間の対話と変革のための能力があるのかどうか、青少年と成人の双方がまさに試されているのである。

　ユース・シヴィック・エンゲージメントが行った取組みでは、若者を募集し、ボランティアや相談相手、公共政策の共同立案者といった意味ある役目を果たせるように準備が行われた。この取組みを行った若者のなかには、地域社会内の暮らしにそもそも関心をもっていた者もいれば、自分の近隣地区や学校、課外活動の場、あるいは市自体をよりよいものにしたいという熱意をもつ者もいた。同世代の若者の意見を集めたり、採りうる選択肢について熟議を行ったり、提言を行うことによって合意に導いたりするスキルをハンプトン市の若者は学習している。ハンプトン市のコミュニティーに関する計画には、若者に関する項目が存在する。その項目は、若者が熟議に基づくプロセスを使って作成し認められたものである。若者はテーマを絞り込んでの議論や、公開でのスピーク・アウト（若者に親しみやすい形態の意見聴取会）を行っただけではない。近隣地区の計画作成プロセスと専門家協議会（専門家協議会については第13章に詳述されている）に参加し、その方法と意義を学んだのである。

　市民公園に指定される土地の設計について、大人のグループが対立して議論が膠着状態になった時、若者は自分たちも意見を出して比較検討することを望んだ。ユース・シヴィック・エンゲージメントの委員は、該当する土地にどのような利用方法があるかを調査して自分たちの意見に取り入れるために、こうした問題を専門とする団体を招き、意見交換を行ったうえで、来たるべき都市

設計の専門家協議会のために2人の代表を選出して自分たちの意見を代表することにした。若者の代表は、市民が何を懸念しているかを言葉にし、問題を解決し、創造的な解決案を探し出すことができた。こうして、若者は多目的な土地利用案を提出し、対話への参加に難色を示していた少数の市民が推す単一の目的のための土地利用案よりも多くの支持を受けた。

　若者は、単に意見を述べるだけの存在でもなければ、地方政府による決定によって一方的に影響を受けるだけの存在でもない。地方政府の内部で、大人同様に政策決定に貢献するだけの力量と権限をもっているのだということを、ユース・シヴィック・エンゲージメントが生み出した機会を通じて若者たちは自分自身の手で立証したのである。この若者の活動によって、次世代の市民、つまり若者の眼から見て身近に感じられ、意見交換のしやすい市政を作らなくてはならないという新たな規範が作られた。地域社会は短期的に恩恵を受けただけではない。協働的な地域社会で生を営むために必要とされる熟議と意思決定のためのスキルをもつ、新世代の市民が姿を現したのである。

近隣地区の計画立案

　今度は、ハンプトンの熟議に基づく市民文化の第三の事例として、市が近隣地区を対象に行った計画立案に焦点を当てて述べてみよう。ハンプトン市が1993年に、市内の近隣地区を戦略的に重要であると位置づけた際、近隣地区計画の策定範囲は、土地利用を超えて社会や市民の関心を含むところまで拡大された。実施にあたっての優先順位を設定することが、戦略上必要とされ、その実施は市の援助を受けた近隣住民が行うことになっていた。近隣地区を対象とする計画立案を行う際に市の政策スタッフは、近隣住民の生活の質を向上させるのに必要とされるもっとも戦略的な行動を定めるための、すでにできあがっているプロセスとしてそれを想定した。それに対して近隣住民たちは、近隣地区を対象とする計画立案を、市のさまざまな資源に自分たちが接するための方法として想定した。その結果、蓋を開けてみると皆が驚くことになった。

　近隣地区を対象とする計画立案はなかなか進まない面倒な仕事であり、創造性、柔軟さ、時間、忍耐強さが、途方もなく求められるものなのだと、徐々に

認識されるようになった。成功か否かを決めた要素は、多様な市民の包摂、協働、有効性の三つだった。

多様な市民の包摂。十分な包摂を達成したプロセスを実施するためには、ある近隣地区のなかで、あらゆる課題や物の見方、地理的条件を代表するように人びとを集めなければならない。課題を包摂する際、具体的には、身体の特徴、社会、公民権に関する課題が含まれる。これは近隣地区にとって一つの難問である。なぜなら、市とならんで近隣地区のさまざまな課題は歴史的に言って身体の特徴をめぐる課題であり、近隣地区のリーダーは往々にして、資産価値と周囲の公共施設の整備に関心をもつ人びとを代表しているからである[2]。物の見方という点での包摂の達成は厄介である。なぜなら市民の参画は、はっきりと定まっているがしばしば狭量な物の見方の持ち主たちを集めてしまうように思われるからである。そうした人びとは自分自身を代表しても、他者を代表してはいない。地理的条件を代表するためには、近隣地区の住民組織が、地区の至る所から参加者を募ってメンバーを集めていることが必要であるが、多くの地域社会ではそれはできそうにない。しっかりとした近隣住民の組織がなければ、近隣住民のリーダーは、広い層の近隣住民から学び、経過を報告するための手だてを欠くことになってしまう。

協働。初期における協働の試みによってハンプトン市は、よい決定を行うためには確かな情報、良好な人間関係、よいファシリテーションが必要であるということを認識した。近隣地区の利害関係者のほとんどは、自身の街区の人びとや街区の抱える課題を超えると、そこから先の正確な情報をもっていない。したがって人口統計や近年の傾向、調査を行ううえでの技術的な専門的知見が重要となる。この知見は、市の政策スタッフがもっているものである。協働のプロセスを行うために専門的知見と同じくらい大切なのが、住民がどのような過去をもち、何を望み、どんな不安を抱えているかに耳を傾けることによって市の政策スタッフが近隣地区を住民の視線から見ることができるかどうかである。近隣地区のリーダーが、近隣地区にとって何が大事なのかについての専門家になり、市の政策スタッフが技術的な専門的知識の引き出しの役を務めるよ

---

[2] 具体的には人種問題を指す。仮に近隣地区の居住者の多数が白人である場合、そこに黒人などのマイノリティが流入することで、自らの資産、ここでは不動産の価格が下落するという懸念を抱くことがある。

うになるにつれて、新たな役割が浮上してくる。役割の分化は、理論的にはうまくいくように聞こえるが、実際に適用するとなると困難が生じる。何が大事なのかについて住民の決定を受け入れる時、市の政策スタッフは住民の意見と、自らの持つ専門的知見との間で妥協を迫られていると感じてしまうことも少なくない。近隣地区のリーダーは、自らの役割が限定されることを快くは思わず、単なる近隣地区の専門家に甘んじるのではなく、技術的な解決策にも通じている人間として会議の席に臨むことが珍しくない。

有効性。近隣地区についての計画立案プロセスが有効なのは、実質的な成果が得られた場合である。誰が会議の席に着いているのか。出席者たちが議論したことに抵抗感をもつかもしれない人間がプロセスを構成する者に含まれているかどうか。課題によって導かれた有効なプロセスを実現したのかどうか。これらの問題に丹念に注意を払うことにより、たいていの場合、結果は自ずと浮かび上がってくる。最初の近隣地区に関する計画立案のプロセスでは、プロセスのデザインについてかなりの時間と労力を割くことができた。このことによって、より論争的な課題を扱う前にさまざまな人間関係を発展させることができ、誰がプロセスを設計していくかについての合意を創りあげることができた。しかしながら、相対的にではあれ、このような純度の高い熟議と協働の形態は、市の政策スタッフおよび近隣地区のさまざまな資源に負担をかけるため、有効性を減少させてしまう。そこで、最近の近隣地区での計画立案プロセスは、市の政策スタッフと近隣住民の双方が、費やせる時間と生み出される効果との間でよりよいバランスを模索できるように、これまでの経過を踏まえてもっと受け入れやすいものになってきている。

　二つの近隣地区の事例研究は、以上の判断基準を踏まえた計画立案が直面するさまざまな課題を明らかにするものである。アバディーンの近隣地区計画は、ハンプトン市の新たな近隣地区への取組みとしては最初に展開されたものである。18か月におよぶ計画立案のプロセスでは、その近隣地区内での公共事業投資、美化、若者と年長者への公共サービスについての戦略が立てられ優先順位が定められた。この近隣地区は豊かで独自性のある歴史をもっており、リー

ダーは力をもっていて、誰かもはっきりしていた。

　アバディーンでは、課題の包摂は自然に達成された。なぜなら市民のリーダーたちは長らく存在するソフトボールチームの出身者であり、このソフトボールチームは、近隣地区の社会的利害に重点を置いて活動する成人たちのグループになっていたからである。彼らの間で包摂の達成が課題となったのは、地理的な条件をめぐってだった。計画の範囲は、リーダーたちが住んでいる古くからあるアバディーン地区よりもずっと広かった。だが、古くからある地区の外側に住む家庭にデイケアを提供している教会が参加したために、事なきを得た。教会が加わったおかげで、これらの家庭が抱える課題を声として拾うことができたのである。

　物の見方という点での包摂の達成と協働という判断基準については、大人のリーダーたちの核となるチームがそれについて一所懸命に取り組んだ限りでは、うまくいったように思われる。ただ、リーダーたちが近隣地区の他の人びとが望んでいることがなんであるかを理解したと思っていると、自分たちの努力がプロセスに関わっていない近隣住民の反対にあって、驚かされるということもあった。

　アバディーンにとって有利に働いた要因の一つは、近隣住民の自発性である。つまり、「たまたま起こることを、指をくわえて見守るだけの市民に対して市は何をすることができるのか」ではなく「市の助力を得ることで、近隣住民は何をすることができるのか」という近隣住民の主体的な態度が功を奏した。計画は有効性という点からも大成功だった。近隣住民は、計画の最優先事項を担う推進委員会を通じて自分たちを組織し、公共施設の整備は市政策スタッフ（材料を提供する）と近隣住民のボランティア（労働力を提供する本職の建設業者）との協働によって実施された。市は歴史的建築物を購入することまでした。その建築物は、市からの助成と近隣地区のボランティアの労働によって博物館になった。

　第二の設計立案プロセスは、グレーター・ワイズ計画として知られている。アバディーンの数年後に開始されたこの計画は、より多くの近隣地区を対象とした、より多くの課題を含む、より多くの時間を費やした設計立案である。7

年間続けられたこの計画で、市のスタッフと住民は両方とも憔悴してしまった。市の旧市街にあたるこの地域は、もともと人種を分断するくっきりと引かれたラインに沿って住民が定住しており、この歴史のゆえに、近隣住民のラインの両側の間で良好な人間関係を構築することができずにいた。ワイズの人びとは、市のスタッフと同じ懸念を口にしていた。すなわち、治安が脅かされるのではないのか、建築コードは遵守されるのか、資産価値が下落するのではないかといった懸念である。こうした課題はあったものの、取り組む規模が大きければ大きいほど、より効果的に問題を解決することができるだろうし、過去の計画と同じように、ワイズでも人間関係を構築するためのプロセスが素晴らしい効力を発揮するだろうと、市のスタッフは考えた。

　多様な市民の包摂と協働という判断基準に関して、アバディーンが直面した課題のすべてが、グレーター・ワイズ開発計画の立案に取り組むなかでも生じた。ワイズの課題は、手間のかかる協働に基づいたプロセスをデザインすることで対処された。そのなかには11,000人以上の住人が暮らす、このきわめて広大なエリア全域における重要事項を決定するための調査が含まれていた。

　複数の近隣地区をまたがる設計立案に向けたこの計画の理念とデザインは見事なものだった。しかしながら有効性という点では、この設計立案プロセスはうまくいかなかった。はっきりと表明されていた治安に対する懸念、はっきりと表明はされなかった市政への不信といった幅広い課題は、7年にわたって複数の市の部局が関わっても、計画への取組みのなかで一度に対処できるものではまったくなかった。直面した課題についてつけ足せば、この地区の病院の閉鎖という新たな緊急性を要する課題によって、計画チームは方向性を変えることを余儀なくされた。奇しくも、意義のある数多くの具体的成果が達成されたのは確かである。しかしこの計画立案のプロセスは、市の政策スタッフにとっても近隣住民にとってもあまりに不満の溜まるものであったために、新たにプロセスのデザインがやり直された。

　現在の世代による近隣地区開発計画への取組みでは、たいていの場合、政策スタッフが最初のプロセスのデザインを提案するようになっている。それによって、この最初の段階で近隣住民が費やす何か月もの時間を節約することが

できるからである。過去の計画立案での経験を通じて、政策スタッフはプロセスに関してすっかり精通した。その経験と知識を生かして、新たな方法が考案された。新しい方法では、最初に焦点を当てるのは三つの課題のうち最上位のものに限定される。取り組むべき課題を限定したうえで、まずは同意を得られた戦略に関する短期間のリストに基づいてプロセスが開始され、他の課題は後で模索される。このようにして、期間を1年以内とする短縮された計画立案のプロセスが最近二つの近隣地区を対象として近隣地区計画で使用され、成功を収めた。プロセスをめぐるこのような変化の根底にあるのは、計画の立案は市の政策スタッフと近隣住民との一度きりの企画ではなく、計画、実行、学習、さらなる数度の計画といった長期間にわたる関係の構築である、という理解なのである。

熟議によるガバナンスの理論と実践についての考察

ハンプトン市政府は、アーチョン・ファン[9]が「支援センター」と呼ぶものへと自覚的に進化している。つまりハンプトン市は「ヴァージニア州でもっとも住みやすい都市」[10]になるために、協働と熟議に基づく多様なプロセスを巧みにデザインし、応用し、マネジメントし、市自体もそこに参加している。

「慣れ親しんだ統治モデルは機能しない。なぜならそれは柔軟性に欠け、問題への対応方法がバラバラであるにもかかわらず、明確な目的に見合った実効性のある解決案を専門家がデザインできると仮定しているからである」[11]と、ハンプトン市の公職者たちは考えている。使える時間や人数、予算につねに厳しい制約がある状況のもとで、市が行う協働による戦略的な統治と、市民が自ら主導する熟議民主主義との連携を深めることによって、ハンプトン市の公職者たちは、近隣住民と地域社会の抱える課題に取り組んでいるのである。

ハンプトン市でこの試みの中心を担っている人びとは、プロセスのための方法と戦略を十分に理解している。彼らは名の知られたプロセス[12]のいくつかから多くを学んでいるが、自分が手がけている課題や機会に固有な性質に合致するように、年間に1,000回を超える会合のなかで会合ごとにあった自分たち独自のプロセスをしばしば作り上げている。熟練したスキルは、もともとはごく

---

9 —— Fung, A. (1999, Aug.). "Street Level Democracy: Pragmatic Popular Sovereignty in Chicago School and Policing." Paper presented at the annual meeting of the American Political Association, Atlanta. Ga., 6. [http://www.archonfung.net/papers/SLD99.pdf]
10 — これは、ハンプトン市の公式声明からの引用である。
11 — Innes, J. E., and Booher, D. E. (2003). *The Impact of Collaborative Planning on Governance and Capacity.* Berkeley, Cal.: Institute of Urban and Regional Development, 6.
12 — よく名の知られたプロセスは、ふだんは地域社会の外部で活動する団体により提唱され、運営されている。例としてはフューチャー・サーチと熟議型世論調査 (第5章参照)、市民陪審 (第7章参照)、21世

一部のリーダーと市の政策スタッフだけのものだったが、今では地域社会に幅広く普及している。

ハンプトン市は依然として創意工夫を続けている。最近の取組みでは、新たなコミュニティー計画の作成に焦点を合わせている。これは戦略計画と総合計画とを組み合わせた全米でも最初の試みの一つであり、もっぱら土地使用に関するものである。これらの計画を組み合わせることで、ハンプトン市は、市民が一体となって参加するプロセスを作り出すことが可能となる。すなわち中期の戦略計画と長期の総合計画のそれぞれに各市民が参加した結果、力が分散されてしまうことを避けることが可能となり、市の将来的な方向性に眼を向けることによって、市民が同じ方向に向かって力を発揮することができるようになる。

ハンプトン市と他の地域社会が実践を精緻化し続けるにつれて、熟議の理論家は、達成された事柄を集め、協働的な地域社会の形成に関する豊かな研究成果を発展させている。特に、アーチョン・ファンとエリック・オーリン・ライトによる『民主主義を深化させる』は、熟議の実践に関する理論と戦略を劇的に進歩させた[13]。ジュディス・インスとデイヴィッド・ブーアによる、ネットワーク型統治と協働の計画立案に関する著作もまた、同様の進歩をもたらした[14]。ハンプトン市が取組みを開始した時、公共空間での協働に関する著作は五指で収まる程度であったのに対して、今では数百冊もの引用文献目録を挙げることができる[15]。

研究は盛んに行われてこそいるが、市民の役割について中心的に論じている研究は多々ある一方で、考察されぬまま残されている根本的な問いがある。ハンプトン市は地方政府と未成年者および成人との関係について関心を抱いているだけでなく、市民と民間の非営利の公共組織との結びつきについても関心を払っている。未成年者と成人市民の双方がともに市政の担い手となり、対話、熟議、協働、実行のプロセスを行い、自らの住む地域社会に責任をもつようになることを、ハンプトン市の指導者は期待している。ボランティア活動、近隣地区の統治、対話、熟議、協働についての一連の研究は意義深いものだが、個別の研究領域がどのように相互に関係しあうのかについて、また、それを通じ

紀タウン・ミーティング（第10章参照）が挙げられる。
13 – Fung, A., and Wright, E. O. (2003). *Deepening Democracy: Institutional Innovation in Empowered Participatory*. Governance. London: Verso.
14 – 以下を見よ。Innes and Booher (2003), *Collaborative Policymaking*; Innes and Booher (2003), *The impact of Collaboration Planning on Governance Capacity*.
15 – Council of Foundations. (2003). *Collaboration: A Selected Bibliography*. Washington D. C.: Council of Foundations.

て各研究領域が明らかにされるような、各段階の発展について着目する研究は、今のところほとんどない。

　ハンプトン市の協働のプロセスに対するアプローチは、実質的には紛争解決の分野に基づいたものであるが、紛争解決について書かれたほとんどの著作は、第三勢力の調停者を想定している。この学問分野は、地域社会のリーダーが紛争についてよりよく理解し、解決方法を理解するにあたってどのように役立つのだろうか。ハンプトン市は、有効な市政という目標、すなわち子ども、若者、家族、隣人にとってよりよい成果を生み出すという目標にはいまだ到達していない。プロセスと結果とを完全に連動させている企業変革や業績管理に関する文献から引き出されたいくつかの教訓は、公共の領域でよりよい成果を得るために用いられる熟議と協働のプロセスを発展させるために、再検証や再考が可能なのだろうか。

　こうした重要な問いは、熟議についての理論家と実際に熟議を活用している者とが集まって、考察と経験を共有することによって、さらに明確となる。本書とそれに続く仕事は、理論と実践との溝をより小さくするだろうし、実際的な熟議の理論が発展することによって、今日と未来の地域社会をリードする者たちが、多様性を尊重した、協働と熟議に基づくプロセスを自分たちの帰属する地域社会で用いる際の手助けになることだろう。

第5部

結論

第19章

市民による熟議の未来に向けて

ピーター・レヴィーン、アーチョン・ファン、
ジョン・ギャスティル

藤井達夫 訳

　本書の初めの数章では、市民による熟議の場で実際に行われていることが幅広く、印象的な形で示された。多くの国のさまざまな人びとが、非常に多様な環境のなか、非常に多様なやり方で集まり、公共の課題を議論しそれに取り組んでいる。熟議に根ざした市民文化や公的制度を発展させようとする運動は大きくなりつつある。この運動の勢いには心強いものがあるが、ジョン・ギャスティルとウィリアム・キースが第1章で論じているように、それを経験するのは私たちにとって初めてのことではない。アメリカ史のいくつかの時期に——特に第二次世界大戦以前の革新主義の時期に——市民による熟議と参加の爆発的な盛り上がりがあった。そのような昔の運動は、私たちの公共の言説や統治(ガバナンス)を変化させたものの、結局のところは弱体化してしまった。それゆえに、今日の熟議をめぐる実験をどのように評価し、改善し、持続させ、拡大させるべきかについて注意深く考えることがきわめて重要である。このような理解から、

私たちの社会や政治で行われる熟議の質を高めるようなさまざまな活動が生まれてくるかもしれない。

　この結論の章では、熟議の取組みから何が期待できるのかを問うことからはじめる。本書では熟議へのアプローチが有する豊かな広がりが詳しく論じられてきた。さらにここでは熟議のアプローチのさまざまな経験に一貫しているように思われるいくつかの発見について述べる。そうすることで私たちは、熟議が仮に公的な決定プロセスにおいてよりいっそう重要な価値を担うようになった場合の課題だけでなく、現行の熟議が抱えているさまざまな制約についても考える。熟議の研究を進展させる方法を提示した後、市民による熟議の実践に向けたいくつかの新しいフロンティアを示すことにする。

私たちが熟議から期待できるものは何か

　本書の初めの数章で提起された多くの問いはまだ答えられていないままであるが、それでも、それらの章ではいくつかの結論が具体的に引き出されている。第一に、人びとは喜んで公共の課題を議論し、専門的な事柄について、あるいは市民の間に分裂をもたらす事柄について真剣で徹底的な会話を続ける。戸外での打ち解けた仲間内のパーティーや公式の学校評議会、意見聴取会など、本書で議論された市民たちが集う場所の多くで、何千万ものアメリカの人びと——おそらくは何億人もの世界中の人びと——がお互いに、あるいは政府の役人とともに公共政策や公共の問題について熟議をしている。

　確かに、熟議をしたいという欲求は普遍的なものではない。多くの議論に参画しているのは、自発的に参加するもっともやる気のある市民たちだけである。多くの熟議の企画に魅力を感じそうな市民も、所得や教育、社会的地位からして、恵まれた人びとである。熟議への参加者が無作為に抽出される時でも、一定数の市民は、熟議への招待を辞退する[1]。アメリカにおける陪審員の責務の場合のように企画への参加が強制による時でさえ、熟議に参加する人は多少なりとも本人の意思に基づいた形で選出される。それにもかかわらず、熟議を求める欲求は、階級や職業、ジェンダー、国籍、文化の境界線を越えて幅広く広

---

[1] 市民陪審のようないくつかの熟議のプログラムでその参加者に対して相当の謝礼が支払われる理由は、その支払いによって参加するよう招かれた人から辞退者がほとんどでないようにするためである。また、第7章で述べられたように、人口統計上の属性や態度についてサンプルを調整することによって、母集団に対する参加者の代表性が確保される。さらに、熟議に参加する動機を与え、厳格な参加者募集の方法を備えるそれらの熟議のプロセスは、投票や意見聴取会のようなありきたりの市民参与の方法よりも、市民の諸階層のより代表性の高いサンプルを集めることができる。アメリカでは表面上は強制の陪審の務めでさえ、実際の市民をそれほど代表しているわけではない。

まっている。

　アメリカの成人の25%が「前年に、公共の課題を議論するために、きちんとした、もしくはくだけた会合に出席した」と言っている。人口の4分の1に当たるこれらの人びとは、より学歴の高い人びとに偏る傾向にある。しかし、アフリカ系アメリカ人や女性たちも、少なくとも白人や男性と同じくらいそのような議論に参加したと言うかもしれない[2]。たとえば、さまざまなグループからなる約5千万人の成人が、ある一年の間に市民間の話し合いに関わったことがあると言っている。もちろん、これらの市民間の話し合いが有していた熟議の質について私たちには説明するすべがないし、アメリカにおいて意味ある熟議を行う機会は依然としてきわめて少ない。ブラジルやインドのような国では、第12章で描かれたようなプログラムを通して、非常に貧しい人びとが大人数で熟議を行ったことがある。

　二つ目の結論もこれまでのいくつかの章から引き出すことができる。すなわち、熟議がうまく運営される時には、参加者たちはそうした熟議を**好む**ということである。実際に、参加者たちは熟議に深く満足し、意義あるものだと感じる。第6章で引用されているように、あるコンセンサス会議に参加したオーストラリア人は、次のように言っている。「今までの人生でやってきたことのなかで、もっとも重要なことでした」。しばしば熟議を運営する側は、参加者がまた熟議をしたいと熱心に思っていることに気がつく。

　熟議を観察してきた多くの者たちは市民が熟議することに内在的な価値を見い出してきたが、熟議の成果が期待外れであることもありうる。第17章において、たとえばカーポウィッツとマンスブリッジが描いている熟議のプロセスでは、市民の間の根深い違いが抑え込まれ、率直な意見を述べたり、自己の利益を表明したりすることが妨げられ、コンセンサスに至ることがあまりに過大視されてしまっている。参加者たちは激怒して、熟議のプロセスやそこから出てくる成果の双方に対して自分たちの批判的な考えを表明しようと、なおさら敵対的な形で意見聴取の機会を用いる。これでは熟議はうまくいかなくなり、人びとが熟議に再度参加する見込みがほとんどなくなってしまうだけである。

　それにもかかわらず、事実として、熟議民主主義はしばしば深い達成感を

---

[2] — Delli Carpini, M. X., Cook, F. L., and Jacobs, L. R. (2004, May). "Talking Together: Discursive Capital and Civic Deliberation in America." *Annual Review of Political Science*, 7. 315-344.

もたらすということが証明されている。このことは重要である。なぜなら、熟議はうまくいく場合には、みずからの支持を強めることができるということを、それは意味しているからである[3]。アメリカの陪審についての研究によれば、熟議をしたうえで最後の判決を下すという陪審の経験を全うすることによって、陪審の参加者は選挙で投票するといった市民の営みに参加する今後の機会を求めるようになる[4]。同じように、市民間の熟議はやりがいがあるので、今後の参画にはずみをつける。これは、第3章で議論されたナショナル・イシューズ・フォーラムや第14章の学習サークルのようなこれまでにもっとも長く運営されてきた熟議のプログラムのいくつかにおいて経験されていることである。これらの参加者にとって熟議は非常にやりがいがあるものだったので、彼らは新しく熟議を求める動きが始まった場合にはそれに加わり、他の市民に自分たちと同じ経験をさせたいという衝動を感じるのである。

　第三に、熟議が生み出すものはしばしば優れているということである。熟議を行う市民は、予算を組んだり、農村や都市の景観デザインをしたり、政策の勧告をしたり、政治家に公開質問状を提出したり、自分たちの暮らす地域社会でボランティア活動をしたりするように求められる場合がある。与えられた仕事が現実的である場合、問いがはっきりとしていて有益である場合、議論がうまく運営される場合、熟議を行う市民たちはしばしばよい仕事をする。市民たちは、熟議の際に参考資料を読み、関連する事実をじっくり真剣に考え、正統な視点や意見の多様さを織り込み、それらを比較考慮し、さまざまな制約が存在することを自覚しつつ骨の折れる選択をすることができる。専門家たちがしばしば驚き、印象づけられるのは、市民たちの熟議や判断、活動の質である[5]。あるグループの市民が賢明なプランを作るという保証は何もないが、裁判官が正義にかなった採決を下す、あるいは立法者がよい法令を作るという保証もない。市民の熟議から生まれる成果と、もっと公式の制度に乗ったあるいは専門家によるプロセスから生まれる成果とを比較する体系的な研究は存在しないけれども（そうした研究がどうやってなされるか想像することは難しいのだが）、これまでの章が示しているように、機会が与えられれば普通の人びとは、非常に多様な政治的背景や政策課題をかいくぐって印象的な成果を生み出すことができるとい

---

3 ── 熟議の全般的な自己強制という特性については以下を参照。Burkhalter, S., Gastil, J., and Kelshaw, T. (2002). "The Self-Reinforcing Model of Public Deliberation." *Communication Theory*, 12, 398-422.
4 ── Gastil, J., Deess, E. P., and Weiser, P. (2002). "Civic Awakening in the Jury Room: A Test of the Connection Between Jury Deliberation and Political Participation." *Journal of Politics*, 64, 585-595.
5 ── 市民の能力に対する信頼が取り戻されるということは、それ自体、熟議の重要な利点である。ヴァージニア州のハンプトンの事例のように、長期的には、それによって、政府のリーダーの側が進んで市民を政治に引き入れるようになる（18章）。

うことがしばしば明らかになっている[6]。

　熟議を提唱する人びとの間では、熟議の手法や優先事項をめぐってはっきりした相違がある。しかし、質の高い熟議の基準については、必ずしも自覚されていないものの、重なり合う合意(オーバーラッピング・コンセンサス)がある。本書の寄稿者たちの多くは、特に第2章、第6章、第7章、第10章、第11章のなかで、その基準について明確に議論している[7]。寄稿者たちの間には、以下のような特徴が成功した熟議の取組みに存在するという広範な合意があるように見える。①熟議の影響を現実的に期待できること(すなわち、意思決定を行う者との結びつきがあること)。②鍵となる利害関係者と市民とを引き合わせる熟議のプロセスが、多くの市民を包摂し、彼らを代表するものであること。③コンセンサスに到達しなくとも共通の土台(コモン・グラウンド)を発見することを目指して、十分な情報に基づき、実質的で、良心的な議論が行われること。④参加者たちが公正な議事日程を通して熟議の仕事ができるように手助けする中立を保った専門スタッフが存在すること。長期的には、熟議のプロセスにはさらに次のことが望まれる。⑤熟議のプロセスが最終的な勧告として広く市民から支持されること。⑥熟議のプロセスが持続可能であること。まとめると、これらの特徴を満たすことは容易ではない。しかし、実践家たちは、熟議に対する障害を克服しないまでも、それをうまくマネジメントするための多くの方法を見つけてきたのである。

市民の間での熟議の制約について

　熟議は、民主主義にとって途方もない価値をもち、また民主主義にとって大きな希望であるのだが、本書のいくつかの章から、数々の重要な制約も明らかにされている。ここでは、熟議を制約する次の四つのものを取り上げて議論する。すなわち、市民の間での合意の捉えどころのない性質、組織の課題、規模の課題、公共の決定に対する熟議のインパクトについてである。

一致と不合意
　特に、熟議の行われる市民の組織が大きくなれば、熟議によって十分なコン

---

[6] ── 専門家でない人びとによる熟議と専門家による熟議との比較というこの問題にもっとも関係がある調査は、アメリカの陪審に関するものである。研究によれば、公判中、さらに審議をする個室において、陪審員たちはしっかり熟議をし、裁判官が熟議のプロセスを通して達する判決とまったく似かよった判決に達する。以下を参照。Hans, V. P., and Vidmar, N. (2001). *Judging the Jury*. New York: Perseus, 2001; and Hans, V. P. (2000). *Business on Trial: The Civil Jury and Corporate Responsibility*. New Haven, Conn.: Yale University Press.

[7] ── 本書の寄稿者たちは、そのような基準を出すよう求められなかった。しかし、多くの寄稿者が自発的にそうしたのである。これだけでも、熟議を提唱するこれらの人びとがその目的について非常に慎重に考

センサスが生まれることはまれになる。人びとはしばしば、熟議のプロセスで自分の考えを変え、互いのニーズや価値、信念をよりよく理解するようになるとはいえ、人びとはめったに完全な合意に至ることはない。市民による会話には不合意がつきものであり、少なくともある期間で何か決定を行うとすれば、投票のように、さらなる熟議を打ち切りにする方法による他ない。それにもかかわらず、しっかりとした熟議に続く投票と、人びとの熟慮を経ていない「生の」意見を記録するだけの投票との間には、無数の違いがある。

　熟議の企画を開催する人びとは、市民が熟議において一致する可能性や確実に成果を生み出す可能性について非現実的な期待を作り出すべきではない。しかし、たとえ合意ではないにせよ、少なくとも、虚心坦懐にお互いを理解しようとする気持ちを励ますだけでも、おそらく意味のあることだろう。市民間での熟議に価値があるのは、熟議によって参加者たちが自分たちの間にある不合意の理由を学ぶことができ、さらに、合意できる問題と合意が難しそうな問題とを区別できる時である。熟議によって参加者の考えが一つにならなくても、振り返りと議論を通して、参加者が自分たちの物の見方を考え抜き、変化させ、深め、しっかりと固めることができれば、その時、熟議には価値がある。

運営とファシリテーション

　何もせずに熟議がうまくいくことはない。市民参加がうまく運営されず、適切な熟議を保証する基準を下回る例——たとえば、参加者が自分たちで決めたのではない政策の選択の内容を聞くために集まるような、ほとんどの意見聴取会や市民意見交換会——は、多様な選択のそれぞれにどのような競合的な理由があるのかを参加者が聞いたうえでそれらについて議論する、適切に運営された熟議の集まりの数よりもずっと多い。質の高い熟議を行うには、誰かが議論のプロセスを主催し、トピックを選び、参加者を募り、参考資料を用意し、講演者を招き、ファシリテーターを提供し、さらにこれらのために必要となる資金を調達しなければならない。

　実際に熟議を行うにあたっては、自分の意思でリーダーとなった人たちが小グループを形成して熟議のあらゆるプロセスを運営せねばならず、熟議のやり

えており、さらにこれらの目標をよりよく満たすために、市民が議論する方法の改善策をつねに探し求めている、という事実を証している。

方や議題を選ばなければならない。熟議のあらゆる情況に合うような最善のアプローチについてのコンセンサスは存在しない[8]。第2章で説明され、その後のいくつかの章で詳しく論じられたように、熟議を運営する市民たちは、多様性を帯びた一つのグループを形成するが、その内部でもいろいろと議論は起きる。熟議を主催する人びととの決めたことが、非の打ちどころなく民主主義や熟議に即しているということは決してありえない。だが、彼らの決めたことはそれ以降の市民の議論の形を決定的に方向づけてしまう。こうして、スキルをもった運営側が、公然と熟議に影響を与えてしまうという危険が発生する。しかし、もっと大きな危険は、十分な能力をもった組織がまったく存在しないということである。

熟議の規模の拡大：より多くの市民を包摂すること、地域を超えた問題を議題とすること

　実際に行われる熟議民主主義にはさらに課題が二つある。それらは熟議民主主義の規模に関係する。市民間での熟議が政治的にも社会的にも意義あるものになるには、熟議民主主義の取組みは、直接な形であれ間接的な形であれ、ずっと多くの参加者を包摂する方向でその規模を拡大せねばならない。本書で論じられたそのための新たな試みの典型的なものでは、数百もしくはおそらく数千人の個人が熟議に参画する。そのような熟議の集まりに直接参加する人びとは、もっとも低い投票率の選挙の投票者と比べても、人口比率でみてずっと少ない。形式の整った熟議がより多くの個人の目にいっそう留まるものにするには、そのような企画を行う頻度を増やすというのが一つの手である。もう一つの手は、これらの熟議で行われる会話を地元の新聞の読者意見の紙面や、床屋や街角でかわされる、もっと広がりのある公共の議論に結びつけることである。このように結びつけることは容易ではないが、不可能ではない。ロウワー・マンハッタンの再建に関するニューヨーク市での「街の声を聞く」という企画を多数の新聞が報道した時（第10章）、何万人もの読者がオンラインではあるが、記事を読むことでマンハッタンの都市計画についての会話に参加した。『フィラデルフィア・インクワイアー』のようないくつかの新聞はそうし

---

[8] 市民の会合を開催するためのさまざまなアプローチを分類した表については、以下を参照。Gastil, J., and Kelshaw, T. (2000). *Public Meetings: A Sampler of Deliberative Forums That Bring Officeholders and Citizens Together*. Dayton, Ohio: Charles E Kettering Foundation.

た熟議を促すという実績を打ち立てたのであり（第4章、7章、13章を参照）、さらにそれによって、多様なトピックにわたって行われる、熟議に基づいた市民の会話を持続させている。

　市民の熟議に浮上している課題は、より多くの参加者を包摂することだけではない。規模を「拡大」し、州や国家さらには国家間に関わる問題や政策論争を取り扱うという課題にも市民の熟議は直面している。市民の熟議が経験し成し遂げてきたことは、開発や計画策定、公教育、人種間の関係といった、地域の課題に関わるものが大多数である。しかし、日常生活におけるより多くの面が、町と町や州と州、さらに国家と国家を隔てる境界をはるかに超えて行われている決定や行動に依存している。市民の熟議の新たな試みには、地域を超える規模の課題に焦点を当ててきたものがいくつかある。1997年と1998年の「社会保障を論じるアメリカ市民」の熟議（第10章）や、アメリカならびにイギリス、デンマークで行われた熟議型世論調査（第5章）では、全国的な課題がじっくり考えられた。ナショナル・イシューズ・フォーラム（第3章）は地域で行われる熟議を生み出すが、そこで扱われる典型的な課題は、全米ないしはグローバルなものである。それにもかかわらず、そのような課題のために熟議が運営されることは例外的であり、また、そのような熟議の取組みが政策に対してもつインパクトには、さまざまな議論が存在する。これを題材として、私たちは次に移ることにしよう。

熟議のインパクトと権限、熟議が影響力をもつための戦略

　質の高い市民の熟議によって、社会や政治の変化が自ずと生じるわけではない。市民の熟議のほとんどが、公的な決定や活動を直接変えることはない。事実、市民の熟議を行う多くの実践家たちにとって関心となる問題は、市民の間での議論を生み出しそれを主催することから、話し合いを行動へと結びつけることに変わってきたが、それはごく最近のことである。熟議のプロセスから生まれる成果が価値をもつには、有力なアクターたちがその成果に留意するよう促され、説得され、あるいは強制されなければならない。こうしたことはまれにしか起きず、十分な熟議に基づいたやり方であってもめったに起きるもので

はない。

　熟議では、新たなアイディアや視点を絶えず受け入れる用意が求められるのに対して、ロビイング活動では、一貫して変わることのない立場が求められる。フィリピン人の活動家であるローズ・マリー・ナイラスは彼女自身の経験から、この緊張関係の一例を提供してくれている。フィリピンの「債務からの自由連合」は、海外の債権者に対するその国の債務をどうすべきかについて、かなり幅広い熟議を行った。しかしながら「IMFや世界銀行、フィリピン政府と交渉する際に、連合が結束することのできる共通の立場がいったんできると、その立場は、私たちが進んで熟議するうえでの唯一の立場になります。この立場から外れると、私たちは、他のどんな考えも連合として実際に受け入れなくなってしまいます」[9]。もしこの連合が期限を設けずに熟議を続け、さらに有力なアクターたちと交渉しないとすれば、多くの参加者は終わりのない話し合いにしびれを切らせ、参加を拒むだろう。この意味で、熟議はしばしばそれ自体十分に熟議に基づいてはいない政治的な文脈にとらわれたなかで行われているのである。

　しかしながら、熟議は、第12章で論じられたサンパウロ市の保健医療評議会の事例のように、より直接的な権限をもつこともある。熟議が権限をもちうることが期待できる別の例は、カナダのブリティッシュコロンビア州にある。2003年、ブリティッシュコロンビア州政府は市民議会を招集した。その議会は、無作為に選ばれた160人の市民からなり、その内訳は各選挙区から男性一人、女性一人ずつ、さらに全州の先住民から選ばれた2名である。その会議の仕事は現行の選挙制度を評価し、必要があれば新しい制度を提案するというものである。多くの会合と意見聴取会を行った後、2004年10月24日、議会では投票が行われた。146票の賛成、7票の反対で（95%の圧倒的多数であり、ほとんど完全なコンセンサスと言える）、現行の選挙制度を中選挙区比例代表モデルに替えることが支持された。ところでこのモデルでは、当該選挙区の立候補者に対して、投票者が自由に順位をつけ、その結果に応じて複数の議員が選出される形をとる。この本が印刷される時点で、この提言は、ブリティッシュコロンビアのすべての市民に提出されようとしている。そして、投

---

[9] ナイラスのコメントがなされたのは、2004年7月、イギリスのサセックス大学の開発学研究所のロゴリンク（LogoLink）というプロジェクトのパートナー会合においてであった。このコメントは、ピーター・レヴィーンによって筆記され、ナイラスの許可を取って再録された。

票によって是認されれば、2009年の選挙に向けて条例として発効する予定になっている[10(1)]。

ブリティッシュコロンビアのモデルは次のことを証明している。すなわち市民の間での熟議は、選挙というプロセスと同じように根本的な課題に対して現実的な権限を有する制度になりうる。多くの国において法律の制定に携わる人びとは、信頼のおける公共政策が要請される、論争をはらんだ課題は熟議に基づく議会に委ねた方が、利点が大きいと感じているかもしれない。選挙制度改革の事例のように、この問題に関する利害の抗争がそもそもあることを考えれば、市民たちに信頼されうる改革を公職者が行うのは難しいかもしれない。税政に関して法律を制定する議員たちは、市民自身が税を上げ、税制を改革する方がよりよいと考える場合がある。それは、選挙で選出された公職者が増税によって人から怒りを買わないためである。ブリティッシュコロンビアの事例のように、投票者に対して、熟議に基づく会議の判断を提示することには利点があるが、しかし、熟議を行った組織が最終的な決定を行うということも構想することができる（おそらくその場合には、その決定はアメリカにおいて知事が議会に対してもっているのと同じ拒否権に服することになるだろう）。

しかしながら、市民議会の設置を提案したのが州政府であったという点で、ブリティッシュコロンビアの例は例外的なものである。典型的な熟議のプログラムは、（場合によっては公職者との協働のもとでだが）市民や明確な権限や実質的な公的影響力を持たない市民団体によって作られる。そのような熟議の取組みがより大きな影響を及ぼすために、市民間での熟議を運営する人びとは、公職者に影響を与えるための「内部」戦略と「外部」戦略の両方を考えるべきである。

内部戦略が求めるのは、政策立案者との関係性を作ること、あるいは市民の間の熟議を政策立案者の決定に組み込ませるように行政上ないしは法律上の要請を行うことである。市民の熟議が影響力を獲得するための、すなわちエンパワーメントとしての戦略のなかでもっとも控えめなものは、法律の制定プロセスにおける公示と意見公募である。これは、法制化プロセスにおいて、熟議の参加者が提起した懸念に公職者が答えることを義務化するものである。より強

---

10 ― 市民議会の詳細については、以下のウェブサイトで参照できる。[http://www.citizensassembly.bc.ca]
(1) ― 投票の結果は、本書第7章の訳注を参照のこと。

力にエンパワーメントが行われるプロセスは、公権力とその資源を、市民の熟議の組織に実際に委託することである。たとえばアメリカの都市のある近隣住民評議会は、区画の指定を行う実質的な権限を行使しているし、さらに別の近隣住民評議会は、地域の開発と再建のための相当な公的資金を自由に使用している。

　外部戦略は反対に、市民の熟議の成果を公職者に尊重させるために、政治的かつ社会的なプレッシャーを生み出すことである。アメリカ・スピークスが運営した企画である「街の声を聞く」(第10章)は、地元メディアおよび全国メディアによって大々的に報道された。この報道によって、熟議の後援者である公的機関は、熟議の参加者が提起した懸念に答えなければならなくなった。ブルース・アッカーマンとジェイムズ・フィシュキンは、注意深く時機を見定めたうえで、運営された市民間の熟議がアメリカ大統領選挙運動の性格と内容をどれほど変えたのかについて、説得力のある議論をしている[11]。

　市民の熟議のなかでもっとも影響力があり強固な制度には、影響力とエンパワーメントに関する内部戦略と外部戦略の両方が組み込まれているはずである。ポルト・アレグレの市民参加型の予算策定プログラムは、大きな賞賛を受け、また研究もされている。本書では第12章で簡単に触れられているが、そのプログラムには内部戦略と外部戦略の二つの要素が見てとれる。内部戦略に基づいて、市民参加型の予算策定プログラムは、市の行政官によって運営管理され、手の込んだ資金調達とスタッフの支援を受けている。しかしながら外部戦略に基づいて、毎年市民が参加して行われる市の歳出の優先順位に関する熟議は、どんな公法によっても制度化されていない。熟議を運営する人びとが恐れているのは、そのような制度化を行えば、市民参加型の予算策定を支えている市民を政治に参加させようとする活動の勢いが停滞するだろうということである。制度化はされていないが、市民の参加から生まれた予算案を受理する市の評議会議員たちは、市民の直接参加と熟議から生まれる正統性のゆえに、その案に賛成するよう強いプレッシャーを受けるのである。

---

11 － Ackerman, B., and Fishkin, J. (2004). *Deliberation Day*. New Haven, Conn.: Yale University Press.

どのようにして、影響力のある熟議の健全さを守るのか

　今日までほとんどの市民の熟議は、政策に対して低い影響力しか有してこなかった。特にアメリカではそうである。いくつかの事例に至っては、市民の会話の成果に合致するように、公共政策を変えようとする真剣な努力はまったくみられない。市民の会合の目的は、市民のネットワークを作り出し、新たなアイディアを発展させ、人びとにスキルと知識を教え、態度を変えさせることにあって、政府に影響を及ぼすことではないのかもしれない。別のいくつかの事例では、実際に熟議が政策に対して直接的な影響を及ぼしている。たとえば、ワシントン特別区の予算はアメリカ・スピークスが運営する毎年のシティズン・サミットによって大きく影響される（第10章）。ブラジルでは市の保健医療評議会が地域の医療保健政策をまとめ、監督している（第12章）。とはいえ、そうした事例は、特に好ましい情況、たとえば、政治のリーダーが市民の熟議にめずらしく関係しているか、あるいは熟議する市民グループと権力を共有する特別な動機をもっているかのいずれかの情況で生じている。

　市民間の熟議を促進しようとする努力がよりいっそう強力な政治運動になるなら、市民の熟議は、おそらく条件がよくない場合でも、具体的な影響力をもつだろう。この時、熟議は重要度の高いプロセスとなるが、この新しい地位にともなって新たな課題も出てくるだろう。

　第一に、誰が熟議のテーブルに着くのだろうか。重要度が低い熟議では、目的が参加者の出自と意見の多様さであれば、自発的な参加者を募ればうまくいくだろう。しかしながら重要度が高くなると、利益団体が自分たちの息のかかった人間を送り込んでくるだろう。利益団体による政治は、民主的な政治のなかでは受け入れなければいけない、かつ避けられない部分である。ジェイムズ・マディソン曰く、それは「人間の本性に縫い込まれている」のである[12]。しかし、利益団体は一様に存在しているわけではない。たとえば、不動産開発業者や地主のための有力で全国的なグループは存在するが、借家人やホームレスのためのそうしたグループは存在しない。第二に、利益団体のなかには内部が民主的でなく、また、透明性が確保されていないものもある。そうした利益

---

[12] ― Madison, J. (1982). "The Federalist No. 10." In G. Wills (ed.), *The Federalist Papers*. New York: Bantam, 44.

団体は自分たちが名乗るグループを代表していない。第三に、集合的行為にはつきものの問題であるが、利益団体は広範な関心よりも偏狭な関心によって形成される傾向がある。偏狭な関心は正統なものだとも言えるが、利益団体による政治は、多くの人びとが受け入れている価値に反するような偏向をもたらしてしまう。

　従来の代表制に基づいた政治制度のなかでは、これまでみてきた問題は見慣れたものであり、そうであればこそ、市民の熟議はそうした従来の代表制に基づいた政治制度に替わるものとしてみなされている。しかし、利益団体は、少なくとも、国や地方の議会においてと同様に、重要度の高い市民の熟議においても影響力を有するかもしれない。

　自発的な市民からなる会合では、ある特定の利害や意見に傾倒している人びとが多くなってしまうことがあるので、運営側が参加する市民を無作為に抽出する場合もある。しかし、無作為抽出にもそれ固有の問題がある。そのような選出にはお金がかかり、実際に行うのは厄介である。費用や必要なものに関する課題は、議論されているさまざまな問題の重要性に比べれば小さいかもしれない。しかし、より多くのお金をかけ、さらにそうした選出のプロセスを設けるためにより多くの時間を使うことには抵抗があり、その抵抗を克服することは、依然として時に大きな課題である。今日まで無作為抽出という方法は、地域のネットワークや団体では行われてこなかった。無作為抽出は、それなりの予算と議題をもった何らかのグループによって運営されなければならない。また、そのために、議題および議論の枠組みの設定に偏向が入る可能性があるし、偏向していると受け取られる可能性がある。

　こうして、議論の内部における公正さと平等という問題が出てくる。リン・サンダースは、次のように注意を促している。「他の市民よりもうまく、合理的かつ理にかなった形で自分たちの関心を表明する市民たちがいる」。ある市民は「他の市民が理にかなっていると認めるような主張をすることに通じていたり、経験を重ねていたりする」。他の市民に比べ、よりいっそう進んで話をする市民もいる。たとえば、アメリカの陪審に関する研究によると、男性は熟議では女性よりもより多く話す。さらに「他の市民よりも、自分の話を聞かれ

る傾向にある」市民もいる。たとえば、アメリカの陪審に関する研究によると、陪審員たちは自分たちのとりまとめ役として、白人男性を選ぶ傾向にある。アメリカの大学生に関する研究によると、年齢や社会経済的地位、身長、学校に対する態度の影響をコントロールした場合でもなお、白人の学生は黒人の学生に比べて、双方が参加する共同プロジェクトでずっと大きな影響力を有することが示されている[13]。

　重要度の低い市民の熟議で、その運営側や司会進行役がこれらの問題をどのように克服してきたのかについて私たちは見てきた。主催者や司会進行役は、会話のなかで不利な立場にいる参加者を意図的にサポートする。今日行われている市民間での熟議が、陪審や大学生のチームに比べて公平であるかもしれないのは、司会進行役が熟議のプロセスにおける平等を確保するように訓練を受けているからである。しかし、今後の熟議ではどうだろうか。熟議の重要度が高まった場合、他人よりも高い地位とスキルをもった人びとは、有利な立場にいない参加者をサポートしようとする努力には強く抵抗するだろう。そうした人びとは、このような努力を政治的に正しい(ポリティカリー・コレクト)とみなすか、そうでなければ偏っているとみなすだろう。もしそうみなせば、大事なところで話に勝つべく、自分たちの地位や自信、言葉の巧みさを利用するだろう。

　すでに述べたブリティッシュコロンビア市民議会の事例にあるように、スキルをもったファシリテーターならば、それでも、そうした難しい局面を効果的に処理するかもしれない。しかし、進行役の選出自体が課題となることもある。市民陪審（第7章）において、参加者は議論の規則を変える権限、さらにはファシリテーターを解任する権限までも与えられてきた。そうしたやり方——議会でよくある、手続き上のごまかしとなる可能性もあるが——が、プロセスの健全さを維持する最善の方法となる場合もある。

研究を前進させる

　熟議民主主義に対する学問的関心を誇張するのは問題がある。しかし、熟議民主主義への関心は、ジョン・ロールズとユルゲン・ハーバーマスが40年前

---

[13] ― Sanders, L. M. (1997, June). "Against Deliberation." *Political Theory*, 25(3), 347-376.

に熟議民主主義を別々に提唱して以来、強くあり、さらにますます大きくなっている。言及すべき、非常に多くの価値ある書物がある。だが、おそらく学者による関心は、少なくとも5冊の論文集が近年出版されたというところに示されている。しかも、その寄稿者のほとんどが熟議の専門家たちである[14]。

　不幸なことに、研究者のほとんどが本書で描かれた実際に行われている熟議にほとんど注意を払っていない。熟議以外にも、学者と実践家が十分に、あるいは一貫した形でコミュニケーションをとっていない多くの学問分野はあるが、熟議という分野において、なぜ学問と実際の間にそのような溝があるのだろうか。

　第一に、ほとんどの大学の研究者は、政治上の成果に明らかな影響力をもつような熟議に関心がある。それゆえに彼らが焦点を当てるのは、陪審や上級裁判所、立法府のような権力をもった組織、あるいは何百万もの人びとを巻き込み、マスメディアや主だった制度において行われる長期にわたる議論である。彼らにとって、数十人の市民を集めて行われる熟議は重要ではない。熟議を研究する学者は、本書で描かれたような小規模な熟議の実験に真面目な注意を払うには、あまりに実際的で現実的だと自分たちのことをみなしている。市民参加による予算策定というブラジルでの経験は、言うまでもなく例外である。なぜならそれは、規模の大きさと政治的インパクトを満たしているからに他ならない。

　実際に行われるプロジェクトは、人びとがさまざまな課題をどのように議論するのかについての仮説を検証する、事例研究ないしは実験室として利用することができるだろう。しかしながら、本書で描かれたプロジェクトのなかでもほんのわずかなものだけが、十分にコントロールされたデザインを組み込んでいるので、研究者が設定している問いに答える理想的な機会として用いることができる。たとえば、社会科学者が、いくつかのグループがコンセンサスに達する立場へと収斂していくかどうか、していくとしたらそれはいつなのかについて研究したい場合、学習サークルやナショナル・イシューズ・フォーラムのようなコントロールされておらず、かつ状況に左右される熟議のプロセスよりもむしろ、無作為標本と注意深く選出された一連のトピックを使って研究すれば、

---

14 – Van Aaken, A., List, C.,and Luetge, C. (eds.), (2004). *Deliberation and Decision: Economics, Constitutional Theory and Deliberative Democracy*. Aldershot, U.K.: Ashgate; Bohman, J., and Rehg, W. (eds.), (1997). *Deliberative Democracy: Essays on Reason and Politics*. Cambridge, Mass.: MIT Press; Elster, J., and Przeworski, A. (eds.), (1998). *Deliberative Democracy*. Cambridge, U.K.: Cambridge University Press; Fishkin, J. S., and Laslett, P. (eds.), (2003). *Debating Deliberative Democracy*. Oxford, U.K.: Blackwell; and Macedo, S. (ed.), (1999). *Deliberative Politics: Essays on Democracy and Disagreement*. Oxford, U.K.: Oxford University Press.

もっと自信がもてるかもしれない[15]。もし、個人の態度や信念に対する熟議の効果を評価したい場合、社会科学者はリストから何人かの参加者を無作為に抽出し、残りを対照群[(2)]として残しておきたがるかもしれない。もちろんそうした操作は現実の世界のほとんどの状況で不可能である。熟議型世論調査（第5章）では無作為抽出が用いられるので、それは正式な実験として利用されてきたごくわずかなプロセスの一つである。熟議型世論調査から得られる洞察は重要である。しかし、その洞察が、実際に行われている熟議型世論調査以外の熟議に対して一般化して適用できるとは限らない。

実験的心理学のいくつかの文献からは、次のことがわかっている。無作為に抽出された人びと（ふつうは大学生）のグループが研究者の選んだ問いを議論するように求められた際、議論の結果はがっかりするようなものになるということである。たとえば、そうしたグループはしばしば、多数派の意見の方になびいてしまう。反対意見をもつ者はグループに同調するために、自分の意見を言うのをやめてしまう[16]。こうした結果は重要で、課題をもたらしてくれている。しかし、次のことを研究することも同じく重要である。多様でかつやる気のある市民が、自分たちの地域社会の喫緊の問題を扱う目的で熟議に集められた時、さらに、バランスのとれた資料を与えられ、スキルをもった司会進行役に導かれ、現実に大きな政治上の結果をもたらす判断に到達するように求められた時、何が起こるのかということである。同じように、もし利益団体、政治家、市民が、市民による熟議でどのようにお互いに対して振る舞うのかを観察したければ、私たちは、あらかじめ決められたトピックやコントロールされた仕組みを用いた実験ではなく、政治に埋め込まれた実際の熟議を研究することが必要になる。

本書の目的の一つは、一連の実際に行われる多様な熟議が、真剣な学問的研究に値することを証明することにある。これらのプロジェクトが価値ある実験であるのは、まさにそれらが現実の世界に存在しているからに他ならない。

2003年に熟議民主主義コンソーシアムは、30人の指導的な立場にある研究者と実践家による会合を開催した。大学の学者と草の根の活動家の物の見方が非常に異なるにもかかわらず、双方のグループは、熟議民主主義において実際

---

[15] ― 本論文の著者の一つであるギャスティルは、なかば実験的なやり方で、ナショナル・イシューズ・フォーラムのデータを試しに使ってみたが、その難しさを直接経験した。この点については以下を参照。Gastil, J. (2004). "Adult Civic Education Through the National Issues Forums: A Study of How Adults Develop Civic Skills and Dispositions Through Public Deliberation." *Adult Education Quarterly*, 54, 308-328.
[(2)] ― 実験の効果を実験群と比較するために、実験的操作を加えずにそのままにしておかれるグループのこと。
[16] ― Mendelberg, T. (2002). "The Deliberative Citizen: Theory and Evidence." In M. Delli Carpini, L.

に進められている一連の実験やプロジェクが興味深く、今後とも有望なものだということに合意した。研究者と実践家は、これ自体が熟議をモデルにしたきわめて稀な会合のプロセスで、共通の研究議題を一緒になって作り上げた。それらの研究者と実践家が決定したのは、研究のための最優先事項であり、そこには次のような問いが含まれた。

・熟議のデザインと仕組みは、熟議のプロセスの質やそこから生まれる成果の質にどのように影響するのか。
・どのような条件のもとで、熟議は公共政策に影響するのか。
・政策の変化以外に、熟議から生まれる重要な成果とは何か。
・どのようにして、私たちは熟議の質を測定できるのか。
・熟議と政策提言ないしは市民参画との間にはどんな関係性があるのか。
・熟議を求める運動は、他の社会運動から何を学ぶことができるのか。
・熟議における市民の関心は何か？
・どのようにして熟議の規模を拡大できるのか、そして規模の大きな熟議はどのように制度化できるのか。

市民の熟議の新たなフロンティア

多くの新しい方向に向けて、研究者と実践家の双方は市民の熟議を進めていくことができる。ここでは、三つの優先事項を強調したい。一つは、対話と熟議の結びつきを強めること。二つ目は、事実をめぐる抗争から文化をめぐる抗争へと移行すること。最後に、国と国を横断する熟議の潜在的な可能性を考えることである[17]。

対話と熟議

対話と熟議という用語はコミュニケーション論や政治学において、特に参加型民主主義のモデルのなかで公共の言説が果たす役割が言及される際に、よく知られるようになった[18]。この二つの用語は概念としてかなりの程度、重なり

Huddy, and R. Y. Shapiro (eds.), *Political Decision Making, Deliberation, and Participation: Research in Micropolitics*, Vol. 6. Greenwich, Conn.: JAI Press, 151-193.
[17] ― この節は、イェール大学ロースクールのダン・カハン、ドン・ブラマンとの共著論文によっている。ジョン・ギャスティルは、ここで述べられたアイデアに対する彼らの貢献に感謝の意を述べる。Braman, D., Kahan, D., and Gastil, J. (2003, Nov). "A Cultural Critique of Gun Litigation." Paper presented at a workshop on gun control at Albany Law School, Albany, N.Y.

あうものとして用いられることが多い。このことは本書のこれまでの章で明らかである。それにもかかわらず、この二つの用語の間に、はっきりとした意味ある区別を設けることは可能である。市民の熟議は、問題解決型の言説の形態として定義できる。それは、問題の分析、評価基準の設定、新たな解決策の特定と比較検討からなる。他者に敬意を払い、平等主義的で良心的なプロセスを通して、熟議を行う組織は理性に基づいたコンセンサスを目指す。しかし、単純多数決や3分の2以上の多数決のような当座の決定規則による、穏当な結果を少なくとも暫定的にではあるが、受け入れることもしばしばである[19]。

しかしながら、公共の問題についてあるグループが熟議しようとする時、対話からはじめる必要がある場合もある[20]。熟議を行うことになる組織はさまざまな小グループから構成されるが、対話という発話の形態は、問題を解決することよりも、それらのグループ間に存在する、言語、社会関係、認識の仕方をめぐる溝を橋渡しすることに関係する。あるグループの構成員たちは、言説についてそれぞれ規範をもっており、その規範のそれぞれが相互に通じない場合がある。たとえば、ある参加者にとっては尊敬を示すために好ましい方法(たとえば、面と向かって挑戦的な問いを発すること)が、別の参加者には侮辱と映るかもしれない。あるいは、それぞれの小さなグループは相容れない言葉や意味の連想をするかもしれない。たとえば、市民の熟議が行われている部屋に十戒が掲示されていたとする。それによって、あるグループは名誉に思うが、あるグループは中傷されたと感じる原因になる。対話を必要とするかもしれないグループ間の違いについて、別の例も出そう。それは、参加者たちが根本的に異なった認識上の仮定をもっている場合である。あるグループは人物の証言

---

[18] ― 熟議に関する文献は、その理論や実際についての全般的なレヴューが利用可能なほどになっている。たとえば以下を参照せよ。Burkhalter, S., Gastil, J., and Kelshaw, T. (2002). "The Self-Reinforcing Model of Public Deliberation." *Communication Theory* 12(4), 398-422; Ryfe, D. M. (2002). "The Practice of Deliberative Democracy: A Study of 16 Deliberative Organizations." *Political Communication*, 19, 359-377. 熟議への批判としては、以下を参照。Pellizzoni, L. (2001). "The Myth of the Best Argument: Power, Deliberation, and Reason." *British Journal of Sociology*, 52(1), 59-86; Sanders, L. M. (1997). "Against Deliberation." *Political Theory*, 25(3), 347-376. この主題でもっとも影響力のある研究は以下のものである。Gutmann, A., and Thompson, D. (1996). *Democracy and Disagreement*. Cambridge, Mass.: Harvard University Press; Fishkin, J. S. (1995). *The Voice of the People*. New Haven, Conn.: Yale University Press.

[19] ― Burkhalter, Gastil, and Kelshaw (2002), "The Self-Reinforcing Model of Public Deliberation," 399-407. この考え方は、以下の論文に基づいている。Gouran, D., and Hirokawa, Y. (1996). "Functional Theory and Communication in Decision-Making and Problem-Solving Groups: An Expanded View." In R. Hirokawa and M. S. Poole (eds.), *Communication and Group Decision-Making*. (2nd ed.) Thousand Oaks, Calif.: Sage, 55-80; Dewey, J. (1910). *How We Think*. Boston: Heath.

[20] ― Burkhalter, Gastil, and Kelshaw (2002), "The Self-Reinforcing Model of Public Deliberation," 407-411. 対話についてのこの考えは、以下のテキストから翻案された。Pearce, W. B. and Littlejohn, S. (1997). *Moral Conflict: When Social Worlds Collide*. Thousand Oaks, Calif.: Sage.

に重きを置き、あるグループは、統計上の根拠に重きを置き、またあるグループは、世俗のあるいは聖なる文書 (たとえば、アメリカ建国に関する文書や聖書など) と対照させることに重きを置く場合がある。特に最後に挙げた相違は、競合する主張の間で裁定を下すことを難しくさせる。なぜなら各々は、まったく別の発言の根拠に立っており、しかもその根拠は、比較することが簡単ではない価値観を反映しているからである。

　こうした違いがグループ内に存在する時、対話は、お互いの考え方を認め、理解する助けとなりうる。熟議が政策上の選択に焦点を当てるのに対して、対話は、それぞれの違いを調停し、和解させ、相互に理解することを求める。あるいは少なくとも、十分な情報に基づいたうえでの寛容を求める。そうした対話を行うためにグループがとるべき特定の手続きがこの章の中心をなす問いではない。とはいえ、そのための一般的な方法は、正直に自分の考えを表明し、注意深く自分のことを顧み、じっくり考えて精査し、偏らずに話し合いをするように促す環境をグループ内に作ることである。一般的に言って、対話の目的は、さまざまな小グループが一連の会合で相互に質問し反省することを通して、お互いのことを学ぶ手助けをすることにある。一連の段階を経て、参加者たちが真にお互いの立ち位置を理解し、お互いの物の見方の由来や確信の根拠を認めるようになるまでに、何時間、何日も必要とすることもある[21]。

　少なくとも理論的には、そうした対話によってあるグループは熟議のための準備ができる。いったん、それぞれの小グループが、他の小グループはどのように考え、どのように話し合い、どのように推論するのかを理解するなら、考えの食い違いや、自分たちの価値や信念を表す象徴をめぐっての戦い、認識の仕方における錯綜を避けることが容易になる。さもなければ熟議のプロセスは、脱線してしまうことになるだろう。対話の段階では、道徳をめぐる論争は解決されないし、政策が目指す目標も進展しない。しかし、この段階でグループを構成する人びとは、奥深いところに横たわっているお互いの違いにもかかわらず共通の決定をするという、必要であるが困難なプロセスに入るための準備をするのである。

---

[21] 対話に対するさまざまなアプローチの例については、以下を参照せよ。Pearce and Littlejohn (1997), *Moral Conflict*, 181-210.

文化の調停

　対話が次に続く熟議の基礎として用いられる時、対話の目的は、熟議が予定されていない他の環境で用いられる時よりも、ずっと控えめなものであるかもしれない。対話の目標は、**文化の調停**を行うことにただあるのかもしれない。別の文化をもつグループとうまくやっていくためには、共有されている公共の領域のなかにそのグループのための場所を作ることが必要となる。それによって、それぞれのグループはお互いを締め出したり、過度に居心地の悪さを味わったりすることなく、平和裏に共存することができる。最低でも、文化の調停には、信念や価値を表すお互いの象徴やお互いの理解、願望について、それなりに考慮することが必要である。文化の調停は、次のような関連はするがまったく別の目的と対比させることによっても定義できる。すなわち文化の調停は、しのぎを削る交渉でも、理性に基づいたコンセンサスを切羽詰まって求めるというものでもない。理論上、それにもっとも近い関係にあるものは、戦略に基づく妥協であるが、後でこのような妥協がなされる場合でも、熟議の段階では、最初に対話が行われるのである。

　文化の調停から生まれるもっとも具体的なものは、次のようなものであろう。ある程度の相互理解（すなわち、事実認識や掲げる象徴をめぐって相違があることを意識的に知ること）、実利の精神に基づいて他の文化に寛容であろうとすること、政策を議論するための枠組みをゆるやかに決めつつ共有することの価値を認めること（すなわち、市民の間での話し合いという熟議の段階に加わることに合意すること）である[22]。文化の調停が生み出す成果のなかで最善のものは、熟議に参加するすべての当事者たちが進んで、その後に続く熟議のなかで、レトリックにあまり頼らないようにすることである。お互いの立ち位置がまったく別であることをよりしっかり意識するなら、当事者たちは、戦略的な言葉の使用を避けることに合意するかもしれない。よくよく振り返ってみると、戦略的な言葉の使用は、他方の側の人たちを説得するのには効果がなく、政策に関する話し合いの回避が引き延ばされるだけなのである。文化の調停が成し遂げられれば、続いて行われる熟議に参加する人びとは熟議の場に入るにあたって、きわめて大きな文化の面での安全と評価を手にすることになる。こ

---

22 − 対話を通して、参加者が何らかの共通の立場を発見するということはありうることである。たとえば、平等主義者は階層制度の支持者が望む成果（たとえば、犯罪のない世界）に合意するかもしれない。その目的を達成する手段については不合意を主張するにもかかわらず、合意するかもしれない。あるいは、個人主義者は、平等主義者の話し方（たとえば、スティックをもっている人だけが話す権利があるとするトーキング・スティックを参加者に順次回していくようなやり方）があらゆる個々の参加者に対して公正だと評価するようになるかもしれない。自分たちの私的な議論のスタイルにはそれが不向きであると考えるにもかかわらず、そう評価するかもしれない。これらの合意点は、相互の信用や尊敬を生み出すのに役立つことがある。しかし、私たちは、そうした合意が生じる見込みをそれほど重視しない。それは、文化的な違

れによって熟議の参加者は、政策をめぐる議論を続けるうえでどんな場合でも避けることのできない、文化をめぐる衝突の潜在的な発生の可能性を和らげることができるだろう[23]。

　仮説的な例として、銃と銃規制に関する物の見方について、文化をめぐる対話をしているアメリカ市民の小さな集まりをイメージしてみよう。それぞれの文化のグループは、どのように自分たちが世界を眺めているのか、自分たちの根底にある価値からすると将来像はどのようなものになるのか、自分たちの文化の伝統という観点からすると、歴史の進路はどのように理解されるのかについて、説明する機会をもつことになるだろう。ある参加者は、彼の視点から、銃は父、猟師、保護者という伝統的な男性の役割にとって欠くことのできないものだと説明するかもしれない。彼の見方によれば、銃は、家庭に衣食住を提供する者の権威と地位のみならず、軍隊や警察を表す正統なしるしである。話し手はこれらの価値と願望を表明する際に、キーワード、言い回し、象徴（たとえば、愛国心やミニットマン[3]）、主たる根拠（たとえば、アメリカ合衆国憲法修正第2条[4]）、伝統的な話し方（たとえば、権威に訴えかける宣言口調）をあらわにするだろう。訓練を受けた司会進行役や他の文化的背景をもつ参加者ならば、言説に関する約束の範囲内ではあるが、ある文化を代表するこの話し手に対して、彼が拠って立つ特定の視点の輪郭をさらにはっきりさせるためにいくつかの突っ込んだ質問をするだろう[24]。

　ここで重要なことは、政策の選択を見極めることでも、相争う考えの賛否を秤にかけることでもない。重要なことは、ある人物の観点を根拠づけている文化に光を当て、理解することである。この対話の結果、参加者たちは自分たちの相違点を以前よりも明敏に理解するに至るかもしれない。各々のグループは、価値や信念が多様な社会についてのおおまかな合意のもとで、他とは異な

いを調停する対話によって成し遂げられるいっそう控えめな（したがって、より見込みのある）事柄の無視できない価値を強調するためである。

23 ─ この章が完成したのは、2004年のアメリカ大統領選挙直後である。その結果についてコメントしている多くの研究者は、ケリーとブッシュの支持者の大部分では文化における類似よりも違いがより大きかったことから、アメリカにおいて赤裸々な形で文化が分割されていることを目撃した。こうしたなか、文化の調停は、市民の間で論争となっている問題をうまく処理するために、アメリカの市民をまとめる手段として、ますます重要であるかもしれない。

(3) ─ 独立戦争時にイギリス正規軍と戦ったアメリカ植民地側の民兵のこと。即応能力の高さからこの名前がついた。現在でも愛国心の象徴として、その兵士像がしばしば引き合いに出される。

(4) ─ 人民が武器を所持する権利を認めた修正条項。1791年に成立した10条からなる権利章典の一つ。

24 ─ そのような対話がどのように進み、またそこから何が生まれるのか、前もって厳密に知る方法はない。それによって合意点があらわになることは十分にあるかもしれない。しかし、文化の調停が個々の事例においてどのような性質をもつものになるかは、対話が行われるよりも前に知ることはできない。そうでないとすれば、対話は一見、自発的で、純粋であるが、実際は台本があり、厳密な予言に従う皮肉なプロセスとなってしまうだろう。

る文化のうちにある一群の信念、象徴、慣行に価値を置く権利がお互いにあることを承認しあうようになるかもしれない。これは、対話に参加する人びとは端的に道徳をめぐる相対主義者になることを意味しているのではないし、個人の権利と社会の責任、地域社会のニーズと個人の目標、伝統的な階層と平等主義的な規範のうちでどちらが大事かを議論するのをやめるということを意味しているのでもない。そうではなく、対話の結果として、各々のグループはそれぞれの一貫した価値やスタイルをもっていることが承認され、ほぼ例外なく、それらの違いは議論の対象とはならないということが控えめに承認されるようになる。事実やスタイルについて合意できる地点はないかもしれない。しかし、各々のグループが不合意の深さを認めつつ、文化をめぐる抗争から政策についての熟議へと移行することの長所を認めるようになる可能性はある。文化の調停と共存という目標は、一般意志[5]に基づくコンセンサスという夢の代わりになるのである[25]。

異なる文化を横断する対話と熟議

　文化の調停を求めて、対話と熟議の双方を行うことが適切であるような環境は多くある。アメリカ合衆国を特徴づけるよく知られた物の見方では、アメリカは、「赤い」（保守的な）州と「青い」（リベラルな）州とに分けられる。これは、2000年と2004年の大統領選挙の投票パターンに基づいた隠喩である[26]。郡レベルでは、たいていの州の内部に赤い地域と青い地域が存在する。したがって、「赤」と「青」を分割する線はアメリカの諸地域にまたがって存在するだけでなく、その内部にも存在している。さらに言えば、これらのグループの違いは支持政党の違い以上のものであると思われる十分な理由がある。それらの違いは、文化における根深い分断を映し出しているのである。人工妊娠中絶や銃をもつ権利、原子力などの多くの課題に関して、賛成側の議論と反対側の議論にはそれぞれ別個の文化的な特徴があり、こうした特徴は一気に熟議へ進む前に、対話が必要であることを示している。地球上の他の国民にはそれぞれ文化をめぐる分断があり、こうした背景からすれば、共通の意思を発見するという観点からよりも文化を調停するという観点から考えをめぐらせることの方が大切な場合

---

[5] ― 一般意志とは、政治的共同体を構成するすべての構成員に共有された共通の意思であり、各個人とその共同体全体の利益の実現を目指す意志である。18世紀フランスの政治思想家ジャン＝ジャック・ルソーは、『社会契約論』において、法の根拠をこの一般意志に求めることで、近代の民主主義の理論的な基礎づけを行った。

[25] ― これは、熟議においてコンセンサスをそれほど重視しないという考えと矛盾しない。それによれば、コンセンサスは達成可能な目的というより理想の目標である。例として以下を参照。Cohen, J. (1997). *Deliberative Democracy: Essays on Reason and Politics. Cambridge,* Mass.: MIT Press, 407-437.

[26] ― Brooks, D. (2001). "One Nation, Slightly Divisible." *Atlantic Monthly*, 288(5), 53-65.

もある。

　一つの国ほどの巨大な政治的単位のなかで、対話と熟議を行うことができるとすれば、国民国家の境界にまたがって行われるような市民間の熟議もありうるのではないか。地球上の至るところで目撃されてきた世界貿易に対する抗議は、市民が国際貿易をめぐる交渉から締め出されているという感覚を証し立てるものである[27]。いかなる国際組織も貿易機構も市民の信用を勝ちとってはこなかった。その結果が、声を大にして行われる抗議の連鎖である。政府当局がもっとも目立つ市民のデモを抑圧しようとしたり、抗議を行う人びとのなかでもアナーキストの傾向が強い人びとが、もっと極端な政府の反応を引き出すことで市民の怒りを爆発させようとしたりすると、しばしばこの抗議は暴力へと変わっていく。こうして、二国間あるいは複数の国家間での貿易は、諸々の国民国家を横断して行われる開かれた対話にとって満を持した課題である。ただ、そのような対話のフォーラムを既存の国際組織のなかに統合する方法を厳密に描くのは厄介なことである。

　グローバルな対話に適しているかもしれない課題は、国際テロリズムである。世界中から市民が集まり、テロの根源について、テロに直面しつつ生きる経験やテロによって犠牲となる経験について、長期的にテロリズムに取り組む最善の方法について、そしておそらくは、自爆のような行為に参加することに引きずられる人びとの視点についてさえ、実りある会話が可能かもしれない。そのような劇的な議論は、万国の多数の聴衆を引きつけるかもしれない。専門家によってうまくファシリテーションがなされるならば、諸文化を横断する対話という劇的な瞬間を生み出し、相互の理解を増進させることができるかもしれない。もっと野心的に言えば、一緒に生活をすることはおろか、普通ではお互いに話しかけることさえできないとされる人びとが奉じているさまざまな原理の内の共通なものにたどり着くこと、これを熟議の目的にしてもよいかもしれない。そのような熟議の集まりが法律を制定する権限をもつことはないかもしれない。しかしそれは、市民は恐怖や怒り、絶望を乗り越えることができるのだという新たな希望を政治のリーダーに与えることで、国際的な政策における一つあるいはそれ以上の行き詰まりを突破するのに役立つかもしれない。そうし

---

[27] ひょっとすると驚くべきことかもしれないが、抗議それ自体はある種の熟議のための適度な機会を提供している。以下を参照。West, M., and Gastil, J. (2004). "Deliberation at the Margins: Participant Accounts of Face-to-Face Public Deliberation at the 1999-2000 World Trade Protests in Seattle and Prague." *Qualitative Research Reports*, 5, 1-7.

た対話が効果的であるならば、グローバルなテロリズムの脅威やその根底にある他のさまざまな課題にもっとうまく取り組む政策とはどのようなものかについて、より厳密な熟議が行われる舞台を設けることも可能になるだろう。

　ことによると、これでは対話と熟議にあまりに多くを求めすぎかもしれない。結局のところ、本書で示されたのは、現代における熟議のちっぽけな勝利の歴史であって、広範囲におよぶ変化ではない。とはいえ、これらの成功が生まれたのは、途方もなく論争の余地があると考えられていた課題についてであり、また、人びとが市民間の話し合いに慣れていないようなところにおいてだった。さらに言えば、これらの熟議のプロセスの多くでは、市民とメディアと政府の間の関係性に大きな変化が起きた。第18章では、よりいっそうの協働に基づいた市民文化への緩やかな移行が詳しく説明されている。

　歴史の教えるところでは、現在の熟議を求める運動は、それが出現したのと同じくらい急速に消滅してしまうこともある。それにもかかわらず、私たちは、用心を怠らない楽観主義を携えて先に進むことができる。本書で描かれた取組みは、熟議が世界中の地域社会に対して、現実的で積極的なインパクトを与えているということを示している。研究者と実践家が協働することで、私たちは熟議を21世紀の民主主義にしっかりと組み込むことができるのである。

編者略歴 ※以下、いずれも原著執筆当時。

ジョン・ギャスティル (John Gastil) (http://faculty.washington.edu/jgastil/)

ワシントン大学コミュニケーション学部准教授。ニューメキシコ大学公共政策研究所での社会調査やさまざまな市民会議の主催、選挙運動の運営などに携わってきた。著書に *Democracy in Small Groups* および *By Popular Demand: Revitalizing Representative Democracy Through Deliberative Elections* がある。現在の研究テーマは、陪審制が市民に与える影響、政治文化と熟議の相互作用、グループによる意思決定の社会心理学的側面について吟味している。「投票日」(Election Day) という名前のパソコン用シミュレーション・ゲームの作者でもある (http://www.election-day.info)。〔日本語版（本書）出版時は、ペンシルヴェニア州立大学教授。〕

ピーター・レヴィーン (Peter Levine) (http://peterlevine.ws)

メリーランド大学哲学・公共政策研究所研究員、市民の学習と参加に関する情報研究センター (CIRCLE) 副所長。4冊の著書があり、近著 *The New Progressive Era: Toward a Fair and Deliberative Democracy* がある。熟議民主主義コンソーシアム運営委員、チャールズ・F・ケタリング財団アソシエイトの他、学校の社会的使命キャンペーン運営委員長も務めている。現在、若者の市民参加とインターネットの社会的活用に関心をもって取り組んでいる。〔日本語版（本書）出版時は、タフツ大学ティッシュ・カレッジ教授、市民の学習と参加に関する情報研究センター所長〕

著者略歴 ※以下、いずれも原著執筆当時。

パトリシア・A・ボナー (Patricia A. Bonner)

連邦環境保護庁消費者サービス・プログラムのディレクターであり、同庁の「市民参加政策」立案と実施の責任者である。プログラム形成と政策立案に加えて、省庁横断的な11の委員会に対して、研修、フィードバック、評価調整、支援を行っている。これまで、治水政策に関連する教育とコミュニケーションを中心に、アメリカとカナダの民間企業、地方政府および連邦政府に勤務したことがある。カーネギー・メロン大学の卒業生であり、レンセラー工科大学で修士号を取得している。

スティーヴン・ブリガム (Steven Brigham)

アメリカ・スピークスの運営責任者である。同団体の運営と財務の他、複数のプロジェクトの運営を担当している。最近では、ハミルトン郡地域計画委員会のための将来展望・計画プロジェクトを運営し、2002年1月に郡単位のタウン・ミーティングを千人規模で実施した。

マーク・バトン (Mark Button)

ユタ大学政治学科助教。熟議民主主義に関する業績は、*Polity*および*PEGS Journal*から刊行されているが、さらにアメリカ政治における宗教の役割に関する研究が近年出版された。現在、多様な社会において民主主義的な市民の存在を維持するために必要な徳に関連する研究を進めている。

ロバート・カーリッツ (Robert Carlitz)

理論物理学の分野でキャリアを築いた後、インターネットの公共的使用に関心を深め、インターネット上に、近隣レベル、地域レベル、全国レベルの、多数のネットワーキング・プロジェクトを運営してきた。1996年には、情報ルネサンス (http://www.info-ren.org) を設立して、それを通じて、1,000人以上が参加する大規模オンライン対話の開発、「スマート・ビルディング・プロジェクト」、住民グループが不可欠な役割を果たす「無線でつなぐご近所（Wireless Neighborhoods）プロジェクト」などを主導してきた。情報ルネサンスは現在、法制化過程を電子化し参加型に変える試みに全国レベルで取り組んでおり、これは法規制の問題に関する市民と政府の有意義な対話を増加させる可能性を秘めている。

シンディ・カールソン (Cindy Carlson)

青年のためのハンプトン市連合事務局長。市政の局長として、長期にわたる戦略計画を若者や世帯に向けて立案する職務、および専門家、市民、若者の協力により市の若者の育成という課題を達成する職務についている。また、ハンプトン市青年委員会を監督する立場にある。若者が市民として政治参加したり、若者と成人市民とが協力関係を結んだりできるようプレゼンテーションや教育を行っている。「サーチ・インスティテュート40か条」はその取組みをまとめたものであり、青少年に向けてこれを題材としたプレゼンテーションや発表をも行っている。さらに、論説記事や青少年育成カリキュラム、青年委員会を創設し、維持する方法についてのマニュアルの著者でもある。

リン・カーソン (Lyn Carson) (http://www.activedemocracy.net)

シドニー大学専任講師（応用政治学）。市民参加に関する多くの専門書、論文、論文集への執筆を行っている。ブライアン・マーティンとの共著に、*Random Selection in Politics*がある。かつては、地方政府の議員であったが、今では市民参加と熟議に関する分野で、教鞭をとり、研究を行っている。また、オーストラリア初のコンセンサス会議と2回の熟議型世論調査を行った他、市民陪審、オーストラリア初の若者陪審 (youth jury)、さらには市民パネルとテレヴォートを組み合わせた取組みなど、「積極的民主主義」を標榜する多くの実例に携わってきた。

ミシェル・チャールズ (Michelle Charles)

グループ対話におけるファシリテーションおよび市民参画のコンサルタント。ハーウッド・イノベーション研究所、チャールズ・F・ケタリング財団、ペンシルヴェニア大学、『フィラデルフィア・インク

ワイラー』紙とともに草の根での市民参画の取組みをデザインし実施している。また、人種関係について議論をする時のガイドブック"Race Relations: Where Are We Now?"の著者でもある。アメリカの主流社会における市民参画の実践とは異なる、インナー・シティに居住して周縁に追いやられがちなアフリカ系やヒスパニック系住民による市民参画の実践を主な専門分野としている。フィラデルフィア在住。

アントニー・S・チェン (Antony S. (Tony) Cheng)

フォート・コリンズにあるコロラド州立大学の森林・放牧地・流域管理学部助教(営林・自然資源政策)。学部および大学院で自然資源政策のコースを担当し、特にコミュニティー・ベースの協働的な自然資源管理について研究している。フォード財団の後援を受け、目下、アメリカにおけるコミュニティー・ベースの森林管理の理解と実践の向上について研究している。共著に *Forest Conservation Policy: A Reference Handbook* がある。現在、ピンショー保全機構の上級研究員を務めている。

マリアナ・シフエンテス・モントーヤ (Mariana Cifuentes Montoya)

ケニアの政策分析研究所研究員。大学院時代、ブラジル分析計画センターに勤務し、サンパウロ市の保健医療評議会を分析した。分権的な意思決定への市民参加を促進するプロセスに関心を寄せている。近年の研究として、都市部貧困地域でのサービス提供方法を改善する参加型アプローチの開発を行っているケニアの地方改革について精査している。また、東アフリカでHIVとエイズ予防キャンペーンを組織し普及するにあたっての芸術および参加型プロセスの活用について研究している。

ヴェラ・シャタン・P・コエルホ (Vera Schattan P. Coelho)

サンパウロ市にあるブラジル分析計画センターの研究員とプロジェクト・コーディネーターを務めるかたわら、サセックス大学開発学研究所に併設されている市民権・参加・説明責任に関する開発研究センターのブラジル・チームをとりまとめている。新しい形態の市民参加と熟議について研究を行っており、社会政策と参加民主主義を改善するための能力開発プログラムを指導している。保健医療政策、年金改革、市民と政府との関係に関する多くの論文を執筆しており、近年の編著に *Pension Reform in Latin America* (2003)。共著に *Institute of Development Studies Bulletin* 所収の "New Democratic Spaces"(2004) および *Participation and Deliberation in Brazil* (2004) がある。

ネッド・クロスビー (Ned Crosby) (http://www.healthydemocracy.org)

民主主義の改良に専念しながら公共政策の道を歩んできた。1971年、ミネソタ大学で政治学博士号の学位を取得する一方で、市民陪審プロセスを考案した。1974年、新しい民主的プロセスを研究し開発するためにジェファソン・センターを設立。ワシントン特別区では1970年代のアフリカ問題や1980年代の中米における人権について、ミネソタ州では1990年代に子どもの問題について活動するなど、広範囲のロビイング活動への協力、支援を行ってきた。

ジョン・R・デドリック (John R. Dedrick)

チャールズ・F・ケタリング財団 (http://www.kettering.org) における複数のプログラムのディレクターである。また、さまざまな熟議フォーラムのオブザーバーを15年以上務めている。

シンシア・ファーラー (Cynthia Farrar)

イエール大学・都市学術企画ディレクター兼同大政治学部講師。イエール社会政策研究所 (http://www.yale.edu/isps/programs) では、熟議と地方自治に関する研究プロジェクトを運営している。マクニール=レーラー・プロダクションズによるバイ・ザ・ピープル市民熟議プロジェクトのコーディネーターを務める他、ニューヘイヴン大都市圏コミュニティー財団およびコネティカット女性有権者同盟の代理人として、ニューヘイヴン大都市圏の年次フォーラムを運営している。著書に、*The Origins of Democratic Thinking: The Invention of Politics in Classical Athens* がある他、古代民主政が現代の諸課題に対してもつ意義や熟議に関する論文、論稿を発表している。

ジャネット・D・フィエロ (Janet D. Fiero)

組織とコミュニティー開発を専門とするコンサルタント。30年以上にわたってマネジメントとコンサルティングの経験を積んできた。市民が公共政策 (特に環境政策) に参画する方法の改善に情熱を注いできた。自身のコンサルティング会社ブリコレッジ社を1985年に立ち上げ、テクノロジーを通じて徹底的な熟議と数の力に訴える大規模な市民集会を企画運営することで知られるワシントンの非営利組織アメリカ・スピークスのアソシエイトを務める他、アメリカ環境紛争解決機構でファシリテーションと仲裁業務を行う担当者としてメンバー登録されている。

ジェイムズ・フィシュキン (James Fishkin)

スタンフォード大学国際コミュニケーション学部学部長 (Janet M. Peck Chair)、熟議民主主義センター (http://cdd.stanford.edu) 所長。コミュニケーション学および政治学教授をも務める。*Democracy and Deliberation: New Directions for Democratic Reform* (1991)、*The Dialogue of Justice* (1992)、*The Voice of the People: Public Opinion and Democracy* (1995) 他著書多数。ブルース・アッカーマンとの共著に *Deliberation Day* (2004) がある。

アーチョン・ファン (Archon Fung) (http://www.archonfung.net/)

ハーバード大学ジョン・F・ケネディ行政大学院准教授 (公共政策)。市民参加や市民による熟議、決定過程の透明性が公的・私的ガバナンスに及ぼすインパクトについて調査研究を行っている。著書に、シカゴの低所得者居住区における参加民主主義型の二つの改革の試みを調査した *Empowered Participation: Reinventing Urban Democracy* (2004) がある。他の近著および編著書に、*Deepening Democracy:*

Institutional Innovations in Empowered Participatory Governance (2003)、*Can We Eliminate Sweatshops?* (2001)、*Working Capital: The Power of Labor's Pensions* (2001)、*Beyond Backyard Environmentalism* (2000) など。*Politics and Society*、*Governance*、*Environmental Management*、*American Behavioral Scientist*、*Boston Review* に規制や権利、参加に関する論文を発表している。

ジョー・ゴールドマン (Joe Goldman)

アメリカ・スピークス (http://www.americaspeaks.org) の上級アソシエイトとして、21世紀タウン・ミーティングにおいて中心的な役割を果たしている。9.11テロ攻撃後のワールド・トレード・センター再開発、ワシントン特別区の自治体予算の策定、シカゴ大都市圏の総合土地利用計画などをはじめとして、世界中で市民参加の多彩な取組みの運営やコンサルティングを行ってきた。また、ハーバード大学のジョン・F・ケネディ行政大学院でも研究を行っている。現在、チャールズ・F・ケタリング財団の助成を受け、市民による熟議が地域社会に及ぼす長期的影響について調査している。共著に、ピュー慈善信託財団が1999年に出版した *A National Town Hall: Bringing Citizens Together Through Interactive Video Teleconferencing* がある。

ローズマリー・ガン (Rosemary Gunn)

情報ルネサンスにおいて、インターネットを活用して政府への市民の関与を増やすための活動をしている。第9章で示す二つの対話集会を支援している。さらに「カリフォルニア州教育基本計画」についての対話集会では、オンライン資料館の構築、討論での設問に関する協議、評価報告書の執筆にあたった。市民参加に対する長年の関心はコミュニティー・オーガニゼーションに対する関心に端を発しており、その後、政府機関および市政の顧問、また大学のプログラム・コーディネーターを務めた。最近では、オランダの王立熱帯研究所において、市民参加、利害関係者による関与、研修、組織開発、ジェンダーに重点を置いた、医療・農業分野の開発協力に関する出版物の委任編集者を務めている。

ジャネット・ハーツ゠カープ (Janette Hartz-Karp)

西オーストラリア州の都市計画・インフラ整備担当大臣の地域社会参画に関するコンサルタントを務めている。地域社会と企業が連携して、政府とともに意思決定に取り組むための革新的なやり方を実施する役割を担っている。市民陪審、コンセンサス会議、コンセンサス・フォーラム、多基準分析会議、熟議型社会調査、そして21世紀タウン・ミーティング(「都市との対話」)等の手法を用いている。ハーツ゠カープはアメリカ、イスラエル、オーストラリアのさまざまな大学で、社会学とマネジメントに関する講義を受けもってきた。西オーストラリア州の公共サービスにおいて政策の変更を担当したり、いくつかの行政職を務めたが、現在は、JHKクオリティー・コンサルタンツの取締役である。

キャロリン・M・ヘンドリクス (Carolyn M. Hendriks)

アムステルダム大学研究員(政治学)。近年オーストラリア国立大学において、市民による包摂型の熟議と利益誘導型政治との緊張関係を博士論文にまとめた他、熟議型の市民参加に基づくワークショップを複数運営し、報告書を出版してきた。また、州および地方政府機関のための参加型プロセスを運営し、テレヴォートと市民陪審を結びつけた世界初の試みも行っている。環境工学の学士号ももつ。

クリストファー・F・カーポウィッツ (Christopher F. Karpowitz)

クイン・モートン・ライティング研究員であり、民主主義政治研究所(プリンストン大学大学院ウッドロー・ウィルソン公共・国際問題大学院)の大学院生であり、プリンストン大学大学院の博士号取得候補者である。*Democracy at Risk*という、市民教育と市民参加に関するアメリカ政治学会常任委員会報告書の共著者の一人である。熟議と民主主義理論に深く注意を払いつつ、いかにして市民たちが、民主主義制度とそのプロセスを経験するのかについて研究している。博士論文は熟議型の改革と意見聴取会など既存の意思決定制度の関係を理解しようとするものである。

ウィリアム・M・キース (William M. Keith)

ウィスコンシン大学ミルウォーキー校准教授(コミュニケーション論)。20世紀における音声言語教育の歴史、またそうした歴史と民主的コミュニケーションの形態(とりわけフォーラム運動)との関係について目下執筆活動を展開している。*Rhetoric and Public Affairs*、*Communication Theory*、*Rhetorical Society Quarterly*等の学術誌に掲載論文多数。この他アラン・グロスとの共編著に*Rhetorical Hermeneutics*がある。

ジョウン・ケネディ (Joan Kennedy)

ハンプトン市近隣住民局局長。ハンプトン市の都市計画策定の責任者を務めた後、ハンプトン市地域計画課の立ち上げに取り組んだ。地域計画課の活動は、市政と地域住民の中心人物との関係を見直したことで、全米で知られるようになった。両者の関係は、今や反目しあうものではなく、問題解決に向けて協力しあうパートナーへと変化した。ケネディは、近隣地区および地域社会でのまちづくりに関するハンプトン市の業績について、広く全国の組織で講演活動を行いつつ、地域社会での協働を深めるための方法についての執筆活動およびフォーラムへの参加を継続している。

ジョン・T・ケスラー (John T. Kesler)

弁護士、コンサルタント、講演家。コンサルティングおよび講演活動では、市民能力や民主主義的能力の形成、ならびに個人変革と社会変革の統合的手法を特に扱う。2003年には、すこやかなまちとコミュニティーのための連合体(すこやかなまちづくりを目指すアメリカの組織)の執行責任者としての3年間の非常勤職を終え、現在はこの団体の後継組織である、コミュニティー健康増進連合のすこやかなまちづくり部門の全米代表を務めている。ケスラーは、コンサルティング・グループであるラーニング・

デモクラシー・アソシエイツの代表と、インテグレイティヴ・ヘルス・ネットワークの代表を務める他、インテグラル研究所とバーカナ研究所のコンサルタントとして登録している。

キャロリン・J・ルーケンスマイヤー (Carolyn J. Lukensmeyer)

アメリカ・スピークスの代表であり設立者。1997年から1999年にかけて、ピュー慈善信託財団が1200万ドルを投じたプロジェクト「社会保障を論じるアメリカ市民」の最高責任者であった。アメリカ・スピークスを設立する前には、ルーケンスマイヤーは大統領首席補佐官のコンサルタントとして働き、アル・ゴア副大統領の政府改革プロジェクトである国家業績評価機構のプロジェクト運営副部長を務めた。1986年から1991年には、オハイオ州知事リチャード・F・セレステの首席補佐官を務めた。オハイオ州の首席補佐官となった最初の女性で、ケース・ウェスタン・リザーブ大学から組織行動の博士号を得ている。

ローリー・E・マーク (Laurie E. Maak)

サンフランシスコを拠点とした調査・開発・サービス機関であるウェステッド (WestEd) で、「ウェブ対話」(http://www.webdialogues.net) の開発と運営を行っている。現在の関心は、インターネットを活用して、市民と立法委員会とのコミュニケーションを増やすこと、問題解決型の大規模な議論を容易にすること、組織や政府機関が独自にウェブ対話を企画することなどである。ウェステッドでの仕事に就く前は、情報ルネサンスにおいて、大規模なオンライン対話の開発と制作を行ってきた。教育ネットワークの形成、広報キャンペーンの立ち上げ、才能ある生徒のための課外クラスの設置、学校心理カウンセラーとしての経験を取り入れた活動を行っている。

ジェイン・マンスブリッジ (Jane Mansbridge)

ハーバード大学ジョン・F・ケネディ行政大学院教授 (Adams Professor)。著書に *Beyond Adversary Democracy* および *Why We Lost the ERA*。また、編著に *Beyond Self-Interest*、スーザン・モラー・オーキンとの共編著に *Feminism* 、アーダン・モリスとの共編著に *Oppositional Consciousness* がある。近年の著作・論文には、"Should Women Represent Women and Blacks Represent Blacks? A Contingent 'Yes'" (*Journal of Politics*) や "Rethinking Representation" (*American Political Review*) そして "Consensus in Context: A Guide for Social Movements" (P. G. コイ編 *Consensus Decision Making* 所収) がある。現在進行中の研究 *Everyday Feminism* では、「日常的活動家」が、社会運動のなかで、あまり気づかれていない重要な役割を演じているということについて、議論がなされている。

マーサ・L・マッコイ (Martha L. McCoy)

ポール・A・アイヒャー財団の理事長で、この財団の学習サークル資料センターに1989年の設立時から勤務している。1995年からはこのセンターの所長を務めている。政治学分野での学歴を有し、政治学の

理論と方法、国際関係、そして比較政治学で修士号と博士号をもっている。市民が公共の課題を特定し、力を合わせて地域社会を持続的に変革していくための、包摂的、民主的で多様な「公共空間」の必要性について、執筆と発言を行っている。

キース・メルヴィル（Keith Melville）
市民による熟議の分野で20年以上の活動経験がある。過去にパブリック・アジェンダ財団の上級副総裁を務め、そこでは、ダニエル・ヤンケロヴィッチと協働して、政策立案者が、単なる世論を超えて市民の関心事や認識を理解する手助けを行った。ナショナル・イシューズ・フォーラムの設立メンバーの一人であり、15年間にわたり50冊以上の政策課題冊子（イシュー・ブック）の編集責任者と上級執筆者を務めた。ジェイムズ・フィシュキンと、マクニール＝レーラー・プロダクションズとともに、2003年のナショナル・イシューズ大会に関わり、世界におけるアメリカの役割についての政策課題冊子を執筆した。1982年以来、フィールディング高等研究所の人間組織および人間開発に関するプログラムにおいて、研究員の相談役（faculty mentor）を務めている。

ダグ・ネザーカット（Doug Nethercut）
ミネアポリス在住の個人コンサルタント。ジェファソン・センター所長を務め、自治体（local）、地域（regional）にとどまらず、全国レベルの問題を主題とする市民陪審プロジェクトを複数運営してきた。ミネソタ、ニューヨーク、ガーナで非営利組織やプロジェクトを指揮し、クロスビーと共同で、熟議プロセスの研究と開発を続けている。コロンビア大学国際公共政策大学院で、修士号を取得している。

ウィリアム・R・ポタプチャク（William R. Potapchuk）(http://communitybuildinginstitute.org/)
ヴァージニア州アナンデール市で活動している、地域まちづくり協会の創設者であり、現在も代表を務めている。健全で持続可能な将来を作り出すために、市民が多様性を尊重して協働的に問題に取り組めるよう、市民の能力を高めることが、地域まちづくり協会の仕事である。地域社会問題解決計画の前事務局長であり、州および郡の至る所でコンサルタント、トレーナー、ファシリテーター、調停役の任を務めている。なかでも特筆すべき実績はヴァージニア州ハンプトン市で16年以上にわたり行った数々のプロジェクトである。また、The Consensus Building HandbookおよびThe Collaborative Leadership Fieldbookを分担執筆するなど、数多くの著作を世に送り出している。

バーバラ・パゾーニ（Barbara Pozzoni）
世界銀行の業務評価局のコンサルタントであり、世界銀行が促進する地域住民の開発事業への参加を評価する特別チームのメンバーである。地域レベルでの熟議プロセスに関心をもつようになったのは、中米で開発の実際に関わった経験によるところが大きい。当地で地域の参加型ガバナンスの場所のなかに女性たちを包摂していく仕事を精力的に行った。

スティーヴン・N・パイサー (Steven N. Pyser) (http://thedialogue.blogspot.com)

コンサルタント会社の社長であり、その業務内容は、教育機関や一般企業、非営利組織を対象に、対話や戦略的計画立案、紛争調停や協同事業 (synergy service) を提案することである。また、フェニックス大学グレイター・フィラデルフィア・キャンパスの一員として、ビジネスと経営学を学部および大学院で教えている。パイサーは市民の対話や議論を促進するとともに、多様性をはじめとする公共的に重要な諸問題、対話グループをファシリテートする技術や紛争調停といった事柄にまつわるワークショップを開催している。 *Conflict Resolution Quarterly* および *Journal of Cognitive Affective Learning* の編集委員を務める他、*Journal of Legal Studies Education* の編集に携わっている。

チャールズ・A・ラトリフ (Charles A. Ratliff)

現在、カリフォルニア州教育基本計画局の局長である。以前は、基本計画——幼稚園から大学レベルにわたる、あらゆる生徒のための教育の質を改善するための総合計画——の上席コンサルタントおよび筆頭執筆者を務めており、それ以前は、カリフォルニア州中等後教育委員会の次長を務めていた。戦略的・長期的計画、公共政策、組織変革およびリーダーシップ、教育機会の平等問題、学生に対する学習支援サービスなど多岐にわたる専門性をもつ。

デイヴィッド・マイケル・ライフ (David Michael Ryfe)

ミドルテネシー州立大学助教 (ジャーナリズム)。著書 *Presidents in Culture: The Meaning of Presidential Communication* や、熟議民主主義の実際に関する一連の評論を含む多くの論文を発表している。現在、アメリカの小規模—中規模の地域社会におけるニュース・メディアや市民学習に関するエスノグラフィー研究を中心に行っている。

クリス・サチュロ (Chris Satullo)

2000年3月から『フィラデルフィア・インクワイラー』紙の論説面の編集を担当している。読者をより突っ込んだ政治的対話に巻き込もうとしたこの新聞の「市民の声」企画の発案者であり責任者である。2000年に「市民の声」の活動によって、市民ジャーナリズムの功績に贈られるジェイムズ・F・バッテン賞を受賞した。

キャロル・J・シュウィン (Carole J. Schwinn)
デイヴィッド・R・シュウィン (David R. Schwinn)

団体や地域のために20年間活動しており、現在はジョン・ケスラーとともに、ラーニング・デモクラシー・アソシエイツで、コンサルティング業を行っている。シュウィン夫妻の活動は、アメリカ全土をはじめ、カナダ、プエルトリコ、日本、ニュージーランド、インド、アルーバ〔西インド諸島の島〕、南

アフリカ、タイに及んでいる。キャロルは、コミュニティー・カレッジで25年のキャリアを積んだ後、マーガレット・ウィートリーが設立した非営利の教育機関であるバーカナ研究所のアウトリーチおよびサービス部門である、バーカナ・パートナリングの会計担当者を務めている。デイヴィッドは、現在のコンサルティング業に就く以前は、フォードとGMで、さまざまな技術職および管理職として20年間働いていた。現在、レンシング・コミュニティー・カレッジの経営学部で教授を務めている。

パトリック・L・スカリー (Patrick L. Scully)

ポール・A・アイヒャー財団の副理事長で、学習サークル資料センターの副所長も務める。アイヒャー財団に加わる前には、チャールズ・F・ケタリング財団のプログラム・オフィサーと研究主任を9年間務めた。ケタリング財団勤務の後、スカリーは非党派の公共課題調査会社ハーウッド・グループのプロジェクト・マネージャーを務めた。シラキュース大学のマックスウェル行政大学院で社会科学の学際的な博士号を受けている（特にアメリカ研究、アメリカの政治史、政治学）。

ハリス・サッカラフ (Harris Sokoloff) (http://www.gse.upenn.edu/faculty/sokoloff.html)

ペンシルヴェニア大学大学院教育学研究科の客員准教授であり、同研究科に設置されている学校教育評議会センターの所長を務める他、デザイン研究科でも教鞭をとっている。学生の市民としての政治参加および地域社会の発展という課題に着目した応用的研究を行っており、とりわけ、学校や地域社会での問題について、熟議型の市民フォーラムを用いることで、公教育を「市民」が支援する関係を再構築することに関心を寄せている。この調査に関する論文は、*American School Board Journal*や*School Administrator*に掲載されている。『フィラデルフィア・インクワイアラー』紙の編集チームとともに、「市民の声」プロジェクトを計画・実施し、市民の参加を促進する役割を担った。チャールズ・F・ケタリング財団の協力研究員でもある。

ハリス・M・スタインバーグ (Harris M. Steinberg)

アメリカ建築士協会の会員であり、ペン・プラクシス (http://www.design.upenn.edu/pennpraxis) の理事を務める他、ペンシルヴェニア大学大学院デザイン研究科に設置されている建築学部教員でもある。この研究科は建築、景観建築、都市および地域開発計画、歴史保全、美術の五つの学問領域からなり、これらの専門領域を超えて、教員と学生とが協働で実際のプロジェクトに取り組むことを通じて教育活動を行っている。ペン・プラクシスは同研究科の実習指導部門である。市民の政治参加に関するスタインバーグの仕事は、市民間の対話を市民のための都市設計 (civic design) に結びつけることにある。『フィラデルフィア・インクワイアラー』紙と、ペンシルヴェニア大学設置の学校教育評議会とが協働して計画実施したペンズ・ランディング・フォーラムズは、アメリカ建築家協会ペンシルヴェニア支部より2003年度には優秀建築功労賞を授与され、またウォーターフロント・センターより2004年度のクリアウォーター賞を授与された。

編著者、監訳・訳者略歴

マイケル・ワイクスナー（G. Michael Weiksner）

1999年10月よりe-thePeople (http://www.e-thePeople.org) 代表。e-thePeopleの共同設立以前は、フルクラム・アナリティクス社経営者、マーサー・オリバー・ワイマン社コンサルタントを歴任。プリンストン大学コンピューター・サイエンス学部、同大大学院ウッドロー・ウィルソン公共・国際問題研究科よりそれぞれ学位を取得し、優等の成績で卒業。現在、熟議民主主義コンソーシアム運営委員およびオンライン担当委員会の初代委員長を務める。ニューヨーク市在住。

テイラー・L・ウィリンガム（Taylor L. Willingham）

テキサス・フォーラムズ (http://www.texasforums.org) の創設者であり、リンドン・B・ジョンソン大統領図書館が出資するLBJ〔リンドン・B・ジョンソン〕ファミリー・オブ・オーガニゼーションズのメンバーである。現在は、米ロ関係を研究するチャールズ・F・ケタリング財団ニュー・ダートマス・プロジェクトの研究員で、以前は、ナショナル・イシューズ・フォーラム研究所の理事として、保健医療や、テロリズム、世界におけるアメリカの役割、アイオワの高校改革、その他カンザス市地域に影響する諸々の課題に関する政策課題冊子（イシュー・ブック）の構成に携わってきた。全米およびロシアの30以上の公共政策研究所で教鞭を執ったことがあり、イリノイ大学とサンノゼ州立大学の司書養成大学院では非常勤講師を務めている。

監訳者略歴

津富　宏（つとみ・ひろし）

静岡県立大学国際関係学部教授。ウィスコンシン州立大学マディソン校社会学部修士課程卒業。専門は犯罪学・評価研究・青少年支援。法務省に採用され、少年院の現場等で勤務した後、大学に転じる。学生団体の社会活動の支援や若者の就労支援NPOの運営を通じて、市民の社会参加に関心をもつようになる。主著に『犯罪者の立ち直りと犯罪者処遇のパラダイムシフト』（編著）（現代人文社、2009年）がある。

井上弘貴（いのうえ・ひろたか）

神戸大学大学院国際文化学研究科准教授。早稲田大学大学院政治学研究科博士後期課程単位取得退学。博士（政治学）。専門は政治理論、公共政策論、アメリカ政治思想史。2007年に町田市役所嘱託職員として、「町田わいわいミーティング2007：まちだ市民討議会」の事務局を担当した。主著に『ジョン・デューイとアメリカの責任』（木鐸社、2008年）がある。

木村正人（きむら・まさと）

高千穂大学人間科学部准教授。早稲田大学文学学術院博士後期課程単位取得退学。専門は行為論、コミュニケーション論を中心とした社会学理論。主な著作に、「死刑をめぐる〈世論〉と〈輿論〉」（佐藤舞・

本庄武との共著)福井厚編著『死刑と向きあう裁判員のために』(現代人文社、2011年) 65-85頁、「意志と行為の現象学:ヒルデブラント・ライナー・シュッツ」行為論研究会編『行為論研究』(1) (2010年) 13-31頁、「類型化と探究:シュッツによるデューイ探究概念の批判的受容」早稲田社会学会『社会学年誌』(45) (2004年) 等がある。

訳者略歴

秋田真吾(あきた・しんご)
神戸大学大学院国際文化学研究科博士後期課程在学中。専門は、政治思想史、アメリカ研究。

後藤潤平(ごとう・じゅんぺい)
早稲田大学高等学院教諭。翻訳に『NHK vs 日本政治』(エリス・クラウス著、村松岐夫監訳、東洋経済新報社、2006年) がある。

林 寛平(はやし・かんぺい)
日本学術振興会特別研究員、聖心女子大学特別研究員、法政大学兼任講師など。専門は比較教育学。共著に佐藤学他編著『揺れる世界の学力マップ』(明石書店、2009年) 等がある。

原科達也(はらしな・たつや)
早稲田大学文学部社会学コース助手。論文に「世界像間の翻訳可能性の問題:ハーバマスの『協働的翻訳』の概念について」(『現代社会学理論研究』(5) (2011年) 120-132頁) 等がある。

藤井達夫(ふじい・たつお)
東京医科歯科大学教養部専任講師。専門は西洋政治思想、現代政治理論。共著に『公共性の政治理論』(ナカニシヤ出版、2010年) 等がある。

森 達也(もり・たつや)
早稲田大学教育学部他、非常勤講師。政治理論・西洋政治思想史。共著に『公共性の政治理論』(ナカニシヤ出版、2010年) 等がある。

監訳者あとがき

　2012年8月、将来のエネルギー選択の方向性をめぐって、政府がパブリック・コメントを募集し、加えて「討論型世論調査」を開催したことは記憶に新しい。討論 (deliberation) という語を本書では、熟慮し議論するという語感を重視し、また定着しつつある訳語を踏まえて「熟議」としたが、こうした熟議民主主義の試みを通じて、政治に対する市民の関わり、ひいては民主主義のあり方を根本から見直そうという機運が日本でも高まりつつある。

　本書は、John Gastil and Peter Levine. (2005). *The Deliberative Democracy Handbook: Strategies for Effective Civic Engagement in the Twenty-First Century.* Jossey-Bass の全訳である。原書の刊行からすでに8年が経過しているが、熟議民主主義の実践的具体的方法が強く希求されている今日の日本の状況下でなお広く読まれる価値のある一冊である。「ハンドブック」というタイトルながら、熟議の進行マニュアルを示した手引きというよりは、多様な手法の運用事例を紹介しながら、世界各地で熟議が民主主義の一つの運動として発展してきた背景や、試行錯誤のなかから見えてきた具体的な課題を、理論と実践の両面にわたって展望した総合的な解説書である。

　熟議民主主義については、とりわけ日本では、長らく理論的な関心が先行した感が強く、公募による市民会議やワークショップの取組みが、たとえば自治体レベルで以前になかったわけではないが、熟議の具体的な方法が制度として運用されるようになったのは、ようやく最近のことである。熟議の歴史や理論に関心をもつ研究者のみならず、市民による政治参加に関心をもつすべての人びとに紐解いていただきたい。

　本書で紹介されている熟議の手法は、ナショナル・イシューズ・フォーラム、熟議型世論調査、パブリック・ジャーナリズム、コンセンサス会議、プランニング・セル、市民陪審、タウン・ミーティング、オンライン・フォーラム、協同学習アプローチ、対面型学習サークル、市民参加型の予算編成など実に多彩である。各章の紹介は冒頭目次部分の概要と、編者による序文および日本語版

序文に詳しいので、ここでは繰り返さないが、基本的には、章ごとに各アプローチを紹介していくかたちになっているため、関心のある章から読みはじめていただいて差し支えない。

　全体は5部構成になっており、第1部では、熟議の歴史と背景について、第2部では、熟議型世論調査、コンセンサス会議、プランニング・セル、市民陪審など、熟議の代表的手法の紹介、さらに第3部では、より具体的な政策決定場面における熟議の応用事例、第4部では熟議を通じた地域社会の変革の試みに焦点が当てられ、第5部で結論が述べられている。

　このように類書にない横断的で幅広い視野が可能になったのは、各章の著者たちが、それぞれ個別の活動に携わりつつ、それらの諸団体が加盟する熟議民主主義コンソーシアム（The Deliberative Democracy Consortium：DDC）において互いに協力・連携しているところが大きい。DDCは、熟議民主主義の実践と市民参加の運動に携わる民間団体や大学など50以上の組織が集まって、2002年に設立された組織であり（編者のレヴィーンはその共同設立者である）、実務家と研究者の間の交流促進を柱に、アメリカ国内外で、熟議の実践的支援と情報共有、新たな手法の開発や研究活動の推進にあたっている。本書の発刊もこのネットワーク組織によるプロジェクトの一つである。その重要な成果には他にも、本書刊行と同年から継続している学術誌 *Journal of Public deliberation* の発行があり、DDCは熟議民主主義を推進する中心的な担い手の役割を果たしている（現在のDDCの活動についての詳細は、http://www.deliberative-democracy.netを参照）。

　熟議の方法と理念、歴史的背景の包括的な紹介に加えて、とりわけ本書を興味深いものにしているのは、多様な人びとの声を集め、熟慮と討議を通じて、意見を成熟させていく具体的な方法が、さまざまな文脈において構想され、また実際の運用のなかで試行錯誤を繰り返しながら発展してきた様子が豊富な実例を通じて描き出されている点であろう。

　どのような機会に、どのような場所で、どのくらいの時間をかけて、誰が熟議のプロセスに参加できるのか。誰がしばしば排除されてしまうのか。ある政策課題やトピックにはどのようなアプローチが適しているのか。個々の局面での熟議を深めていくやり方、それらを集約する方法、より大きな政治プロセスにつなげていく手立てをめぐって、さまざまなアプローチが試みられ、それぞれのアプローチのなかにも変遷があることがよくわかる。

　さらに、オーストラリアでの取組みを扱った第8章の著者たちが自らの経験から明らかにしているように、プロセスの改良や発明を通じて、そのプロセス

が民主的なものとして成功しているかを反省するために、プロセスに内在的なさまざまな価値基準を自覚する必要があることも本書は教えてくれている。

それゆえに、本書の各章を読まれたなら、本書が市民による熟議を手放しに礼賛するものでないことは即座に理解いただけるだろう。むしろ、熟議のプロセスをデザインし、それを実施するなかで、多くの成果と同時にいかに少なくない困難と課題が残されているかを、読者は本書の至る所で気づかれることだろう。それに加えて、第2章が特に強調しているように、そうした困難や課題を一歩ずつ解決し、プロセスが内在させている価値をさらにより明確なものにしていくために、理論家と実務家の結びつきがいかに求められているかということにも気がつかれることだろう。

またとりわけ第4部の各章で詳述されているとおり、熟議が、単なる政治参加と意見聴取の方法を超えた、地域社会の文化として浸透し、それを通じて人びとの間の結びつき、ひいては社会のあり方を変えていく様子が記録されている。冒頭第1章に明らかであるとおり、ただ近年の熟議運動の隆盛を追うだけではなく、そうした運動の萌芽を宿したアメリカの市民社会のありようが、対話と討議の歴史を通じて浮き彫りにされている。

先に述べた討論型世論調査だけでなく、日本でも基礎自治体において近年、本書の第6章で描かれているプランニング・セル(プラーヌンクスツェレ)をモデルとした無作為抽出による市民討議会が、数多く開催されるに至っている。これらの手法を繰り返し実施することを通じて、どのような反省と試行錯誤を諸外国で開発された既存のプロセスにフィードバックできるのか、そうした熟議のプロセスに内在する価値の実現を日本において阻むものがあるとすればそれは何か、本書は問いかけているように思われる。すなわち、熟議のプロセスを他所からフォーマットとして借りてきてそれを忠実に実行すれば、即座に民主的な社会が生まれるわけではないこと、既製品の熟議など実際にはどこにもないことを、本書は示してくれているのではないだろうか。

訳出の作業は、まず各章の担当者が下訳を作り、ピア・レビューを経たうえで改稿し、3名の監訳者が全体を通じて訳文の整理や統一にあたった。可能な限りカタカナ語を回避し、訳語の統一は基本的な術語や固有名詞など最低限のものにとどめて、それぞれの文脈における読みやすさを優先してある。

訳語選択の一例として、publicは公共的、公的、市民の、など文脈に応じて訳し分け、頻出のpublic deliberationは「市民による熟議」とした。もちろんこの語は、単に熟議のプロセスがthe public、すなわち社会の構成員全体に広く

公開されているというのみならず、議論の方向性が公共的（みんなのため）であるという規範的な意味合いを含む。また市民という言葉自体が時としてもつ排除的性格についても本来留意すべきであるが、専門家ではなく、実際の熟議に携わる、一般の読者を念頭において、敢えて平易な表現を採用した。日本でも「新しい公共」という言葉が広く使われるようになったが、それは、単に、行政に代わってNPOが公共サービスの担い手になるということを意味するわけではなく、より本質的には、市民の手に「公共」を取り戻すというという流れを象徴しているようにも思う。

　原著の公刊から年月が経過しているため、本書に掲載されているオンラインの資料の一部には現在入手不可能になっているものがある。第15章で紹介されているe-thePeople.orgについて、現在ではそのウェブサイトそのものが対話のための掲示板ではなく、投票者ガイド（候補者の政策をまとめた資料）の作成にほぼ特化したサービスに変わっていることなどはその最たるものである。とはいえ、評価システムを盛り込んだオンライン・フォーラムを、さらに世論調査や署名集めといった具体的なアクションに結び付けるスキームを不十分ながら実現するなど、e-thePeopleが時代に先駆けて提起した熟議のための枠組みとアイディアは、現在のFacebookやTwitterなどといったSNSサービスに比してなお、注目すべき点があり、そのまま邦訳に含めた。またウェブアドレスの変更等の場合には注記なく改めたが、現在リンク切れの情報もインターネット・アーカイブなどでは参照可能な場合があるため、リンク切れの旨を明記したうえでそのまま掲載してある。原書公刊以降の各プロジェクトの展開については、編者ギャスティル氏自身による日本語版序文に解説があるので、参照されたい。

　巻末の索引は今回の翻訳にあたって、監訳者が独自に選定し編集したものである。また各章扉にある写真は、各プロセスの実際の様子がわかるものを、今回の邦訳に寄せてギャスティル氏からご提供いただいた。原著にはこの他、推薦図書の一覧があるが、脚注に示されている文献にそのほとんどが網羅されているので割愛した。

　訳者9名は、政治学者を中心に、社会学、犯罪学、教育学の研究者とで構成されており、本書が扱う領域の広さと熟議という方法の適用範囲の広さを反映した布陣となっている。監訳者の津富、井上、木村は、それぞれ犯罪学、政治学、社会学の研究者であるが、それぞれ、若者の社会参画支援、青年会議所と自治体の協働による市民討議会の実施、路上生活者の当事者運動に関わるなかで、熟議の方法に関心をもつに至ったことも付記しておきたい。訳者の分担に

ついては、別途記載のあるとおりであるが、最終的な訳語選定の責は監訳者にある。読者諸賢のご叱正とご助言を乞う次第である。

　本書の出版をこころよく引き受けてくださった現代人文社と、編集および訳文チェック等をご担当いただいた同社の桑山亜也さんに深く感謝したい。ありがとうございました。

2013年2月
津富 宏、井上弘貴、木村正人

索 引 ※50音順。ただし人名については、姓 (family name) の順。

英数字			
	9.11	September 11th	42, 282, 293, 380
	21世紀タウン・ミーティング	21st Century Town Meeting	9, 175, 189, 190, 215-223, 380
	21世紀のナノ科学技術に関する研究開発法	21st Century Nanotechnology Research and Development Act (U.S.)	157, 158
	501条(c)項(3)号団体	501(c)(3) nonprofit organizations,	72, 167
	Eレート	E-rate initiative (FCC)	198
	IMF	International Monetary Fund	360
	NGO (非政府組織)	NGO (nongovernmental organization)	53, 56,73, 139
	RAND研究所	RAND Corporation	40
	RDD法	random-digit dialing	118, 119, 179
	WXXI (公共テレビ放送局)	WXXI Public Television	121
	YMCA	YMCA	52, 53
あ	「ア・パブリック・ボイス」	A Public Voice	81, 93
	アーカンソー教育委員会連合会	Arkansas School Boards Association	274
	アーカンソー州	Arkansas	274, 275
	アイオワ州	Iowa	37, 301
	愛国者法	Patriot Act (2001)	27
	ブルース・アッカーマン	Bruce Ackerman	362, 379
	ケン・アプフェル	Ken Apfel	71
	アメリカ合衆国環境保護庁	U.S. Environmental Protection Agency	33
	アメリカ合衆国憲法修正第2条	the Second Amendment	372
	アメリカ・スピークス	America*Speaks*	9, 10, 47, 50, 53, 212, 215-218, 220-223, 323, 362, 363, 376, 379, 380, 382
	アメリカ図書館協会	American Library Association	72
	アメリカ法曹協会	American Bar Association (ABA)	77
	アラバマ・コミュニティー・リーダー養成協会	Alabama Community Leadership Institute	70
	アラバマ州	Alabama	70, 73, 78
	アリストテレス	Aristotles	43
	アルゼンチン	Argentina	141
	チャールズ・F・アルフォード	Charles Frederick Alford	330
	ハンナ・アーレント	Hannah Arendt	65
い	イー・ザピープル	e-thePeople.org	5, 32, 280-297, 386, 391
	イェール社会政策研究所	Yale Institution for social and policy studies	110, 114
	イギリス	Britain, United Kingdom (England)	9, 112, 120, 121, 123, 132, 134, 146, 147, 161, 162, 236, 359, 360, 372
	イスラエル	Israel	141, 380
	一元的民主主義	unitary democracy	29, 30, 316, 322, 323, 324, 327, 328
	イノベーション・パートナーズ	Innovation Partners (Portland)	304
	イノベーション・ラボ	Innovation Lab	75, 303
	イリノイ州	Illinois	275, 386
	ジュディス・インス	Judith Innes	349
	インターセプト法	intercept study	293
	インディアナ州	Indiana	70, 303, 306
	インド	India	8, 354, 386
	飲料容器デポジット制度の立法	Container Deposit Legislation (New South Wales)	178, 179, 180, 182
う	ヴァージニア州	Virginia	6, 330, 332, 348, 355, 383
	ヴァーモント州	Vermont	297, 301-303, 327
	ヴィジョン2020	Vision 2020	303, 306
	ウィスコンシン州	Wisconsin	275, 381, 386
	アンソニー・ウィリアムズ	Anthony Williams	212, 213, 216, 220
	テイラー・L・ウィリンガム	Taylor L. Willingham	4, 68, 89, 90, 386
	ウィングスプレッド会議	Wingspread Conference	73
	ヴィン・ウェーバー	Vin Weber	160
	ウェストヴァージニア州	West Virginia	69, 81, 93
	グレッグ・ウォーカー	Gregg Walker	226
	チャールズ・D・ウォーナー	Charles Dudley Warner	29
	運営評議会	management councils	53, 236-238
え	エア・アメリカ	Air America	46
	影響力	Influence	4, 6, 10, 25, 27, 30, 40, 57, 139, 142, 144-147, 154, 164, 166, 168-170, 176, 178, 183-185, 188, 190-194, 217, 220, 245, 246, 301, 326, 359, 361-366, 369
	ジョナサン・エイブラムス	Jonathan Abrams	296
	ヒラリー・エヴァンス	Hillary Evans	305
	エキュ・ヘルスケア	Ecu-Health Care	307
	エブリデイ・デモクラシー	Everyday Democracy	10
	フレッド・エメリー	Fred Emery	174
	ロブ・エルダー	Rob Elder	88
	エレン・ジョーンズ地域歯科センター	Ellen Jones Community Dental Center	299
	エンパワーメント・プログラムのための自己トレーニング	Self-Training for Empowerment Program	300
お	王立熱帯研究所	Royal Tropical Institute	380
	ハリー・オーヴァーストリート	Harry Overstreet	38
	オーウェンズバラ	Owensboro	89

393

索引

オーストラリア	Australia	4, 9, 120, 121, 123, 126, 127, 132, 133, 141, 143, 146, 147, 151, 157, 161, 172-176, 178, 179, 184, 189, 191-193, 307, 354, 377, 380, 381, 389
オーストラリア国民会議	Australian National Convention	9
オーストラリア労働党	Australian Labor Party	175
オープン・フォーラム	open forum	35
ドリュー・オコーナー	Drew O'Connor	301
オハイオ州	Ohio	69, 70, 86, 124, 274, 275, 281, 382
オプラ・ショー	Oprah Show	104, 105
オランダ	Netherlands	143, 146, 380
オレゴン州	Oregon	9, 160, 170, 226, 304
オロノ市教育委員会	Orono Board of Education (Minnesota)	33
オンライン熟議	on-line deliveration	295, 296
オンライン署名運動	electronic petitions	289
か リン・カーソン	Lyn Carson	4, 126, 156, 172, 174, 175, 178, 328, 377
ジャネット・ハーツ=カープ	Janette Hartz-Karp	4, 172, 175, 184, 188, 189, 328, 380
クリストファー・F・カーポウィッツ	Christopher F. Karpowitz	5, 10, 319, 321, 354, 381
ロバート・カーリッツ	Robert Carlitz	4, 196, 377
シンディ・カールソン	Cindy Carlson	6, 330, 377
下院非米活動調査委員会	House Committee on Un-American Activities	26, 39
学習サークル	study circles	5, 10, 32, 50, 53, 118, 264-278, 303, 340, 355, 366, 382, 385, 388
学習サークル資料センター	Study Circles Resource Center	5, 32, 267, 269, 271, 274-277, 382, 385
家計自立タスクフォース	Family Economic Self Sufficiency Task Force	307
「華氏911」	Fahrenheit 911	282
学校教育評議会本部（ペンシルヴェニア大学教育学大学院）	Center for School Study Councils	249, 260, 261, 385
ニコラス・カッツェンバック	Nicholas Katzenbach	326
ロバート・カットナー	Robert Kuttner	160
カナダ	Canada	8, 127, 141, 146, 147, 156, 169, 307, 360, 376, 384
貨物輸送網に関する評価	Freight Network Review (Australia)	183, 184
カリフォルニア医療フォーラム	California health care forum	10
カリフォルニア州	California	10, 31, 69, 79, 88, 90, 175, 196, 199, 200, 202, 204, 206, 208, 275, 281, 283, 380, 384
カリフォルニア州議会上院調査室	California Senate Office of Research	204
カリフォルニア州教育基本計画	Master Plan for California Education (CAMP)	199, 202, 204, 206, 208, 380, 384
韓国	Korea	104, 141, 146, 307
カンザス州	Kansas	275
「寛容を教える」プロジェクト	Teaching Tolerance projects	276
ローズマリー・ガン	Rosemary Gunn	4, 196, 380
き ウィリアム・M・キース	William M. Keith	3, 4, 7, 24, 57, 68, 77, 352, 381
ジョン・ギャスティル	John Gastil	3, 6, 11, 24, 57, 352, 367, 368, 376, 391
ウィリアム・ギャルストン	William Galston	42
ヴィンセント・キャンベル	Vincent Campbell	175
共感的傾聴	emphatic listening	187
共通の土台	common ground	71, 76, 79, 80, 82-84, 100, 184, 187, 192, 250, 253, 257, 262, 326, 328, 356
協働エクステンション・サービス	Cooperative Extension Service (Alabama)	70
協同学習	Collaborative Learning	5, 50, 224, 225, 226-229, 232-234, 388
共和党（アメリカ）	Republican Party	97, 98, 102, 113, 119, 160, 281, 316
金メッキ時代	Gilded Age	29, 35
近隣地区委員会	Neighborhood Commission (Hampton, Virginia)	337
く デニス・クシニッチ	Dennis Kucinich	281
ロバート・グッディン	Robert Goodin	57
グラスルーツ2004	Grassroots 2004	261
グランド・メサ、アンコンパーグレ、ガニソン (GMUG) 国有林	Grand Mesa, Uncompahgre, and the Gunnison National Forest	232
ビル・クリントン	Bill Clinton	31, 42, 98, 160, 166, 167, 296
ニコライ・F・S・グルントヴィ	Nicolai F. S. Grundvig	140
クレイステネス	Kleisthenes	115
クロアチア	Croatia	73
け 景観ワーキング・グループ	landscape working group	225, 228, 229, 230, 232, 233
ケイプコッド子どもプレイス	Cape Cod Children's Place	299
ジョン・T・ケスラー	John T. Kesler	5, 298, 301, 381, 384
ロバート・ゲッデス	Robert Geddes	314, 325
ジョウン・ケネディ	Joan Kennedy	6, 330, 335, 381
ジョン・F・ケネディ	John F. Kennedy	81
ジョン・F・ケリー	John F. Kerry	372
ケロッグ財団	W. K. Kellogg Foundation	301
健康・社会政策センター	Center for Health and Social Policy (Lyndon B. Johnson School of Public Affairs)	70, 71
建設的な対話	constructive dialogue	227
ケンタッキー州	Kentucky	70, 89
権利章典	Bill of Rights	26, 372
権利擁護団体	advocacy group	9, 107, 146, 208, 227, 335, 336
こ 公共的な判断	public judgment	74, 88, 94

公共放送サービス	Public Broadcasting Service (PBS)	31
公文書作成業務削減法	Paperwork Reduction Act	201, 209
公民権運動	Civil rights movement	26, 92
合意志向	consensus-oriented	320, 327
ヴェラ・シャタン・P・コエルホ	Vera Schattan P. Coelho	5, 236, 378
ドロシー・コーエン	Dorothy Koehn	311
ジョー・ゴールドマン	Joe Goldman	4, 212, 264, 380
ジョージ・コールマン	George Coleman	36
国内政策協会	Domestic Polity Association	74
国民投票	referendum	28, 120, 121, 123
国有林管理法	National Forest Management Act (1976)	225
国立オレゴン砂礫レクリエーション区域	Oregon Dunes National Recreation area	226
古代アテネ	ancient Athens	43, 115, 130, 322
国家業績評価機構	National Performance Review	382
国家ナノテク・プログラム	National Nanotechnology Program	157
「言葉の応酬」モデル	Crossfire model	75
コネティカット州	Connecticut	111, 275, 379
コミュニティー・オーガナイザー	community organizer	32, 53
コミュニティー健康諮問会議	Community Wellness Advisory Board	307
コミュニティー健康増進連合	Association for Community Health Improvement	381
コミュニティー指標	community indicator	303, 304, 307
「コミュニティーへの鍵」	Key to Community initiative	86
コミュニティー・オーガニゼーション	community organization	32, 268, 335, 380
コロラド州	Colorado	73, 224, 225, 229, 303, 307, 378
コロンビア	Colombia	73
コンセプト・マッピング	concept-mapping	187
コンセンサス会議	consensus conference	4, 9, 126-133, 135, 137-158, 175, 183, 354, 377, 380, 388, 389
コンセンサス・フォーラム	consensus forum	175, 183-185, 188, 380
債務からの自由連合	Freedom from Debt Coalition (Philippines)	360
サウスカロライナ州	South Carolina	302
サウスジョージストリート・地域パートナーシップ	South George Street Community Partnership	309
サウスダコタ州	South Dakota	78
クリス・サチュロ	Chris Satullo	4, 96, 101, 102, 108, 261, 384
ハリス・サッカラフ	Harris Sokoloff	4, 5, 96, 101, 248, 260, 385
参加型予算	participatory budgeting	10, 53, 236, 237
参加者を選出する枠組み	participant selection schemes	53
キャス・サンスティーン	Cass Sunstein	46
リン・サンダース	Lynn Sanders	273, 320, 364
三段階の協働的な言説形成モデル	Three-stage cooperative discourse model	156
サンパウロ市	São Paulo (Brazil)	238-246, 360, 378
サンパウロ市保健医療評議会	São Paulo Municipal Health Council (Brazil)	238-240, 243, 245, 246, 360, 378
ジェパディ	Jeopardy	331
ジェファソン・センター	Jefferson Center	161-168, 170, 379, 384
トマス・ジェファソン	Thomas Jefferson	34, 65, 89
シカング政策研究所(シンテ・グレスカ大学)	Sicangu Policy Institute (Sinte Gleska University)	78
資源管理	resouce management	226, 227, 378
システム思考	systems thinking	192, 224, 227, 227
持続可能な未来研究所	Institute for Sustainable Futures	178, 179, 181, 183
実現可能な改善	feasible improvements	227, 228
シティズン・サミット	Citizen Summit	212-214, 363
シティ・マネージャー	council-manager	333, 335, 336
ジミー・カーター	Jimmy Carter	71, 73, 81, 93, 166
市民鑑定	citizens' report (Bürgergutachten)	134, 135, 142, 145, 148
市民議会(ブリティッシュコロンビア)	Citizens' Assembly, British Columbia Citizens' Assembly	8, 169, 360, 361, 365
市民ジャーナリズム	Civic journalism	8, 99, 100, 101, 384
市民生活研究所	Civic Life Institute (Ohio State University Extension)	69, 70
市民統一委員会(ヴァージニア州ハンプトン)	Citizens' Unity Commission (Hampton, Virginia)	339-342
市民による対話プロジェクト	Public Conversations Project	46-47
「市民の声」	Citizen Voices	4, 97, 98, 99, 100, 101, 102, 105, 106, 107, 108, 384, 385
市民陪審	Citizens Jury	4, 9, 33, 50, 52, 53, 128, 136, 153, 160-170, 172, 174, 175, 177-183, 348, 353, 365, 377, 378, 380, 381, 383, 388, 389
市民パネル	citizens' panel	127, 128, 131, 132, 142, 144, 155, 157, 158, 169, 170, 377
地元リーダーの会	Neighborhood Leadership Corps.	309
社会保障を論じるアメリカ市民	Americans Discuss Social Security (1997, 1998)	199, 220-221, 359, 382
ジャクソンヴィル・コミュニティー評議会株式会社	Jacksonville Community Council Inc. (Florida)	304, 306
シャンプレーン・イニシアティヴ	Champlain Initiative (Vermont)	302, 303, 309
キャロル・J・シュウィン	Carole I. Schwinn	5, 298, 299, 384
デイビッド・R・シュウィン	David R. Schwinn	5, 298, 384
住民発議	initiative	26, 86, 169, 170
住民発議市民調査	Citizens Initiative Review (CIR)	9, 169, 170
熟議型社会調査	deliberative survey	184, 380

395

索引

熟議型世論調査	Deliberative Poll	4, 9, 30-32, 50, 52, 53, 73, 110, 112-124, 135, 136, 138, 172, 175-177, 183-185, 187, 323, 348, 359, 367, 377, 388, 389
熟議の基準	criteria for deliberation	174, 356
「熟議の日」	Deliberation Day	116
熟議民主主義コンソーシアム	Deliberative Democracy Consortium	7, 46, 367, 376, 386, 389
熟議民主主義センター	Center for Deliberative Democracy	121, 379
ジョン・デステファーノ・ジュニア	John Destefano Jr.	112
情報自由法	Freedom of Information Act	27
情報ルネサンス	Information Renaissance	47, 196, 198, 199, 208, 377, 380, 382
サイモン・ジョス	Simon Joss	145, 152
女性有権者同盟	League of Women Voters	52, 53, 111, 113, 118, 167, 269, 379
ショトーカ	Chautauqua	35, 36
ジョン・F・ケネディ行政大学院	John F. Kennedy School of Government	264, 276, 379, 380, 382
スティーヴン・ジョンソン	Steven Johnson	41
ロバート・W・ジョンソン	Robert Wood Johnson	314
カーメン・シリアニ	Carmen Sirianni	91, 92
「シリーズ公共空間」（ルイジアナ公共放送）	Public Square	124
森林局	Forest Service	224, 230, 231, 232, 233
森林計画	forest plan	225, 229, 232, 233
す スイス	Switzerland	141, 149
パトリック・L・スカリー	Patrick L. Scully	5, 264, 385
ルース・スコット	Ruth Scott	304
すこやかなコミュニティーのためのパートナーズ	Partners for a Healthy Community (South Carolina)	302, 307
すこやかなまちとコミュニティーのための連合体	Coalition for Healthier Cities and Communities	301, 381
すこやかなヨーク郡のための連合体	Healthy York County Coalition (Pennsylvania)	304, 305, 309
シェルドン・スタージェス	Sheldon Stureges	310, 311
ハリス・M・スタインバーグ	Harris M. Steinberg	5, 248, 260, 261, 385
ステルス民主主義	stealth democracy	66, 328
ジョン・ステュードベイカー	John Studebaker	37-39
ジョン・F・ストリート	John F. Street	98, 249, 259, 260
スパイ防止活動プログラム	COINTELPRO: Counter Intelligence Program	26
スペイン	Spain	141, 149
アダム・スミス	Adam Smith	322
せ 生活の質	quality of life	184, 266, 302, 303, 307, 341, 343
政策課題冊子	issue book	72, 74, 77-79, 91, 92, 383, 386
政治教育連合	League for Political Education	36
世界銀行	World Bank	360, 383
世界貿易機関	World Trade Organization	44
積極的差別是正措置（アファーマティヴ・アクション）	affirmative action	69, 88
セツルメント・ハウス	settlement house	35
全米黒人地位向上協会	National Association for the Advancement of Colored People (NAACP)	265
全米記者クラブ	National Press Club (Washington, D.C.)	81, 261
全米コミュニティー・リーダーシップ協会	National Association for Community Leadership	77
全米市民連盟	National Civic League	301
全米体験学習学会	National Society for Experiential Education	72
全米フォーラム・プロジェクト	Federal Forum Project	39
そ ソフト・システムズ・アプローチ	soft systems methodology	226
ロバート・ダール	Robert Dahl	27, 43
た ダイヴァーシティ・カレッジ	Diversity College (Hampton, Virginia)	341
代表制	representative (democracy)	25, 28, 30, 59, 250, 262, 314, 364
対話と熟議のための全国会議	National Conference on Dialogue and Deliberation	48
対話と熟議のための全国連合	National Coalition for Dialogue and Deliberation	9, 46
「対話の日：尊敬できる学校」	Days of Dialogue: Respecful Schools (Portsmouth)	264
タウン・ホール	town hall	36, 283
タウン・ミーティング	town meeting	4, 8, 9, 29, 34, 35, 53, 99, 111, 149, 150, 175, 189, 190, 212, 215-223, 327, 328, 349, 376, 380, 388
多基準分析会議	multicriteria analysis conference	175, 183, 185, 188, 380
多数支配	Polyarchy	27
たった一つの根本原因があると考えがちな傾向	single-devil syndrome	226, 227
オードリー・ダナー	Audrey Danner	304
スティーブ・ダニエルズ	Steve Daniels	226
ち 地域計画ゲーム	Regional Planning Game	189
地域社会問題解決計画	Program for Community Problem Solving	383
チャールズ・F・ケタリング財団	Charles F. Kettering Foundation	32, 43, 71, 73, 77, 81, 85, 276, 376, 377, 379, 380, 385, 386
ミシェル・チャールズ	Michelle Charles	4, 96, 102, 377
て ペーター・ディーネル	Peter Dienel	126, 128, 130, 135-139, 141, 142, 147, 148, 150, 151, 162, 168, 174
ハワード・ディーン	Howard Dean	282, 297
ディベート・クラブ	debate club	35
キャシー・デイル	Kathy Dale	303
テキサス州	Texas	30, 68, 70, 71, 101, 110, 117, 119, 121, 386
敵対的民主主義	adversarial democracy	29
ジョン・R・デドリック	John R. Dedrick	4, 68, 379

396

ジョン・デューイ	John Dewey	27, 37, 66, 386, 387
デラウェア州	Delaware	275, 276
テレヴォート	televote	175, 178-183, 377, 381
デンマーク	Denmark	9, 120, 121, 123, 127, 129-132, 138-140, 143, 145-147, 151, 157, 359
デンマーク技術委員会	Danish Board of Technology	129, 138, 139, 146, 151
ドイツ	Germany	126, 128, 132-135, 137, 141-143, 146-149, 157, 162, 168, 307
統一保健医療システム（ブラジル）	Brazilian Unified Health System (SUS)	238, 239
マーク・トウェイン	Mark Twain	29
闘技民主主義	agonistic democracy	322, 324
アレクシ・ド・トクヴィル	Alexis de Tocqueville	28, 65, 85
都市との対話	Dialogue with the City	172, 183, 189-191, 380
ジョン・ドライゼク	John S. Dryzek	176
内国歳入庁	Internal Revenue Service (IRS)	167, 170
ナイト・リッダー新聞社	Knight-Ridder newspaper chain	99, 101
ローズ・マリー・ナイラス	Rose Marie Nierras	360
ナショナル・イシューズ・コンヴェンション	National Issues Convention	72, 73, 101
ナショナル・イシューズ・フォーラム	National Issues Forums	4, 8, 32, 50, 53, 68-79, 81, 82, 84-95, 99, 104, 105, 118, 257, 258, 276, 323, 326, 327, 355, 359, 366, 367, 383, 386, 388
ナショナル・イシューズ・フォーラム研究所	National Issues Forums Institute	72, 386
南部成長政策委員会	Southern Growth Policies Board	77
南部貧困者法律センター	Southern Poverty Law Center	276
日本	Japan	7, 9, 10, 31, 141, 187, 313, 384, 388, 390, 391
ニュー・サウス・ウェールズ州	New South Wales	178, 180, 181, 192
ニュージーランド	New Zealand	73, 141, 384
ニュージャージー州	New Jersey	5, 101, 148, 258, 310, 313, 314, 318
ニューハンプシャー州	New Hampshire	264, 267, 273, 276, 277
ニューヘイヴン都市圏コミュニティー財団	Community Foundatin for Greater New Haven	111, 113, 117
ニューヘイヴン都市圏市民フォーラム	Greater New Haven Citizens Forum	113
ニューヨーク州	New York (State)	35, 275, 386
人間の状況調査	human condition study	304, 308
ネイバー・トゥ・ネイバー	Neighbor to Neighbor (Ohio)	69, 70
ネイバーフッド・アクション	Neighborhood Action (District of Columbia)	212, 214
ネッド・クロスビー	Ned Crosby	4, 160, 161, 162, 166, 169, 170, 174, 378, 383
ネブラスカ州	Nebraska	121, 124
農園財団	Farm Foundation	77
ノーザンバークシャー交通協会	Transportation Association of Northern Berkshire	307
ノーザンバークシャー・コミュニティー協議体	Northern Berkshire Community Coalition (Massachusetts)	307
ノーザンバークシャー青年団	Northern Berkshire Youth Collaborative	307
ノースウェスタン大学政策研究所	Institute for Policy Research (Northwestern University), Northwestern University's Institute for Policy Research	220
ノースカロライナ州	North Carolina	77, 156, 157, 275
ハーウッド・グループ	Harwood Group	75, 94, 377, 385
バーカナ研究所	Berkana Institute	299, 382, 385
パース市	Perth (Australia)	172, 173, 176, 183, 189-191
パーソナル・ツール	personal tool	296
パーティシペディア・ネット	Participedia.net	8
ベンジャミン・バーバー	Benjamin Barber	30, 42, 324
ユルゲン・ハーバーマス	Jürgen Habermas	152, 387, 365
バーバラ・パゾーニ	Barbara Pozzoni	5, 236, 383
ジョン・バーンハイム	John Burnheim	174
バイエルン州消費者保護プロジェクト	Bavarian Consumer Protection Project	134-137, 144, 148, 152
スティーヴン・N・パイサー	Steven N. Pyser	5, 248, 384
バイ・ザ・ピープル市民熟議プロジェクト	By the People Citizen Deliberations project	116-121, 124, 379
B・L・ハサウェイ	B. L. Hathaway	300, 305, 308
バスク地方	Basque region	149
ジョージ・パタキ	George Pataki	221
ロブ・パツォルニク	Rob Pazornik	296
ロバート・パットナム	Robert Putnam	28, 42, 54, 100
マーク・バトン	Mark Button	3, 48, 777
パネル・ディスカッション	panel discussion	38
パブリック・アジェンダ財団	Public Agenda Foundation	73, 74, 77, 81, 166, 783
パブリック・ジャーナリズム	Public Journalism	4, 96, 99, 388
早まった合意	premature consensus	324
ハリケーン・カトリーナ	Hurricane Katrina	9
ラッセル・ハリス	Russell Harris	302
パリティの原則	parity principle	239, 240
ハンプトン市	Hampton (Virginia)	6, 330-345, 348-350, 355, 377, 381, 383
ピープルズ・キャンペーン	People's Campaign	8
ビッグ・ブラザーズ・アンド・ビッグ・シスターズ	Big Brothers and Big Sisters	307
ジョン・ヒビング	John Hibbing	66, 328
非暴力のためのノーザンバークシャー協働体	Northern Berkshire Collaborative for Non-Violence	307
罷免要求	recall	26

397

ふ	ピュー慈善信託財団	Pew Charitable Trusts	43, 99, 102, 214, 380, 382
	シンシア・ファーラー	Cynthia Farrar	4, 110, 379
	ファシリテーション	facilitation	6, 50, 132, 137, 156, 163, 165, 180, 181, 186, 189, 218, 249, 257, 271-273, 302, 331, 344, 357, 374, 377, 379
	ファミリーライフ・サポートセンター	Family Life Support Center	307
	アーチョン・ファン	Archon Fung	6, 264, 276, 348, 349, 352, 379
	ジェイムズ・フィシュキン	James Fishkin	4, 30, 73, 101, 110, 362, 379, 383
	フィラデルフィア市	Philadelphia (Pennsylvania)	4, 5, 96-99, 102-105, 107, 108, 248-250, 252-256, 258-262, 377
	フィラデルフィア・デザイン・アドヴォカシー・グループ	Design Advocacy Group of Philadelphia	249, 255
	「フィラデルフィアの契約」	Philadelphia Compact	102
	フィリピン	Philippines	360
	デイヴィッド・ブーア	David Booher	349
	ジェラルド・フォード	Gerald Ford	71, 93
	ダニエル・S・フォード	Daniel Sharp Ford	36
	フォード・ホール	Ford Hall Forum (Boston)	35, 36
	ジョージ・W・ブッシュ	George W. Bush	44, 372
	フューチャー・サーチ	Future Search	348
	プライバシー法	Privacy Act	201
	ペン・プラクシス	Penn Praxis (University of Pennsylvania)	249, 260, 387
	ブラジル	Brazil	5, 10, 52, 236-239, 242, 245, 307, 354, 363, 366, 378
	ブラジル分析計画センター	Brazilian Centre of Analysis and Planning	236, 245, 378
	ブラジル労働者党	Brazilian Workers' Party	238, 242, 243
	ブラックバーン研究所	Blackburn Institute (University of Alabama)	70
	フランク・リゾ	Frank Rizzo	97
	フランクリン・ローズヴェルト	Franklin Roosevelt	36, 37
	アル・フランケン	AL Franken	46
	フランス	France	9, 146, 373
	プランニング・セル	planning cells	4, 9, 50, 52, 53, 126-131, 133-145, 147-158, 162, 168, 174, 388-390
	マイケル・ブリアン	Michael Briand	73
	ルイス・A・フリードランド	Lewis A. Friedland	91, 92
	スティーヴン・ブリガム	Steven Brigham	4, 212, 376
	ブリティッシュコロンビア州（カナダ）	British Columbia	169, 360, 361
	プリンストン	Princeton (New Jersey)	5, 310, 311-326, 328, 329, 381, 386
	プリンストン調査研究センター	Princeton's Survey Research Center	319
	プリンストン・フューチャー	Princeton Future	310, 311, 313-326, 328, 329
	マイケル・ブルームバーグ	Michael Bloomberg	221
	ジョアン・ブレイズ	Joan Blades	296
	プロセス管理	stewardship	53, 133, 135, 137
	フロリダ州	Florida	69, 79, 81, 93, 293, 301, 304
	文化の調停	cultural accommodation	6, 371-373
へ	ペリクレス	Pericles	34
	ケイティ・ベル	Katie Bell	305
	ヘルシー・コネクションズ	Health Connections	299
	ヘルシー・デモクラシー・オレゴン	Healthy Democracy Oregon	170
	ペンシルヴェニア州	Pennsylvania	93, 96, 101, 102, 104, 105, 124, 167, 196, 248, 249, 252, 253, 257, 258, 260, 261, 281, 304, 309, 376, 377, 385
	ペンズ・ランディング	Penn's Landing (Philadelphia)	5, 248-262,387
	キャロリン・ヘンドリクス	Carolyn Hendriks	4, 126, 176, 178, 381
ほ	ウェス・ボイド	Wes Boyd	296
	包摂	inclusion	59-63, 92, 115, 130, 155, 173, 174, 176-178, 183, 184, 188, 191-194, 243-247, 272, 273, 284, 298, 321, 344, 346, 347, 356, 358, 359, 381, 383
	ボウルダー郡市民フォーラム	Boulder County Civic Forum	303
	ポーツマス市	Portsmouth (Hampshire)	264, 266, 267, 273, 276, 277
	ポーツマスは聴く！	Portsmouth Listens	266, 267
	ポートランド都市連盟	Urban League of Portland	77
	ホームレスのための宗教者協議会	Interfaith Council for Homeless	299
	ポール・アイヒャー	Paul Aicher	266-269, 382, 385
	保健医療の住民運動	Popular Health Movement (Brazil)	241, 242
	保健医療評議会	Health Council	238-247, 360, 363, 378
	ニール・ポストマン	Neil Postman	175
	ウィリアム・R・ポタプチャク	William R. Potapchuk	6, 330, 383
	トマス・ホッブズ	Thomas Hobbes	322
	パトリシア・A・ボナー	Patricia A. Bonner	4, 196, 376
	ポピュリスト党	the Populist (People's Party)	35
	フランチェスカ・ポレッタ	Francesca Polletta	30
	スチュアート・ホワイト	Stuart White	173, 178
ま	ローリー・E・マーク	Laurie E. Mark	4, 196, 382
	ジェイ・マーティン	Jay Martin	27
	ブライアン・マーティン	Brian Martin	174, 377
	マクニール＝レーラー・プロダクションズ	MacNeil/Lehrer Productions	73, 101, 116, 117, 121, 379, 383
	「混ざり合え！」熟議対話プロジェクト	Mix It Up deliberative dialogues	276

デイヴィッド・マシューズ	David Mathews	73, 75, 81, 250
まちづくりコミュニティー	Community-Building Community (Utah)	305
「街の声を聞く」	Listening to the City (AmericaSpeaks)	249, 358, 362
アランナ・マックティエルナン	Alannah MacTiernan	175
マーサ・L・マッコイ	Martha L. McCoy	5, 264, 382
ケヴィン・マットソン	Kevin Mattson	35
マインド・マッピング	mind mapping	187
ジェイムズ・マディソン	James Madison	363
ジェイン・マンスブリッジ	Jane Mansbridge	5, 29, 30, 85, 310, 327, 354, 382
み ミシガン州	Michigan	79, 81, 89, 93
ミシシッピ州	Mississippi	90
ミネソタ州	Minnesota	33, 160, 161, 163, 166, 167, 168, 275, 378, 379, 383
ジョン・ミュラー	John Mueller	87
スタンリー・ミルグラム	Stanley Milgram	40
ジョン・S・ミル	John S. Mill	65
民衆の大学（フォルケホイスコーレ）	folk high schools (folkehoejskole)	140
民主党（アメリカ）	Democratic Party	96, 97, 98, 102, 113, 119, 281, 297, 314, 316
民衆の自覚（フォルケオプリュスニング）	people's enlightenment (folkeoplysning)	140
む ムーブオン	MoveOn.org	296, 297
無作為抽出法	Random selection	8, 9, 30, 31, 52, 53, 103, 110, 113, 115, 116, 118, 120, 124, 128-130, 143, 149, 152, 156, 160, 162, 163, 169, 176, 177, 180, 181, 184-187, 190, 221, 253, 256, 290, 293, 319, 353, 360, 364, 366, 367, 390
め メイン州	Maine	275
メディケア	medicare	70, 71
キース・メルヴィル	Keith Melville	4, 68, 77, 383
も エリザベス・サイス＝モース	Elizabeth Theiss-Morse	66, 328
マイケル・モステラー	Michael Mosteller	311
ジェイムズ・モローン	James Morone	327
マリアナ・C・モントーヤ	Mariana Cifuentes Montoya	5, 236, 378
や アイリス・M・ヤング	Iris Marion Young	273
ダニエル・ヤンケロヴィッチ	Daniel Yankelovich	73, 74, 88, 94, 383
ヤンパヴァレー・パートナーズ	Yampa Valley Partners	307
ゆ 「有権者の声」	Voice of the Voter	121
ユース・シヴィック・エンゲージメント	Youth Civic Engagement	339, 342, 343
優先順位づけ	prioritization	187, 188, 190, 271
ら ラーニング・デモクラシー・センター	Learning Democracy Center	5, 298
エリック・O・ライト	Eric Olin Wright	349
デイヴィッド・M・ライフ	David Michael Ryfe	3, 48, 55, 82, 384
ロロ・ライマン	Rollo Lyman	36
ラディカル民主主義	radical democracy	28
チャールズ・A・ラトリフ	Charles A. Ratliff	4, 196, 384
キャサリン・ランビー	Catharine Lumby	175
り リンカーン・リーダー養成塾	Leadership Lincoln	124
ペギー・リー	Peggy Lee	107
利害関係者	stakeholder	53, 76, 133, 139, 148-150, 153, 154, 156, 165, 178, 179, 183-185, 187-190, 198, 201, 202, 205, 207, 208 ,216, 217, 225-229, 231-234, 257, 258, 299, 326, 336, 339, 340, 344, 356, 380
ウォルター・リップマン	Walter Lippmann	40
リンドン・B・ジョンソン公共政策大学院	Lyndon B. Johnson School of Public Affairs	70
リンドン・B・ジョンソン大統領図書館	Lyndon B. Johnson Presidential Library	70, 386
ラッシュ・リンボー	Rush Limbaugh	46
る 類似性図	affinity diagram	187
ルイゾン・ハウス	Louison House	307
キャロリン・J・ルーケンスマイヤー	Carolyn J. Lukensmeyer	4, 212, 382
れ ピーター・レヴィーン	Peter Levine	6, 35, 352, 360, 376, 389
オルトヴィン・レン	Ortwin Renn	156
エド・レンデール	Ed Rendell	96
連邦環境保護庁	U. S. Environmental Protection Agency (EPA)	198, 199, 204, 205, 376
連邦通信委員会	Federal Communications Commission (FCC)	198
ろ ロウアー・アウターケイプ・コミュニティー協議体	Lower Outer Cape Community Coalition (Massachusetts)	304-307
テディー・ローズヴェルト	Teddy Roosevelt	36, 37
ジョン・ロールズ	John Rawls	365
ロシア	Russia	73, 386
ジョン・ロック	John Locke	322
スコット・ロンドン	Scott London	82
わ ベン・ワーナー	Ben Warner	305
マイケル・ワイクスナー	G. Michael Weiksner	5, 280, 386
ワシントン州	Washington	169, 170, 226
ワシントン特別区	Washington, D. C.	40, 48, 81, 160, 166, 196, 205, 212, 214, 217, 261, 301, 334, 363, 376, 379, 380
ワンクリック運動	one-click activism	296, 297

熟議民主主義ハンドブック

2013年5月2日　第1版第1刷発行

編　者	ジョン・ギャスティル、ピーター・レヴィーン
監訳者	津富 宏、井上弘貴、木村正人
発行人	成澤壽信
編集人	桑山亜也
発行所	株式会社 現代人文社
	〒160-0004 東京都新宿区四谷2-10 八ッ橋ビル7階
	Tel 03-5379-0307（代）　Fax 03-5379-5388
	E-mail henshu@genjin.jp（編集）　hanbai@genjin.jp（販売）
	Web http://www.genjin.jp
	郵便振替口座　00130-3-52366
発売所	株式会社 大学図書
印刷所	株式会社 平河工業社
ブックデザイン	Nakaguro Graph（黒瀬章夫）

検印省略　Printed in JAPAN
ISBN 978-4-87798-543-1 C3031
©2013 by Hiroshi TSUTOMI, Hirotaka INOUE, Masato KIMURA

本書の一部あるいは全部を無断で複写・転載・転訳載などをすること、または磁気媒体等に入力することは、法律で認められた場合を除き、著作者および出版者の権利の侵害となりますので、これらの行為をする場合には、あらかじめ小社または編集者宛に承諾を求めてください。